法考一本通（2018年版）
商法·经济法

编著 郑佳宁 李成杰

编写说明

实行统一的国家法律职业资格考试，不仅是我国司法改革的一项重大举措，也是我国法学教育改革的突破口。从司考转变为法考后，使得更多适合条件的考生热衷于此，法律职业资格考试也逐渐形成了市场，辅导用书层出不穷。然而在众多的法考辅导用书当中，如何作出选择，便成了备考考生一个头痛的问题。

法考该用何种辅导书？我们认为，要用"看一本就能通"的书。为了达成此目的，我们努力使本书具备了如下特色：

特色一　名师编著、套书完整

本书由来胜全方位法律人培训力邀各科法考名师亲自执笔，集结了老师们多年的法考辅导经验和智慧。本书共分八小册，涵盖了最新考纲的重要考点。

特色二　内容精练、针对性强

本书强调内容的精练和实战性。针对重要的考点，我们结合历年考试的规律，对其进行精讲，并针对实际考查情况和精讲内容，提供例题以提高实战能力。

特色三　体例安排科学合理

根据考纲的要求及体系，我们选出了各科的重要考点并对其从以下三个方面为考生提供帮助。

一、精讲。对当前考点进行精当、有效的讲解，以帮助读者掌握当前考点的精要，具备解决问题的基本能力。

二、例题。针对当前考点，并结合精讲内容，使考生得到及时、有效的练习，提高应试能力，并在修正自己错误的过程中得到提高。

三、提示与预测。主要是针对一些应当特别注意的问题的提示，以及对2018年法考动向的预测。

业精于勤，荒于嬉；行成于思，毁于随。当您拥有了本书，您便得到了一片肥沃的黑土，若能加以勤耕，今日播下的种子，定能在那金秋结出胜利的果实！

编者

2018年5月

前　　言

一、法讯动态

2017年修订并公布的《公司法司法解释(四)》无疑是2018年法考商法中的首席热点,值得考生关注,其中涉及瑕疵决议之诉、知情权、利润分配请求权、股权转让、股东代表诉讼等重要制度。加之2014年修正的《公司法司法解释(二)》和《公司法司法解释(三)》中涉及的司法解散请求权、发起人、隐名股东等问题,公司法命题的新思路跃于纸上,将成为2018年法考商法部分的得分大户。

《企业破产法司法解释(二)》《保险法司法解释(二)》《保险法司法解释(三)》中对现行法律相关具体制度的完善,仍然是2018年法考商法不可忽视的重点,如何理解与运用是这类题目得分的关键。

经济法中,继2013年《消费者权益保护法》修订之后,2017年《反不正当竞争法》又进行了全面修改,给以往的传统考点带来了新的挑战。2017年《反不正当竞争法》调整了法律的规范对象,修改了具体行为的适用规则,并对社会新现象,如网络领域的不正当竞争行为,作出了回应。此外,2014年修订的《环境保护法》与2016年修订的《环境影响评价法》中的新规定,也是2018年法考经济法的热点。

二、命题趋势

商法从总体角度看,考查的难度和分值均相对稳定,总体没有出现太大的起伏。即使在法考改革的背景之下,对商法基本原理、具体制度的考查思路也不会发生变化。因此,考试应注意对商法基本原理、具体制度的深入学习,针对每一个商法部门法,需要掌握其立法宗旨、基本规则和特有制度即可,再加上系统的练习,就可以掌握该法的灵魂。以商法考试中的"龙头大法"公司法为例,2017年考试中考查客观题18分,主观题21分,合计39分;考点涉及分公司、董事、出资、股权转让、增资、冒名股东、抽逃出资、高级管理人员、利润分配、股份回购、公司治理、减资、董事长、监事职权、异议股东回购请求权、司法解散、公司清算,考试难度中等,未出现偏题怪题,只要考生正确记忆,稍加理解,就可以拿到不错的分数。

经济法一向以内容多、考点分散著称,从而加重了考生的复习难度,也是极易失分的科目。经济法以客观题形式出现,单个部门法的分值普遍不高,多数部门法仅考查一两道题。但是,由于涉及的部门法众多,累加总分值并不低,稳定在30分左右,考生不能轻言放弃。经济法试题在法考中仍然有规律可循。一是传统基础知识点的扫盲型考查,如垄断协议、反不正当竞争行为、劳动合同的解除等,这些都是常见考点,在复习时应耳熟能详。二是以法条为模版的记忆型考查,如2014年《环境保护法》和2016年《环境影响评价法》修订的重要内容。这些法条基本源于近年新法、修法的结果,主要考查考生对新增知识点的熟悉程度。三是社会热点的应用型考查。如2017年考试中网红店、校园贷等热词均榜上有名。只要考生具备一定的生活经验,平时留心关注时政,关注新闻,这些题目其实可以迎刃而解。

值得注意的是,商法、经济法的实务操作色彩浓重,随着社会活动的不断变迁,法律的修订与司法解释也会频繁出台,所以近年来法律修订的内容、司法解释的内容,都是当年商法经济法考试值得投入精力的地方。

三、备考要领

商法经济法的备考要领为"重者恒重""抓大放小"。商法、经济法的法考命题围绕着"二八法则"展开,即分值占百分之八十的考题围绕着百分之二十的精华考点进行设计,不断深入变化,借以考查考生对本学科的理解和应用能力。考生只有在备考中掌握每个商法、经济法部门的要义,有所舍取,才能在有限的时间内复习到真正的重点,最终在法考中取得满意的成绩。具体而言,应从以下三方面开展复习:

1. 掌握商经法基础知识

在备考时一定要注意理论基础的夯实,搭建一个清晰明了的框架体系图。如商法可以从大的方面分为商事主体法与商事行为法,其中主体法中包含了公司法、合伙企业法、三资企业法、个人独资企业法;行为法包括了企业破产法、票据法、保险法、证券法,以及兼具主体与行为双重特征的海商法。在各个部门法的复习过程中也要注意进行这样一个体系化的构建,如按照主体法的产生——运行——变更——消亡的生命环节流转过程来搭建体系,如按行为法的具体行为类别——监管措施——法律责任的调控过程来搭建体系等。要把相应的基础知识有机结合在一起,掌握其内容运行原理,而不是一味地填鸭式记忆。

2. 重视法条学习

商法经济法包含众多的部门法,里面包含大量的法律条文,法考对于这些法律条文极为重视,很多题目都是以法律条文为基础,加以变化延伸,考查考生的法律思维和法律基本功。因此,相信每个考生都会留出时间对法条进行研读。然而,商法、经济法涉及的法条数量占法考所有科目之首,用浩如烟海来形容亦不为过,如何在有限的复习时间里真正掌握这些法条,确实需求技巧。本书既不建议拼体力死记硬背,也不建议编口诀投机取巧,而是建议考生缩小范围,精准定位。对传统知识点涉及的法条,应当作为延伸阅读,并不需要单独记忆,填空补缺即可;对新增考点涉及的法条,反复重点记忆关键词,并应用理解。

3. 合理利用真题

很多考生在复习过程中只是把历年真题作为检测自己复习效果的工具,习惯性地把真题放到考试前再进行测验。这种对真题的利用根本没有发挥出其价值,如果做真题只关注是否做对,是否记住了真题的答案,完全是舍本逐末的做法。尤其是商法、经济法,理论知识丰富,实践运用灵活,一般的考生在法学教育中很难对所涉全部部门法进行系统学习,也缺乏商业活动和经济管理的相关经验,此时,历年真题是集中体现命题思想和规律的材料,是考生迅速掌握学科考试动态的秘籍。真题的利用应当是循环进行并循序渐进的,复习过程中的任何阶段,都需要利用真题。在不同的复习阶段,考生研究真题的效果也不一样。

四、本书的一些特点

本书的设计,以部门法为专题构建商法、经济法体系,以专题导学开篇,以立法精神、学习线索初步介绍章节内容及考点重点,以考点解析作为核心内容,对考点内容进行展开分析,对于考点延伸以及隐含内容,通过"注意"的方式展示,便于考生更好地掌握考点的细节。同时配合经典真题及解析,进一步对知识点的内容进行巩固和运用。使考生在掌握知识点的同时能够掌握题目的分析思路和方法。

1. 构建体系

商法、经济法历来以散乱著称,笔者打破了现有的大纲及法条顺序,将知识点重新按照部门法排列组合,搭建体系,梳理知识点,便于考生能够模块化掌握知识内容,避免杂乱及疏漏。

2. 多维精解

以部门法为专题搭建知识体系。开篇通过专题导学的形式,让考生了解立法精神,掌握学习线索,通过全面剖析本部分重点,让考生对知识点进行初步的理解和掌握;并经由对历年真题的回顾,阐述考查角度以及解题的思路,培养学以致用的做题思路,让考生对该知识消化吸收、夯实基础,以期举一反三。

3. 减负增效

商法、经济法在法考中的考查基本上本着"重者恒重"的原则。本书基于这样的考虑,针对重点部门法,重点花费更多的笔墨,解释得更详尽、细致;针对有难度的高频考点,解释得更深入。反之,针对涉考性不是很强的考点进行简单描述,了解即可。从考生角度,在复习的过程中,要针对分值偏重,向考查机会更多的部门法和知识点倾注更多的精力和时间,而考查机会小的部门法则可以投入相对较少的精力只需关注到高频考点即可。

最后,祝愿各位考生在丰收的季节,心想事成。

郑佳宁

2018 年 5 月

目 录

商 法

公司法专题 ………………………………………………………………… (3)
合伙企业法专题 …………………………………………………………… (65)
个人独资企业法专题 ……………………………………………………… (84)
外商投资企业法专题 ……………………………………………………… (90)
破产法专题 ………………………………………………………………… (95)
票据法专题 ………………………………………………………………… (122)
证券法专题 ………………………………………………………………… (141)
保险法专题 ………………………………………………………………… (161)
海商法专题 ………………………………………………………………… (181)

经 济 法

竞争法专题 ………………………………………………………………… (189)
消费者法专题 ……………………………………………………………… (204)
银行业法专题 ……………………………………………………………… (232)
财税法专题 ………………………………………………………………… (246)
土地法专题 ………………………………………………………………… (271)
劳动法专题 ………………………………………………………………… (295)
环境法专题 ………………………………………………………………… (330)

商 法

公司法专题

专题导学：

公司法的精神：独立人格、有限责任

公司是指股东依照公司法的规定，以出资方式设立，股东以其认缴的出资额或认购的股份为限对公司承担责任，公司以其全部独立法人财产对公司债务承担责任的企业法人。

公司法学习线索：

1. 围绕公司、股东两个主体进行学习
2. 围绕公司财产权、股权两种权利进行学习

第一条主线：公司。 股东将自己的财产让渡给公司后，公司便有了独立人格，公司有自己独立的名称、住所、财产，并独立承担责任，这个责任是无限的，以其全部财产对公司债务承担责任。公司法中的很多考点都是围绕这个主线展开的。比如：公司设立、公司变更、合并与分立、公司的解散与清算都是围绕着公司的人格的产生、变化和消灭而进行的。公司的组织机构讲的是公司如何行使自己作为人格的行为能力，而对公司人格具体执行人董事、监事、高管的规制也相应而生。

第二条主线：股东。 股东让渡了自己的财产，取得了公司的股权，股东仅以其认缴或者认购的出资额或股份为限承担有限责任。因此，股东的资格、股东的各项权利(包括诉权)、股东的责任都是司法考试每年必考的考点。另外，有限责任公司、股份有限公司、一人公司、国有独资公司、上市公司由于其股东与各个公司之间关系的不同特点(主要是资合、人合等问题)，也衍生出各自特别的考点。如：有限责任公司涉及章程的自治性。如：上市公司涉及中小股东的保护。

第一节 公司法概述

考点 1 公司的概念和特征

(一) 公司的概念与特征

概念	公司，是指股东依照公司法的规定，股东以其认缴的出资额或认购的股份为限对公司承担责任，公司以其全部独立法人财产对公司债务承担责任的企业法人。公司由四个方面要素构成：法定性、营利性、社团性和法人资格，即依法设立、以营利为目的、个人结合的社团、独立人格。不过，现代公司法对于公司的发展在许多方面都突破、修正了传统概念，例如：一人公司的存在就是对于公司社团性的突破。

(续表)

特征	(1) 公司享有财产权,股东享有股权。股东作为投资者将其出资额度的所有权转移给公司,通过设立公司或者是向公司投资的方式获得经济利益。公司取得股东出资额度的所有权成为自己具备独立人格的条件,通过其经营活动获得经济利益从而将利润分享给股东。 (2) 公司独立承担财产责任。即公司以其全部财产对公司债务承担责任。公司不能清偿到期债务,有可能导致公司破产。 (3) 股东的有限责任原则,是指股东除按认缴的出资额或认购的股份缴足出资款外,对公司的债务或公司债权人不负其他责任。有限责任产生的理论基础是股东和公司的人格是分离的。对于有限责任的完整表述是股东作为投资者只在其出资额度内对公司债务承担责任,公司以其全部资产对自身债务承担责任。简而言之即是公司债权人的权利仅仅限于公司资产且不能延及股东的其他个人资产。 ① 以认缴的出资额或认购的股份数额为限。 ② 公司法规定了有限责任原则的例外——公司人格否认制度。

(二) 公司的分类

1. 有限责任公司和股份有限公司

相同点：有限责任

区别：

(1) 信用基础不同；

(2) 设立不同；

(3) 股权转让难易程度不同；

(4) 所有权与经营权分离程度不同；

(5) 公开程度不同。

有限责任公司和股份有限公司的信用基础

有限责任公司	股份有限公司
原则上:有限责任公司以人合为主,资合为辅。 例如:一人有限责任公司。	原则上:股份有限公司以资合为主,人合为辅。 例如:上市公司是典型的股份有限公司。

2. 人合企业与资合企业

	人合企业	资合企业
分类标准	企业的信用基础	
概念	人合企业的实质是投资人个体的复合体,是只由人身信赖关系的成员所组成的企业形态。	投资人单纯以其出资为媒介而结合的资本集合企业的法律形态,公司实质是资本的集合体。
信用基础	投资人	企业财产

(续表)

	人合企业	资合企业
责任形态	无限责任	有限责任
典型例子	合伙企业	上市公司
特点	(1) 具有很强的合伙色彩 (2) 投资人地位移转困难 (3) 企业所有权与经营权合一	与人合企业相对

有限责任公司：人合为主兼具资合；
股份有限公司：资合为主兼具人合。
合伙企业──→有限责任公司──→股份有限公司
人合性逐渐减弱，资合性逐渐加强：
第一，资本流转随之愈来愈便利；
第二，经营权与所有权愈来愈分离。

3. 总公司与分公司

	总公司	分公司(分支机构)
分类标准	从属关系	
概念	可以对其他公司进行直接控制、指挥的公司。	受其他公司直接支配、控制的公司。
设立		公司可以设立分公司。设立分公司，应当向公司登记机关申请登记，领取营业执照。 注意：实践中在我国具有三个以上分支机构的公司，才可以在公司名称中使用"总公司"的字样。
法人资格与民事责任	总公司具有法人资格，承担民事责任	分公司不具有法人资格，其民事责任由公司承担。

注意：分公司的法律地位
分公司是属于总公司的组成部门而非独立的公司法人，其法律地位可从两个方面认识：
① 在法律上分公司不具有法人资格，没有独立的财产、组织章程、法人机关，也不能独立的承担法律责任。
② 分公司具有民事主体资格和诉讼主体资格，分公司需要进行工商登记，领取营业执照。分公司在办理登记并领取营业执照后而具有营业能力，此时，视为总公司的对外授权，分公司可以在营业执照所记载营业范围内从事营业活动。分公司可以参加诉讼活动。

4. 母公司与子公司

(1) 母公司与子公司

	母公司	子公司
分类标准	控股关系	
概念	通过股份对另外一个公司实现控制的公司	被母公司控制的公司
设立		公司可以设立子公司
法人资格与民事责任		子公司具有法人资格,依法独立承担民事责任。
类型		① 全资子公司(一人公司) ② 控股子公司(控股股东) ③ 参股子公司

(2) 子公司与分公司的区别

	子公司	分公司
法律地位	具有独立的法律人格	不具有独立的法律人格
财产关系不同	具有独立财产	不具有独立财产
意志关系不同	具有独立的意志与独立的机构	不具有独立的意志与独立的机构
责任承担方式	依法独立承担民事责任	其民事责任由总公司承担

考点 2 公司法人人格与公司人格否认制度

(一) 公司法人人格

公司具有独立的法人人格,有自己独立的名称、住所、财产,并独立承担责任。

(二) 公司人格否认制度(揭开公司面纱理论)

学理上认为,公司法人人格否认制度是为阻止公司独立人格的滥用,就具体法律关系中的特定事项,否认公司的独立人格与股东的有限责任,责令公司的股东对公司债权人或者公共利益直接负责的一种法律制度。法人人格否认制度具有如下法律特征:

(1) 公司必须具有独立的法人人格。

(2) 只对于特定案件中的公司独立人格予以否认,不是对于公司独立人格全面、彻底、永久的否认。

(3) 该制度的宗旨在于保护债权人的利益。

概念	公司股东滥用公司法人独立地位和股东有限责任,逃避债务,严重损害公司债权人利益的,应当对公司债务承担连带责任。
法律地位	该制度只有当公司法人人格被滥用时才适用,是有限责任原则的补充。

（续表）

适用情形	实践中常见的是公司被股东不当控制，公司与股东之间财产或业务或组织机构混同等。 主要体现在以下几个方面： （1）公司资本明显不足，指公司成立时所确定的注册资本额与公司经营所隐含的风险相比明显不足，判断依据是经营需求。 （2）利用公司回避合同义务。 ① 为逃避契约上的特定不作为义务而设立新公司从事相关活动，如竞业禁止义务、商业秘密保密义务、不得制造特定产品义务。 ② 通过成立新公司逃避债务。 ③ 利用公司对债权人进行欺诈以逃避合同义务。 （3）利用公司规避法律义务，指利用公司规避法律所规定的强制性义务。 （4）公司法人人格形骸化，其实质是公司与股东人格完全混同。 ① 股东对公司的不正当控制，使公司丧失了独立的意志和利益。 ② 财产混同，指公司的财产不能与该公司的股东或者其他公司的财产作清晰的划分。 ③ 业务混同，指公司与股东业务活动不加区分，交易主体与实际主体不符或者无法辨认。 ④ 组织机构混同，指公司与股东在组织机构上存在严重的交叉，即所谓的"一套班子，两块牌子"。
法律效果	在适用公司人格否认情形下，要由股东以自己的个人财产对公司的债务承担连带责任。

考点 3 公司的权利能力和行为能力

（一）公司的权利能力

公司的权利能力是指公司享有权利和承担义务的资格。公司的权利能力在法律上的重要意义在于：判断公司是否享有某种特定权利或承担某种特定义务的标准，是判断公司从事法律行为效力的标准。

1. 权利能力的起止时间

依法设立的公司，由公司登记机关发给公司营业执照。公司营业执照签发日期为公司成立日期。公司清算结束后，清算组应当制作清算报告，报股东会、股东大会或者人民法院确认，并报送公司登记机关，申请注销公司登记，公告公司终止。

2. 对公司权利能力的限制

我国公司法属于私法范围，适用"法不禁止即自由"的原则。不过在理论上对公司的权利能力范围仍然存在三个方面的限制：第一，性质上的限制，法人是法律拟制的人因而不具有自然人的自然性质，但是，公司仍然享有一些特定人身权利，如名誉权、荣誉权。第二，法律上的限制，主要包括了转投资限制、担保限制和借贷限制。第三，目的上的限制，即公司的经营范围限制，不过目的上的限制这一理论已经逐渐被我国的公司法实践所废除。

法律上的限制：

(1) 公司的转投资

① 公司可以向其他企业投资。

② 除法律另有规定外，不得成为对所投资企业的债务承担连带责任的出资人。我国《合伙企业法》不限制法人(含公司)作为普通合伙人参加合伙，也就是不限制法人(含公司)对外承担无限责任。《公司法》第15条中的但书规定，为公司成为普通合伙人承担无限责任留有余地。

③ 转投资以及转投资的数额。是否转投资以及转投资的数额，由公司董事会或者股东会、股东大会决议。具体的决议机关由公司章程决定。

(2) 公司的担保

① 公司可以为他人提供担保。

② 担保决议作出的机关：应当依照公司章程的规定，由董事会或者股东会、股东大会决议。

③ 对外担保的数额：是否限制担保的总额及单项担保的数额，由公司章程决定。

④ 担保时表决权的限制：公司为公司股东或者实际控制人提供担保的，该股东或者受实际控制人支配的股东，不得参加担保事项的表决。该项表决由出席会议的其他股东所持表决权的过半数通过。

3. 公司的越权行为

公司的越权行为，是指公司超越章程的经营范围所从事的经营活动。只要公司不违反法律的禁止性规定，法人超越经营范围订立的合同有效。

例如："本公司从事中华人民共和国法律禁止及限制以外的一切经营活动。"

(二) 公司的行为能力

公司的行为能力是公司通过自己的意思表示构建法律关系的资格。

在我国公司的行为能力通过法定代表人实现。

1. 法定代表人的产生

(1) 我国法定代表人采取一元化的法定代表人制。

公司的法定代表人仍然只能是一名，而不存在共同代表。

(2) 公司法定代表人并不限于董事长担任，董事长、执行董事和经理均可以成为公司的法定代表人。

2. 对法定代表人行为的限制

公司章程、股东会可以对法定代表人行使职权作出限制，但是该限制不能约束善意第三人，法定代表人超越权限与善意第三人订立合同的，合同有效。

【真题演练】

1. 零盛公司的两个股东是甲公司和乙公司。甲公司持股70%并派员担任董事长，乙公司持股30%。后甲公司将零盛公司的资产全部用于甲公司的一个大型投资项目，待债权人丙公司要求零盛公司偿还货款时，发现零盛公司的资产不足以清偿。关于本案，下列哪一选项是正

确的？(2016年真题,单选)
A. 甲公司对丙公司应承担清偿责任
B. 甲公司和乙公司按出资比例对丙公司承担清偿责任
C. 甲公司和乙公司对丙公司承担连带清偿责任
D. 丙公司只能通过零盛公司的破产程序来受偿

【答案】 A

【解析】 根据我国《公司法》第20条的规定,本题中的大股东甲滥用自身权利,导致零盛公司无法清偿债权人丙的债务。此时应选择否认公司的法人人格,要求甲对丙的债权承担清偿责任。A选项正确、D选项错误。而对于乙公司来说,由于其并未做出滥用自身股东权利的行为,其仍然受到有限责任原则的保护,而无需以自身财产向丙公司承担清偿责任。B、C选项错误。

2. 玮平公司是一家从事家具贸易的有限责任公司,注册地在北京,股东为张某、刘某、姜某、方某四人。公司成立两年后,拟设立分公司或子公司以开拓市场。对此,下列哪一表述是正确的？(2014年真题,单选)
A. 在北京市设立分公司,不必申领分公司营业执照
B. 在北京市以外设立分公司,须经登记并领取营业执照,且须独立承担民事责任
C. 在北京市以外设立分公司,其负责人只能由张某、刘某、姜某、方某中的一人担任
D. 在北京市以外设立子公司,即使是全资子公司,亦须独立承担民事责任

【答案】 D

【解析】 根据《公司法》第14条第1款的规定,A项错误。分公司不具备法人资格,不能独立承担民事责任,故B项错误。现行法律对于分公司负责人并无特别规制。现实中由股东之外的人担任公司分支机构负责人是常态,故C项错误。根据《公司法》第14条第2款的规定,D项正确。

3. 甲公司欲单独出资设立一家子公司。甲公司的法律顾问就此向公司管理层提供了一份法律意见书,涉及子公司的设立、组织机构、经营管理、法律责任等方面的问题。请回答(1)~(3)题。(2010年真题,不定选)

(3)关于子公司的财产性质、法律地位、法律责任等问题,下列说法正确的是:
A. 子公司的财产所有权属于甲公司,但由子公司独立使用
B. 当子公司财产不足清偿债务时,甲公司仅对子公司的债务承担补充清偿责任
C. 子公司具有独立法人资格
D. 子公司进行诉讼活动时以自己的名义进行

【答案】 CD

【解析】 根据《公司法》第14条第2款的规定,选项A错误。当子公司财产不足清偿债务时,甲公司作为子公司的股东,仅以出资额为限对子公司的债务承担责任,选项B错误。子公司具有独立法人资格,进行诉讼活动时,应以自己的名义进行,选项C、D正确。

第二节 公司的设立

考点 1 公司设立

(一) 公司设立的概念与性质

概念	公司设立,是指公司设立人依照法定条件和程序,为组建公司并取得法人资格而从事的法律行为。
性质	从性质上看,公司设立是法律行为,是签订发起人协议、订立章程、出资、验资、设立登记等一系列行为的总称。
与"成立"的区别	公司成立是指发起人完成公司设立行为,经登记机关核准登记发给营业执照,取得公司法人资格的法律事实、法律后果。公司成立是一种事实状态,公司取得营业执照标志着公司成立。严格意义上公司设立+设立登记=公司成立。
设立原则	准则主义或称为登记制。需要设立审批的公司有:国有独资公司、中外合营公司、外商独资公司、商业银行、证券公司、保险公司等。

(二) 发起设立与募集设立

	发起设立	募集设立
概念	是指由发起人认缴或认购公司应发行的全部出资额或股份而设立公司。	是指有发起人认购公司应发行股份的一部分,其余部分向社会公开募集或者向特定对象募集而设立公司。 公司两种募集设立方式:向社会公众募集、定向募集。 (1) 公开募集是指公司发行的股份除了由发起人认购以外,其余股份向社会公开发行。 (2) 定向募集是指公司发行的股份除由发起人认购外,其余股份向特定的对象发行。 注意:定向募集的特定对象以累计200人为上限,累计超过200人的为公开募集。
适用情形	有限责任公司由全体股东出资设立,所以只能采取发起设立的方式。股份有限公司可以采取发起设立的方式。	股份有限公司可以采取募集设立方式。

（三）设立有限责任公司与股份有限公司应当具备的条件

公司类型	有限责任公司	股份有限公司
条件	（1）股东符合法定人数； （2）有符合公司章程规定的全体股东认缴的出资额； （3）股东共同制定公司章程； （4）有公司名称，建立符合有限责任公司要求的组织机构； （5）有公司住所。	（1）发起人符合法定人数； （2）有符合公司章程规定的全体发起人认购的股本总额或者募集的实收股本总额； （3）股份发行、筹办事项符合法律规定； （4）发起人制订公司章程，采用募集方式设立的经创立大会通过； （5）有公司名称，建立符合股份有限公司要求的组织机构； （6）有公司住所。

（四）公司设立的登记

主体	股份有限公司	董事会
	有限责任公司	全体股东指定的代表或者共同委托的代理人
法律效力	公司经设立登记的法律效力就是使公司取得法人资格。 注意：公司可以设立分公司。设立分公司，应当向公司登记机关申请登记，领取营业执照。分公司不具有法人资格，其民事责任由总公司承担。	

（五）公司登记

商事登记，也叫商业登记，是指商主体为了设立、变更或终止其主体资格，依照法律规定的内容和程序向登记机关提出申请，经登记机关审查核准予以登记注册的法律行为。其中，公司登记是指公司在设立、变更、终止时，由申请人依法向登记机关提出法定事项登记申请，经审查、核准并予以记载的行为。

性质	公司登记是要式法律行为，必须按照法定的条件和程序进行。
种类	（1）设立登记（开业登记）； （2）变更登记； （3）注销登记。
绝对登记事项设立登记	公司营业执照应当载明公司的名称、住所、注册资本、经营范围、法定代表人姓名等事项。公司营业执照记载的事项发生变更的，公司应当依法办理变更登记，由公司登记机关换发营业执照。
主管机关	工商行政管理部门
效力	（1）设立登记、注销登记：生效效力。 （2）变更登记：对抗效力。

考点 2　公司章程

(一) 公司章程的概念

公司章程有实质意义和形式意义之分。实质意义的公司章程,指关于公司组织形式与行为的基本规则本身。形式意义的公司章程,指记载上述基本规则的书面文件。

公司章程的特征体现在:

1. 法定性

法定性是指公司章程的法律地位、制定与修改、内容与形式以及效力均由公司法明确规定。

(1) 不可或缺。公司章程属于公司的必备性文件。

(2) 内容法定。公司章程的内容多由公司法直接规定,其中绝对记载事项不得遗漏;公司章程的内容不得与法律的强制性规范相抵触。

(3) 形式法定。公司章程必须采用书面形式并履行法定登记手续。

(4) 制定与修改法定。公司章程的制定必须遵照法定的权限与程序,非因法定事由并经法程序,不得修改。

(5) 效力法定。公司法一般直接规定公司章程的效力范围。

2. 真实性

公司章程内容的记载必须与事实相符。

3. 公开性

(1) 对所有的公司,都要求其章程必须注册登记。

(2) 股东对公司章程有知情权。

(3) 对于上市公司,相关法规规定公司章程是上市公司信息披露的一个重要内容。

注意:区分公司章程和合同的区别。① 订立、变更的要求不同。公司章程的订立和变更采用的是多数决定,而合同的成立采用的是双方当事人一致同意。② 效力范围不同。章程可以约束不赞成章程的股东、不参与订立的管理人员、未参加订立的后加入股东等,但是合同只能约束双方当事人。

(二) 公司章程的效力范围

具有约束力	公司章程对于公司自身和公司的董事、监事及高级管理人员均具有约束力。 注意:高级管理人员,是指公司的经理、副经理、财务负责人,上市公司董事会秘书和公司章程规定的其他人员。
不具有约束力	公司章程对公司的普通员工、公司债权人以及债务人不具有约束力。

1. 制定人

公司类型	制定人
有限责任公司	由全体股东共同制定。

（续表）

公司类型	制定人
发起设立的股份有限公司	由全体发起人共同制定公司章程。
募集设立的股份有限公司	由全体发起人共同制定,需要经由其他认股人参加的创立大会确认。
国有独资公司	由国有资产监督管理机构制定,或者由董事会制订报国有资产监督管理机构批准。

2. 章程的记载事项

（1）绝对必要事项、相对必要事项、禁止事项

	绝对必要事项	相对必要事项	禁止事项
概念	所谓绝对必要事项是指章程必须记载,否则章程不能成立进而也不得成立公司的事项。	即可记载也可以不记载,若记载就发生公司法上效力的事项。	凡是公司法的强制性规定,公司章程不得做出与法律规定不相同的规定,否则该规定不发生法律效力。
内容	我国《公司法》第25条、第81条分别规定了有限责任公司和股份有限公司章程的绝对必要事项。	例如:有限责任公司的利润分配方法（《公司法》第34条）;有限责任公司股东表决权（第42条）;股份有限公司股东的累积投票制度（第105条）。有限责任公司章程含有更多任意性规范,股份有限公司章程含有更多强制性规范。	例如:抽逃注册资本。

（2）有限责任公司章程与股份有限公司章程的绝对必要事项

有限责任公司章程绝对必要事项	股份有限公司章程绝对必要事项	说明
公司名称和住所	公司名称和住所	相同
公司经营范围	公司经营范围	相同
	公司设立方式	有限责任公司只能发起设立
公司注册资本	公司股份总数、每股金额和注册资本	股份有限公司增加了股份总数、每股金额
股东的姓名或者名称	发起人的姓名或者名称、认购的股份数、出资方式和出资时间	股份有限公司股东一般情况下较多,另以股东名册记载
股东的出资方式、出资额和出资时间		股份有限公司无此项

（续表）

有限责任公司章程绝对必要事项	股份有限公司章程绝对必要事项	说明
公司的机构及其产生办法、职权、议事规则	董事会的组成、职权和议事规则	股份有限公司必设董事会，有限责任公司可只设执行董事
	监事会的组成、职权和议事规则	股份有限公司必设监事会，有限责任公司可只设监事
公司法定代表人	公司法定代表人	
	公司利润分配办法	有限责任公司无此项
	公司的解散事由与清算办法	有限责任公司无此项
	公司的通知和公告办法	有限责任公司无此项
股东会会议认为需要规定的其他事项	股东大会会议认为需要规定的其他事项	

3. 公司章程的修改

修改权	公司股东会或股东大会
修改决议	公司股东会或股东大会的特别决议事项，即须经特别多数通过。《公司法》第43条规定，有限责任公司修改章程的决议，必须经代表2/3以上表决权的股东通过；《公司法》第103条规定，股份有限公司修改章程必须经出席股东大会的股东所持表决权的2/3以上通过。
变更登记	公司章程的修改涉及公司登记事项的变更，因此必须办理相应的变更登记，否则不得以其变更对抗第三人。

【真题演练】

张某与潘某欲共同设立一家有限责任公司。关于公司的设立，下列哪一说法是错误的？（2015年真题，单选）

A. 张某、潘某签订公司设立书面协议可代替制定公司章程
B. 公司的注册资本可约定为50元人民币
C. 公司可以张某姓名作为公司名称
D. 张某、潘某二人可约定以潘某住所作为公司住所

【答案】 A

【解析】 根据《公司法》第23条的规定，A选项错误。2013年《公司法》修改，取消了对有限责任公司最低注册资本的限制，故B选项正确。根据《企业名称登记管理规定》第10条第3款的规定，C选项正确。目前我国对企业的住所选址没有特别的禁止性规定，故D选项正确。本题为选非题，答案为A。

考点 3 公司资本制度

公司资本,又称公司股本,指公司章程确定并载明的,由全体股东出资所构成的公司财产的总和。公司资本和公司资产是有区别的,公司资产是指公司实际拥有的全部财产。

(一) 2013 年《公司法》修订的解读

《公司法》对于公司资本的修改核心在于用不断宽松化的现行法定资本制适应中国经济发展阶段与信用状况。

1. 取消了"实收资本"的规定

实收资本指的是公司通过股份发行收到的股金总额。

公司营业执照的载明事项中只有"注册资本"的项目要求,即公司章程规定的全体股东认缴的出资额。

2. 取消了"最低法定注册资本"的规定

(1) 一般情况下,无论是有限责任公司,还是股份有限公司,都不再要求具备最低法定注册资本。

(2) 对设立特殊公司的最低注册资本限额有所保留。

(3) 一人有限责任公司也不再要求实缴最低法定注册资本。

法律、行政法规以及国务院决定对有限责任公司注册资本实缴、注册资本最低限额另有规定的,从其规定。如商业银行、保险公司、证券公司等。

3. 取消了分期缴付的限制

(1) 有限责任公司取消了首次缴付的最低资本、首次缴付比例和实缴期限的限制。

(2) 股份有限公司取消了首次缴付比例和实缴期限的限制。

4. 取消了 30% 现金出资比例的限制

《公司法》放宽了对公司成立之时营运资金的要求,股东可以以任何形式的财产进行出资,不再需要配比 30% 比例的现金。

5. 取消了设立公司或增资时的验资程序

验资是法定机构依法对出资进行检验并出具相应证明的行为。

(1) 股东认足公司章程规定的出资后,由全体股东指定的代表或者共同委托的代理人向公司登记机关报送公司登记申请书、公司章程等文件,申请设立登记。

注意:公司章程可以规定股东出资必须经过验资。

(2) 非货币性财产依然要评估,并且不得高估或低估。

对作为出资的非货币财产应当评估作价,核实财产,不得高估或者低估作价。法律、行政法规对评估作价有规定的,从其规定。该规定依然有效。

6. 对股份有限公司募集设立的特别规定

(1) 募集设立的股份公司的资本实收制仍然保留。

(2) 保留"发行股份的股款缴足后,必须经依法设立的验资机构验资并出具证明"。

(3) 保留"在发起人认购的股份缴足前,不得向他人募集股份",以保护其他股东的利益。

7. 取消减资后的"注册资本不得低于法定的最低限额"的规定

(二) 出资形式

出资是指股东在公司设立或者增加资本时,为取得股份或股权,根据协议的约定以及法律和章程的规定向公司交付财产的义务。

1. 概述

可以出资的财产	股东可以用货币出资,也可以用实物、知识产权、土地使用权等可以用货币估价并可以依法转让的非货币财产作价出资;但是,法律、行政法规规定不得作为出资的财产除外。
不可以出资的财产	股东不得以劳务、信用、自然人姓名、商誉、特许经营权或者设定担保的财产作价出资。
非货币财产评估作价	对作为出资的非货币财产应当评估作价,核实财产,不得高估或者低估作价。法律、行政法规对评估作价有规定的,从其规定。 注意:出资后因市场变化或者其他客观因素导致出资财产贬值,风险由公司承担。 ① "市场变化或者其他客观因素"是指出资人在履行出资义务时,依据当时现有的资料、信息无法预见的客观事实和风险,包括不可抗力、意外事件、因市场经济规律产生的价格下跌、出资财产自身属性引起的价值损失等。总之,贬值不得归咎于出资人。 ② 此规定非强制性规定,如果当事人之间约定,非货币财产无论因何种原因贬值时,出资人皆负有补足出资的义务,该约定有效。
出资财产所有权的转移	股东以货币出资的,应当将货币出资足额存入公司在银行开设的账户;以非货币财产出资的,应当依法办理其财产权的转移手续。

2. 有限责任公司和股份有限公司的出资形式

	有限责任公司	股份有限公司发起设立	股份有限公司募集设立
可用来出资的财产	货币及实物、知识产权、土地使用权等可以用货币估价,并可以依法转让的非货币财产作价出资	与有限责任公司同	与有限责任公司同,但只能是发起人
不可用来出资的财产	信用、劳务、自然人姓名、商誉、特许经营权或者设定担保的财产等作价出资	与有限责任公司同	与有限责任公司同
非现金出资的特殊形式	必须经过评估并办理财产权的转移	与有限责任公司同	与有限责任公司同

(三) 出资特殊问题

1. 无权处分财产出资

(1) 出资人以不享有处分权的财产出资,当事人之间对于出资行为效力产生争议的,可以参照善意取得制度予以认定。

① 公司在受让该财产时是善意的,即公司不知道也不应当知道出资人对出资财产不享有处分权。

② 以合理的价格转让。

③ 出资财产依照法律规定应当登记的已经登记,不需要登记的已经交付公司。

出资人以他人财产出资,同时符合上述三个条件的,应当认定出资有效,公司取得出资财产所有权;不符合上述三个条件之一的,应当认定出资无效,原财产所有权人有权取回出资财产。

(2) 以贪污、受贿、侵占、挪用等违法犯罪所得的货币出资后取得股权的,对违法犯罪行为予以追究、处罚时,应当采取拍卖或者变卖的方式处置其股权。

① 货币作为特殊动产,理论上认为所有权与占有权合一,推定货币占有人为货币所有人,其享有对货币的处分权。故出资人将其非法取得的货币投入公司后,公司即取得货币的所有权,该出资行为应当有效,出资人依法取得与该出资对应的股权。

② 若直接将以贪污、受贿、侵占、挪用等违法犯罪所得的货币出资从公司财产中抽出,不利于公司资本维持与维护公司债权人的利益,因而公司法做了灵活性规定,即采用变卖、拍卖方式折价处理股权。

2. 以划拨土地使用权出资或者以设定权利负担的土地使用权出资

公司、其他股东或者公司债权人主张认定出资人未履行出资义务的,人民法院应当责令当事人在指定的合理期间内办理土地变更手续或者解除权利负担;逾期未办理或者未解除的,人民法院应当认定出资人未依法全面履行出资义务。

注意:在土地使用权上设定的权利负担包括租赁权、地役权和抵押权。

3. 股权出资

股权出资,股东以其对另一家公司享有的股权作为出资财产投入公司,并取得公司股权。

(1) 出资的股权由出资人合法持有并依法可以转让。

① 由出资人合法持有是指出资人获得该股权的方式符合法律、行政法规规定,不存在非法事由。

② 依法可以转让是指用于出资的股权的转让不受法律的限制。如:董事、监事、高级管理人员限制转让的股权。

(2) 出资的股权无权利瑕疵或者权利负担。

① 无权利瑕疵,是指不存在任何第三人就该用以出资的股权向公司主张任何权利的事由。实践中的股权瑕疵多产生于出资义务未履行或未全面履行的情形,如出资不足、虚假出资和抽逃出资。

② 无权利负担,是指股权之上不存在质押或者被冻结的权利行使受限的情形。

(3) 出资人已履行关于股权转让的法定手续。

股东以其持有的其他公司股权出资,应依法办理股权权属转让手续。特别注意有限责任公司的股权转让手续。

(4) 出资的股权已依法进行了价值评估。

对作为出资的非货币财产应当评估作价,核实财产,不得高估或者低估作价。

(四) 增资和减资

1. 增资

增加资本,简称增资,是指公司基于筹集资金、扩大经营等目的,依照法定的条件和程序增加公司的资本总额。

(1) 增资目的

筹集资金、扩大经营;保持现有运营资金,减少股东收益分配;调整现有股东结构和持股比例;公司吸收合并等。

(2) 程序

① 董事会拟订公司增资方案。

② 公司增资必须经过股东会特别多数决议,变更公司章程,并办理相应的变更登记手续。

注意:有限责任公司的优先认购权。

2. 减资

减少资本,简称减资,是指公司基于某种情况或需要,依照法定条件和程序,减少公司的资本总额。

(1) 减资目的

缩小经营规模;减少资本过剩,提高财产效用;实现股利分配,保证股东利益;真实反映公司资本信用状况;公司分立等。

(2) 程序

① 董事会拟订公司减资方案。

② 公司减资必须经过股东大会特别多数决议,变更公司章程。

③ 公司必须编制资产负债表及财产清单。

④ 通知债权人和对外公告。公司应当自作出减少注册资本决议之日起10日内通知债权人,并于30日内在报纸上公告。

⑤ 债务清偿或担保。债权人自接到通知书之日起30日内,未接到通知书的自公告之日起45日内,有权要求公司清偿债务或者提供相应的担保。

⑥ 办理减资登记手续。

【真题演练】

1. 湘星公司成立于2012年,甲、乙、丙三人是其股东,出资比例为7:2:1,公司经营状况良好。2017年初,为拓展业务,甲提议公司注册资本增资1000万元。关于该增资程序的有效完成,下列哪些说法是正确的?(2017年真题,多选)

A. 三位股东不必按原出资比例增资　　B. 三位股东不必实际缴足增资

C. 公司不必修改公司章程　　D. 公司不必办理变更登记

【答案】　AB

【解析】　根据《公司法》第34条规定,公司全体股东甲乙丙三人可以约定不照出资比例认缴出资,A 选项正确。根据《公司法》第 26 条规定,公司资本制度普遍实行认缴制,故三位股东在完成增资程序时不需要实际缴足增资,B 选项正确。根据《公司法》第 25 条规定,公司注册资本必须记载于公司章程中,若公司增资引发公司注册资本变化,公司章程也需要随之修订,C 选项错误。根据《公司法》第 179 条规定,公司增加或减少注册资本应当依法向公司登记机关办理变更登记,D 选项错误。

2. 2014 年 5 月,甲乙丙丁四人拟设立一家有限责任公司。关于该公司的注册资本与出资,下列哪些表述是正确的?(2014 年真题,多选)
   A. 公司注册资本可以登记为 1 元人民币
   B. 公司章程应载明其注册资本
   C. 公司营业执照不必载明其注册资本
   D. 公司章程可以要求股东出资须经验资机构验资

【答案】 ABD

【解析】 根据 2013 年《公司法》对公司资本制度的改革,A 项正确。根据《公司法》第 25 条第 1 款规定,B 项正确。根据《公司法》第 7 条第 2 款规定,C 项错误。2013 年《公司法》的修订取消了对有限责任公司股东出资时的验资要求,但公司章程可以规定股东出资必须经过验资,这属于公司自治的范畴,故 D 项正确。

3. 甲、乙、丙设立一有限公司,制定了公司章程。下列哪些约定是合法的?(2013 年真题,多选)
   A. 甲、乙、丙不按照出资比例分配红利
   B. 由董事会直接决定公司的对外投资事宜
   C. 甲、乙、丙不按照出资比例行使表决权
   D. 由董事会直接决定其他人经投资而成为公司股东

【答案】 ABC

【解析】 根据《公司法》第 34 条的规定,A 项正确。根据《公司法》第 42 条规定,C 项正确。根据《公司法》第 46 条第 3 款规定,B 项正确。根据《公司法》第 46 条第 6 款以及第 37 条第 7 款的规定,D 项不正确。

4. 甲、乙、丙、丁计划设立一家从事技术开发的天际有限责任公司,按照公司设立协议,甲以其持有的君则房地产开发有限公司 20% 的股权作为其出资。下列哪些情形会导致甲无法全面履行其出资义务?(2011 年真题,多选)
   A. 君则公司章程中对该公司股权是否可用作对其他公司的出资形式没有明确规定
   B. 甲对君则公司尚未履行完毕其出资义务
   C. 甲已将其股权出质给其债权人戊
   D. 甲以其股权作为出资转让给天际公司时,君则公司的另一股东已主张行使优先购买权

【答案】 BCD

【解析】 君则公司章程中并未禁止使用该公司股权作为其他公司的出资,这一情形并不会妨碍甲履行自己的出资义务,A 项不入选。根据《公司法解释(三)》第 11 条规定,B 项入选。甲已将其股权出质给其债权人戊,说明甲出资的股权上存在权利负担,可能导致甲无法全面履行其出资义务,C 项入选。根据《公司法》第 71 条规定,D 项入选。

第三节 公司的股东

考点 1 股东的基本知识

(一) 股东资格

1. 公司法对股东资格没有限制
2. 股东名册

股东名册,是指有限责任公司依据《公司法》的规定必须置备的用以记载股东及其所持股份数量、种类等事宜的簿册。

注意:有限责任公司记名股票的股东应当置备股东名册。对于股份有限公司无记名股票的持有人,以"持有"作为股东资格认定的依据。

(1) 公司负有置备股东名册的法定义务,股东名册属于股东资格的法定证明文件。

(2) 股东名册应当记载的事项:股东的姓名或者名称及住所;股东的出资额;出资证明书编号。记载于股东名册的股东,可以依股东名册主张行使股东权利。

(3) 公司应当将股东的姓名或者名称向公司登记机关登记;登记事项发生变更的,应当办理变更登记。未经登记或者变更登记的,不得对抗第三人。只要求公司向公司登记机关提交股东的姓名或者名称,并不要求提交股东名册。

(4) 股东名册与公司登记的效力问题。如果股东与公司、其他股东之外的第三人发生纠纷,应当以公司登记为准;如果股东与公司或者其他股东发生纠纷,则应当以股东名册为准。

注意:出资证明书的法律问题

出资证明书是有限责任公司股东出资的凭证,是有限责任公司成立后应当向股东签发的文件,是一种权利证书。

① 公司在成立之后向股东签发出资证明书,而不是在股东认缴出资之后当即向其签发出资证明书。

② 出资证明书是要式证书,必须依法制作,必须记载法律规定的事项,并加盖公司印章。

出资证明书上需要记载的事项:公司名称;公司成立日期;公司注册资本;股东的姓名或者名称、缴纳的出资额和出资日期;出资证明书的编号和核发日期。

③ 出资证明书只是认定股东资格的证明文件之一,并非法定证明文件更非唯一文件,所以出资证明书的瑕疵不影响股东资格的认定,也不会导致股东资格丧失。

④ 出资证明书不具备商业交易流通的功能,不能通过转让出资证明书来转让相应的股权。

(二) 股东权的分类

股东权是一种综合性的权利,包含了实体权利和程序权利,财产权利和身份权利。

1. 共益权和自益权

(1) 自益权,股东为自己从公司获取财产利益而享有的一系列权利。

(2) 共益权,股东直接为公司利益,间接为自己利益而参与公司决策、经营、管理、监督和控制而享有的一系列权利。

从性质上看自益权主要是指财产权,是股东投资的本来目的所在;共益权是非财产权,是为了更好地实现投资收益而必不可少的管理性权利。一般而言,共益权属于固有权,是股东依法享有的不得以公司章程或公司决议予以剥夺的权利;而自益权多是非固有权利。

注意:依权利之性质为标准,股东权可分为固有权和非固有权。前者指根据公司法规定不得以章程或股东会议予以剥夺的权利,如特别权与共益权;后者指可以依公司章程或股东会议加以剥夺的权利,自益权多属此类权利。

2. 单独股东权和少数股东权

(1) 单独股东权,不论股东的持股数量多少,仅持有最低单位股份的股东也可以单独行使的权利。

(2) 少数股东权,只有持有公司已发行股份的一定比例的股东才可以行使的权利。

对于少数股东权的股东既可以为持股之和达到该比例的数个股东,也可以为持股达到该比例的单个股东。

3. 一般股东权和特别股东权

(1) 一般股东权,公司的普通股东即可行使的权利。

(2) 特别股东权,专属于股东中特定人的权利,如公司发起人所享有的股东权。

考点 2 特殊股东

(一) 冒名股东

冒用他人名义出资并将该他人作为股东在公司登记机关登记的,冒名登记行为人应当承担相应责任。

(1) 冒名者向公司履行出资义务,并实际参与公司的经营管理,享有权利并承担风险。

(2) 被冒名者不知情,没有成为公司股东之意思,也没有行使任何股东权益,不应将其视为法律上的股东,继而不应当赋予其任何股东之权利与义务,被冒名者不应当对实际出资人的出资瑕疵承担补充赔偿责任。

(3) 冒名者冒用他人之名义登记,不但应当承担相应的股东责任,而且对于侵犯他人姓名权等人身权利的行为,应当承担侵权责任。

(二) 隐名股东

(1) 实际出资人与名义出资人订立合同,约定由实际出资人出资并享有投资权益,以名义出资人为名义股东,该合同有效。

① 实践中此类合同被称为隐名投资合同、代持股合同或隐名持股合同。

② 此类合同若不违反《合同法》第 52 条无效合同之规定,则是有效合同。

(2) 实际出资人与名义股东因投资权益的归属发生争议,实际出资人以其实际履行了出资义务为由向名义股东主张权利的,人民法院应支持其请求。

① 名义股东不得以公司股东名册记载、公司登记机关登记为由否认实际出资人的权利。

② 投资权益不同于股东权益。双方可以约定投资权益包括股权之全部或部分权能,但是股东权益只能由名义股东直接行使。

③ 此种约定只在实际出资人与名义股东内部发生法律效果,并不能发生对外效力。

(3) 实际出资人未经公司其他股东半数以上同意,请求公司变更股东、签发出资证明书、记载于股东名册、记载于公司章程并办理公司登记机关登记的,人民法院不予支持。

注意:实际出资人的股东资格的取得并不是完全适用《公司法》第71条股权的外部转让规则。当其他股东过半数同意时,其他股东并没有优先购买权;当未达到其他股东过半数同意时,名义股东仍为公司股东。

(4) 如果名义股东将登记于其名下的股权进行了诸如转让、质押或者以其他方式处分,实际出资人以其对于股权享有实际权利、名义股东不享有实际权利为由,请求认定处分股权行为无效的,人民法院可以参照善意取得制度处理。名义股东处分股权造成实际出资人损失的,应当承担赔偿责任。

注意:《公司法解释(三)》借鉴《物权法》关于善意取得制度的理论

对于公司来说,名义股东具有股东资格,享有股东权,因此名义股东处分股权不属于无权处分行为,而是有权处分行为。但是,毕竟名义股东不是实际出资人,名义股东违反双方约定,擅自处分股权的行为损害了实际出资人的利益,因此名义股东处分股权行为不同于一般的无瑕疵的有权处分行为。因此《公司法解释(三)》借鉴《物权法》关于善意取得制度的规定,对受让人取得股权设定了限制条件,但是借鉴善意取得制度的规定只是参照其规则进行处理,而不是从法律关系上认为名义股东处分股权的行为是无权处分行为,所以《公司法解释(三)》第25条用的是"参照"的表述方式。

(5) 就对外责任而言,如果公司债权人以登记于公司登记机关的名义股东未履行出资义务为由,请求其对公司债务不能清偿的部分在未出资本息范围内承担补充赔偿责任,股东以其为名义股东而非实际出资人为由进行抗辩的,该抗辩不能成立,名义股东应当承担出资不足或者出资不实的赔偿责任。名义股东承担上述赔偿责任后有权向实际出资人追偿。

① 根据商法外观主义原则,债权人可以要求名义股东在未出资范围内对债权人未获清偿之债权承担补充赔偿责任。

② 名义股东与实际出资人之间的内部约定不能对抗第三人,名义股东不能以其非实际出资人为由拒绝承担赔偿责任。

考点 3 发起人

(一) 发起人的定义

发起人是指为设立公司而签署公司章程、向公司认缴出资或者认购股份并履行公司设立职责的人。

(二) 发起人的行为

1. 发起人为设立公司以自己名义对外签订合同

(1) 以自己名义对外签订合同,合同相对人请求该发起人承担合同责任的,人民法院应予支持。

设立中公司,是指自发起人签订发起人协议或者达成发起合意时起至设立登记完成前,尚未取得法人资格的主体。

发起人以自己的名义对外订立合同,合同相对人只能请求该发起人承担合同责任,而不能请求实施合同行为以外的其他发起人承担合同责任。同时,该发起人不得以订立合同的目的是为设立公司为由对抗合同相对人。

(2) 公司成立后对前款规定的合同予以确认,或者已经实际享有合同权利或者履行合同义务,合同相对人请求公司承担合同责任的,人民法院应予支持。

合同相对人只有在公司通过明示或默示的方式承认其愿意成为合同主体时,合同相对人方可请求公司承担合同责任。合同相对人享有请求该发起人或者公司承担合同责任的选择权,一经选择不得变更。

2. 发起人以设立中公司名义对外签订合同

(1) 以设立中公司名义对外签订合同,公司成立后合同相对人请求公司承担合同责任的,人民法院应予支持。

设立中公司虽然不具有独立法人人格,但已具备民事主体的一些特征,如已具有事务执行机关、共同行为准则和一定的财产等,具备了一定的权利能力和行为能力,可以以自己的名义对外进行民事活动。

发起人是设立中公司的机关,有权代表设立中公司对外从事公司设立活动。设立中公司与正式成立后的公司系同一人格,发起人以设立中公司名义签订的合同,一般可认为是为了设立中公司的利益,合同权利义务应当归属于设立中公司,公司成立后当然应当承继合同的权利义务。合同相对人只能请求成立后的公司承担合同责任,而不能请求发起人承担合同责任。

(2) 公司成立后有证据证明发起人利用设立中公司的名义为自己的利益与相对人签订合同,公司以此为由主张不承担合同责任的,人民法院应予支持,但相对人为善意的除外。

如果发起人与第三人恶意串通,损害公司利益的,则应由发起人与第三人承担连带赔偿责任。公司成立后以此为由主张不承担合同责任的,应由公司承担举证责任。

(三) 股份有限公司发起人的特别规定

1. 人数

2~200人

2. 住所

须有半数以上的发起人在中国境内有住所。

3. 特权

制订公司章程、以非货币出资。

4. 义务

(1) 募集设立中,发起人认购的股份不得少于公司应发行股份总额的35%。

(2) 发起人应当自股款缴足之日起30日内主持召开公司创立大会。

(3) 发起人应当在创立大会召开15日前将会议日期通知认股人或者予以公告。

【真题演练】

1. 胡铭是从事进出口贸易的茂福公司的总经理,姚顺曾短期任职于该公司,2016年初离职。2016年12月,姚顺发现自己被登记为贝达公司的股东。经查,贝达公司实际上是胡铭与其友张莉、王威共同设立的,也从事进出口贸易。胡铭为防止茂福公司发现自己的行为,用姚顺留存的身份信息等材料,将自己的股权登记在姚顺名下。就本案,下列哪些选项是错误的?(2017年真题,多选)

  A. 姚顺可向贝达公司主张利润分配请求权
  B. 姚顺有权参与贝达公司股东会并进行表决
  C. 在姚顺名下股权的出资尚未缴纳时,贝达公司的债权人可向姚顺主张补充赔偿责任
  D. 在姚顺名下股权的出资尚未缴纳时,张莉、王威只能要求胡铭履行出资义务

【答案】 ABC

【解析】 根据《公司法解释(三)》第28条规定,冒名者是负有出资义务的股东,而被冒名者与公司没有任何关系。所以姚顺并非股东,不享有股东的任何权利,既不能向贝达公司主张分配利润,也不能参与贝达公司股东会,故A、B两项错误。胡铭冒用姚顺的名义出资并将姚顺作为股东在公司登记机关登记其应当承担相应责任,在被冒名登记人姚顺名下股权的出资尚未缴纳时,姚顺并不是公司股东,不承担补充出资责任或者对公司债务不能清偿部分的赔偿责任,C选项错误,D选项正确。

2. 高才、李一、曾平各出资40万元,拟设立"鄂汉食品有限公司"。高才手头只有30万元的现金,就让朋友艾瑟为其垫付10万元,并许诺一旦公司成立,就将该10万元从公司中抽回偿还给艾瑟。而李一与其妻闻菲正在闹离婚,为避免可能的纠纷,遂与其弟李三商定,由李三出面与高、曾设立公司,但出资与相应的投资权益均归李一。公司于2012年5月成立,在公司登记机关登记的股东为高才、李三、曾平,高才为董事长兼法定代表人,曾平为总经理。请回答第(3)题。(2012年真题,不定选)

(3) 2012年7月,李三买房缺钱,遂在征得其他股东同意后将其名下的公司股权以42万元的价格,出卖给王二,并在公司登记机关办理了变更登记等手续。下列表述正确的是:

  A. 李三的股权转让行为属于无权处分行为
  B. 李三与王二之间的股权买卖合同为有效合同
  C. 王二可以取得该股权
  D. 就因股权转让所导致的李一投资权益损失,李一可以要求李三承担赔偿责任

【答案】 BCD

【解析】 本题中李三以42万元的价格出卖给王二,系合理的价格,并在公司登记机关办理了变更登记等手续,题中也没有看出王二知情,应判断王二符合善意的要件,王二有权取得该股权。故C项正确。根据《公司法解释(三)》第25条第2款的规定,D项正确。对于本题而言,名义股东是记载于公司股东名册的股东,因此对于公司来说,名义股东具有股东资格,享有股东权,其处分股权的行为并不构成无权处分,故A项错误,B项正确。

3. 甲、乙、丙拟共同出资50万元设立一有限公司。公司成立后,在其设置的股东名册中记载了甲乙丙3人的姓名与出资额等事项,但在办理公司登记时遗漏了丙,使得公司登记的文件中股东只有甲乙2人。下列哪一说法是正确的?(2012年真题,单选)

  A. 丙不能取得股东资格
  B. 丙取得股东资格,但不能参与当年的分红

C. 丙取得股东资格,但不能对抗第三人

D. 丙不能取得股东资格,但可以参与当年的分红

【答案】 C

【解析】 根据《公司法》第32条规定,只要股东名册上登记的股东即取得股东资格,未登记不影响股东对内行使股东权利,比如分红权等,但对外不得对抗第三人。本题中,丙已被记载于股东名册中,具有股东资格,享有股东权利,可以要求分红。故A、B、D均错误。C项正确,丙不得对抗公司以外的第三人。

4. 甲、乙、丙、丁拟设立一家商贸公司,就设立事宜分工负责,其中丙负责租赁公司运营所需仓库。因公司尚未成立,丙为方便签订合同,遂以自己名义与戊签订仓库租赁合同。关于该租金债务及其责任,下列哪些表述是正确的?(2011年真题,多选)

A. 无论商贸公司是否成立,戊均可请求丙承担清偿责任

B. 商贸公司成立后,如其使用该仓库,戊可请求其承担清偿责任

C. 商贸公司成立后,戊即可请求商贸公司承担清偿责任

D. 商贸公司成立后,戊即可请求丙和商贸公司承担连带清偿责任

【答案】 AB

【解析】 根据《公司法解释(三)》第2条第1款的规定,无论商贸公司是否成立,戊均可请求丙承担清偿责任,故A项正确。根据《公司法解释(三)》第2条第2款的规定,商贸公司成立后,已经使用该仓库,属于实际享有合同权利,戊可请求商贸公司承担清偿责任;故B项正确。C项属于发起人以公司名义对外签订合同的情形,公司成立后的合同责任承担规定,与本题条件不符,故C项不正确。D项不符合公司法和公司法解释(三)的规定,属于干扰类选项,故D项不正确。

第四节 股东权利与股东义务

考点 1 股东权利

股东权利是公司股东基于股东资格而依法享有的权利。

(一) 会议权

1. 提议召开临时股东(大)会权

股东(大)会的会议方式分为定期会议和临时会议。定期会议,又称普通会议、股东年会,是指依法律和公司章程的规定在一定时间内必须召开的股东会议。临时会议,又称特别会议,是指在定期会议以外必要的时候,由于发生法定事由或根据法定人员、机构的提议而召开的股东会议。

有限责任公司	股份有限公司
有下列情形股东需要提议临时股东会： (1) 代表 1/10 以上表决权的股东； (2) 1/3 以上的董事； (3) 监事会或者不设监事会的公司的监事。	有下列情形股东无须提议，应当在两个月内召开临时股东大会： (1) 董事人数不足本法规定人数或者公司章程所定人数的 2/3 时； (2) 公司未弥补的亏损达实收股本总额 1/3 时； (3) 单独或者合计持有公司 10% 以上股份的股东请求时； (4) 董事会认为必要时； (5) 监事会提议召开时； (6) 公司章程规定的其他情形。

2. 股东(大)会的召集和主持权

股东(大)会的召集和主持权，是指由相关权利主体具体负责股东(大)会的召集与主持工作的一项程序性权利，包括决定股东(大)会会议召开的时间、地点，向股东发出通知和作出相关公告，负责相关议案的提交，主持决议的进行，记录会议相关情况等一系列工作。其事关股东(大)会能否正常进行，对于股东权利的维护、公司经营的进行都具有重要的意义。

公司类型	有限责任公司	股份有限公司
行使权利的情形	有限责任公司设立董事会的，股东会会议由董事会召集，董事长主持；董事长不能履行职务或者不履行职务的，由副董事长主持；副董事长不能履行职务或者不履行职务的，由半数以上董事共同推举一名董事主持。 有限责任公司不设董事会的，股东会会议由执行董事召集和主持。 董事会或者执行董事不能履行或者不履行召集股东会会议职责的，由监事会或者不设监事会的公司的监事召集和主持；监事会或者监事不召集和主持的，代表 1/10 以上表决权的股东可以自行召集和主持。	股东大会会议由董事会召集，董事长主持；董事长不能履行职务或者不履行职务的，由副董事长主持；副董事长不能履行职务或者不履行职务的，由半数以上董事共同推举一名董事主持。 董事会不能履行或者不履行召集股东大会会议职责的，监事会应当及时召集和主持；监事会不召集和主持的，连续 90 日以上单独或者合计持有公司 10% 以上股份的股东可以自行召集和主持。
少数股东权	代表 1/10 以上表决权的股东	连续 90 日以上单独或者合计持有公司 10% 以上股份的股东

3. 临时提案权

股东提案权，是指股东向股东(大)会提出议题或议案的权利。股东提案权的确立，可以使股东得以将其关心的问题提交股东(大)会讨论，实现其对公司决策和经营的参与、监督，从而提高股东对股东(大)会参与的积极性。

注意：股份有限公司股东的法定提案权是特殊规定，有限责任公司股东没有临时提案权。

(1) 单独或者合计持有公司 3% 以上股份的股东，可以在股东大会召开 10 日前提出临时提案并书面提交董事会。

(2) 董事会应当在收到提案后 2 日内通知其他股东，并将该临时提案提交股东大会审议。

(3) 临时提案的内容应当属于股东大会职权范围，并有明确议题和具体决议事项。

（二）表决权

1. 行使表决权的主体

公司类型	表决权
有限责任公司	股东会会议由股东按照出资比例行使表决权；但是，公司章程另有规定的除外。
股份有限公司	在股东大会会议的表决中，投票原则为"一股一权"，即股东出席股东大会会议，所持每一股份有一表决权。

2. 表决时的"特别表决权"规则

"特别表决权"事项	修改公司章程；增减注册资本；公司的合并、分立、解散；变更公司形式。
计算基数	有限责任公司，必须经代表2/3以上表决权的股东通过。股份有限公司必须经出席会议的股东所持表决权的2/3以上通过。
表决方式	有限责任公司转让股权采取"人头主义"，而非资本多数决原则。并且，股权转让或收购后应当变更公司章程，但此种章程的修改无需股东会决议，更无需特别表决权通过。
上市公司的特别表决事项	上市公司在1年内购买、出售重大资产或者担保金额超过公司资产总额30%的，应当由股东大会作出决议，并经出席会议的股东所持表决权的2/3以上通过。

3. 表决权的排除

情形	被排除表决权的股东
公司为公司股东或者实际控制人提供担保的	上述股东或者受法律规定的实际控制人支配的股东，不得参加法律规定事项的表决。该项表决必须经股东会或者股东大会决议，由出席会议的其他股东所持表决权的过半数通过。
收购人表决权的限制	收购人未按照《证券法》规定履行上市公司收购的公告、发出收购要约、报送上市公司收购报告书等义务或者擅自变更收购要约的，责令改正，给予警告，并处以10万元以上30万元以下的罚款；在改正前，收购人对其收购或者通过协议、其他安排与他人共同收购的股份不得行使表决权。对直接负责的主管人员和其他直接责任人员给予警告，并处以3万元以上30万元以下的罚款。
公司持有的本公司股份	公司持有的本公司股份没有表决权。

(三) 知情权

知情权指股东获取公司信息、了解公司情况的权利。知情权是固有权,公司章程、股东间协议不得对知情权主体、对象和权利行使方式等作出实质性限制,剥夺股东的知情权。

1. 主体

(1) 股东起诉时应当提供证据证明具有股东资格,可以提交股东名册、公司登记机关的登记文件。

(2) 原股东有初步证据证明在持股期间其合法权益受到侵害的,对其持股期间的公司相关材料,仍然可以行使知情权。

如原股东主张股权价值或者公司经营状态等被隐瞒,错误的信息导致其放弃股东身份、转让股权,其合法利益受到侵害的。

2. 对象

(1) 有限责任公司

① 股东有权查阅、复制公司章程、股东会会议记录、董事会会议决议、监事会会议决议和财务会计报告。

② 股东可以书面要求查阅公司会计账簿,公司有合理根据认为股东查阅会计账簿有不正当目的的,可能损害公司合法利益的,可以拒绝提供查阅。公司拒绝提供查阅的,应当自股东提出书面请求之日起15日内书面答复股东并说明理由。公司拒绝提供查阅的,股东可以请求人民法院要求公司提供查阅。

注意:不正当目的情形

a. 股东自营或者为他人经营与公司主营业务有实质性竞争关系业务的,但公司章程另有规定或者全体股东另有约定的除外;

b. 股东为了向他人通报有关信息查阅公司会计账簿,可能损害公司合法利益的;

c. 股东在向公司提出查阅请求之日前的三年内,曾通过查阅公司会计账簿,向他人通报有关信息损害公司合法利益的;

d. 股东有不正当目的的其他情形。

(2) 股份有限公司

股东有权查阅公司章程、股东名册、公司债券存根、股东大会会议记录、董事会会议决议、监事会会议决议、财务会计报告,对公司的经营提出建议或者质询。

3. 权利行使

(1) 胜诉判决中应明确查阅或者复制公司特定文件材料的时间、地点和特定文件材料的名录。股东依据判决查阅时,在该股东在场的情况下,可以聘请负有法定保密义务的中介机构执行人员辅助查阅。

(2) 股东及其辅助人泄露通过查阅得知的公司商业秘密给公司造成损失的,应当承担相应的赔偿责任。

(3) 公司董事和高级管理人员未依法履行职责置备公司文件材料,给股东造成损失的,应当承担赔偿责任。

(四) 新股认购优先权(有限责任公司)

新股认购优先权,是指赋予有限责任公司原有的股东以确定的价格按其持股比例优先购买公司发行新股的权利。赋予原有股东优先认购新股的权利,可以保护原有股东的持股比例,维持原有股东对公司的比例控制权。

(1) 股东之间认缴新增资本的出资比例,有约定的按约定,约定优先,如无约定,才按法律规定,充分体现了有限责任公司的人合性。

(2) 在股东间无约定的情况下,股东有权要求按照实缴的出资比例来认缴新增注册资本的出资。

(3) 有限责任公司股东缴纳新增出资,可以按照章程的约定分期缴纳。

(4) 优先权利只限于认购上的优先性,而非在发行价格或者其他认购条件上可得到优惠或者特殊的权利。

(五) 利润分配请求权

股利,是指公司依照法律或章程的规定,按期以一定的数额和方式分配给股东的利润。在利润分配的规定上,贯彻"无盈不分"原则,即公司当年无盈利时,原则上不得分配股利。

1. 公司的财务、会计

(1) 公司应当依照法律、行政法规和国务院财政部门的规定建立本公司的财务、会计制度。

(2) 公司应当在每一会计年度终了时编制财务会计报告,并依法经会计师事务所审计。

(3) 财务会计报告的提交。

① 有限责任公司应当依照公司章程规定的期限将财务会计报告送交各股东。

② 股份有限公司的财务会计报告应当在召开股东大会年会的 20 日前置备于本公司,供股东查阅;公开发行股票的股份有限公司必须公告其财务会计报告。

2. 分配比例

(1) 有限责任公司

股东按照实缴的出资比例分取红利。但是,全体股东约定不按照出资比例分取红利的除外。

公式:分红比例 = 实缴的出资/实缴的注册资本

(2) 股份有限公司

按照股东持有的股份比例分配,但股份有限公司章程规定不按持股比例分配的除外。

3. 分配顺序

(1) 公司分配当年税后利润时,应当提取利润的 10% 列入公司法定公积金。当法定公积金已达注册资本的 50% 时可不再提取。

注意:法定公积金的概念

法定公积金是公司法规定必须从税后利润中提取的公积金。对法定公积金,公司既不得以其章程或股东会决议予以取消,也不得低于法定的提取比例。

(2) 公司的法定公积金不足以弥补以前年度亏损的,在依照前款规定提取法定公积金之前,应当先用当年利润弥补亏损。

注意:法定公积金的用途

第一,弥补亏损;第二,扩大公司生产经营;第三,增加公司注册资本。法定公积金转为资本时,所留存的该项公积金不得少于转增前公司注册资本的 25%。

(3) 股份有限公司以超过股票票面金额的发行价格发行股票所得的溢价款以及国务院财政部门规定列入资本公积金的其他收入,应当列为公司资本公积金。资本公积金不得用于弥补公司的亏损。

注意:资本公积金

资本公积金是公司非营业活动所产生的收益。资本公积金的来源主要有:第一,公司以超过股票面金额的发行价格发行股份所得的溢价款;第二,处置公司资产所得的收入;第三,资产重估价值与账面净值的差额;第四,接受捐赠。

（4）公司从税后利润中提取法定公积金后,经股东会或者股东大会决议,还可以从税后利润中提取任意公积金。

注意:任意公积金的提取不具有法律强制性,其提取的比例、最低提取额和用途,由股东会或者股东大会决议作出明确规定。

（5）公司弥补亏损和提取公积金后所余税后利润,进行分配。

4. 司法救济

（1）股东请求公司分配利润的,应当以公司为被告;其他股东在一审辩论终结前基于同一分配方案请求分配利润并申请参加诉讼的,应当列为共同原告。

（2）法院应当按照股东会议有效决议通过的具体分配方案规定的比例或数额、范围、时间等判决公司履行给付义务。法院应当查明公司主张的在作出分配利润的决议后,出现财务恶化等无法实施决议的抗辩事由是否成立。

（3）分配利润属于公司的商业判断范畴,司法一般不予干涉。公司可以不作出分配利润的决议,也可以做出不分配利润的决议。但是,违反法律规定滥用股东权利导致公司不分配利润,给其他股东造成损失的除外。

注意:滥用股东权利的主要情形

① 发放过高薪酬,变相给股东分配利润;

② 提供与公司业务不相关的消费,变相给股东分配利润;

③ 为了不分配利润,隐瞒或转移公司利润。

对于滥用股东权利导致公司不分配利润的,法院可以酌情决定,径行判决公司分配利润或者判决公司作出分配利润的决议。

(六)异议股东股份回购请求权(有限责任公司)

异议股东股份回购请求权,是指股东会作出对股东利害关系产生实质影响的决定,对该决定持有异议的股东有权要求公司以公平的价格回购其手中的股权,从而退出公司的权利。

概念	有限责任公司的股东对股东会某项重要决议投反对票的,可以请求公司按照合理的价格收购其股权。
重要决议事项	（1）公司连续5年不向股东分配利润,而公司该5年连续盈利,并且符合《公司法》规定的分配利润条件; （2）公司合并、分立、转让主要财产; （3）公司章程规定的营业期限届满或者章程规定的其他解散事由出现,股东会会议通过决议修改章程使公司存续。
行使	自股东会会议决议通过之日起60日内,股东与公司不能达成股权收购协议的,股东可以自股东会会议决议通过之日起90日内向人民法院提起诉讼。

(七) 转让股份或股权的权利

1. 有限责任公司的股权转让

股权的转让是指有限责任公司的股东依照一定的程序把自己的股权让与受让人,由受让人取得股权而成为公司的股东。

股权转让的法律特征如下:股权转让是一种股权买卖行为,从实质意义上讲,股权转让的是一种对公司的控制权;股权转让不改变公司的法人人格,股权转让完成后,公司股东发生变化;股权转让是要式行为,股权转让除须符合实体条件外,还应完成法律规定的股权转让的法定程序。

原则:内部自由、外部限制;公司章程对股权转让另有规定的,从其规定。

(1) 股权的一般外部转让

① 对外转让,应就其股权转让事项以书面或者其他能够确认收悉的合理方式通知其他股东征求同意。其他股东半数以上不同意转让,不同意的股东不购买的,视为同意转让。

② 经股东同意转让的股权,其他股东主张转让股东应当向其以书面或者其他能够确认收悉的合理方式通知转让股权的同等条件的,法院应当支持。

注意:一次通知与二次通知。

③ 经股东同意转让的股权,在同等条件下,转让股东以外的其他股东享有优先购买权。

a. 同意对外转让的股东对股权的优先购买权并不丧失。

b. 同等条件包括转让股权的数量、价格、支付方式及期限等因素。

c. 两个以上股东主张行使优先购买权的,协商确定各自的购买比例;协商不成,按照转让时各自的出资比例行使优先购买权。

④ 股东主张优先购买权的,应当在收到通知后,在公司章程规定的行使期间内提出购买请求。公司章程没有规定行使期间或者规定不明的,以通知确定的期间为准,通知确定的期间短于30日或者未明确行使期间的,行使期间为30日。

⑤ 转让股东,在其他股东主张优先购买后又不同意转让股权的,对其他股东主张优先购买的主张,法院不予支持,但公司章程另有规定或者全体股东另有约定的除外。其他股东可以主张转让股东赔偿其合理损失。

⑥ 司法救济

a. 对外转让,未就其股权转让事项征求其他股东意见,或者以欺诈、恶意串通等手段,损害其他股东优先购买权,其他股东可以主张按照同等条件购买该股权。

注意:其他股东自知道或应当知道行使优先购买权的同等条件之日起30日内没有主张,或者自股权变更登记之日起超过1年的除外。

b. 优先购买权受到损害的其他股东,如果仅提出确认股权转让合同及股权变动效力等请求,未同时主张按同等条件购买转让股权的,法院不予支持。

c. 优先购买权受到损害的其他股东,非因自身原因导致无法行使优先购买权,只能请求损害赔偿。

d. 股东以外的股权受让人,因股东行使优先购买权而不能实现合同目的的,可以依法请求转让股东承担相应的民事责任。

注意：在股权拍卖、产权交易所进行国有股权转让时，优先购买权的行使应当遵照特别法的规定。

（2）股权的强制执行

法院强制执行转让股东的股权时，应当通知公司及全体股东，其他股东自人民法院通知之日起满 20 日内在同等条件下有优先购买权。

（3）异议股东股份回购请求权

股东对对股东会特定决议事项投反对票的，可以依法请求公司按照合理的价格收购其股权。

① 公司连续 5 年不向股东分配利润，而公司该 5 年连续盈利，并且符合公司法规定的分配利润条件的；

② 公司合并、分立、转让主要财产的；

③ 公司章程规定的营业期限届满或者章程规定的其他解散事由出现，股东会会议通过决议修改章程使公司存续的。

（4）股权继承

自然人股东的合法继承人可以继承股东资格，但是公司章程可以另行约定。

注意：瑕疵出资股权转让人的责任

① 瑕疵出资股权转让人的权利瑕疵担保责任

在股权转让合同中存在瑕疵担保责任问题，这里的瑕疵担保责任指由于转让人出资义务未完全履行而造成的股权瑕疵，使得受让人因而受损害时，转让人应承担的责任属于权利瑕疵担保责任。

股权权利瑕疵使得受让人受让的权利之上存在负担或限制的瑕疵，但不存在股权履行不能或部分履行不能的问题，因而，受让人不能以出资不到位的股权瑕疵请求解除合同，但是，可以在满足瑕疵责任要件的情况下向转让人主张损害赔偿。

② 瑕疵出资股权转让人的出资责任

有限责任公司的股东未履行或未全面履行出资义务即转让股权，公司有权请求该股东履行出资义务，受让人对此知道或者应当知道的承担连带责任。公司债权人在下列条件下享有与公司同样的诉权：第一，瑕疵出资股权侵害了公司债权人的债权，即公司不能清偿公司债务；第二，公司债权人请求赔偿的金额以股东未出资本金及利息范围为限。

公司或债权人请求受让人承担瑕疵出资股权转让的连带责任时，如果存在股权多次转让情形，受让人应包括转让股东之后手所有通过股权受让取得股权的股东。受让人不得以其与前手股东或者后手股东之间的约定对抗公司或者债权人；受让人承担责任后，可以向包括转让股东在内的所有前手股东追偿。

2. 股份有限公司的股份转让

股份的转让是指股份责任公司的股东依照一定的程序把自己的股份让与受让人，由受让人取得股份而成为公司的股东。

限制		
	原则:自由转让,限制例外。	
	交易地点	在证券交易场所或者按照国务院规定的其他方式。
	发起人	自公司成立之日起1年内不得转让。
	上市公司股东	公司公开发行股份前已发行的股份,自公司股票在证券交易所上市交易之日起1年内不得转让。
	董事、监事、高管	(1) 申报股份及其变动情况; (2) 在任职期间每年转让股份不得超过其所持有本公司股份总数的25%; (3) 自公司股票上市交易之日起1年内不得转让; (4) 离职后半年内不得转让。
	股份回购	(1) 原则上,公司不得收购本公司股份。 (2) 公司可以收购本公司股份的例外情况: ① 减少公司注册资本; ② 与持有本公司股份的其他公司合并; ③ 将股份奖励给本公司职工; 注意:不得超过本公司已发行股份总额的5%;用于收购的资金应当从公司的税后利润中支出。 ④ 股东因对股东大会作出的公司合并、分立决议持异议。
	禁止接受本公司的股票作为质押权的标的	禁止接受本公司的股票作为质押权的标的。
	停止过户期	股东大会召开前20日内或者公司决定分配股利的基准日前5日内,不得进行法律规定的股东名册的变更登记。

(八) 公司解散请求权

情形	1. 请求解散的情形 公司经营管理发生严重困难,继续存续会使股东利益受到重大损失,通过其他途径不能解决的,持有公司全部股东表决权10%以上的股东,以下列事由之一提起解散公司诉讼,人民法院应予受理: (1) 公司持续2年以上无法召开股东会或者股东大会,公司经营管理发生严重困难的; (2) 股东表决时无法达到法定或者公司章程规定的比例,持续2年以上不能做出有效的股东会或者股东大会决议,公司经营管理发生严重困难的; (3) 公司董事长期冲突,且无法通过股东会或者股东大会解决,公司经营管理发生严重困难的; (4) 经营管理发生其他严重困难,公司继续存续会使股东利益受到重大损失的情形。 2. 不得请求解散的情形 股东以知情权、利润分配请求权等权益受到损害,或者公司亏损、财产不足以偿还全部债务,以及公司被吊销企业法人营业执照未进行清算等为由,提起解散公司诉讼的,人民法院不予受理。

（续表）

对股东的要求	持有公司全部股东表决权10%以上的股东
程序	（1）股东提起解散公司诉讼应当以公司为被告。 （2）原告以其他股东为被告一并提起诉讼的，人民法院应当告知原告将其他股东变更为第三人；原告坚持不予变更的，人民法院应当驳回原告对其他股东的起诉。 （3）原告提起解散公司诉讼应当告知其他股东，或者由人民法院通知其参加诉讼。其他股东或者有关利害关系人申请以共同原告或者第三人身份参加诉讼的，人民法院应予准许。 注意：股东在提供担保且不影响公司正常经营的情形下，可向法院申请财产保全或证据保全。
效力	人民法院关于解散公司诉讼作出的判决，对公司全体股东具有法律约束力。 注意：股东提起解散公司诉讼，不得同时提起清算公司的诉讼。应当在人民法院判决解散公司后，依法自行组织清算或者另行申请人民法院对公司进行清算。

（九）剩余财产分配请求权

公司剩余财产分配请求权的发生，须以公司向其全体债权人清偿债务之后尚有剩余财产为实质要件。

（1）公司剩余财产分配请求权是股东向公司得以主张的最后权利。

（2）清偿公司债务后的剩余财产，有限责任公司按照股东的出资比例分配，股份有限公司按照股东持有的股份比例分配。

（十）股东诉权

股东享有诉权，即当事人向人民法院应诉和起诉，请求人民法院行使审判权以保护其权益的权利。

直接诉讼	直接诉讼，是指股东基于股权，对其权利的侵害人就其个人范围内造成的损害提起的诉讼。 【《公司法》第152条】董事、高级管理人员违反法律、行政法规或者公司章程的规定，损害股东利益的，股东可以向人民法院提起诉讼。

(续表)

派生诉讼（代表诉讼）	1. 概念 派生诉讼是指股东代行公司的权利，以自己的名义起诉损害公司利益的侵害人的诉讼。 2. 诉讼资格 有限责任公司：股东 股份有限公司：连续180日以上单独或者合计持有公司1%以上股份的股东 3. 穷尽公司内部救济 （1）董事、高级管理人员侵权的，书面请求监事会或者不设监事会的监事起诉。 （2）监事侵权的，书面请求董事会或者不设董事会的执行董事起诉。 （3）他人侵犯公司合法权益，给公司造成损失的，书面请求监事会或者不设监事会的监事，或者书面请求董事会或者不设董事会的执行董事起诉。 （4）拒绝提起诉讼的，或者自收到请求之日起30日内未提起诉讼的，或者情况紧急、不立即提起诉讼将会使公司利益受到难以弥补的损害的，股东有权为了公司的利益以自己的名义直接提起诉讼。 【《公司法》第151条】董事、高级管理人员有本法第149条规定的情形的，有限责任公司的股东、股份有限公司连续180日以上单独或者合计持有公司1%以上股份的股东，可以书面请求监事会或者不设监事会的有限责任公司的监事向人民法院提起诉讼；监事有本法第149条规定的情形的，前述股东可以书面请求董事会或者不设董事会的有限责任公司的执行董事向人民法院提起诉讼。 监事会、不设监事会的有限责任公司的监事，或者董事会、执行董事收到前款规定的股东书面请求后拒绝提起诉讼，或者自收到请求之日起30日内未提起诉讼，或者情况紧急、不立即提起诉讼将会使公司利益受到难以弥补的损害的，前款规定的股东有权为了公司的利益以自己的名义直接向人民法院提起诉讼。 他人侵犯公司合法权益，给公司造成损失的，本条第1款规定的股东可以依照前两款的规定向人民法院提起诉讼。

注意：股东代表诉讼和股东直接诉讼的区别

① 诉权归属：股东代表诉讼属于公司，只有在公司怠于行使时，才能派生代表诉权。股东直接诉讼，诉权属于股东本身。

② 适用情形：股东代表诉讼系股东为了公司利益而提起的；股东直接诉讼系直接侵害了股东的个人利益。

③ 诉讼目的与结果归属：股东代表诉讼是为公司利益提起的，若胜诉，所得利益归于公司，因而股东代表诉讼属于共益权；股东直接诉讼是为股东利益提起的，若胜诉，所得利益归于股东，因而股东直接诉讼属于自益权。

④ 程序差异：代表诉讼有前置程序的特别程序障碍；股东直接诉讼没有该前置程序。

⑤ 当事人：股东直接诉讼的原告股东没有限制；在股东有限责任公司中，股东代表诉讼的原告股东受到持股时间、持股比例方面的限制。

考点 2　股东的义务

（一）出资义务

股东的出资义务是指股东应当足额缴纳公司章程中各自认缴的出资额，是股东基于其股东地位,为公司目的之需要所负的对公司为一定给付的义务。股东承担出资义务,一方面是公司资本制度的内在要求,同时也体现了交易安全的需要,出资是股东最基本的义务,这种义务既是一种约定义务,也是一种法定义务。

1. 未履行或者未全面履行出资义务的形式

(1) 完全不履行

完全不履行,指股东根本不出资。

(2) 未完全履行

未完全履行,指股东只履行了部分出资义务。

(3) 不适当履行

不适当履行,指出资的时间、形式或手续不符合规定。

注意:以下几种情况需要特别注意

① 非货币财产出资未依法评估

出资人以非货币财产出资,未依法评估作价,公司、其他股东或者公司债权人请求认定出资人未履行出资义务的,人民法院应当委托具有合法资格的评估机构对该财产评估作价。评估确定的价额显著低于公司章程所定价额的,人民法院应当认定出资人未依法全面履行出资义务。

未依法评估作价包括未进行评估作价和评估作价不合法(评估机构不具有合法资格、评估作价程序违法、评估方法不当、评估结果不真实合理等)。

② 实际交付财产但未办理权属变更登记手续

公司、其他股东或者公司债权人主张认定出资人未履行出资义务的,人民法院应当责令当事人在指定的合理期间内办理权属变更手续;在指定期间内办理了权属变更手续的,人民法院应当认定其已经履行了出资义务。

③ 已经办理权属变更登记手续但未实际交付财产

公司或者其他股东主张其向公司交付、并在实际交付之前不享有相应股东权利的,人民法院应予支持。

2. 出资责任

自己责任	(1) 股东未履行或者未全面履行出资义务的,应当向公司足额缴纳或补足差额。公司或者其他股东可以向法院提出请求。 (2) 股东未履行或者未全面履行出资义务的,应当在未出资本息范围内对公司债务不能清偿的部分承担补充赔偿责任。公司债权人可以向法院提出请求。 ① 该责任属于"补充责任",是指债权人只有在公司不能清偿其债权时,就不能清偿的部分请求责任主体承担赔偿责任。 ② 该责任属于"有限责任",是指责任主体向全体债权人承担赔偿责任的范围以股东未履行出资义务的本金及利息范围为限。
连带责任	(1) 股东未履行或者未全面履行出资义务的,发起人承担连带责任。 (2) 董事、高级管理人员未尽勤勉义务向股东催收资本的,承担连带责任。

(续表)

违约责任	(1) 有限责任公司的股东 ① 没有缴纳货币出资的,或对于非货币出资没有依法办理财产权转移手续的,股东向其他已按期足额缴纳出资的股东承担违约责任。 ② 非货币财产的实际价额显著低于公司章程所定价额的,只有补足差额责任,没有违约责任。 (2) 股份有限公司的股东 按照发起人协议承担违约责任。 注意:设立时股东、发起人之间是合伙关系,适用《公司法》与《合同法》的规定。
发起人	(1) 设立失败时 对设立行为所产生的债务和费用、认股款及利息的连带责任。 (2) 设立时发生的职务侵权 公司成立后,公司承担侵权赔偿责任;公司未成立,发起人承担连带赔偿责任。 (3) 设立过程中 发起人对公司承担过错赔偿责任。 注意:部分发起人依照法律规定承担责任后,请求其他发起人分担的,人民法院应当判令其他发起人按照约定的责任承担比例分担责任;没有约定责任承担比例的,按照约定的出资比例分担责任;没有约定出资比例的,按照均等份额分担责任。

3. 股东权利限制与除名

(1) 股东权利的限制

对未履行出资义务的股东,公司可以根据公司章程或股东会决议对其利润分配请求权、新股优先认购权、剩余财产分配请求权等股东权利作出相应的限制。

(2) 股东除名

股东除名制度从司法层面上确认了公司在一定条件下解除股东资格行为(即除名行为)的效力。股东除名行为是一种非常严厉的措施,应当符合一定的条件和程序。

① 适用于"未出资"和"抽逃全部出资"的严重违反出资义务的情形。

② 在除名前,应当给予股东补正的机会,即应当催告该股东在合理期间内缴纳或者返还出资。

③ 公司对股东除名应当依法召开股东会,作出股东会决议。

注意:公司办理法定减资程序或者其他股东或第三人缴纳相应的出资之前,被除名的股东仍然应当承担此前由于其未出资或抽逃全部出资所导致的对公司债权人的法律责任。

4. 股东出资责任的诉讼程序

(1) 股东出资责任之诉不适用诉讼时效。

(2) 原告提供对股东履行出资义务产生合理怀疑证据的,被告股东应当就其已履行出资义务承担举证责任。

(二) 控股股东的义务

控股股东的概念	控股股东,指其出资额占有限责任公司资本总额50%以上或持有的股份占股份有限公司总额50%以上的股东;出资额或者持有股份的比例虽然不足50%,但依其出资额或持有股份所享有的表决权足以对股东会、股东大会的决议产生重大影响的股东。
控股股东对公司的义务	公司的控股股东、实际控制人、董事、监事、高级管理人员不得利用其关联关系损害公司利益。利用关联交易给公司造成损失的,应当承担赔偿责任。

注意:关联关系

关联关系,是指公司控股股东、实际控制人、董事、监事、高级管理人员与其直接或者间接控制的企业之间的关系,以及可能导致公司利益转移的其他关系。但是,国家控股的企业之间不仅仅因为同受国家控股而具有关联关系。

(三) 禁止抽逃出资

抽逃出资是严重侵害公司资本的行为。我国公司法明确禁止股东抽逃出资。

1. 抽逃出资的情形

(1) 制作虚假财务会计报表虚增利润进行分配

制作虚假财务会计报表虚增利润进行分配,本身已经违反了公司分配利润时"无盈不分"的法定原则,侵害了公司的权益。

(2) 通过虚构债权债务关系将其出资转出

虚构债权债务关系将其出资转出,属于恶意地将公司资本转出,无需支付对价和提供担保,也无返还期限的约定等,侵害了公司的权益。

(3) 利用关联交易将出资转出

正常的关联交易行为本身并不足以构成抽逃出资,但是利用关联交易将出资转出,侵害公司利益,则可以认定为抽逃出资。

(4) 其他未经法定程序将出资抽回的行为

2. 抽逃出资的责任

股东抽逃出资,应向公司返还出资本息;协助抽逃出资的其他股东、董事、高级管理人员或者实际控制人承担连带责任。公司或者其他股东可以向法院请求。

【真题演练】

1. 汪某为兴荣有限责任公司的股东,持股34%。2017年5月,汪某因不能偿还永平公司的货款,永平公司向法院申请强制执行汪某在兴荣公司的股权。关于本案,下列哪一选项是正确的?(2017年真题,单选)

A. 永平公司在申请强制执行汪某的股权时,应通知兴荣公司的其他股东

B. 兴荣公司的其他股东自通知之日起1个月内,可主张行使优先购买权

C. 如汪某所持股权的50%在价值上即可清偿债务,则永平公司不得强制执行其全部股权

D. 如在股权强制拍卖中由丁某拍定,则丁某取得汪某股权的时间为变更登记办理完毕时

【答案】 C

【解析】 根据《公司法》第72条规定,在强制执行公司股权时,应当由法院而非债权人通知其他股东,即永平公司没有义务通知其他股东,A选项错误。其他股东行使优先购买权的时间是自人民法院通知之日起20日内而不是一个月内,B选项错误。强制执行应以债权人的债权得到实现为限,不得超限执行损害债务人利益;本题中股权属于可分割财产,若50%股权足以清偿债务,就不能强制执行其全部股权,C选项正确。根据《公司法》第32条规定,工商变更登记仅仅是股权变动的对抗要件而不是生效要件。在股权强制拍卖的情况下,因为人民法院事先已经通知了公司及其他股东,只要法院作出股权拍卖的裁定,即发生股权变动的效果,D选项错误。

2. 紫霞股份有限公司是一家从事游戏开发的非上市公司,注册资本5000万元,已发行股份总额为1000万股。公司成立后经营状况一直不佳,至2015年底公司账面亏损3000万元。2016年初,公司开发出一款游戏,备受玩家追捧,市场异常火爆,年底即扭亏为盈,税后利润达7000万元。2016年底,为回馈股东多年的付出,紫霞公司决定分配利润。此时公司的法定公积金余额仅为5万元。就此次利润分配行为,下列选项正确的是:(2017年真题,不定项选)

A. 公司应提取的法定公积金数额为400万元

B. 公司可提取法定公积金的上限为税后利润的一半,即3500万元

C. 经股东会决议,公司可提取任意公积金1000万元

D. 公司向股东可分配利润的上限为3605万元

【答案】 ACD

【解析】 根据《公司法》第166条规定,公司2016年税后利润7000万元,减去弥补往年亏损的3000万元,还有剩余利润4000万元,计提10%的法定公积金,即400万元,A选项正确。如果超过公司注册资本的50%(2500万元)以上,可以不再提取法定公积金,但是不存在提取法定公积金的数额不超过税后利润的50%这样的规定,故B项错误。公司法对任意公积金的提取数额没有要求或者限制,公司可以提取任意公积金1000万元,C项正确。公司2016年底的公积金余额为5万元,如果以该5万元公积金弥补往年亏损,则公司2016年税后利润中用来弥补亏损2995万元即可,如此弥补亏损加上计提法定公积金之后的剩余利润为3605万元。所以,公司向股东可分配利润的上限为3605万元,D项正确。

3. 张某是红叶有限公司的小股东,持股5%;同时,张某还在枫林有限公司任董事,而红叶公司与枫林公司均从事保险经纪业务。红叶公司多年没有给张某分红,张某一直对其会计账簿存有疑虑。关于本案,下列哪一选项是正确的?(2016年真题,单选)

A. 张某可以用口头或书面形式提出查账请求

B. 张某可以提议召开临时股东会表决查账事宜

C. 红叶公司有权要求张某先向监事会提出查账请求

D. 红叶公司有权以张某的查账目的不具正当性为由拒绝其查账请求

【答案】 D

【解析】 根据我国《公司法》第33条的规定,A选项错误,C选项错误。根据我国《公司法》第39条的规定,本题中张某仅为持有5%股权的小股东,并无权利提议召开临时股东会。B选项错误。根据我国《公司法》第33条的规定,红叶公司可以以张某查阅公司账簿可能导致

公司商业秘密泄露为由,合理地拒绝张某的请求。D 选项正确。

4. 源圣公司有甲、乙、丙三位股东。2015 年 10 月,源圣公司考察发现某环保项目发展前景可观,为解决资金不足问题,经人推荐,霓美公司出资 1 亿元现金入股源圣公司,并办理了股权登记。增资后,霓美公司持股 60%,甲持股 25%,乙持股 8%,丙持股 7%,霓美公司总经理陈某兼任源圣公司董事长。2015 年 12 月,霓美公司在陈某授意下将当时出资的 1 亿元现金全部转入霓美旗下的天富公司账户用于投资房地产。后因源圣公司现金不足,最终未能获得该环保项目,前期投入的 500 万元也无法收回。陈某忙于天富公司的房地产投资事宜,对此事并不关心。请回答第(1)题。(2016 年真题,不定选)

(1) 针对公司现状,甲、乙、丙认为应当召开源圣公司股东会,但陈某拒绝召开,而公司监事会对此事保持沉默。下列说法正确的是:

A. 甲可召集和主持股东会
B. 乙可召集和主持股东会
C. 丙可召集和主持股东会
D. 甲、乙、丙可共同召集和主持股东会

【答案】 AD

【解析】 根据我国《公司法》第 40 条第 3 款的规定,A 选项正确,B 选项错误,C 选项错误。既然甲已经享有的了召集和主持股东会的权利,此时甲与乙、丙联手,一共享有公司 40% 的股权,三者当然可以共同召集和主持股东会。D 选项正确。

5. 甲与乙为一有限责任公司股东,甲为董事长。2014 年 4 月,一次出差途中遭遇车祸,甲与乙同时遇难。关于甲、乙股东资格的继承,下列哪一表述是错误的?(2014 年真题,单选)

A. 在公司章程未特别规定时,甲、乙的继承人均可主张股东资格继承
B. 在公司章程未特别规定时,甲的继承人可以主张继承股东资格与董事长职位
C. 公司章程可以规定甲、乙的继承人继承股东资格的条件
D. 公司章程可以规定甲、乙的继承人不得继承股东资格

【答案】 B

【解析】 根据《公司法》第 75 条规定,公司章程可以对股东资格的继承做出特别规定,若无特别规定,则由股东的继承人继承股东资格。故 A、C、D 三项正确。根据《公司法》第 44 条第 3 款规定,董事长是公司中的重要职位,并非财产权,不产生继承问题,应当按照有限责任公司的章程规定的办法产生,故 B 项错误。

6. 2014 年 5 月,甲、乙、丙三人共同出资设立一家有限责任公司。甲的下列哪一行为不属于抽逃出资行为?(2014 年真题,单选)

A. 将出资款项转入公司账户验资后又转出去
B. 虚构债权债务关系将其出资转出去
C. 利用关联交易将其出资转出去
D. 制作虚假财务会计报表虚增利润进行分配

【答案】 A

【解析】 根据《公司法解释(三)》第 12 条的规定,本题中将出资款项转入公司账户验资后又转出不再属于抽逃出资的行为,故 A 项正确。

7. 郑贺为甲有限公司的经理,利用职务之便为其妻吴悠经营的乙公司谋取本来属于甲公司的商业机会,致甲公司损失 50 万元。甲公司小股东付冰欲通过诉讼维护公司利益。关于付冰的做法,下列哪一选项是正确的?(2012 年真题,单选)

A. 必须先书面请求甲公司董事会对郑贺提起诉讼
B. 必须先书面请求甲公司监事会对郑贺提起诉讼
C. 只有在董事会拒绝起诉情况下,才能请求监事会对郑贺提起诉讼
D. 只有在其股权达到1%时,才能请求甲公司有关部门对郑贺提起诉讼

【答案】 B

【解析】 根据《公司法》第151条的规定,付冰为有限责任公司股东,无论其股权大小,其均有权提起股东代表诉讼,故 D 项不正确。在具体程序上,当董事和高管人员损害公司利益时,应该先书面申请有限责任公司的监事(会)提起诉讼;当监事侵害公司利益时,应该先书面申请有限责任公司的董事(会)提起诉讼。本题中,郑贺为甲有限公司的经理,属于公司的高级管理人员,应该先书面申请有限责任公司的监事(会)提起诉讼,故 A、C 项错误。答案为 B 项。

8. 2009 年,甲、乙、丙、丁共同设立 A 有限责任公司。丙以下列哪一理由提起解散公司的诉讼法院应予受理?(2011 年真题,单选)

A. 以公司董事长甲严重侵害其股东知情权,其无法与甲合作为由
B. 以公司管理层严重侵害其利润分配请求权,其股东利益受重大损失为由
C. 以公司被吊销企业法人营业执照而未进行清算为由
D. 以公司经营管理发生严重困难,继续存续会使股东利益受到重大损失为由

【答案】 D

【解析】 根据《公司法》第182条以及《公司法解释(二)》第1条第2款的规定,A、B、C 均属于不得提起公司解散请求权的情形,故 A、B、C 选项均不正确。D 项符合法律规定提起公司解散请求权的情形,故 D 项正确。

第五节 公 司 治 理

考点 1 公司治理和公司组织机构

(一) 公司治理的概念

公司治理指股东或公司对经营者的一种监督与制衡机制,是通过公司组织结构所进行的内部治理,其目标是保证公司和股东利益的最大化,防止经营者损害公司和股东的利益。

(二) 公司组织机构

1. 一般的有限责任公司和股份有限公司,其组织机构为股东(大)会、董事会和监事会
(1) 股东(大)会
权力机关
(2) 董事会
决策机关
经理:执行机关,负责组织日常经营管理活动的公司常设业务执行机关,由董事会聘任产生,对董事会负责。

（3）监事会

监督机关

注意：股东会中心主义与董事会中心主义

2. 特殊情况

（1）股东人数较少或者规模较小的有限责任公司，可以不设董事会，设1名执行董事；可以不设监事会，设1~2名监事。

（2）一人有限责任公司不设股东会。

（3）国有独资公司不设股东会，由国有资产监督管理机构行使股东会职权；但要设董事会和监事会。

考点 2　股东（大）会

（一）概念

依法由全体股东组成的公司权力机构。

（二）特征

1. 最高权力机关

三资企业除外；董事会或联合管理委员会

2. 必须设立

一人公司、国有独资公司除外

3. 全体股东组成

不排除任何一个股东

（三）职权

1. 有限责任公司

(1) 决定公司的经营方针和投资计划；

(2) 选举和更换非由职工代表担任的董事、监事，决定有关董事、监事的报酬事项；

(3) 审议批准董事会的报告；

(4) 审议批准监事会或者监事的报告；

(5) 审议批准公司的年度财务预算方案、决算方案；

(6) 审议批准公司的利润分配方案和弥补亏损方案；

(7) 对公司增加或者减少注册资本作出决议；

(8) 对发行公司债券作出决议；

(9) 对公司合并、分立、解散、清算或者变更公司形式作出决议；

(10) 修改公司章程；

(11) 公司章程规定的其他职权。

注意：股东以书面形式一致表示同意的，可以不召开股东会会议，直接作出决定，并由全体股东在决定文件上签名、盖章。

2. 股份有限公司
(1) 本人投票制和委托投票制
委托投票制:股东可以委托代理人出席股东大会会议,代理人应当向公司提交股东授权委托书,并在授权范围内行使表决权。
(2) 直接投票制和累积投票制
累积投票制:股东大会选举董事或者监事时,每一股份拥有与应选董事或者监事人数相同的表决权,股东拥有的表决权可以集中使用。
3. 程序
召开股东会会议,应当于会议召开15日前通知全体股东;但是,公司章程另有规定或者全体股东另有约定的除外。

考点 3 董事会

项目	有限责任公司	国有独资公司	股份有限公司
人数	有限责任公司设董事会,其成员为3人至13人;董事由股东(大)会任免。股东人数较少或者规模较小的有限责任公司,可以设1名执行董事,不设董事会。执行董事可以兼任公司经理。董事任期由公司章程规定,但每届任期不得超过3年。董事任期届满,连选可以连任。董事任期届满未及时改选,或者董事在任期内辞职导致董事会成员低于法定人数的,在改选出的董事就任前,原董事仍应当依照法律、行政法规和公司章程的规定,履行董事职务。	国有独资公司设董事会,人数为3人至13人。董事会成员(除职工代表外)由国有资产监督管理机构委派。	股份有限公司设董事会,其成员为5人至19人。
董事会中的职工代表	一般有限责任公司董事会成员中可以有公司职工代表,所以,职工董事不是董事会法定组成要件。	注意:国有有限责任公司中,"两个以上的国有企业或者两个以上的其他国有投资主体投资设立的有限责任公司,其董事会成员中应当有公司职工代表"。	在股份有限公司中,"董事会成员中可以有公司职工代表",所以,职工董事不是董事会法定组成要件。

(续表)

项目	有限责任公司	国有独资公司	股份有限公司
董事长的产生	有限责任公司中,董事长、副董事长的产生办法由公司章程规定。	国有独资公司中,董事长、副董事长由国有资产监督管理机构从董事会成员中指定。	股份有限公司中,董事长和副董事长由董事会以全体董事的过半数选举产生。
召集和主持人	1. 主体:董事长、副董事长、推举的董事。三者在履行职务时有顺位规定。 2. 董事会会议的召集人和主持人为一人。 3.《公司法》规定只要董事长不履行职务,赋予副董事长或其他董事履行职务的规定职权。 (1) 有限责任公司:董事会会议由董事长召集和主持;董事长不能履行职务或者不履行职务的,由副董事长召集和主持;副董事长不能履行职务或者不履行职务的,由半数以上董事共同推举一名董事召集和主持。 (2) 股份有限公司:董事长召集和主持董事会会议,检查董事会决议的实施情况。副董事长助理董事长工作,董事长不能履行职务或者不履行职务的,由副董事长履行职务;副董事长不能履行职务或者不履行职务的,由半数以上董事共同推举一名董事履行职务。		
表决方式	1. 有限责任公司和股份有限公司董事会的表决方式相同,一人一票制。 2. 股份有限公司中,董事会的议事方式和表决程序法定。 (1) 董事会会议应有过半数的董事出席方可举行。董事会作出决议,必须经全体董事的过半数通过。 (2) 书面委托制:董事会会议,应由董事本人出席;董事因故不能出席,可以书面委托其他董事代为出席,委托书中应载明授权范围。 (3) 会议记录和签名:出席会议的董事应当在会议记录上签名。 (4) 董事个人责任:董事应当对董事会的决议承担责任。董事会的决议违反法律、行政法规或者公司章程、股东大会决议,致使公司遭受严重损失的,参与决议的董事对公司负赔偿责任。但经证明在表决时曾表明异议并记载于会议记录的,该董事可以免除责任。		

考点 4 监事会

(一) 监事会与监事

监事会是股份有限公司和国有独资公司的法定必设机构。

对于股东人数较少或者规模较小的有限责任公司,可以设 1 至 2 名监事,不设监事会。

（二）监事会的组成

人数	监事会不得少于3人，国有独资公司的监事会成员不得少于5人，其中职工代表的比例不得低于1/3。
人员组成	1. 股东代表 监事会中的股东代表由股东选举产生。 2. 公司职工代表 职工代表由职工民主选举产生。其中职工代表的比例不得低于1/3，具体比例由公司章程规定。对有限责任公司、股份有限公司和国有独资公司而言，凡设立监事会的，其成员中必须有职工代表，即法定职工监事，此和董事会法定职工董事制有区别。
不得任监事的人员	董事、高级管理人员不得兼任监事。
监事会主席	监事会设主席一人，可以设副主席，由全体监事过半数选举产生。

（三）监事会的职权

关于监事会的职权，有限责任公司和股份有限公司的规定完全相同。概括而言，监事会、不设监事会的公司的监事行使下列职权：

（1）检查公司财务；

（2）对董事、高级管理人员执行公司职务的行为进行监督，对违反法律、行政法规、公司章程或者股东会决议的董事、高级管理人员提出罢免的建议；

（3）当董事、高级管理人员的行为损害公司的利益时，要求董事、高级管理人员予以纠正；

（4）提议召开临时股东会会议，在董事会不履行本法规定的召集和主持股东会会议职责时召集和主持股东会会议；

（5）向股东会会议提出提案；

（6）对董事、高级管理人员提起诉讼；

（7）质询或建议权。监事可以列席董事会会议，并对董事会决议事项提出质询或者建议。

（四）监事行使职权的费用承担

监事会、不设监事会的公司的监事行使职权所必需的费用，由公司承担。

（1）主体是作为公司机关的监事会或者监事。

（2）前提是行使职权所必需的费用。如监事会、不设监事会的公司的监事发现公司经营情况异常，可以进行调查；必要时，可以聘请会计师事务所等协助其工作。此处的调查费用和聘的费用即为必要费用。

考点 5 瑕疵决议之诉

(一) 决议不成立之诉

当公司决议欠缺成立要件时,被称为决议不成立。

1. 诉讼主体

(1) 原告

股东、董事、监事等与决议有直接利害关系的任何人均有权提起决议不成立之诉。

与决议有直接利害关系:依据公司法、公司章程的规定或者合同的约定享有参与或者监督公司经营管理的权利人。除了股东、董事、监事之外,还包括期权、管理股、员工股、优先股、可转换权利的债券持有人等,其权利受到股东会决议、董事会决议的侵害。

(2) 被告

决议不成立之诉应当列公司为被告。对决议涉及的其他利害关系人,可以依法列为第三人。

2. 适用情形

(1) 未召开股东会议、董事会,虚构决议

有限责任公司股东以书面形式一致表示同意的,可以不召开股东会议,直接作出决定,并由全体股东在决定文件上前面、盖章的除外。

(2) 会议未对决议事项进行表决

(3) 出席会议的人数或者股东所持表决权不符合公司法或者公司章程规定

(4) 会议的表决结果未达到公司法或者公司章程规定的通过比例

(5) 导致决议不成立的其他情形

(二) 决议无效之诉

公司股东会或者股东大会、董事会的决议内容违反法律、行政法规的无效。

1. 诉讼主体

(1) 原告

股东、董事、监事等与决议有直接利害关系的任何人均有权提起决议无效之诉。

(2) 被告

决议无效之诉应当列公司为被告。对决议涉及的其他利害关系人,可以依法列为第三人。

2. 适用情形

公司股东会或者股东大会、董事会的决议内容违反法律、行政法规

3. 法律效果

(1) 公司根据股东会或者股东大会、董事会决议已办理变更登记的,人民法院宣告该决议无效后,公司应当向公司登记机关申请撤销变更登记。

(2) 公司依据该决议与善意相对人形成的民事法律关系不受影响。

(三) 决议可撤销之诉

股东会或者股东大会、董事会的会议召集程序、表决方式违反法律、行政法规或者公司

章程,或者决议内容违反公司章程的,股东可以自决议作出之日起 60 日内,请求人民法院撤销。

1. 诉讼主体

(1) 原告

起诉时应具备股东资格。

① 不以决议时是否具备股东资格为要件

② 不受表决权之有无、会议出席情况、表决情况、持股数量差异之限

(2) 被告

决议无效之诉、决议不成立之诉,应当列公司为被告。对决议涉及的其他利害关系人,可以依法列为第三人。

2. 适用情形

(1) 会议召集程序违反法律、行政法规或者公司章程

召集程序包括会议的通知、登记、提案和议程的确定等事项。主要有以下两类情形:

① 召集权人的召集权存在瑕疵

如有限责任公司董事长未经公司董事会决议擅自召集并主持股东会。

② 召集通知程序瑕疵

如召集通知的方式不符合公司章程要求的特定形式;召集通知时间不符合公司规定的期间;召集通知中未按照规定载明召集事由、会议议题,遗漏时间、场所等。

(2) 会议表决方式违反法律、行政法规或者公司章程

① 无表决人参与相关决议的表决

② 会议的主持人无主持权

③ 表决事项瑕疵

④ 表决权计算错误

注意:决议可撤销之诉的裁量驳回

会议召集程序或者表决方式仅有轻微瑕疵,且对决议未产生实质影响的,法院不予支持。

如会议时间比预定时间延误了数小时;又如以电话、网络通讯的通知方式代替了书面通知,如果没有妨碍股东公平地参与多数意思的形成和获知对其作出意思表示所需的必要信息,应当对决议可撤销之诉作出裁量驳回。

(3) 公司决议的内容违反公司章程

3. 股东提供担保

股东依照法律规定提起诉讼的,人民法院可以应公司的请求要求股东提供相应担保。

4. 法律效果

(1) 公司根据股东会或者股东大会、董事会决议已办理变更登记的,人民法院宣告撤销该决议后,公司应当向公司登记机关申请撤销变更登记。

(2) 公司依据该决议与善意相对人形成的民事法律关系不受影响。

考点 6 董事、监事、高级管理人员的资格与义务

(一) 董事、监事高级管理人员的任职资格

消极资格	有下列情形之一的,不得担任公司的董事、监事、高级管理人员: (1) 无民事行为能力或者限制民事行为能力; (2) 因贪污、贿赂、侵占财产、挪用财产或者破坏社会主义市场经济秩序,被判处刑罚,执行期满未逾5年,或者因犯罪被剥夺政治权利,执行期满未逾5年; (3) 担任破产清算的公司、企业的董事或者厂长、经理,对该公司、企业的破产负有个人责任的,自该公司、企业破产清算完结之日起未逾3年; (4) 担任因违法被吊销营业执照、责令关闭的公司、企业的法定代表人,并负有个人责任的,自该公司、企业被吊销营业执照之日起未逾3年; (5) 个人所负数额较大的债务到期未清偿。
违反消极资格的法律后果	(1) 公司违反法律规定选举、委派董事、监事或者聘任高级管理人员的,该选举、委派或者聘任无效; (2) 董事、监事、高级管理人员在任职期间出现消极资格情形的,公司应当解除其职务。

(二) 董事、高级管理人员的忠实义务(义务的主体不包括公司的监事)

绝对忠实义务	(1) 挪用公司资金; (2) 将公司资金以其个人名义或者以其他个人名义开立账户存储; (3) 接受他人与公司交易的佣金归为己有; (4) 擅自披露公司秘密; (5) 违反对公司忠实义务的其他行为。
相对忠实义务	(1) 违反公司章程的规定,未经股东会、股东大会或者董事会同意,将公司资金借贷给他人或者以公司财产为他人提供担保; (2) 违反公司章程的规定或者未经股东会、股东大会同意,与本公司订立合同或者进行交易; (3) 未经股东会或者股东大会同意,利用职务便利为自己或者他人谋取属于公司的商业机会; (4) 未经股东会或者股东大会同意,自营或者为他人经营与所任职公司同类的业务。

违反忠实义务的法律后果	(1) 如果是董事违反了法定义务,对其处理的机构为股东(大)会;如果是经理等违反了法定义务,对其处理的机构为董事会。 (2) 董事、高级管理人员违反《公司法》第148条规定的义务的,所得的收入应当归公司所有,即公司行使归入权。 《证券法》第47条也规定了"归入权",请一同比较记忆。 【《证券法》第47条】上市公司董事、监事、高级管理人员、持有上市公司股份5%以上的股东,将其持有的该公司的股票在买入后6个月内卖出,或者在卖出后6个月内又买入,由此所得收益归该公司所有,公司董事会应当收回其所得收益。但是,证券公司因包销购入售后剩余股票而持有5%以上股份的,卖出该股票不受6个月时间限制。 公司董事会不按照前款规定执行的,股东有权要求董事会在30日内执行。公司董事会未在上述期限内执行的,股东有权为了公司的利益以自己的名义直接向人民法院提起诉讼。 公司董事会不按照第一款的规定执行的,负有责任的董事依法承担连带责任。 (3) 董事、监事、高级管理人员执行公司职务时违反法律、行政法规或者公司章程的规定,给公司造成损失的,应当承担赔偿责任;并有可能引发股东代表诉讼。 (4)《公司法》第148条规定的义务均为法定义务,不允许当事人以协议形式加以变更。

【真题演练】

1. 彭兵是一家(非上市)股份有限公司的董事长,依公司章程规定,其任期于2017年3月届满。由于股东间的矛盾,公司未能按期改选出新一届董事会。此后对于公司内部管理,董事间彼此推诿,彭兵也无心公司事务,使得公司随后的一项投资失败,损失100万元。对此,下列哪一选项是正确的?(2017年真题,单选)

  A. 因已届期,彭兵已不再是公司的董事长
  B. 虽已届期,董事会成员仍须履行董事职务
  C. 就公司100万元损失,彭兵应承担全部赔偿责任
  D. 对彭兵的行为,公司股东有权提起股东代表诉讼

【答案】 B
【解析】 根据《公司法》第45条规定,虽然任期届满,但在董事会改选出新的董事和董事长之前,董事会成员以及原董事长彭兵仍须履行董事或董事长职责。A选项错误,B选项正确。根据《公司法》第147条、第149条规定,彭兵无心公司事务没有尽到忠实义务和勤勉义务,理应对公司承担赔偿责任,但是由于公司损失不是只由彭兵造成,故不应承担全部责任。C选项错误。根据《公司法》第151条规定,当公司董事、高管违反忠实义务和勤勉义务时,公司股东在提起股东代表诉讼之前应先请求公司监事会提起诉讼,当公司监事会消极不作为时才可以提起股东代表诉讼。D选项错误。

2. 科鼎有限公司设立时,股东们围绕公司章程的制订进行讨论,并按公司的实际需求拟定条款规则。关于该章程条款,下列哪些说法是正确的?(2016年真题,多选)

  A. 股东会会议召开7日前通知全体股东
  B. 公司解散需全体股东同意

C. 董事表决权按所代表股东的出资比例行使
D. 全体监事均由不担任董事的股东出任

【答案】 AB

【解析】 根据我国《公司法》第41条第1款规定,A选项正确。根据我国《公司法》第43条的规定,法定公司解散决议的作出需满足特别多数标准,应为法律对此提出的最低要求,章程可以规定公司解散需要全体股东的同意,B选项正确。根据我国《公司法》第48条的规定,C选项错误。根据我国《公司法》第51条的规定,监事会成员内部须有适当比例的公司职工代表,而被选举出的职工代表并不一定是股东,D选项错误。

3. 紫云有限公司设有股东会、董事会和监事会。近期公司的几次投标均失败,董事会对此的解释是市场竞争激烈,对手强大。但监事会认为是因为董事狄某将紫云公司的标底暗中透露给其好友的公司。对此,监事会有权采取下列哪些处理措施?(2016年真题,多选)

A. 提议召开董事会
B. 提议召开股东会
C. 提议罢免狄某
D. 聘请律师协助调查

【答案】 BCD

【解析】 根据我国《公司法》第53条的规定,A选项不正确,B选项正确,C选项正确。同时,根据我国《公司法》第54条的规定,D选项正确。

4. 荣吉有限公司是一家商贸公司,刘壮任董事长,马姝任公司总经理。关于马姝所担任的总经理职位,下列哪一选项是正确的?(2015年真题,单选)

A. 担任公司总经理须经刘壮的聘任
B. 享有以公司名义对外签订合同的法定代理权
C. 有权制定公司的劳动纪律制度
D. 有权聘任公司的财务经理

【答案】 C

【解析】 根据《公司法》第46条第9款规定,A项错误。根据《公司法》第49条规定,D项错误。根据《民法通则》第38条以及《公司法》第13条的规定,公司总经理不一定是公司的法定代表人。本题中并没有表明公司总经理马姝即是公司的法定代表人,如果总经理不是公司法定代表人的,其对外以公司名义签订合同需事先获得公司授权,故B项错误。根据《公司法》第49条第5款的规定,C项正确。

第六节 公司的变更、合并与分立、解散与清算

考点 1 公司的变更

(一) 狭义的公司变更

狭义的公司变更即组织形式变更,是指在保持公司法人人格持续性的前提下,将公司从一种形态转变为另一种形态的行为。

1. 公司组织形式的变更必须符合新的公司组织形式的法定条件

实践中一般为有限责任公司变更为股份有限公司。

(1) 公司符合《公司法》规定的股份有限公司的条件。

(2) 折合的股份总额应当相当于公司的净资产额。

净资产额是指公司资产总额减去负债总额的余额,代表了股东在公司中财产的价值。

(3)为增加资本向社会公开募集股份时,应当依照《公司法》有关向社会公开募集股份的规定办理。

2. 公司组织形式的变更必须符合组织变更的法定程序

(1)董事会拟订公司变更方案。

(2)公司组织形式的变更由股东会决议特别多数做出。

(3)办理变更登记。

3. 公司变更前的债权、债务由变更后的公司承继

(二)广义的公司变更

广义的公司变更指公司设立登记的事项的变更,具体包括:名称、住所、法定代表人、注册资本、企业类型、经营范围、营业期限、有限责任公司股东或者股份有限公司发起人的姓名或者名称。

考点 2　公司的合并与分立

(一)基本概念

1. 合并

两个或两个以上的公司订立合并协议,依照公司法的规定,不经过清算程序,直接合并为一个公司的法律行为。

(1)吸收合并(兼并)

指一个公司吸收其他公司,被吸收的公司解散。

(2)新设合并

指两个以上公司合并设立一个新的公司,合并各方解散。

2. 分立

一个公司通过签订协议,不经过清算程序,分为两个或两个以上的公司的法律行为。

(1)派生分立

指公司以其部分资产另设一个或者数个新的公司,原公司存续。

(2)新设分立

指公司全部资产分别划归两个或两个以上的新公司,原公司解散。

(二)程序与法律后果

	签订合并(分立)协议,编制资产负债表及财产清单。
通知与公告	通知债权人。作出合并(分立)决议之日起10日内通知债权人,并于30日内在报纸上公告。 特别提示:没有需要公告最低次数的规定。
对债权人的特别救济	合并:债权人自接到通知书之日起30日内,未接到通知书的自公告之日起45日内,可以要求公司清偿债务或者提供相应的担保。但是,不清偿债务或者不提供相应的担保,并不构成对公司合并的阻却事由。

(续表)

是否需要清算程序	合并分立无须清算。
登记	(1) 变更登记,公司合并或者分立,登记事项发生变更的,应当依法向公司登记机关办理变更登记。 (2) 注销登记,公司解散的,应当依法办理公司注销登记。 (3) 设立登记,设立新公司的,应当依法办理公司设立登记。
法律后果	(1) 公司合并时,合并各方的债权、债务,应当由合并后存续的公司或者新设的公司承继。 (2) 公司分立前的债务由分立后的公司承担连带责任。但是,公司在分立前与债权人就债务清偿达成的书面协议另有约定的除外。 注意:合并或分立登记已经完成,任何人不得主张合并或分立无效,尽管在合并或分立的过程中存在某些程序上的瑕疵。

考点 3 公司的解散与清算

(一) 公司的解散

公司解散是指公司发生了法律规定或者当事人约定的不能继续存在的事由,停止积极活动开始整理财产的法律现象。公司解散具有如下特征:第一,公司解散是公司将要永久性停止存在的首先发生的事实状态。第二,公司解散因未履行注销登记程序,故公司在法律上并未归于消灭。第三,公司解散之后,除非公司与其他公司合并或分立,必须依法进入清算程序。

概念		公司发生了法律规定或者当事人约定的不能继续存在的事由,停止积极活动开始整理财产的法律现象。
法律效果		公司解散并不能导致公司权利能力的消灭,只是发生公司权利能力受到限制的后果,公司开始进入清算。
事由	意定解散	(1) 公司章程规定的营业期限届满或者公司章程规定的其他解散事由出现。 (2) 股东会或者股东大会决议解散。有限责任公司经代表 2/3 以上表决权的股东通过,股份有限公司经出席股东大会的股东所持表决权的 2/3 通过,股东(大)会可以作出解散公司的决议。国有独资公司不设股东会,其解散的决定应由国家授权投资的机构或部门作出。
	法定解散	(1) 因公司合并或者分立需要解散。 (2) 破产。
	命令解散	(1) 依法被吊销营业执照、责令关闭或者被撤销。 (2) 人民法院应股东的请求而解散公司。公司经营管理发生严重困难,继续存续会使股东利益受到重大损失,通过其他途径不能解决的,持有公司全部股东表决权 10% 以上的股东,可以请求人民法院解散公司。

(二) 公司的清算

公司清算是指已经解散的公司了结其未了事务,清理其财产,从而使公司归于消灭的程序。公司清算具有如下特征:第一,公司清算期间,公司并未丧失其法人资格;第二,公司清算由专门的清算机构负责进行;第三,公司清算工作依法定程序进行;第四,公司清算的结果将直接导致公司法人资格的消灭。

概念	所谓清算是指已经解散的公司了结其未了事务,清理其财产,从而使公司归于消灭的程序。
进入清算程序的法律效果	已经解散处于清算程序中的法人叫做清算法人;清算法人只能进行清算范围内的活动,不得再进行积极的经营活动。
组织清算组的时间	应当在解散事由出现之日起15日内成立清算组。
清算种类	1. 普通清算 公司在解散事由出现之日起开始自行清算。 2. 特别清算 公司的债权人或股东申请人民法院指定清算组对公司进行的清算。 (1) 公司解散逾期不成立清算组进行清算的; (2) 虽然成立清算组但故意拖延清算的; (3) 违法清算可能严重损害债权人或者股东利益的。 注意:有限责任公司的股东、股份有限公司的董事和控股股东未在法定期限内成立清算组开始清算,导致公司财产贬值、流失、毁损或者灭失,债权人主张其在造成损失范围内对公司债务承担赔偿责任的,人民法院应依法予以支持。
清算组成员的选任	1. 自行选任 有限责任公司的清算组由股东组成,股份有限公司的清算组由董事或者股东大会确定的人员组成。 2. 法院选任 逾期不成立清算组进行清算的,债权人或股东可以申请人民法院指定有关人员组成清算组进行清算。人民法院应当受理该申请,并及时组织清算组进行清算。 人民法院受理公司清算案件,应当及时指定有关人员组成清算组。 清算组成员可以从下列人员或者机构中产生: (1) 公司股东、董事、监事、高级管理人员; (2) 社会中介机构; (3) 社会中介机构中具备相关专业知识并取得执业资格的人员。
清算组的职权	1. 职权内容 (1) 清理公司财产,分别编制资产负债表和财产清单; (2) 通知、公告债权人; (3) 处理与清算有关的公司未了结的业务; (4) 清缴所欠税款以及清算过程中产生的税款; (5) 清理债权、债务; (6) 处理公司清偿债务后的剩余财产; (7) 代表公司参与民事诉讼活动。 2. 清算期间,公司存续,不得开展与清算无关的经营活动

(续表)

清算的法定程序	1. 组织清算机构 2. 通知并公告债权人及登记申报债权 (1) 清算组应当自成立之日起10日内通知债权人,并于60日内在报纸上公告。债权人应当自接到通知书之日起30日内,未接到通知书的自公告之日起45日内,向清算组申报其债权。 (2) 在申报债权期间,清算组不得对债权人进行清偿。 (3) 债权人可以在清算组程序终结前补充申报。公司清算程序终结,是指清算报告经股东会、股东大会或者人民法院确认完毕。 3. 清理财产 注意:清算组在清理公司财产、编制资产负债表和财产清单后,发现公司财产不足清偿债务的,应当依法向人民法院申请宣告破产。 4. 提出财产估价方案和清算方案 (1) 公司自行清算的,清算方案应当报股东会或者股东大会决议确认;人民法院组织清算的,清算方案应当报人民法院确认。未经确认的清算方案,清算组不得执行。 (2) 执行未经确认的清算方案给公司或者债权人造成损失,公司、股东或者债权人主张清算组成员承担赔偿责任的,人民法院应依法予以支持。 5. 分配财产 公司财产在分别支付清算费用、职工的工资、社会保险费用和法定补偿金,缴纳所欠税款,清偿公司债务后的剩余财产,有限责任公司按照股东的出资比例分配,股份有限公司按照股东持有的股份比例分配。
清算组的义务与责任	1. 义务 (1) 清算组成员应当忠于职守,依法履行清算义务。 (2) 清算组成员不得利用职权收受贿赂或者其他非法收入,不得侵占公司财产。 (3) 清算组成员因故意或者重大过失给公司或者债权人造成损失的,应当承担赔偿责任。 2. 责任 清算组成员从事清算事务时,违反法律、行政法规或者公司章程给公司或者债权人造成损失,公司或者债权人主张其承担赔偿责任的,人民法院应依法予以支持。
清算完毕的法律后果	公司清算结束后,清算组应当制作清算报告,报股东会、股东大会或者人民法院确认,并报送公司登记机关,申请注销公司登记,公告公司终止。

【真题演练】

1. 张某、李某为甲公司的股东,分别持股65%与35%,张某为公司董事长。为谋求更大的市场空间,张某提出吸收合并乙公司的发展战略。关于甲公司的合并行为,下列哪些表述是正确的?(2015年真题,多选)

A. 只有取得李某的同意,甲公司内部的合并决议才能有效

B. 在合并决议作出之日起 15 日内,甲公司须通知其债权人

C. 债权人自接到通知之日起 30 日内,有权对甲公司的合并行为提出异议

D. 合并乙公司后,甲公司须对原乙公司的债权人负责

【答案】 AD

【解析】 根据《公司法》第 43 条的规定,本案中李某持有 35% 的股权,恰好制约张某所须达到的 2/3 多数,从而在结果上也就必须经过李某的同意,故 A 项正确。根据《公司法》第 173 条规定,B 项错误。根据《公司法》第 173 条的规定,债权人此时对公司的合并行为并不享有异议权,不能阻却合并行为的发生,故 C 项错误。根据《公司法》第 174 条规定,本题中吸收式合并完成后乙公司解散,仅甲公司存续,故 D 项正确。

2. 因公司章程所规定的营业期限届满,蒙玛有限公司进入清算程序。关于该公司的清算,下列哪些选项是错误的?(2014 年真题,多选)

A. 在公司逾期不成立清算组时,公司股东可直接申请法院指定组成清算组

B. 公司在清算期间,由清算组代表公司参加诉讼

C. 债权人未在规定期限内申报债权的,则不得补充申报

D. 法院组织清算的,清算方案报法院备案后,清算组即可执行

【答案】 ABCD

【解析】 根据《公司法》第 183 条规定,公司逾期不成立清算组,债权人可以申请法院指定有关人员组成清算组进行清算,公司股东无此权利,故 A 项错误。根据《公司法》第 184 条以及《公司法解释(二)》第 10 条第 2 款的规定,此时应当由清算组负责人而不是由清算组代表公司参加诉讼,故 B 项错误。根据《公司法》第 185 条第 1 款以及《公司法解释(二)》第 13 条规定,债权人可以在清算程序终结前补充申报,故 C 项错误。根据《公司法》第 186 条第 1 款以及《公司法解释(二)》第 15 条第 1 款规定,法院组织清算时,清算方案应当报法院确认而不是备案,故 D 项错误。

3. 2012 年 5 月,东湖有限公司股东申请法院对公司进行司法清算,法院为其指定相关人员组成清算组。关于该清算组成员,下列哪一选项是错误的?(2012 年真题,单选)

A. 公司债权人唐某　　　　　　B. 公司董事长程某

C. 公司财务总监钱某　　　　　D. 公司聘请的某律师事务所

【答案】 A

【解析】 根据《公司法解释(二)》第 8 条规定,B 中程某是公司董事;C 中钱某是公司的财务负责人(很多实务中成为财务总监),为公司的高级管理人员,D 律所也符合社会中介机构的要求。故 B、C、D 项正确。A 不属于清算组成员选任的范围,故 A 项错误。

4. 白阳有限公司分立为阳春有限公司与白雪有限公司时,在对原债权人甲的关系上,下列哪一说法是错误的?(2011 年真题,单选)

A. 白阳公司应在作出分立决议之日起 10 日内通知甲

B. 甲在接到分立通知书后 30 日内,可要求白阳公司清偿债务或提供相应的担保

C. 甲可向分立后的阳春公司与白雪公司主张连带清偿责任

D. 白阳公司在分立前可与甲就债务偿还问题签订书面协议

【答案】 B

【解析】 根据《公司法》第 175 条的规定,A 项正确。根据《公司法》第 176 条的规定,甲

在接到分立通知书后30日内,可要求白阳公司清偿债务或提供相应的担保的说法是错误的,故B项错误。根据《公司法》第176条的规定,C项正确。白阳公司在分立前可与甲就债务偿还问题签订书面协议的说法,也符合《公司法》第176条的规定,只要约定不违反法律、法规的规定,则约定优先,故D项正确。

第七节 公司法分论

考点 1 有限责任公司与股份有限公司

(一) 有限责任公司与股份有限公司的总区别

(1) 有限责任公司,简称有限公司,是指股东以其认缴的出资额为限对公司承担责任,公司以其全部资产对公司债务承担责任的企业法人。

(2) 股份有限公司,简称股份公司,是指其全部资本分为等额股份,股东以其所持股份为限对公司承担责任,公司以其全部资产对公司的债务承担责任的企业法人。

	股份公司	有限公司
性质	资合为主,人合为辅	人合为主,资合为辅
开放性	公开	封闭
股东	2人以上	50人以下
是否将资本划分为等额股份	是	否
股权转让	自由转让,限制例外	内部自由,外部限制
组织机构	严格三机关	机构灵活,可以不设董事会和监事会
设立方式	募集和发起设立两种	发起设立一种
法律规制	更多强制性规范	更多任意性规范

(二) 股份有限公司的募集设立程序

发起人认购股份	募集设立中,发起人认购的股份不得少于公司应发行股份总额的35%。
募集设立中,向外公开募股的条件	(1) 需要向国务院证监机构申请批准募股。 (2) 公告招股说明书,制作认股书。 (3) 签订承销协议和代收股款协议。
缴纳出资及验资	(1) 募集设立的,发起人按照章程认购的股份缴纳股款或者交付抵作股款的出资,后者还要办理有关出资财产权的转移手续。 (2) 认股人按照认股书认购的股份缴纳股款,并且只能以货币出资。 (3) 在发行股份缴足后,必须经法定的验资机构出具验资证明。

(续表)

召开创立大会	概念	创立大会是股份有限公司募集设立中的决议机构,在召开创立大会后,即取代发起人合伙成为设立中公司的权利机关。
	召开时间	发起人应当自股款缴足之日起30日内主持召开公司创立大会。
	程序	通知或公告。发起人应当在创立大会召开15日前将会议日期通知股人或者予以公告。创立大会应有代表股份总数过半数的发起人、认股人出席,方可举行。
	职权	职权包括:审议发起人关于公司筹办情况的报告;通过公司章程;选举董事会成员;选举监事会成员;对公司的设立费用进行审核;对发起人用于抵作股款的财产的作价进行审核;发生不可抗力或者经营条件发生重大变化直接影响公司设立的,可以作出不设立公司的决议。 特别注意:对上述所列事项作出决议,必须经出席会议的认股人所持表决权过半数通过。

注意:发起人的另行募集权

① 认股人有缴纳认股款的义务。认股人认购股份,应当按照股份发行时确定的期限缴纳其所认购的全部股款。

② 发起人催告后认股人仍未缴纳的,视为其放弃认股权,可以解除认股合同,另行进行募集。

③ 认股人应当承担延期缴纳股款给公司造成的实际损失,如公司因另行募集发生的额外费用、因设立延误造成的损失,而不是仅限于认股人未按期缴纳的股款范围。

考点 2 国有独资公司

(一) 概念

1. 概念

国有独资公司是国家单独出资、由国务院或者地方人民政府授权本级人民政府国有资产监督管理机构履行出资人职责的有限责任公司。

2. 法律特征

(1) 国有独资公司为有限责任公司。国有独资公司是有限责任公司的一种,它不是独立于有限责任公司形态的一种新的公司形态。

(2) 国有独资公司股东的唯一性。与一般的有限责任公司不同的是,国有独资公司仅有一个股东。

(3) 国有独资公司股东的法定性。即国有独资公司的股东只能是国家,只能由国家单独出资设立,只能由国有资产监督管理机构代行股东权利。

(二) 国有独资公司的组织机构

股东会	国有独资公司不设股东会,其唯一股东就是公司的权力机关,决策职能由国有资产监督管理机构行使。
董事会	(1) 董事会是公司的执行机关,也是法定必设机关。 (2) 董事每届任期不得超过3年。 (3) 董事会组成包括两部分,一是由国有资产监督管理机构委派;二是公司职工代表,通过民主方式选举产生。 注意:两个以上的国有企业或者两个以上的其他国有投资主体投资设立的有限责任公司,其董事会成员中应当有公司职工代表。 (4) 经理由董事会聘任或者解聘。 (5) 董事会的职权。 国有资产监督管理机构可以授权公司董事会行使股东的部分职权,决定公司的重大事项。 ① 公司的合并、分立、解散、增加或者减少注册资本和发行公司债券,必须由国有资产监督管理机构决定。 ② 重要的国有独资公司合并、分立、解散、申请破产的,应当由国有资产监督管理机构审核后,报本级人民政府批准。 (6) 任职限制包括两个方面: ① 经国有资产监督管理机构同意,董事会成员可以兼任经理; ② 国有独资公司的董事长、副董事长、董事、高级管理人员,未经国有资产监督管理机构同意,不得在其他有限责任公司、股份有限公司或者其他经济组织兼职。
监事会	(1) 监事会是国有独资公司法定必设机关。 (2) 监事会成员不得少于5人。 (3) 监事会成员组成。 ① 国有资产监督管理机构委派人员; ② 监事会中的职工代表由公司职工代表大会选举产生;其中职工代表的比例不得低于三分之一,具体比例由公司章程规定; ③ 监事会主席由国有资产监督管理机构从监事会成员中指定。

考点 3 一人有限责任公司

(一) 一人有限责任公司的概念

一人有限责任公司,简称一人公司,是指只有一个自然人股东或者一个法人股东的有限责任公司。一人公司符合自由市场经济的原则,体现对投资者自由选择方式的尊重,可使唯一投资者最大限度利用有限责任原则规避经营风险,实现经济效益最大化。一人公司治理的主要任务在于保护债权人;一人公司治理的主要关注点在于股东与债权人的利益平衡。因此公司法对于一人公司的特别规范主要围绕着股东与债权人之间的利益平衡而展开,重心是加强一人公司的财务监督,强化股东的义务与责任,突出保护公司债权人的利益。

（二）一人公司的特殊规则

概念	一人有限责任公司是指只有一个自然人股东或者一个法人股东的有限责任公司。
组织机构	一人有限责任公司不设股东会。股东作出《公司法》第38条第1款所列决定时，应当采用书面形式，并由股东签名后置备于公司。
特别限制	（1）设立限制 一个自然人只能投资设立一个一人有限责任公司。该一人有限责任公司不能投资设立新的一人有限责任公司。 （2）强化登记 一人有限责任公司应当在公司登记中注明自然人独资或者法人独资，并在公司营业执照中载明。 （3）强制审计 一人有限责任公司应当在每一会计年度终了时编制财务会计报告，并经会计师事务所审计。 （4）一人有限责任公司法人人格否认（举证责任倒置） 一人有限责任公司的股东不能证明公司财产独立于股东自己的财产的，应当对公司债务承担连带责任。

（三）一般有限公司、一人有限责任公司与国有独资公司

	一般有限责任公司	一人公司	国有独资公司
投资人	2个以上自然人或法人	一个自然人或法人	国家授权的投资机构（股东的法定性）
股东会	必设	不设，由投资人以书面形式行使股东会的权利	不设，部分授权董事会行使、重大事项由国家授权的投资机构行使
董事会	可不设，只设一名执行董事，董事均由股东选出，任期不超过3年，具体由章程确定	与前同	必设，3~13人，必须有职工代表，任期不超过3年。
监事会	监事会人数不少于3人，可不设，只设1到2名监事	与前同	必设，不得少于5人

考点 4 上市公司

（一）概念

上市公司，是指其股票在证券交易所上市交易的股份有限公司。

（1）上市公司是股份有限公司。

(2) 股票上市须符合法定条件并经批准。
(3) 股票在证券交易所上市交易。

(二) 上市公司的特殊规制

1. 上市公司设立独立董事

上市公司独立董事是指不在公司担任除董事外的其他职务,并与其所受聘的上市公司及其主要股东不存在可能妨碍其进行独立客观判断的关系的董事。

(1) 独立董事制度的设立

① 上市公司董事会中的独立董事人数不得低于全体董事人数的1/3,独立董事中至少包含1名会计专业人士。

② 独立董事最多只能在5家上市公司中任职,以确保有足够的时间和精力有效地履行独立董事的职责。

(2) 独立董事的独立性

以下人员不得担任独立董事:

① 在上市公司或者其附属企业任职的人员及其直系亲属、主要社会关系(直系亲属是指配偶、父母、子女等;主要社会关系是指兄弟姐妹、岳父母、儿媳女婿、兄弟姐妹的配偶、配偶的兄弟姐妹等);

② 直接或间接持有上市公司已发行股份1%以上或者是上市公司前10名股东中的自然人股东及其直系亲属;

③ 在直接或间接持有上市公司已发行股份5%以上的股东单位或者在上市公司前5名股东单位任职的人员及其直系亲属;

④ 最近1年内曾经具有前三项所列举情形的人员;

⑤ 为上市公司或者其附属企业提供财务、法律、咨询等服务的人员;

⑥ 公司章程规定的其他人员;

⑦ 中国证监会认定的其他人员。

(3) 独立董事的选任

① 提名

a. 上市公司董事会、监事会、单独或者合并持有上市公司已发行股份1%以上的股东可以提出独立董事候选人,并经股东大会选举决定。

b. 独立董事的提名人在提名前应当征得被提名人的同意。提名人应当充分了解被提名人的具体情况,并对其担任独立董事的资格和独立性发表意见,被提名人应当就其本人与上市公司之间不存在任何影响其独立客观判断的关系发表公开声明。

c. 上市公司董事会应当对独立董事被提名人进行信息披露。

② 选举

在选举独立董事的股东大会召开前,上市公司应将所有被提名人的有关材料同时报送中国证监会、公司所在地中国证监会派出机构和公司股票挂牌交易的证券交易所。中国证监会在15个工作日内对独立董事的任职资格和独立性进行审核。

③ 任期

a. 独立董事每届任期与上市公司其他董事任期相同,连选可以连任,但是连任时间不得超过6年。

b. 独立董事任期届满前不得无故被免职,提前免职的,上市公司应当进行信息披露。
更换。

④ 更换

a. 独立董事连续3次未亲自出席董事会会议的,由董事会提请股东大会予以撤换。

b. 独立董事在任期届满前可以提出书面提出辞职。如因独立董事辞职导致公司董事会中独立董事所占的比例低于法定最低要求时,该独立董事的辞职报告应当在下任独立董事填补其缺额后生效。

(4) 独立董事的特别职权

① 情形

a. 重大关联交易应由独立董事认可后,提交董事会讨论;独立董事作出判断前,可以聘请中介机构出具独立财务顾问报告,作为其判断的依据。

重大关联交易:上市公司拟与关联人达成的总额高于300万元或高于上市公司最近经审计净资产值的5%的关联交易。

b. 向董事会提议聘用或解聘会计师事务所。

c. 向董事会提请召开临时股东大会。

d. 提议召开董事会。

e. 独立聘请外部审计机构和咨询机构。

f. 可以在股东大会召开前公开向股东征集投票权。

② 行使特别职权应当取得全体独立董事的1/2以上同意

注意:如上述提议未被采纳或上述职权不能正常行使,上市公司应当进行信息披露。

(5) 独立董事的独立意见

① 情形

a. 提名、任免董事;

b. 聘任或解聘高级管理人员;

c. 公司董事、高级管理人员的薪酬;

d. 上市公司的股东、实际控制人及其关联企业对上市公司现有或新发生的总额高于300万元或高于上市公司最近经审计净资产值的5%的借款或其他资金往来,以及公司是否采取有效措施回收欠款;

e. 独立董事认为可能损害中小股东权益的事项;

f. 公司章程规定的其他事项。

② 意见的类型

a. 同意;

b. 保留意见及其理由;

c. 反对意见及其理由;

d. 无法发表意见及其障碍。

③ 行使

如有关事项属于需要披露的事项,上市公司应当将独立董事的意见予以公告,独立董事出现意见分歧无法达成一致时,董事会应将各独立董事的意见分别披露。

（6）独立董事履行职责的保障

① 上市公司应当保证独立董事的知情权。

② 上市公司应提供独立董事履行职责所必需的工作条件。

③ 独立董事行使职权时，上市公司有关人员应当积极配合，不得拒绝、阻碍或隐瞒，不得干预其独立行使职权。

④ 独立董事聘请中介机构等行使职权的必需费用由上市公司承担。

⑤ 上市公司应当给予独立董事适当的津贴。津贴的标准应当由董事会制订预案，股东大会审议通过，并在公司年报中进行披露。

注意：独立董事不应从该上市公司及其主要股东或有利害关系的机构和人员取得额外的、未予披露的其他利益。

⑥ 上市公司可以建立独立董事责任保险制度。

2. 上市公司设立董事会秘书

负责公司股东大会和董事会会议的筹备、文件保管以及公司股东资料的管理，办理信息披露事务等事宜。

3. 表决权行使的特殊规定

（1）上市公司在1年内购买、出售重大资产或者担保金额超过公司资产总额30%的，应当由股东大会作出决议，并经出席会议的股东所持表决权的2/3以上通过。

（2）上市公司董事与董事会会议决议事项所涉及的企业有关联关系的，不得对该项决议行使表决权，也不得代理其他董事行使表决权。该董事会会议由过半数的无关联关系董事出席即可举行，董事会会议所作决议须经无关联关系董事过半数通过。出席董事会的无关联关系董事人数不足3人的，应将该事项提交上市公司股东大会审议。

关联关系：指公司控股股东、实际控制人、董事、监事、高级管理人员与其直接或者间接控制的企业之间的关系，以及可能导致公司利益转移的其他关系。但是，国家控股的企业之间不仅仅因为同受国家控股而具有关联关系。

【真题演练】

1. 甲、乙、丙等拟以募集方式设立厚亿股份公司。经过较长时间的筹备，公司设立的各项事务逐渐完成，现大股东甲准备组织召开公司创立大会。下列哪些表述是正确的？（2016年真题，多选）

　A. 厚亿公司的章程应在创立大会上通过

　B. 甲、乙、丙等出资的验资证明应由创立大会审核

　C. 厚亿公司的经营方针应在创立大会上决定

　D. 设立厚亿公司的各种费用应由创立大会审核

【答案】　AD

【解析】　根据我国《公司法》第90条的规定，A选项正确，D选项正确，B选项以及C选项均未涉及。

2. 星煌公司是一家上市公司。现董事长吴某就星煌公司向坤诚公司的投资之事准备召开董事会。因公司资金比较紧张，且其中一名董事梁某的妻子又在坤诚公司任副董事长，有部分董事对此投资事宜表示异议。关于本案，下列哪些选项是正确的？（2016年真题，多选）

A. 梁某不应参加董事会表决

B. 吴某可代梁某在董事会上表决

C. 若参加董事会人数不足,则应提交股东大会审议

D. 星煌公司不能投资于坤诚公司

【答案】 AC

【解析】 根据我国《公司法》第124条以及第216条的规定,梁某作为关联关系人,不应享有对该决议的表决权,也不可委托代理人代为表决。A选项正确,B选项错误,C选项正确。只要投资决议的作出过程符合法律规定的程序,星煌公司仍然可以投资于坤诚公司。D选项错误。

3. 甲公司是一家上市公司。关于该公司的独立董事制度,下列哪一表述是正确的?(2015年真题,单选)

A. 甲公司董事会成员中应当至少包括1/3的独立董事

B. 任职独立董事的,至少包括一名会计专业人士和一名法律专业人士

C. 除在甲公司外,各独立董事在其他上市公司同时兼任独立董事的,不得超过5家

D. 各独立董事不得直接或间接持有甲公司已发行的股份

【答案】 A

【解析】 根据证监会《关于在上市公司建立独立董事制度的指导意见》第1条规定,A项正确。除了会计专业人士外,其余独立董事的资格并没有具体的规定,故B项错误。C项中加上甲公司,同时兼任独立董事的数量已经为6家,超过了最多只能兼职5家的规定,故C项错误。根据《关于在上市公司建立独立董事制度的指导意见》第3条的规定,只要独立董事及其亲属持股不超过上述限额,也可以继续任职。故D项错误。

4. 顺昌有限公司等五家公司作为发起人,拟以募集方式设立一家股份有限公司。关于公开募集程序,下列哪些表述是正确的?(2014年真题,多选)

A. 发起人应与依法设立的证券公司签订承销协议,由其承销公开募集的股份

B. 证券公司应与银行签订协议,由该银行代收所发行股份的股款

C. 发行股份的股款缴足后,须经依法设立的验资机构验资并出具证明

D. 由发起人主持召开公司创立大会,选举董事会成员、监事会成员与公司总经理

【答案】 AC

【解析】 根据《公司法》第87条规定,A项正确。根据《公司法》第88条第1款规定,B项错误。根据《公司法》第89条第1款规定,C项正确。根据《公司法》第90条第2款以及《公司法》第113条第1款的规定,D项错误。

5. 下列有关一人公司的哪些表述是正确的?(注意:公司法修正后本题已为单选)(2012年真题,多选)

A. 国有企业不能设立一人公司

B. 一人公司发生人格或财产混同时,股东应当对公司债务承担连带责任

C. 一人公司的注册资本必须一次足额缴纳

D. 一个法人只能设立一个一人公司

【答案】 B

【解析】 根据《公司法》第57条规定,国有企业可以设立一人公司,故A项错误。根据

《公司法》第58条规定,对于法人设立一人公司没有此限制,故D项错误。根据2013年《公司法》修订已经取消了一人公司设立时的最低资本额限制和实缴出资的要求,故C项错误。根据《公司法》第63条规定,B项正确。

6. 张平以个人独资企业形式设立"金地"肉制品加工厂。2011年5月,因瘦肉精事件影响,张平为减少风险,打算将加工厂改换成一人有限公司形式。对此,下列哪一表述是错误的?(注意:公司法修正后本题已为多选)(2011年真题,单选)

A. 因原投资人和现股东均为张平一人,故加工厂不必进行清算即可变更登记为一人有限公司

B. 新成立的一人有限公司仍可继续使用原商号"金地"

C. 张平为设立一人有限公司,须一次足额缴纳其全部出资额

D. 如张平未将一人有限公司的财产独立于自己的财产,则应对公司债务承担连带责任

【答案】 AC

【解析】 根据《公司法》第23条规定,A项错误。张平作为个人独资企业的出资人,该个人独资企业的所有财产,包括"金地"商号,均归张平所有,张平作为股东出资设立的一人公司,当然有权继续使用此商号,故B项正确。根据2013年公司法修正案,C项错误。根据《公司法》第63条规定,如张平未将一人有限公司的财产独立于自己的财产,则应对公司债务承担连带责任的说法正确,故D项正确。

合伙企业法专题

专题导学：

合伙企业法的精神：共同出资、共同经营、共享收益、共担风险

合伙企业是指二人以上按合伙协议，共同出资、共同经营、共享收益、共担风险组成的营利性组织。合伙企业是典型的人合组织，组织成员之间的信任为合伙的基础，合伙企业不具备独立的法人地位，合伙人对合伙企业的债务承担无限连带责任。

合伙企业法学习线索：

1. 注意合伙协议的重要性

合伙企业最重要的就是人合性，因此组织成员之间的信任为合伙的基础；对内体现为合伙企业的成立与合伙人的变更等事项；对外体现为合伙事务的经营与合伙债务的承担等事项。人合组织特性在合伙企业法中处处有所体现，如合伙的出资方式。又如，合伙事务（普通合伙）通常由全体合伙人共同执行。

合伙协议为合伙人确定权利、义务的法律文书，是合伙人意志的最主要的体现。在不违反法律的强制性规定的前提下，合伙协议的约定可以排除法律的"准用性"规定。

特别注意："合伙协议的约定""全体合伙人一致同意"等字的出现。

2. 区分普通合伙与有限合伙的不同

普通合伙中合伙人地位相同；而有限合伙中对于有限合伙人承担的是类似于公司股东一样的责任。复习时注意比较有限合伙与普通合伙的不同规定，如出资、执行事务、承担责任等及普通合伙与有限合伙的转换。

第一节 合伙制度概述

考点　合伙的概念和特征

（一）概念

合伙企业是指二人以上按合伙协议，共同出资、共同经营、共享收益、共担风险组成的营利性组织，包括普通合伙企业和有限合伙企业两种类型。合伙企业是典型的人合组织，组织成员之间的信任为合伙的基础，合伙企业不具备独立的法人地位，合伙人对合伙企业的债务承担无限连带责任。

普通合伙企业由普通合伙人组成，除合伙企业法另有规定外，合伙人对合伙企业债务承担无限连带责任。

有限合伙企业由至少一个普通合伙人和至少一个有限合伙人组成，普通合伙人对合伙企业债务承担无限连带责任；有限合伙人以其认缴的出资额为限对合伙企业债务承担责任。

(二) 特征

1. 合伙企业因合伙协议而产生

合伙协议是处理合伙人相互之间的权利义务关系的内部法律文件,即只约束合伙人,合伙人之外的人如欲入伙,须经全体合伙人同意,并在合伙协议上签字。所以,合伙协议是调整合伙关系、规范合伙人相互间的权利义务、处理合伙纠纷的基本法律依据,也是合伙得以成立的法律基础。根据合伙企业法的规定,合伙企业的合伙协议应当采用书面形式。

2. 合伙人共同出资、共同经营、共享收益、共担风险(四共原则)

出资是合伙人的基本义务,也是其取得合伙人资格的前提。合伙出资的形式丰富多样,比公司灵活,合伙人除了以现金、实物、土地使用权和知识产权四种方式出资外,还可以其他财产权利出资,如劳务、技术等,只要其他合伙人同意即可。普通合伙人必须共同从事经营活动,以合伙为职业和谋生之本。有限合伙企业的情形有所不同,有限合伙人可以不参加合伙企业的营业,不执行合伙事务。每一个合伙人无论出资多少,以何种方式出资,都有参加利润分配的权利,也有亏损分担的义务。

3. 合伙企业是典型的人合性的组织

合伙企业是人合性企业,其设立以合伙人相互信任为基础。

4. 普通合伙人对外承担无限连带责任

此处所称无限连带责任,包括两层含义,一是指合伙企业的普通合伙人对合伙企业的债务承担无限责任,即当合伙企业的全部资产不能清偿其债务时,各合伙人须以自身的财产对合伙企业的债务承担无限责任。合伙人是法人的,应以其法人的财产承担无限责任。二是指普通合伙人之间对合伙企业债务承担连带责任。当合伙企业全部资产不能清偿其债务时,债权人可以向任何一个普通合伙人主张权利。普通合伙人不得以其出资份额的大小、已超过合伙协议约定的亏损分担比例承担责任等任何理由予以拒绝。

5. 合伙企业不具有法人资格

6. 合伙企业不缴纳企业所得税(各合伙人缴纳个人所得税)

第二节 普通合伙企业

普通合伙企业是指依照我国合伙企业法的规定,由自然人、法人和其他组织通过订立合伙协议,在我国境内设立的全体合伙人为普通合伙人,各合伙人对合伙企业的债务承担无限连带责任的以营利为目的经济组织。

考点 1 设立条件与程序

(一) 合伙人

1. 合伙人可以是自然人、法人或其他组织

国有独资公司、国有企业、上市公司以及公益性的事业单位、社会团体不得成为普通合伙人。普通合伙人的重要特征是要对合伙企业的债务承担无限连带责任。国有独资公司、国有企业、上市公司以及公益性的事业单位、社会团体如果成为普通合伙人,不利于保护国有资产和上市公司股东的利益,另外,从事公益性活动的事业单位、社会团体,因其从事的活动涉及公共利益,其自身财产不宜对外承担无限连带责任。因此,国有独资公司、国有企业、上市公司以及公益性的事业单位、社会团体不得成为普通合伙人。他们可以根据实际需要,以有限合伙人的身份参加合伙企业,从事经营活动,对合伙企业以出资额为限承担责任。

2. 要求有 2 个以上合伙人

设立合伙企业须有 2 个以上的合伙人。若出资人为 1 人,则是独资企业而非合伙。合伙企业法并未规定合伙企业的人数上限,允许当事人自行选择。合伙人出于管理和对切身利益的考虑,自己会将合伙人的人数限定在一个合理的范围内。

3. 合伙人应该有完全民事行为能力

无民事行为能力或限制民事行为能力人可以并且只能成为有限合伙人,而不能成为普通合伙人。

(二) 设立时的出资

1. 合伙企业没有最低注册资本的规定

合伙人因要对合伙企业之债务承担无限连带责任,故而在合伙企业法中并无必要规定注册资本。

2. 合伙人可以用自己的合法财产及财产权利出资

(1) 货币。货币出资可以构成合伙企业资本金的全部。合伙人出资所用货币应当是合伙人自有的资金,或归自己管理、支配的资金。

(2) 实物。实物即企业生产经营所需的各种货币以外的有形财产。以实物出资是否需要评估作价,由谁来评估作价,应由全体合伙人协商确定,全体合伙人也可以委托法定的评估机构进行评估。以实物出资的,合伙人用以出资的实物必须为自己的或可在合伙企业经营期间完全由自己支配的实物财产。

(3) 知识产权,如商标权、著作权、专利权、技术秘密等。

(4) 土地使用权。土地使用权是指依法对土地加以使用的权利,对合伙企业出资的只能是土地的使用权。按照土地管理法规定,国有或集体所有的土地可以依法确定给全民、集体所有制单位使用,也可以依法确定给个人使用。

(5) 其他财产权利出资。合伙人可以用财产使用权出资,此点与公司股东出资不同。

(6) 劳务。以劳务出资,即将某一特定人的劳务作为对合伙企业的出资方式。合伙人以劳务出资的,其评估办法由全体合伙人协商确定,并要在合伙协议中载明。

3. 出资责任

(1) 合伙人应当按照合伙协议约定的出资方式、数额和缴付期限,履行出资义务。按约定履行出资义务是指投资人按照合伙协议的约定的出资方式、数额与缴付期限向企业投入资产的行为,是投资设立合伙企业的前提。

(2) 如果合伙人违反了出资义务,即构成违约,其他合伙人可追究其违约责任。

(3) 未履行出资义务的,经其他合伙人一致同意,可以决议将其除名。

(三) 合伙协议

(1) 合伙企业必须要有书面合伙协议。合伙协议是设立合伙企业的协议,多为合伙人及合伙企业在较长时期内的行为规范。为了明确合伙人的权利、义务,避免合伙人之间产生不必要的纠纷,使合伙人和合伙企业在长期的生产经营活动中始终遵循一定的规则,维护合伙企业正常的经营秩序,合伙协议必须采用书面形式。

(2) 普通合伙企业中,合伙协议不得约定将全部利润分配给部分合伙人或者由部分合伙人承担全部亏损。

合伙企业的利润分配、亏损分担,按照合伙协议的约定办理;合伙协议未约定或者约定不明确的,由合伙人协商决定;协商不成的,由合伙人按照实缴出资比例分配、分担;无法确定出资比例的,由合伙人平均分配、分担。合伙协议不得约定将全部利润分配给部分合伙人或者由部分合伙人承担全部亏损。

(3) 合伙协议经全体合伙人签名、盖章后生效。合伙人按照合伙协议享有权利,履行义务。

【真题演练】

关于合伙企业的利润分配,如合伙协议未作约定且合伙人协商不成,下列哪一选项是正确的?(2010年真题,单选)

A. 应当由全体合伙人平均分配
B. 应当由全体合伙人按实缴出资比例分配
C. 应当由全体合伙人按合伙协议约定的出资比例分配
D. 应当按合伙人的贡献决定如何分配

【答案】 B

【解析】 根据《合伙企业法》第33条的规定,选项A、C、D错误,B项正确。

考点 2　合伙企业的财产

(一) 合伙企业财产的概念和范围

合伙人的出资、以合伙企业名义取得的收益和依法取得的其他财产,均为合伙企业的财产。

(1) 合伙人以现金、财产所有权出资的,由全体合伙人共有,此为共同共有,出资人不再享有财产权。

(2) 合伙人以土地使用权、房屋使用权、商标或专利的使用权出资的,财产归出资人所有,合伙企业只享有管理权、使用权,退伙或者解散时,合伙人有权要求返还原物。

(3) 合伙企业积累的财产的性质。指合伙企业存续期间,全体合伙人共同经营合伙企业所创造的利益除去合伙人分配外,留存用以发展的积累以及合伙企业受赠、受奖、受让的利益及无形财产。

(二) 合伙份额的出质和转让

1. 合伙人一旦依据合伙协议向合伙企业缴付了出资,便不得随意抽回

任何一个合伙人抽走或分割其财产份额,都会直接导致企业财产数量的减少,给正常运行的生产经营活动造成消极影响;以合伙企业名义取得的收益和依法取得的其他财产,也具有同

样的性质。因此，在合伙企业清算前，合伙人不得请求分割合伙企业的财产，但可以通过转让或者出质方式处置财产份额。

2. 普通合伙企业财产份额的出质

合伙人以其在合伙企业中的财产份额出质，是指合伙人以自己投入合伙企业的财产所获的财产份额及其收益为自身债务或其他债务进行质押担保的行为，合伙人如果以其在合伙企业中的财产份额为自己或他人的债务作质押担保，就使合伙企业的财产处于不稳定的状态，如其不能履行债务，债权人就要依法执行合伙企业的有关财产份额予以优先受偿，从而导致合伙人的变更，影响合伙企业的正常经营活动。

（1）以合伙企业财产份额出质的，须经其他合伙人一致同意。

（2）未经其他合伙人一致同意，其行为无效。

（3）对由此给善意第三人造成的损失承担赔偿责任。

（4）无论以何种方式实现质权，向合伙人以外的人转让财产份额时，应注意普通合伙企业财产份额转让的规则。

3. 普通合伙企业财产份额的转让

合伙的人合性决定了合伙人的财产份额向合伙人以外的人转让受到限制。一般来说，须经其他合伙人一致同意。当然，合伙协议也可以事先另做约定。

（1）合伙人之间转让在合伙企业中的全部或者部分财产份额时，应当通知其他合伙人。由于这种转让属内部关系，只关联到各合伙人财产份额的变化，不影响企业财产总额的变化，不需征得其他合伙人的同意，也没有其他事前程序，只需通知他们知晓即可。

（2）除合伙协议另有约定外，合伙人向合伙人以外的人转让其在合伙企业中的全部或者部分财产份额时，须经其他合伙人一致同意。

（3）合伙人向合伙人以外的人转让其在合伙企业中的财产份额的，在同等条件下，其他合伙人有优先购买权；但是，合伙协议另有约定的除外。

【真题演练】

1. 高崎、田一、丁福三人共同出资200万元，于2011年4月设立"高田丁科技投资中心（普通合伙）"，从事软件科技的开发与投资。其中高崎出资160万元，田、丁分别出资20万元，由高崎担任合伙事务执行人。请回答第（1）题。（2013年真题，不定选）

（1）2012年6月，丁福为向钟冉借钱，作为担保方式，而将自己的合伙财产份额出质给钟冉。下列说法正确的是：

A. 就该出质行为，高、田二人均享有一票否决权

B. 该合伙财产份额质权，须经合伙协议记载于工商登记才能生效

C. 在丁福伪称已获高、田二人同意，而钟冉又是善意时，钟冉善意取得该质权

D. 在丁福未履行还款义务，如钟冉享有质权并主张以拍卖方式实现时，高、田二人享有优先购买权

【答案】 AD

【解析】 根据《合伙企业法》第25条规定，丁福的出质行为，须经其他合伙人高崎、田一一致同意，否则其行为无效，故高、田对甲的出质行为具有一票否决权，故A项正确。根据《合伙企业法》相关规定，其并未对是否需要登记进行规定。《物权法》也未对合伙企业财产份额

出质的成立条件进行明确规定。依"法无规定即自由"的原则,则合伙财产份额质权登记与否不影响质权设立,故 B 项错误。根据《合伙企业法》第 25 条规定,丁的出质行为无效,根据《民法通则》第 58 条规定,丁的出质行为从开始起就没有对丁福与钟冉产生法律约束力,钟冉不应取得该质权,故 C 项错误。根据《合伙企业法》第 23 条规定,高崎、田一有优先购买权,除非合伙协议另有约定,故 D 项正确。

2. 甲、乙、丙、丁打算设立一家普通合伙企业。对此,下列哪一表述是正确的?(2011 年真题,单选)

A. 各合伙人不得以劳务作为出资
B. 如乙仅以其房屋使用权作为出资,则不必办理房屋产权过户登记
C. 该合伙企业名称中不得以任何一个合伙人的名字作为商号或字号
D. 合伙协议经全体合伙人签名、盖章并经登记后生效

【答案】 B

【解析】 根据《合伙企业法》第 16 条规定,A 项错误。根据《合伙企业法》第 16 条规定,B 项正确。根据《合伙企业法》第 14 条第 4 款和第 15 条规定,对合伙企业的名称除应当标明"普通合伙"字样外,并未作其他强制性规定,故 C 项错误。根据《合伙企业法》第 19 条规定,登记并不是合伙协议的生效要件,故 D 项错误。

考点 3 合伙企业事务的执行和决议

合伙企业的事务执行,是指合伙企业的经营管理及对内对外关系中的事务处理等活动。合伙企业的人合性和经营管理的灵活性,体现在合伙企业不仅由各合伙人共同出资而设立,还通常由合伙人共同进行经营和管理。合伙企业的合伙人通常人数较少,相互信任,其从事经营活动具有法律上的相互代理关系。因此不需要法人企业那样设立严格的企业管理机关。合伙人既是合伙企业的所有者,又是企业的经营者。

(一) 事务的执行方式

(1) 按照合伙协议的约定或者经全体合伙人决定,可以委托一个或者数个合伙人对外代表合伙企业,执行合伙事务。也即,事务执行方式可以为全体合伙人共同执行、数名合伙人共同执行、委托执行。但是,执行人只能是合伙人。

(2) 作为合伙人的法人、其他组织执行合伙事务的,由其委派的代表执行。

(二) 事务的执行规则

(1) 合伙人权利平等。普通合伙企业中,各合伙人对执行合伙企业事务享有同等的权利,即每一个合伙人对企业的经营管理和其他事务的执行不但有参与权,而且他们的权利平等。无论出资多少,出资方式是否相同,都不影响这一法定权利,不影响其在执行合伙企业事务时的平等资格。

(2) 在委托执行情况下,其他合伙人不再执行合伙事务。不执行合伙事务的合伙人有权监督执行事务合伙人执行合伙事务的情况。合伙协议约定或全体合伙人协商一致委托一人或多人执行合伙事务即意味着不执行事务合伙人将自己执行事务的权利委托于他人,这完全出于他们的意愿,但他们作为合伙企业的投资者和受益者,应有了解所投资金的运用情况及企业

的经营效益的基本权利。同时,如果没有必要的监督和制约,也难以扼制某些受委托执行事务的合伙人滥用权利,损害合伙企业及合伙人的合法权益。因此,不执行合伙事务的合伙人对合伙事务执行人执行合伙事务有监督权。

(3) 合伙人分别执行合伙事务的,执行事务合伙人可以对其他合伙人执行的事务提出异议。提出异议时,应当暂停该项事务的执行。如果发生争议,依照《合伙企业法》第 30 条规定作出决定。只有执行合伙事务的合伙人才享有异议权。

注意:执行合伙事务的监督权和异议权的区别

(4) 受委托执行合伙事务的合伙人不按照合伙协议或者全体合伙人的决定执行事务的,其他合伙人可以决定撤销该委托。执行事务合伙人是受全体合伙人委托执行合伙事务,根据代理法律关系,执行事务合伙人必须按照合伙协议或全体合伙人的决定执行合伙事务,不得超越规定的权限执行合伙事务,不得利用执行合伙事务的便利损害合伙企业或其他合伙人的利益。

(5) 事务执行人对外代表合伙企业。就合伙企业而言,执行事务合伙人受其他合伙人委托从事经营管理活动,只要其在授权范围内从事业务活动,即为以企业为载体的全体合伙人的行为:由企业承担责任,包括执行事务的费用和亏损;由企业享受收益,包括利润和各项所得。最终由全体合伙人承担责任和获取利益。

① 执行合伙人与企业之间为代表关系,执行的收益、费用、亏损、责任归合伙企业,也就是全体合伙人承担。

② 合伙企业对执行合伙人权利的限制不得对抗善意第三人。

(6) 普通合伙人不得自营或者同他人合作经营与本合伙企业相竞争的业务。合伙人从事与本合伙企业相竞争的业务,是指合伙企业的合伙人在本企业以外从事的与合伙企业经营的业务相同或相近,并与之存在竞争关系的业务。合伙人了解合伙企业的经营情况,包括经营诀窍、管理方式、原料来源等内部情况,如允许其经营业务与合伙企业相竞争,就使合伙企业的经营处于不利的竞争地位,使其利益受到损害。

(7) 除合伙协议另有约定或者经全体合伙人一致同意外,普通合伙人不得同本合伙企业进行自我交易。合伙人与本企业进行交易,是指合伙人在执行合伙事务中,以其职务便利,自行决定代表本合伙企业与自己代表的其他企业或个人业务进行交易的情形。如果执行合伙人通过这一交易将本应属于合伙企业的利润转移至自己的企业,利用关联交易牟取私利,将损害合伙企业及其他合伙人的利益,因此,未经合伙协议约定或者经全体合伙人一致同意,合伙人不得同本合伙企业进行交易。

(8) 合伙人不得从事损害本合伙企业利益的活动。

(三) 事务的决议

合伙事务的决议与合伙事务的执行是不同的,先有决议后有执行;合伙事务可由一名或数名合伙人代表全体合伙人执行,也可由全体合伙人执行,而合伙企业事务的决议只能由合伙人依法作出,不得委托其他合伙人或合伙人以外的人进行。

1. 协议优先

合伙人对合伙企业有关事项作出决议,按照合伙协议约定的表决办法办理。只有在合伙协议没有约定或者约定不明时,才适用合伙企业法的规定。

2. 合伙协议未约定或者约定不明确的,实行合伙人一人一票并经全体合伙人过半数通过的表决办法

3. 对重要事项,如果合伙协议没有约定的,应当经过全体合伙人一致同意

在合伙企业中,除一般事务外,还有一些重要事务关系到企业的生存和发展,或者影响到全体合伙人的利益,对这类重大事务或者说特殊事项不能由部分合伙人或者执行事务合伙人自行决定,也不能适用少数服从多数的原则。这些重要事项是指:

(1) 改变合伙企业的名称;
(2) 改变合伙企业的经营范围、主要经营场所的地点;
(3) 处分合伙企业的不动产;
(4) 转让或者处分合伙企业的知识产权和其他财产权利;
(5) 以合伙企业名义为他人提供担保;
(6) 聘任合伙人以外的人担任合伙企业的经营管理人员。

【真题演练】

1. 通源商务中心为一家普通合伙企业,合伙人为赵某、钱某、孙某、李某、周某。就合伙事务的执行,合伙协议约定由赵某、钱某二人负责。下列哪些表述是正确的?(2014年真题,多选)

A. 孙某仍有权以合伙企业的名义对外签订合同
B. 对赵某、钱某的业务执行行为,李某享有监督权
C. 对赵某、钱某的业务执行行为,周某享有异议权
D. 赵某以合伙企业名义对外签订合同时,钱某享有异议权

【答案】 BD

【解析】 根据《合伙企业法》第27条规定,并不执行合伙企业事务的孙某、李某、周某三人不能执行合伙企业事务,对外签订合同,但可以对合伙企业负责人进行监督,故 A 项错误,B 项正确。根据《合伙企业法》第29条第1款以及第30条的规定,只有执行合伙事务的合伙人才享有异议权,故周某没有异议权,钱某享有异议权,故 C 项错误,D 项正确。

2. 王某、张某、田某、朱某共同出资180万元,于2012年8月成立绿园商贸中心(普通合伙)。其中王某、张某各出资40万元,田某、朱某各出资50万元;就合伙事务的执行,合伙协议未特别约定。请回答第(1)—(3)题。(2014年真题,不定选)

(2) 2014年1月,田某以合伙企业的名义,自京顺公司订购价值80万元的节日礼品,准备在春节前转销给某单位。但对这一礼品订购合同的签订,朱某提出异议。就此,下列选项正确的是:

A. 因对合伙企业来说,该合同标的额较大,故田某在签约前应取得朱某的同意
B. 朱某的异议不影响该合同的效力
C. 就田某的签约行为所产生的债务,王某无须承担无限连带责任
D. 就田某的签约行为所产生的债务,朱某须承担无限连带责任

【答案】 BD

【解析】 合伙企业对田某的对外代表权限并无特别规定,不因数额较大而需要征得朱某同意,故 A 项错误。根据《合伙企业法》第29条第1款以及第30条的规定,田某对外签约是以合伙企业的名义,完全合法有效,异议不影响合同的效力,故 B 项正确。根据《合伙企业法》

第 38 条以及第 39 条的规定,本题中的合伙企业属于普通合伙企业,所有的合伙人对外都要承担无限连带责任,而不论是否承担合伙企业事务,故 C 项错误,D 项正确。

3. 甲、乙、丙、丁以合伙企业形式开了一家餐馆。就该合伙企业事务的执行,下列哪些表述是正确的?(2013 年真题,多选)
   A. 如合伙协议未约定,则甲等四人均享有对外签约权
   B. 甲等四人可决定任命丙为该企业的对外签约权人
   C. 不享有合伙事务执行权的合伙人,以企业名义对外签订的合同一律无效
   D. 不享有合伙事务执行权的合伙人,经其他合伙人一致同意,可担任企业的经营管理人

【答案】 ABD
【解析】 依据《合伙企业法》第 26 条规定,A、B 项正确。根据《合伙企业法》第 26 条第 1 款以及第 37 条的规定,C 项错误。根据《合伙企业法》第 31 条第 6 款规定可推知,不享有合伙事务执行权的合伙人,经其他合伙人一致同意,可担任企业的经营管理人,故 D 项正确。

4. 经全体合伙人同意,林某被聘任为酒吧经营管理人,在其受聘期间自主决定采取的下列管理措施符合《合伙企业法》规定的是:(2011 年真题,不定选)
   A. 为改变经营结构扩大影响力,将经营范围扩展至法国红酒代理销售业务
   B. 为改变资金流量不足情况,以酒吧不动产为抵押,向某银行借款 50 万元
   C. 为营造气氛,以酒吧名义与某音乐师签约,约定音乐师每晚在酒吧表演 2 小时
   D. 为整顿员工工作纪律,开除 2 名经常被顾客投诉的员工,招聘 3 名新员工

【答案】 CD
【解析】 根据《合伙企业法》第 31 条的规定,A 选项林某无权自主决定。B 选项林某亦无权做出决定。故 A、B 项错误。C 项林某有权自主决定此行为,故 C 项正确。D 项林某有权自主决定此事项,故 D 项正确。

考点 4 普通合伙与第三人关系

(一) 一般合伙企业债务的清偿规则

(1) 合伙企业对其债务,应先以其全部财产进行清偿。与此相应,其债权人也只能先向合伙企业提出求偿要求,在合伙企业财产偿还完毕前,债权人不得就其债权直接向合伙企业的任一或多个合伙人求偿。

(2) 合伙企业不能清偿到期债务的,合伙人承担无限连带责任。合伙人对合伙债务承担无限连带责任,是合伙企业最基本的法律特征,也是合伙企业与有限责任公司的根本区别。这种连带责任虽然增大了合伙人的风险,但同时也增加了合伙企业的对外信誉,使企业获得了更强的偿债能力。

(3) 合伙人内部清偿份额的确定,依《合伙企业法》第 33 条第 1 款的规定。即合伙企业的亏损负担按照合伙协议的约定处理;合伙协议未约定或约定不明确的,由合伙人协商决定;协商不成的,由合伙人按照实缴出资比例分配、分担;无法确定出资比例的,由合伙人平均分配、分担。

(4) 合伙人由于承担无限连带责任,清偿数额超过自己应当分担比例的,有权向其他合伙人追偿。

(二) 合伙人个人债务的清偿规则

合伙企业的民事活动与合伙人自身的民事活动属于两个不同的法律关系,不应混同。因此,合伙人发生的债务与合伙企业债务是两个不同的债。合伙人自身的债务,应由合伙人自行偿还。

1. 合伙人发生与合伙企业无关的债务,相关债权人不得以其债权抵销其对合伙企业的债务,也不得代位行使合伙人在合伙企业中的权利

在现实生活中,有一些情况是合伙人的债权人同时又是合伙企业的债务人,根据合伙企业的特性,合伙人存在于合伙企业的财产份额,已形成合伙企业财产,合伙人只能以从合伙企业分红等方式取得后再转而偿付债权人。合伙人与其债权人的债权债务关系与该债权人对合伙企业的债权债务关系不能相互抵销而消灭。

合伙企业是由合伙人投资形成的经营性组织,合伙人在合伙企业中不仅享有财产性质的收益权,还包括其在合伙企业中的表决权等身份权及法定管理权、监督权等其他权利。合伙人的债权人要求合伙人偿还债务,只能通过与合伙人签订合同或通过诉讼,获得对合伙人在合伙企业中收益分配的请求权或者分割其在合伙企业中的财产份额以实现债权,而对合伙人的其他权利如合伙事务执行权、重大事务表决权等等均没有请求权,对合伙人在合伙企业中的权利不得行使代位权。

2. 合伙人的个人债权人实现债权的两种方式
(1) 以收益用于清偿;
(2) 请求人民法院强制执行财产份额。

为了既维护合伙企业的利益,又考虑到合伙人的债权人实现债权的要求,法律规定,合伙人的自有财产不足清偿其与合伙企业无关的债务的,该合伙人可以以其从合伙企业中分取的收益用于清偿。该合伙人的债权人也具有对负有债务的合伙人在合伙企业中所获收益的请求权。债权人也可以依法请求人民法院强制执行该合伙人在合伙企业中的财产份额用于清偿。

3. 人民法院强制执行合伙人的财产份额时,其他合伙人有优先购买权,其他合伙人未购买,又不同意将该财产份额转让给他人的,办理退伙结算,或削减相应的财产份额

【真题演练】

1. 王某、张某、田某、朱某共同出资180万元,于2012年8月成立绿园商贸中心(普通合伙)。其中王某、张某各出资40万元,田某、朱某各出资50万元;就合伙事务的执行,合伙协议未特别约定。请回答第(1)—(3)题。(2014年真题,不定选)

(3) 2014年4月,朱某因抄底买房,向刘某借款50万元,约定借期四个月。四个月后,因房地产市场不景气,朱某亏损不能还债。关于刘某对朱某实现债权,下列选项正确的是:

A. 可代位行使朱某在合伙企业中的权利
B. 可就朱某在合伙企业中分得的收益主张清偿
C. 可申请对朱某的合伙财产份额进行强制执行
D. 就朱某的合伙份额享有优先受偿权

【答案】 BC

【解析】 根据《合伙企业法》第41条规定,合伙人的债权人不得代位行使合伙人在合伙

企业中的权利,故 A 项错误。根据《合伙企业法》第 42 条第 1 款的规定,B、C 两项正确。只有将合伙企业中的财产份额出质给第三人,第三人才能享有对合伙份额的优先受偿权,本题中朱某并未将其在合伙企业中的财产份额依法出质给刘某,故刘某不享有优先受偿权,故 D 项错误。

2. 周橘、郑桃、吴柚设立一家普通合伙企业,从事服装贸易经营。郑桃因炒股欠下王椰巨额债务。下列哪些表述是正确的?(2012 年真题,多选)

A. 王椰可以郑桃从合伙企业中分取的利益来受偿
B. 郑桃不必经其他人同意,即可将其合伙财产份额直接抵偿给王椰
C. 王椰可申请强制执行郑桃的合伙财产份额
D. 对郑桃的合伙财产份额的强制执行,周橘和吴柚享有优先购买权

【答案】 ACD
【解析】 根据《合伙企业法》第 42 条的规定,王椰可以郑桃从合伙企业中分取的利益来受偿,故 A 项正确。根据禁止抵销规则,故 B 项错误。根据《合伙企业法》第 42 条的规定,C 项正确。普通合伙企业是典型的人合性企业,人民法院强制执行合伙人的财产份额时,应当通知全体合伙人,其他合伙人有优先购买权,所以对郑桃的合伙财产份额的强制执行,周橘和吴柚享有优先购买权,故 D 项正确。

考点 5 入伙与退伙

(一) 入伙

1. 程序

(1) 新合伙人入伙,应当经全体合伙人一致同意。合伙企业是人合性的组织,各合伙人基于互相之间的信任而组成合伙企业,每个合伙人都享有平等执行合伙事务的权利,对于是否接受一个非合伙人入伙,每一个合伙人都有决定权,任何一个合伙人拒绝其入伙的,该非合伙人就不能成为合伙企业的合伙人。

(2) 依法订立书面入伙协议。合伙协议是合伙企业存在和正常运行的基础,新合伙人入伙,是合伙企业的合伙人发生变化,新合伙人的权利义务需要明确,原合伙人的权利、义务、责任等也要进行相应的调整。

2. 新入伙合伙人的权利义务

(1) 原合伙人应当向新合伙人如实告知原合伙企业的经营状况和财务状况。新合伙人加入合伙企业后就要承担无限连带责任,因此,应当让其对合伙企业有全面的了解,否则对其就是不公平的。另外,这也是新合伙人决定是否入伙的基础。

(2) 入伙的新合伙人与原合伙人享有同等权利,承担同等责任。入伙协议另有约定的,从其约定。非合伙人依法入伙后,即成为合伙企业的合伙人,同原合伙人在地位上是平等的,这是由合伙企业人合性的性质决定的。

(3) 普通合伙企业中,新合伙人对入伙前合伙企业的债务承担无限连带责任。新合伙人在充分了解合伙企业之后入伙,成为企业的普通合伙人,同原合伙人享有同等的权利,承担同等的义务,而且,全体合伙人对合伙企业债务承担无限连带责任是合伙企业法律制度的基本原则,所以,新合伙人对入伙前合伙企业的债务承担无限连带责任。

(二) 退伙

1. 自愿退伙

合伙企业是建立在合伙人互相信任和平等协商基础上的,对于合伙人来说,加入和退出合伙企业都应当是自由的。合伙人对其他合伙人不再信任或者因为其他原因不愿再参加合伙企业,都应当允许其退伙。

(1) 合伙协议约定合伙期限的,在合伙企业存续期间,有下列情形之一的,合伙人可以退伙:

① 合伙协议约定的退伙事由出现;
② 经全体合伙人一致同意;
③ 发生合伙人难以继续参加合伙的事由;
④ 其他合伙人严重违反合伙协议约定的义务。

(2) 合伙协议未约定合伙期限的,合伙人在不给合伙企业事务执行造成不利影响的情况下,可以退伙,但应当提前30日通知其他合伙人。

2. 当然退伙

又称法定退伙,是指基于法律的直接规定而发生的退伙,是非基于合伙人的主观意愿产生的,所以也称为非自愿退伙或当然退伙。

(1) 作为合伙人的自然人死亡或者被依法宣告死亡。

注意:普通合伙企业中,合伙人被依法认定为无民事行为能力人或者限制民事行为能力人的,经其他合伙人一致同意,可以依法转为有限合伙人,普通合伙企业依法转为有限合伙企业。其他合伙人未能一致同意的,该无民事行为能力或者限制民事行为能力的合伙人退伙。

(2) 个人丧失偿债能力。

(3) 作为合伙人的法人或者其他组织依法被吊销营业执照、责令关闭、撤销,或者被宣告破产。

(4) 法律规定或者合伙协议约定合伙人必须具有相关资格而丧失该资格。

(5) 合伙人在合伙企业中的全部财产份额被人民法院强制执行。

注意:退伙事由实际发生之日为退伙生效日。

3. 除名退伙

在合伙企业中,其他合伙人有权利选择不与某一合伙人合作,而进行除名退伙。

(1) 除名的事由

合伙人有下列情形之一的,经其他合伙人一致同意,可以决议将其除名:未履行出资义务;因故意或者重大过失给合伙企业造成损失;执行合伙事务时有不正当行为;发生合伙协议约定的事由。

(2) 对合伙人的除名决议应当书面通知被除名人。被除名人接到除名通知之日,除名生效,被除名人退伙。

(3) 被除名人对除名决议有异议的,可以自接到除名通知之日起30日内,向人民法院起诉。除名退伙,实际上是某一合伙人的合伙资格被其他合伙人强制剥夺的过程,在这一过程中,对被除名人的权利也要给予一定的保障。

4. 退伙的法律后果

（1）退伙时，退伙人丧失合伙人的资格。

（2）退伙人对基于其退伙前的原因发生的合伙企业债务承担无限连带责任。

合伙企业的运行是连续性的，有些合伙企业债务虽然发生在合伙人退伙后，但是基于其退伙前的原因发生的，当时退伙人仍是合伙企业的合伙人，对该笔债务的产生是有责任的。

5. 死亡退伙的法律后果

（1）合伙人死亡时，继承人不当然成为合伙人，就资格继承而言，需要满足双方同意的条件，即"按照合伙协议的约定或者经全体合伙人一致同意"和"继承人愿意成为合伙人"。

（2）从继承开始之日起，继承人取得该合伙企业的合伙人资格。

（3）合伙人的继承人为无民事行为能力人或者限制民事行为能力人的，经全体合伙人一致同意，可以依法成为有限合伙人，普通合伙企业依法转为有限合伙企业。全体合伙人未能一致同意的，合伙企业应当将被继承合伙人的财产份额退还该继承人。

注意：退伙的具体办理程序

① 合伙人退伙，其他合伙人应当与该退伙人按照退伙时的合伙企业财产状况进行结算，退还退伙人的财产份额。

② 退伙人对给合伙企业造成的损失负有赔偿责任的，相应扣减其应当赔偿的数额。

③ 退伙时有未了结的合伙企业事务的，待该事务了结后进行结算。

④ 退伙人在合伙企业中财产份额的退还办法，由合伙协议约定或者由全体合伙人决定，可以退还货币，也可以退还实物。

⑤ 个别合伙人退伙不会导致合伙企业解散，从而不需要进行清算。合伙人退伙时，合伙企业财产少于合伙企业债务的，退伙人应当依法分担亏损。

【真题演练】

1. 2010年5月，贾某以一套房屋作为投资，与几位朋友设立一家普通合伙企业，从事软件开发。2014年6月，贾某举家移民海外，故打算自合伙企业中退出。对此，下列哪一选项是正确的？（2014年真题，单选）

A. 在合伙协议未约定合伙期限时，贾某向其他合伙人发出退伙通知后，即发生退伙效力

B. 因贾某的退伙，合伙企业须进行清算

C. 退伙后贾某可向合伙企业要求返还该房屋

D. 贾某对退伙前合伙企业的债务仍须承担无限连带责任

【答案】 D

【解析】 根据《合伙企业法》第46条规定，A项错误。根据《合伙企业法》第51条以及第86条第1款规定，B项错误。根据《合伙企业法》第52条规定，合伙企业可以将贾某的房屋退还给贾某，也可以退还相应的货币，其具体方法由合伙协议或者全体合伙人决定，并非一定要退还给贾某房屋不可。所以，贾某并不享有要求合伙企业退换房屋的权利，故C项错误。根据《合伙企业法》第53条规定，D项正确。

2. 2009年3月，周、吴、郑、王以普通合伙企业形式开办一家湘菜馆。2010年7月，吴某因车祸死亡，其妻欧某为唯一继承人。在下列哪些情形中，欧某不能通过继承的方式取得该合伙企业的普通合伙人资格？（2011年真题，多选）

A. 吴某之父对欧某取得合伙人资格表示异议
B. 合伙协议规定合伙人须具有国家一级厨师资格证,欧某不具有
C. 郑某不愿意接纳欧某为合伙人
D. 欧某因夫亡突遭打击,精神失常,经法院宣告为无民事行为能力人

【答案】 BCD

【解析】 根据《合伙企业法》第50条规定,本题中只要周、郑、王一致同意欧某,欧某即可取得合伙人资格,对于周、郑、王以外的其他任何人都无权干涉,吴某之父对欧某取得合伙人资格表示异议并不影响欧某取得合伙人的资格,故 A 项错误。合伙协议规定合伙人须具有国家一级厨师资格证,欧某不具有,因此欧某不能通过继承的方式取得该合伙企业的普通合伙人资格,故 B 项正确。郑某不愿意接纳欧某为合伙人,因此欧某不能成为合伙人,郑某享有一票否决权,故 C 项正确。欧某因夫亡突遭打击,精神失常,经法院宣告为无民事行为能力人,但并不必然导致其不能当合伙人,故 D 项正确。

3. 酒吧开业半年后,张某在经营理念上与其他合伙人冲突,遂产生退出想法。下列说法正确的是:(2011年真题,不定选)

A. 可将其份额转让给王某,且不必事先告知赵某、李某
B. 可经王某、赵某同意后,将其份额转让给李某的朋友刘某
C. 可主张发生其难以继续参加合伙的事由,向其他人要求立即退伙
D. 可在不给合伙事务造成不利影响的前提下,提前30日通知其他合伙人要求退伙

【答案】 D

【解析】 根据《合伙企业法》第22条规定,张某如将其份额转让给合伙人王某,须通知其他合伙人,故 A 项错误。张某如将其份额转让给合伙人之外的刘某,须经其他合伙人王某、赵某和李某一致同意,故 B 项错误。根据《合伙企业法》第45条的规定,本题目合伙协议没有约定合伙期限,故 C 项错误,D 项正确。

第三节 特殊的普通合伙企业

考点 1 含义

以专业知识和专门技能为客户提供有偿服务的专业服务机构,可以设立为特殊的普通合伙企业。非企业专业服务机构依据有关法律采取合伙制的,其合伙人承担责任的形式可以适用关于特殊的普通合伙企业合伙人承担责任的规定。特殊的普通合伙企业必须建立职业风险基金并办理职业保险。名称必须特殊注明"特殊普通合伙"字样。

特殊的普通合伙仅适用于以专门知识和技能(如法律知识与技能、医学和医疗知识与技能、会计知识与技能等)为客户提供有偿服务的机构,是因为这些专门知识和技能通常只为少数的、受过专门知识教育与培训的人才所掌握,而在向客户提供专业服务时,个人的知识、技能、职业道德、经验等往往起着决定性作用,与合伙企业本身的财产状况、声誉、经营管理方式等都没有直接和必然的联系,合伙人个人的独立性极强。

考点 2　特殊普通合伙企业的债务清偿

(一) 合伙企业债务先用合伙企业财产承担，不足部分由合伙人按照法律规定承担

(二) 一个合伙人或者数个合伙人在执业活动中因故意或者重大过失造成合伙企业债务的责任

1. 一个合伙人或者数个合伙人在执行活动中因故意或者重大过失造成合伙企业债务的，应当承担无限责任或者无限连带责任，其他合伙人以其中合伙企业中的财产份额为限承担责任。

2. 合伙人执业活动中因故意或者重大过失造成的合伙企业债务，以合伙企业财产对外承担责任后，该合伙人应当按照合伙协议的约定对给合伙企业造成的损失承担赔偿责任。

(三) 合伙人在执业活动中非因故意或重大过失造成的合伙企业债务的责任

合伙人在执业活动中非因故意或者重大过失造成的合伙企业债务以及合伙企业的其他债务，由全体合伙人承担无限连带责任。

【真题演练】

君平昌成律师事务所是一家采取特殊普通合伙形式设立的律师事务所，曾君、郭昌是其中的两名合伙人。在一次由曾君主办、郭昌辅办的诉讼代理业务中，因二人的重大过失而泄露客户商业秘密，导致该所对客户应承担巨额赔偿责任。关于该客户的求偿，下列哪些说法是正确的？(2015 年真题，多选)

A. 向该所主张全部赔偿责任
B. 向曾君主张无限连带赔偿责任
C. 向郭昌主张补充赔偿责任
D. 向该所其他合伙人主张连带赔偿责任

【答案】　AB

【解析】　根据《合伙企业法》第 58 条规定，曾君、郭昌在诉讼代理业务中，由于重大过失造成的债务，可以向君平昌成律师事务所主张，故 A 项正确。根据《合伙企业法》第 57 条规定，曾君、郭昌因重大过失而泄露客户商业秘密导致的巨额损失，应当由合伙人曾君和郭昌对合伙企业的债务承担无限连带责任，故 B 项正确，C 项错误。而其他合伙人仅以其出资为限承担有限责任，故 D 项错误。

第四节　有限合伙企业

考点 1　有限合伙企业的设立

(一) 合伙人

(1) 有限合伙企业的合伙人由普通合伙人和有限合伙人共同组成。有限合伙企业由 2 个以上 50 个以下合伙人设立；但是，法律另有规定的除外。有限合伙企业至少应当有 1 个普通合伙人。

(2) 特殊法人不能成为普通合伙人，但是可以成为有限合伙人。

国有独资公司、国有企业、上市公司以及公益性的事业单位、社会团体不得成为普通合伙人。

(3) 有限合伙企业名称中应当标明"有限合伙"字样。

(二) 设立时的出资

(1) 有限合伙人不得以劳务出资。有限合伙企业是在普通合伙企业人合性的基础上由有限合伙人参与投资而形成的人合和资合相结合的企业形式。其中,有限合伙人一般只进行投资并依协议获取收益,不执行合伙事务,不参与企业的经营管理,对合伙企业承担有限责任。因此,有限合伙人以劳务出资的必要性不大,也不能体现有限合伙人对外承担责任的特点。

(2) 有限合伙人应当按照合伙协议的约定按期足额缴纳出资;未按期足额缴纳的,应当承担补缴义务,并对其他合伙人承担违约责任。

(三) 对企业债务的清偿规则

(1) 有限合伙人,以其出资为限对有限合伙企业的债务承担清偿责任。

(2) 有限合伙人的自有财产不足清偿其与合伙企业无关的债务的,该合伙人可以以其从有限合伙企业中分取的收益用于清偿;债权人也可以依法请求人民法院强制执行该合伙人在有限合伙企业中的财产份额用于清偿。

人民法院强制执行有限合伙人的财产份额时,应当通知全体合伙人。在同等条件下,其他合伙人有优先购买权。

考点 2 有限合伙企业的事务执行

(一) 一般规则

有限合伙企业中,普通合伙人执行合伙事务并对合伙企业债务承担无限连带责任;有限合伙人只出资,不执行合伙事务,不得对外代表有限合伙企业。

(二) 表见普通合伙

(1) "表见普通合伙"是指有限合伙人的行为使得第三人有理由相信该有限合伙人为普通合伙人并与其交易的,该有限合伙人对该笔交易承担与普通合伙人同样的责任,也就是针对"该笔交易",该有限合伙人承担无限连带责任。

(2) 有限合伙人未经授权以有限合伙企业名义与他人进行交易,给有限合伙企业或者其他合伙人造成损失的,该有限合伙人应当承担赔偿责任。

(三) 有限合伙人的行为

1. 有限合伙人的自由

(1) 有限合伙人可以同本有限合伙企业进行交易,但是,合伙协议另有约定的除外。

(2) 有限合伙人可以自营或者同他人合作经营与本有限合伙企业相竞争的业务,但是,合伙协议另有约定的除外。

(3) 有限合伙人可以将其财产份额出质,合伙协议另有约定的除外。
(4) 有限合伙人可以将其财产份额向外转让,但应提前 30 日通知其他合伙人。
2. 有限的合伙人依法律规定不得对外代表合伙企业,不执行合伙事务。
不视为执行合伙事务的行为:
(1) 参与决定普通合伙人入伙、退伙;
(2) 对企业的经营管理提出建议;
(3) 参与选择承办有限合伙企业审计业务的会计师事务所;
(4) 获取经审计的有限合伙企业财务会计报告;
(5) 对涉及自身利益的情况,查阅有限合伙企业财务会计账簿等财务资料;
(6) 在有限合伙企业中的利益受到侵害时,向有责任的合伙人主张权利或者提起诉讼;
(7) 执行事务合伙人怠于行使权利时,督促其行使权利或者为了本企业的利益以自己的名义提起诉讼;
(8) 依法为本企业提供担保。

考点 3 有限合伙企业的转化

有限合伙企业是在全体合伙人协商一致的基础上设立的,拥有有限合伙人身份还是普通合伙人身份,是合伙人自主的选择,在有限合伙企业的存续期间,有限合伙人或者普通合伙人处于真实的意思表示,通过全体合伙人的协商,改变自己的合伙人身份,属于合伙人意思自治的范畴,法律上是允许的。

(一) 转化情形

(1) 作为有限合伙人的自然人死亡、被依法宣告死亡或者作为有限合伙人的法人及其他组织终止时,其继承人或者权利承受人可以依法取得该有限合伙人在有限合伙企业中的资格。
(2) 普通合伙人被依法认定为无民事行为能力人或者限制民事行为能力人的,经其他合伙人一致同意,可以依法转为有限合伙人,普通合伙企业依法转为有限合伙企业。

(二) 转化程序

(1) 除合伙协议另有约定外,普通合伙人转变为有限合伙人,或者有限合伙人转变为普通合伙人,应当经全体合伙人一致同意。
(2) 有限合伙人转变为普通合伙人的,对其作为有限合伙人期间有限合伙企业发生的债务承担无限连带责任。
(3) 普通合伙人转变为有限合伙人的,对其作为普通合伙人期间合伙企业发生的债务承担无限连带责任。
(4) 合伙企业登记事项发生变更的,执行合伙事务的合伙人应当自作出变更决定或者发生变更事由之日起 15 日内,向企业登记机关申请办理变更登记。未经登记,不得对抗第三人。

考点 4 普通合伙企业与有限合伙企业的比较

	普通合伙企业	有限合伙企业
企业性质	人合企业	人合兼资合
企业法律地位	不具有法人资格	不具有法人资格
合伙人组成	普通合伙人	普通合伙人和有限合伙人
合伙人身份	国有独资公司、上市公司、社会公益事业单位和社会团体不能成为普通合伙人	有限合伙人身份不受限制
合伙人承担责任	全部合伙人承担无限连带责任	普通合伙人承担无限连带责任,有限合伙人承担有限责任
企业经营管理	全部合伙人合伙经营	普通合伙人参与企业的经营,有限合伙人不参与企业经营
合伙人人数	2个以上	2个以上50个以下
合伙人出资方式	货币、实物、知识产权、土地使用权、劳务等	有限合伙人不能用劳务出资
合伙人财产份额出质	合伙人将财产份额出质,必须经其他合伙人一致同意,否则出质无效	有限合伙人可以将其财产份额出质,合伙协议另有约定的除外
合伙人财产份额转让	合伙人将财产份额向外转让,须经其他合伙人一致同意	有限合伙人可以将其财产份额向外转让,但应提前30日通知其他合伙人
竞业禁止和自我交易义务	全部合伙人一般有竞业禁止和禁止自我交易的义务	有限合伙人一般没有竞业禁止和禁止自我交易的义务
合伙人的资格继承	普通合伙人的资格不能当然继承	有限合伙人的资格可以继承

【真题演练】

1. 金凤凰投资是有限合伙企业,从事私募股权投资活动。2017年3月,三江有限公司决定入伙金凤凰投资,成为其有限合伙人。对此,下列哪些选项是错误的?(2017年真题,多选)

A. 如合伙协议无特别约定,则须经全体普通合伙人一致同意,三江公司才可成为新的有限合伙人

B. 对入伙前金凤凰投资的对外负债,三江公司仅以实缴出资额为限承担责任

C. 三江公司入伙后,有权查阅金凤凰投资的财务会计账簿

D. 如合伙协议无特别约定,则三江公司入伙后,原则上不得自营与金凤凰投资相竞争的业务

【答案】 ABCD

【解析】 根据《合伙企业法》第60条规定、第43条规定,在合伙协议没有特别约定的情况下,有限合伙人的入伙需要经过其他全体合伙人的一致同意而不仅仅是普通合伙人的同意,

A 选项错误。根据《合伙企业法》第 77 条规定,三江公司应当以其认缴的出资额而不是实缴的出资额为限承担责任,B 选项错误。根据《合伙企业法》第 68 条第 2 款第(五)项的规定,有限合伙人仅在对涉及自身利益的情况,可以查阅有限合伙企业财务会计账簿等财务资料,因此,有限合伙人并非在任何情况下都可以查阅会计账簿,C 选项错误。根据《合伙企业法》第 71 条规定,如合伙协议无特别约定,则三江公司入伙后,可以自营与金凤凰投资相竞争的业务,D 选项错误。

2. 灏德投资是一家有限合伙企业,专门从事新能源开发方面的风险投资。甲公司是灏德投资的有限合伙人,乙和丙是普通合伙人。关于合伙协议的约定,下列哪些选项是正确的?(2016 年真题,多选)
   A. 甲公司派驻灏德投资的员工不领取报酬,其劳务折抵 10% 的出资
   B. 甲公司不得与其他公司合作从事新能源方面的风险投资
   C. 甲公司不得将自己在灏德投资中的份额设定质权
   D. 甲公司不得将自己在灏德投资中的份额转让给他人

【答案】 BC

【解析】 根据我国《合伙企业法》第 64 条的规定,甲公司以劳务进行出资,并不符合我国的法律规定。A 选项错误。根据我国《合伙企业法》第 71 条的规定,B 选项正确。根据我国《合伙企业法》第 72 条的规定,C 选项正确。根据我国《合伙企业法》第 73 条的规定,D 选项错误。

3. 李军退休后于 2014 年 3 月,以 20 万元加入某有限合伙企业,成为有限合伙人。后该企业的另一名有限合伙人退出,李军便成为唯一的有限合伙人。2014 年 6 月,李军不幸发生车祸,虽经抢救保住性命,但已成为植物人。对此,下列哪一表述是正确的?(2015 年真题,多选)
   A. 就李军入伙前该合伙企业的债务,李军仅能以 20 万元为限承担责任
   B. 如李军因负债累累而丧失偿债能力,该合伙企业有权要求其退伙
   C. 因李军已成为植物人,故该合伙企业有权要求其退伙
   D. 因唯一的有限合伙人已成为植物人,故该有限合伙企业应转为普通合伙企业

【答案】 A

【解析】 根据《合伙企业法》第 77 条的规定,A 项正确。根据《合伙企业法》第 78 条的规定,B 项错误。根据《合伙企业法》第 79 条的规定,C 项错误。当李军成为植物人时,其并不因此丧失有限合伙人的身份(而据《合伙企业法》第 75 条的规定,有限合伙企业只有在仅剩普通合伙人时才须转为普通合伙企业)故 D 项错误。

4. 根据《合伙企业法》规定,第三人有理由相信有限合伙人为普通合伙人并与其交易的,该有限合伙人对该笔交易承担与普通合伙人同样的责任。关于此规定在合伙法原理上的称谓,下列哪一选项是正确的?(2010 年真题,单选)
   A. 事实合伙   B. 表见普通合伙   C. 特殊普通合伙   D. 隐名合伙

【答案】 B

【解析】 根据《合伙企业法》第 76 条规定,B 项正确。根据《民法通则》和《民通意见》第 50 条的规定,题中所列情况不属于事实合伙。根据《合伙企业法》第 55 条的规定,题中所列情况不属于特殊普通合伙。根据《民通意见》第 46 条的规定,题中所列情况不属于隐名合伙,故选项 A、C、D 错误。

个人独资企业法专题

专题导学：

个人独资企业法的精神：个人独资、无限责任

个人独资企业，是指由一个自然人投资，财产为投资人个人所有，投资人以其个人财产对企业债务承担无限责任的经营实体。

个人独资企业法学习线索：

1. 把握商个人的法律特征

从本质上来说，个人独资企业为自然人的一种特殊表现形态，即商自然人。这决定了个人独资企业法的重点在于：一是企业主对个人独资企业债务的责任，承担的是无限连带责任。二是个人独资企业必须履行特定的设立程序才能成立，即进行商事登记。具体来说，设立个人独资企业必须满足法定条件，履行特定程序。

2. 注意个人独资企业与相关组织的区别

注意个人独资企业与相关组织的区别，掌握由此而决定的法律规定方面的差异。在复习中，比照合伙企业法、公司法进行学习，思考总结不同主体在法律的强制性与责任承担方式上的不同之所在。特别是一人公司与个人独资企业的区别、合伙企业与个人独资企业的区别。

第一节 个人独资企业概述

考点 1 个人独资企业的概念

(一) 概念

个人独资企业，是指依照《个人独资企业法》在中国境内设立，由一个自然人投资，财产为投资人个人所有，投资人以其个人财产对企业债务承担无限责任的经营实体。

(二) 个人独资企业的特征

1. 投资人为一个自然人，且只能是中国公民

(1) 个人独资企业的投资者仅为一个自然人，这与合伙企业、一般公司(一人公司除外)要有两个以上的人联合投资形成区别。

(2) 已经设立并具有法人资格的公司企业单独投资设立企业的，无论其设立的是分公司(无法人资格的分支机构)还是全资子公司(法人单独投资设立的一人公司)，因该设立者是法人而非自然人，所设的分公司、子公司在法律上均不是个人独资企业。

2. 企业不具有法人主体资格

个人独资企业虽然有自己的名称或商号，并以企业的名义领取营业执照和开展经营活动，甚至以企业名义进行诉讼活动，但它无独立的法人资格，企业只是自然人个人进行商业活动的特殊形态。

(1) 个人独资企业本身不是财产所有权的主体，不享有独立的财产权利。

(2) 个人独资企业不承担独立责任,而是由投资人承担无限责任。

这一特点与合伙企业相同而区别于公司。

(3) 个人独资企业仍属于独立的法律主体,其性质属于非法人组织,享有相应的权利能力和行为能力,能够以自己的名义进行法律行为。

3. 企业财产属于投资人所有

个人独资企业的全部财产为投资人个人所有,投资人(也称业主)是企业财产(包括企业成立时投入的初始出资财产与企业存续期间积累的财产)的唯一所有者。基于此,投资人对企业的经营与管理事务享有绝对的控制与支配权,不受任何其他人的干预。

4. 投资人以其个人财产对企业债务承担无限责任

这是在责任形态方面个人独资企业与公司(包括一人有限责任公司)的本质区别。

(1) 企业的债务全部由投资人承担。

(2) 投资人承担企业债务的责任范围不限于出资,其责任财产包括个人独资企业中的全部财产和其他个人财产。

无论是企业经营期间还是企业因各种原因而解散时,对经营中所产生的债务如不能以企业财产清偿,则投资人须以个人所有的其他财产清偿。

(三) 个人独资企业与其他企业的区别

1. 个人独资企业和个体工商户的区别

	个人独资企业	个体工商户
出资者不同	仅能以个人出资设立	可以是一个自然人设立,也可以是家庭出资设立
用于承担责任的财产不同	投资人以其个人财产对企业债务承担无限责任	如属于个人经营的,以个人财产承担;家庭经营的,以家庭财产承担
依据的法律不同	依照《个人独资企业法》设立	依照《民法通则》《城镇个体工商户管理暂行条例》及其实施细则的规定设立
组织形式不同	是一种企业组织形态	不采用企业形式

2. 一人公司与个人独资企业的区别

	一人公司	个人独资企业
出资者不同	一个自然人股东或者一个法人股东	投资者只能是一个自然人
法律地位不同	具有法人资格	不具有法人资格
出资人承担责任方式不同	有限责任	无限责任
依据的法律不同	公司法	个人独资企业法

3. 个人独资企业与外商独资企业的区别

	个人独资企业	外商独资企业
资本的来源不同	来源于中国境内	来源于境外
出资者不同	只能是单个的自然人	可以是单个自然人,也可以是单个法人
设立依据不同	依照个人独资企业法设立	依照外资企业法设立
投资者责任承担不同	无限责任	可以为有限责任公司,也可以采取其他责任形式

4. 个人独资企业与普通合伙企业的区别

	个人独资企业	普通合伙企业
投资人人数不同	仅为1人	2人以上
投资人的身份不同	仅为自然人	可以是自然人、法人和其他组织,但国有企业、上市公司、国有独资公司、公益性的事业单位和社会团体除外
财产归属不同	企业财产归出资人1人所有	企业财产由全体合伙人共有
责任承担有所不同	由出资人1人承担无限责任	由全体合伙人承担连带无限责任

【真题演练】

关于合伙企业与个人独资企业的表述,下列哪一选项是正确的?(2013年真题,单选)
A. 二者的投资人都只能是自然人
B. 二者的投资人都一律承担无限责任
C. 个人独资企业可申请变更登记为普通合伙企业
D. 合伙企业不能申请变更登记为个人独资企业
【答案】 C
【解析】 根据《合伙企业法》第2条以及《个人独资企业法》第2条的规定,A、B项错误,C项正确。合伙企业的投资主体需2人(自然人、法人和其他组织)以上,若合伙企业中只剩下1个普通合伙人时,合伙人已不具备法定人数,不满足合伙企业的条件。根据《合伙企业法》第85条第4款的规定,合伙企业应当解散,遂D项正确。

第二节 个人独资企业的设立与事务管理

考点 1 个人独资企业的设立

(一) 设立条件

(1) 投资人为一个自然人,且只能是中国公民。个人独资企业的投资人必须是一个人,而且只能是一个自然人。

(2) 有合法的企业名称。个人独资企业的名称应当符合国家关于企业名称登记管理的有关规定,企业名称应与其责任形式及其从事的营业相符合。个人独资企业享有名称权和商号权。企业只准使用一个名称,在登记主管机关辖区内不得与已登记注册的同行业企业名称相同或近似。个人独资企业的名称中不得使用"有限""有限责任""公司"字样,以体现企业名称与其责任形式的一致性。

(3) 有投资人申报的出资。设立个人独资企业可以用货币出资,也可以用实物、土地使用权、知识产权或者其他财产权利出资。

(4) 有固定的生产经营场所和必要的生产经营条件。生产经营场所包括企业的住所和与生产经营相适应的处所。住所是企业的主要办事机构所在地。

(5) 有必要的从业人员。即要有与生产经营范围、规模相适应的从业人员。

注意:①《个人独资企业法》没有规定设立个人独资企业的注册资本金额是多少,但必须有申报的出资才能开展经营,这是由投资人的无限责任决定,不要求个人独资企业有最低注册资本,仅仅要求有申报的出资,这方便了独资企业的设立。

② 家庭共有财产出资问题。投资人在申请企业设立登记时明确以其家庭共有财产作为个人出资的,应当依法以家庭共有财产对企业债务承担无限责任。

(二) 设立程序

1. 个人独资企业的成立

(1) 个人独资企业由投资人或者其委托的代理人向个人独资企业所在地的登记机关提交设立申请书、投资人身份证明和生产经营场所使用证明等文件,设立申请书应包括下列事项:

① 企业的名称和住所(个人独资企业以其主要办事机构所在地为住所);
② 投资人的姓名和居所;
③ 投资人的出资额和出资方式;
④ 经营范围;
⑤ 投资人的签字及投资人聘用的企业主要负责人的姓名和签字。

注意:委托代理人申请时应出具投资人的委托书和代理人的合法证明。

(2) 个人独资企业实行准则设立原则,登记机关在接到申请之日起15日内决定是否登记。准予设立的,发给营业执照;不予登记的,应给予答复和理由。个人独资企业从领取营业执照之日起即告成立。

2. 分支机构的登记地与民事责任的承担

(1) 个人独资企业可设立分支机构,由投资人或者其委托的代理人向分支机构所在地的登记机关提交设立申请,领取营业执照。在登记后,还应将登记情况报该分支机构所属的企业的原登记机关备案。

(2) 个人独资企业的分支机构不具有独立性,其民事责任由该个人独资企业承担。

考点 2 个人独资企业的事务管理

(一) 管理模式

1. 个人独资企业投资人可以自行管理企业事务
2. 委托或聘用管理应签订书面合同

委托管理,须由投资人与受托人签订书面合同,明确委托的具体内容和授予的权利范围。

聘用他人管理企业事务,须由投资人与被聘用的人签订书面合同,明确委托的具体内容和授予的权利范围。投资人委托或者聘用的人员管理个人独资企业事务时违反双方订立的合同,给投资人造成损害的,应承担民事赔偿责任。

3. 投资人对受托人或者被聘用的人员职权的限制,不得对抗善意第三人

(二) 管理人员的禁止行为

(1) 利用职务上的便利,索取或者收受贿赂;

(2) 利用职务或者工作上的便利侵占企业财产;

(3) 挪用企业的资金归个人使用或者借贷给他人;

(4) 擅自将企业资金以个人名义或者以他人名义开立账户储存;

(5) 擅自以企业财产提供担保;

(6) 未经投资人同意,从事与本企业相竞争的业务;

(7) 未经投资人同意,同本企业订立合同或者进行交易;

(8) 未经投资人同意,擅自将企业商标或者其他知识产权转让给他人使用;

(9) 泄露本企业的商业秘密;

(10) 法律、行政法规禁止的其他行为。

注意:投资人委托或者聘用的人员违反上述规定的,侵犯个人独资企业财产权益的,责令其退还侵占的财产;给企业造成损失的,依法承担赔偿责任;有违法所得的,没收违法所得;构成犯罪的,依法追究刑事责任。

【真题演练】

为开拓市场需要,个人独资企业主曾水决定在某市设立一个分支机构,委托朋友霍火为分支机构负责人。关于霍火的权利和义务,下列哪一表述是正确的?(2012年真题,单选)

A. 应承担该分支机构的民事责任

B. 可以从事与企业总部相竞争的业务

C. 可以将自己的货物直接出卖给分支机构

D. 经曾水同意可以分支机构财产为其弟提供抵押担保

【答案】 D

【解析】 根据《个人独资企业法》第14条第3款规定,分支机构不单独承担民事责任,故A项错误。根据《个人独资企业法》第20条规定,其第5、6、7款规定的行为都需要经过投资人同意才可为。故B、C项错误,D项正确。

第三节 个人独资企业的解散与清算

考点 1 解散

独资企业的解散分为任意解散和强制解散。

任意解散包括:投资人决定解散,投资人死亡或者被宣告死亡,无继承人或者继承人决定放弃继承等。

强制解散是指企业因为违法行为而被有关机关依法吊销营业执照。

考点 2 清算

(一) 清算人

个人独资企业解散,由投资人自行清算或者由债权人申请人民法院指定清算人进行清算。

(1) 清算人是指清算企业中执行清算事务及对外代表者。清算企业因解散而丧失经营活动的能力不能继续进行经营活动,而只存在清算事务。

(2) 个人独资企业解散,由投资人自行清算或者债权人申请人民法院指定清算人进行清算。因此,个人独资企业的清算原则上以投资人为其清算人。但经债权人申请,人民法院可以指定投资人以外的人为清算人。

(二) 通知与公告程序

投资人自行清算的,应当在清算前 15 日内书面通知债权人,无法通知的,应当予以公告。

债权人应当在接到通知之日起 30 日内,未接到通知的应当在公告之日起 60 日内,向投资人申报其债权。

(三) 清偿顺序

个人独资企业解散的,财产应当按照下列顺序清偿:
(1) 所欠职工工资和社会保险费用;
(2) 所欠税款;
(3) 其他债务。

(四) 责任消灭制度

个人独资企业解散后,原投资人对个人独资企业存续期间的债务仍应承担偿还责任,但债权人自独资企业解散后 5 年内未向债务人提出偿债请求的,该责任消灭。

外商投资企业法专题

专题导学：

外商投资企业法的精神：鼓励外商、中国企业

外商投资企业包括中外合资经营企业、中外合作经营企业与外商独资经营企业三种。外商投资企业的特征主要体现在以下三个方面：第一，资本全部或部分来源于境外；第二，企业组织的主体资格有限定；第三，法律适用特殊。

从考试情况来看，中外合资经营企业法的考查是重点。随着"三资"企业国民待遇政策的全面落实，预计今后的考试比重不会增加，外商投资企业法部分的考题，多针对法条而设，且多考查细节问题。

外商投资企业法学习线索：

1. 重点掌握对外商投资优惠的法律规定

鼓励外商投资是当时制定三资企业法的初衷。对于本部分的学习，应注意掌握外商投资企业法与公司法之间的联系及区别，同时注意掌握外商投资企业在设立、资本转让等方面的特殊性。主要包括：外商投资企业的组织形式、注册资本、出资方式、出资期限，以及中外合作经营企业的投资和合作条件、经营管理、利润分配等。

如：外方可用外币出资；可以先行收回投资。

2. 注意外商投资企业的本地化要求

三资企业均为中国企业。中外合资经营企业为有限责任公司；中外合作经营企业与外商独资企业符合条件者为企业法人，不符合条件者为非法人企业。既然为中国企业，就应对其进行本地化要求和管理，以达到促进发展中国经济的目的。如：一正一副，一中一外；诉讼为专属管辖等。因外商投资企业的特殊性，法律对其有着特殊的规范，国家也有着特殊的管理规定。主要体现在企业的设立与重大事项的变动方面，均须特定国家机关审查批准。

第一节 外商投资企业法概述

考点 1 外商投资企业的类型

（一）中外合资经营企业

中外合资经营企业，是指中国合营者与外国合营者依照中华人民共和国法律的规定，在中国境内共同投资、共同经营，并按投资比例分享利润、分担风险及亏损的股权式合营企业。

（二）中外合作经营企业

中外合作经营企业，是指中外合作者依照中华人民共和国法律的规定，通过在合作企业合同中约定投资或者合作条件、收益或者产品的分配、风险和亏损的分担、经营管理的方式和合作企业终止时财产的归属等事项，共同举办合作企业。

(三) 外资企业

外资企业,是指依照中华人民共和国法律的规定,在中国境内设立的,全部资本由外国投资者投资并拥有,由外国投资者独立经营管理、独享利益和承担风险、自负盈亏的企业。

考点 2 外商投资企业的共同规定

(1) 三资企业均为中国的企业(三资企业的主体均为:中方无自然人,外方可以是自然人、法人等);
(2) 仲裁采取自愿原则;
(3) 诉讼为专属管辖。

第二节 外商投资企业法具体法律制度

考点 1 中外合资经营企业法

概念	中外合资经营企业,是指中国合营者与外国合营者依照中华人民共和国法律的规定,在中国境内共同投资、共同经营,并按投资比例分享利润、分担风险及亏损的企业。 (1) 合营各方签订的合营协议、合同、章程,应报审查批准机关审查批准。 (2) 合营企业如发生严重亏损、一方不履行合同和章程规定的义务、不可抗力等,经合营各方协商同意,报请审查批准机关批准,并向国家工商行政管理主管部门登记,可终止合同。如果因违反合同而造成损失的,应由违反合同的一方承担经济责任。
特征	(1) 在中外合资经营企业的股东中,外方合营者包括外国的公司、企业、其他经济组织或者个人,中方合营者则为中国的公司、企业或者其他经济组织,不包括中国公民个人。 (2) 中外合资经营企业的组织形式为有限责任公司,具有法人资格。 (3) 中外各方依照出资比例分享利润,分担亏损,回收投资。
出资	在中外合资经营企业的注册资本中,外方合营者的出资比例一般不得低于25%。
组织机构	1. 董事会 (1) 性质:最高权力机构,行使普通有限公司股东会与董事会的权力。 (2) 组成: ① 不得少于3人。 ② 各方委派董事的人数原则上依出资比例协商确定,另一方无权否决; ③ 正、副董事长由合资各方协商确定或由董事会选举产生。正、副董事长分别由中、外方担任,合营企业一方担任董事长时,另一方董事任副董事长。

(续表)

组织机构	④ 董事会至少每年召开一次,经1/3以上董事提议,可由董事长召集董事会临时会议。董事会应有2/3以上董事出席方能举行。董事因故不能出席,可出具委托书委托其他董事代表其参加讨论并表决。董事会讨论重要问题要制作详细记录。 ⑤ 董事长为法人代表。 (3) 任期:4年,可连选连任。 2. 经营管理机构 经营管理机构设总经理1人,副总经理若干人。总经理由董事会从合营企业的某一方投资者推荐的人员中聘任,另一方的推荐人员担任副总经理。

考点 2　中外合作经营企业法

概念	中外合作经营企业属于契约式的合营企业。合作企业称为契约式合营,而合资企业称为股权式合营。合作企业协议、章程的内容与合作企业合同不一致的,以合作企业合同为准。
特征	(1) 中外合作经营企业的组织形式具有多样化的特点。既可以是法人企业,也可以是非法人企业。无论是法人企业还是非法人企业,投资者均可对投资或者合作条件以及责任承担的方式和比例作出约定。 (2) 中外合作经营企业的组织机构与管理方式具有灵活多样的特征。既可以是董事会制,也可以是联合管理委员会制,还可以是委托第三方管理。 中外合作企业具备法人资格的,应当成立董事会作为企业的权力机构和决策执行机构。中外合作经营企业不具备法人资格的,联合管理委员会是其权力机构和决策机构。 (3) 中外合作经营企业外方承担的风险相对较小。
管理形式	(1) 董事会制。董事会是最高权力机构,一方担任董事长的,副董事长由他方担任。 (2) 联合管理制。不具有法人资格的合作企业,一般实行联合管理制。联合管理机构由合作各方代表组成,是合作企业的最高权力机构,决定合作企业的重大问题。中外合作者的一方担任联合管理机构主任的,由他方担任副主任。 董事或委员的任期最长不得超过3年。 (3) 委托管理制。任一方单独或第三方经营管理。变动需一致同意并报批准。
先行回收投资	外国合作者可以先行回收投资。合同约定,至中外合作企业经营期期限届满时,企业的固定资产全部归中方所有时,外方可以先行回收投资。具体的回收投资的速度及比例由双方约定。

考点 3 外资企业法

概念	外资企业是指依照中国有关法律在中国境内设立的全部资本由外国投资者投资的企业,不包括外国的企业和其他经济组织在中国境内的分支机构。
特征	1. 外资企业的全部资本是由外国投资者投资的 外国投资者的投资主体可以是公司、企业、其他经济组织或个人,至于外国投资主体是单独在中国投资,还是联合出资,法律并不作区分。 2. 外资企业是外国投资者根据中国法律在中国境内设立的 (1)尽管外资企业的全部资本均来自于外国投资者,但是它是根据中国法律在中国境内设立,受中国法律的管辖和保护,是具有中国国籍的企业。 (2)外国企业具有外国国籍,受该外国的属人管辖,中国仅对其在中国的活动实行属地管辖。 3. 责任形态多样性 (1)外资企业的组织形式为有限责任公司。外资企业作为有限责任公司成为独立的法律主体时,外国投资者对其债务不承担无限责任。 (2)外资企业经批准也可以为其他责任形式,可以登记为无限责任的独资企业或合伙企业,外国投资者应对企业债务承担无限责任或连带责任。
缴付出资	外国投资者缴付出资的期限应当在设立外资企业申请书和外资企业章程中载明。
组织形式	一般而言,外资企业的组织形式为有限责任公司。经批准也可为其他责任形式。外资企业为其他责任形式的,主要是指合伙形式和独资形式。
本土化要求	(1)中国企业。 (2)必须在中国境内设置会计账簿。 (3)应当向中国境内的保险公司投保。 (4)应当在中国银行或者国家外汇管理机关指定的银行开户。

【真题演练】

1. 中国海天公司与某国小宇公司准备成立一家中外合资经营企业,并签署了合资合同与章程,但海天公司迟迟未向主管机关报批。数月后,小宇公司因报批无望准备退出,但其为此次投资事宜已经花费 70 万元。根据中外合资经营企业法律的相关规定,下列哪些表述是正确的?(2011年真题,多选)
   A. 如最终未能获得审批机关的批准,则双方之间的合资合同为无效合同
   B. 拟成立的合资企业的组织形式可以是有限责任公司或有限合伙企业
   C. 小宇公司有权通过仲裁或者诉讼,请求海天公司按照合同约定履行报批义务
   D. 小宇公司可以请求海天公司赔偿其 70 万元的损失

【答案】 CD

【解析】 根据《中外合资经营企业法》第 3 条规定,中国海天公司与某国小宇公司签订的合同应经主管部门批准,如最终未能获得审批机关的批准,则可能导致合资经营企业不能成立,但并不必然导致双方之间的合同无效,故 A 项错误。根据《中外合资经营企业法》第 4 条

规定,B项错误。根据《中外合资经营企业法》第16条规定,小宇公司有权通过仲裁或者诉讼,请求海天公司按照合同约定履行报批义务,故C项正确。根据《中外合资经营企业法》第14条规定,小宇公司此次投资事宜已经花费70万元,但海天公司迟迟未向主管机关报批,已给小宇公司造成了损失,小宇公司可以请求海天公司赔偿其70万元的损失,故D项正确。

2. 中外合资经营企业是重要的外商投资企业类型。关于中外合资经营企业,下列哪一表述是错误的？(2010年真题,单选)

A. 合营各方可在章程中约定不按出资比例分配利润
B. 合营企业设立董事会并作为企业的最高权力机构
C. 合营者如欲转让其在合营企业中的股份,需经审批机构批准
D. 合营企业的组织形式为有限责任公司

【答案】　A

【解析】　根据《中外合资经营企业法》第4条第3款的规定,A项错误。根据《中外合资经营企业法实施条例》第30条的规定,选项B正确。根据《中外合资经营企业法实施条例》第20条的规定。选项C正确。根据《中外合资经营企业法》第4条第1款的规定,选项D正确。本题为选非题,故A项为应选项。

破产法专题

专题导学:

企业破产法的精神:公平清偿、优胜劣汰、利益平衡

企业法人不能清偿到期债务,并且资产不足以清偿全部债务或者明显缺乏清偿能力的,依照法定程序清理债务。广义的破产程序包括破产法上的各种债务清理程序,即和解、重整和破产清算程序。

企业破产法学习线索:

1. 债权人的权益问题

公平清偿: 通过破产程序,使债权人的债权请求得到公正的待遇,避免在缺乏公平清偿秩序的情况下可能受到的损害。如:如何申报债权、债权人会议。

2. 掌握破产清算与重整程序

优胜劣汰: 淘汰落后,起死回生。通过优胜劣汰机制,实现资源优化组合,促进经济发展。如:重整制度、破产清算程序是必考点:破产财产及破产债权的范围、破产取回权、别除权、抵销权的行使以及破产财产的支付顺序、破产无效行为等。

3. 法院在破产程序中的作用

利益平衡: 妥善处理破产事件,减少其消极影响,维护社会安定。法院在破产程序中十分重要,重点掌握法院在破产宣告程序、管理人制度、重整制度中的中立裁决地位和作用。

第一节 破产法概述

考点 1 概念

(一)定义

企业法人不能清偿到期债务,并且资产不足以清偿全部债务或者明显缺乏清偿能力的,依照法定程序清理债务。广义的破产程序包括破产法上的各种债务清理程序,即和解、重整和破产清算程序。

(二)适用范围

(1)企业法人。

(2)合伙企业不能清偿到期债务的,债权人可以依法向人民法院提出破产清算申请,也可以要求普通合伙人清偿。合伙企业依法被宣告破产的,普通合伙人对合伙企业债务仍应承担无限连带责任。

考点 2 破产程序类型

(一)和解程序

和解是债务人不能清偿债务时,为避免受破产宣告或者破产分配,而通过法院组织,经与债权人会议磋商谈判,达成相互间的谅解、协商一致解决债务危机以图复苏的法律程序。

(二) 重整程序

重整是指对已具备破产原因或可能出现破产原因而有拯救希望的债务人实施的保护其继续营业并挽救其生存的法律程序。

(三) 清算程序

破产清算是指企业法人被宣告破产以后,由破产管理人接管债务人财产,对破产财产进行清算、评估和处理、分配,保障各债权人的债权公平受偿的法律程序。

破产程序 { 1. 重整程序:企业的再生之路　▲申请清算 可转入和解或者重整
2. 和解程序:企业的妥协之路　▲进入和解或者重整 可转入清算
3. 清算程序:企业的消亡之路　▲进入清算 无法转变

第二节　破产申请和受理

考点 1　破产原因

破产原因是适用破产程序所依据的特定法律事实,是破产程序开始的前提,也是法院进行破产案件受理的实质要件和破产宣告的重要依据。破产原因是破产案件受理的实质条件。

(一) 企业法人不能清偿到期债务,并且资产不足以清偿全部债务或者明显缺乏清偿能力的,依照《破产法》规定清理债务

1. 债务人不能清偿到期债务

"不能清偿到期债务",即无力偿债,国际上也称作"非流动性",又称"现金流标准",其含义是"债务人已全面停止偿付到期债务,而且没有充足的现金流量偿付正常营业过程中到期的现有债务"。

下列情形同时存在,人民法院应认定为债务人不能清偿到期债务:

(1) 债权债务关系依法成立;

(2) 债务履行期限已经届满;

(3) 债务人未完全清偿债务。

2. 资产不足以清偿全部债务或明显缺乏清偿能力

(1) 资产不足以清偿全部债务

债务人的资产负债表,或者审计报告、资产评估报告等显示其全部资产不足以偿付全部负债的,人民法院应当认定债务人资产不足以清偿全部债务,但有相反证据足以证明债务人资产能够偿付全部负债的除外。

注意:连带保证人不得以保证人清偿能力为由而主张其不具备破产原因。

(2) 明显缺乏清偿能力

① 因资金严重不足或者财产不能变现等原因,无法清偿债务;

② 法定代表人下落不明且无其他人员负责管理财产,无法清偿债务;

③ 经人民法院强制执行,无法清偿债务;

④ 长期亏损且经营扭亏困难,无法清偿债务;
⑤ 导致债务人丧失清偿能力的其他情形。

(二) 企业法人有法律规定情形,或者有明显丧失清偿能力可能的,可以依照《破产法》规定进行重整

重整是企业在无力偿债的情况下,依照法律规定的程序,保护企业继续营业,实现债务调整和企业整理,使之摆脱困境,走向复兴的再建型债务清理制度。重整程序是对濒临破产企业的拯救,对于作为其发动条件的重整原因,《破产法》做出了较为宽松的规定。

考点 2　破产申请人

破产申请人是与破产案件有利害关系、依法具有破产申请资格的民事主体。

(一) 债务人

(1) 债务人是最基本的破产申请人,在提出破产申请时,可以选择适用重整、和解、破产清算程序。债务人申请自己破产,被称为自愿破产。

(2) 只有债务人可以申请和解程序。债务人可以直接向人民法院申请和解;也可以在人民法院受理破产申请后、宣告债务人破产前,向人民法院申请和解。

(二) 债权人

(1) 债权人提出破产申请时,可以选择适用对债务人进行重整、破产清算的申请。债权人不得向人民法院提出同债务人进行和解的申请。债权人申请债务人破产,被称为"非自愿性破产。"

(2) 债权人申请债务人破产的条件

债权人只需证明"债务人不能清偿到期债务",而无须证明"债务人资不抵债或者明显缺乏偿债能力"。其理由在于债权人无法掌握债务人的财务状况,要求债权人证明债务人资不抵债或者明显缺乏清偿能力实属不合理。

注意:后续重整申请

破产清算转化为重整。债权人申请对债务人进行破产清算的,在人民法院受理破产申请后、宣告债务人破产前,债务人或者出资额占债务人注册资本 1/10 以上的出资人,可以向人民法院申请重整。

(三) 其他人

(1) 清算法人的清算组织;
(2) 出资人;
(3) 国务院金融监督管理机构。

考点 3　破产申请的程序

(一) 破产申请的撤回

(1) 人民法院受理破产申请前,申请人可以请求撤回申请。申请人向人民法院提出破产申请是行使法律赋予的权利,其撤回申请也是行使权利。但是,申请人的撤回权是有时间限制的,在人民法院受理破产案件后,申请人请求撤回破产申请的,应予驳回。

(2) 人民法院准许申请人撤回破产申请,在撤回之前已经支出的费用由破产申请人承担。

(二) 破产申请的受理

1. 受理期限

(1) 债权人提出破产申请的,人民法院应当自收到申请之日起 5 日内通知债务人。债务人对申请有异议的,应当自收到人民法院的通知之日起 7 日内向人民法院提出。人民法院应当自异议期满之日起 10 日内裁定是否受理。

(2) 除上述情形外,人民法院应当自收到破产申请之日起 15 日内裁定是否受理。

(3) 有特殊情况需要延长前述裁定受理期限的,经上一级人民法院批准,可以延长 15 日。

2. 受理材料

(1) 人民法院收到破产申请时,应当向申请人出具收到申请及所附证据的书面凭证。

(2) 人民法院收到破产申请后,应当及时对申请人的主体资格、债务人的主体资格和破产原因,以及有关材料和证据等进行审查,并作出是否受理的裁定。

(3) 人民法院认为申请人应当补充、补正相关材料的,应当自收到破产申请之日起 5 日内告知申请人。当事人补充、补正相关材料的期间不计入受理期限。

(4) 申请人提出破产申请,人民法院未接收申请人提出的破产申请、未向申请人出具收到申请及所附证据的书面凭证,或者未在法定期限内作出是否受理的裁定等情形下,申请人可以向上一级人民法院提出破产申请。上一级人民法院接到破产申请后,应当责令下级法院依法审查并及时作出是否受理的裁定;下级法院仍不作出是否受理的裁定,上一级人民法院可以径行作出裁定。上一级人民法院裁定受理破产申请的,可以同时指令下级人民法院审理该案件。

考点 4 破产案件受理的法律后果

(一) 不得对个别债权人进行清偿

1. 人民法院受理破产申请后,债务人对个别债权人的债务清偿无效

"个别清偿"的认定须具备以下要件:第一,须是债务人实施的清偿;第二,须是债务人对实际存在的债务实施的清偿;第三,须是债务人在破产申请受理后实施的清偿。

2. 破产申请受理前提起的个别清偿诉讼,破产申请受理时案件尚未审结应当中止审理

(1) 主张次债务人代替债务人直接向其偿还债务的;

(2) 主张债务人的出资人、发起人和负有监督股东履行出资义务的董事、高级管理人员,或者协助抽逃出资的其他股东、董事、高级管理人员、实际控制人等直接向其承担出资不实或者抽逃出资责任的;

(3) 以债务人的股东与债务人法人人格严重混同为由,主张债务人的股东直接向其偿还债务人对其所负债务的;

(4) 其他就债务人财产提起的个别清偿诉讼。

(二) 尚未履行完毕的合同

(1) 人民法院受理破产申请后,管理人对破产申请受理前成立而债务人和对方当事人均

未履行完毕的合同有权决定解除或者继续履行,并通知对方当事人。

(2)管理人自破产申请受理之日起2个月内未通知对方当事人,或者自收到对方当事人催告之日起30日内未答复的,视为解除合同。

(3)管理人决定继续履行合同的,对方当事人应当履行;但是,对方当事人有权要求管理人提供担保。管理人不提供担保的,视为解除合同。

(三)财产保全措施应当解除

破产程序对民事保全有优先地位,破产程序代表的是全体债权的集体清偿利益,在法律政策上,对这种集体利益的保护要求相对于对个别债权人利益的保护要求而言,处于优先的地位,因此破产程序开始后,针对债务人财产的保全措施应当解除,对于已经查封、扣押、冻结或者以其他方式予以保全的债务人财产,应当解除保全措施,以便于使债务人的财产和债权人的权利行使都纳入统一的集体程序之中。

(四)民事执行程序应当中止

(1)破产程序开始后民事执行程序应当中止。此处的民事执行程序,是指对非依破产程序所产生的法律文书的个别执行程序。

(2)执行回转的财产为债务人财产。

(3)执行程序中止后,请求执行的债权人可以向管理人申报债权。

(五)涉及债务人财产的诉讼

(1)破产申请受理前,债权人就债务人财产提起的诉讼,应当中止审理。

(2)破产申请受理后,债权人就债务人财产提起的诉讼,人民法院不予受理。

【真题演练】

1. 2013年3月,债权人甲公司对债务人乙公司提出破产申请。下列哪些选项是正确的?(2013年真题,多选)

A. 甲公司应提交乙公司不能清偿到期债务的证据
B. 甲公司应提交乙公司资产不足以清偿全部债务的证据
C. 乙公司就甲公司的破产申请,在收到法院通知之日起7日内可向法院提出异议
D. 如乙公司对甲公司所负债务存在连带保证人,则其可以该保证人具有清偿能力为由,主张其不具备破产原因

【答案】 AC

【解析】 根据《企业破产法解释(一)》第6条第1款规定,A项正确,B项错误。根据《破产法》第10条规定,C项正确。根据《企业破产法解释(一)》第1条第2款规定,D项错误。

2. 中南公司不能清偿到期债务,债权人天一公司向法院提出对其进行破产清算的申请,但中南公司以其账面资产大于负债为由表示异议。天一公司遂提出各种事由,以证明中南公司属于明显缺乏清偿能力的情形。下列哪些选项符合法律规定的关于债务人明显缺乏清偿能力、无法清偿债务的情形?(2012年真题,多选)

A. 因房地产市场萎缩,构成中南公司核心资产的房地产无法变现

B. 中南公司陷入管理混乱,法定代表人已潜至海外
C. 天一公司已申请法院强制执行中南公司财产,仍无法获得清偿
D. 中南公司已出售房屋质量纠纷多,市场信誉差

【答案】 ABC

【解析】 根据《企业破产法》第2条以及《企业破产法解释(一)》的规定,A项"中南公司核心资产的房地产无法变现"属于《企业破产法解释(一)》第4条第1项财产不能变现;B项"法定代表人已潜至海外,陷入管理混乱"属于《企业破产法解释(一)》第4条第2项法定代表人下落不明且无其他人员负责管理财产;C项"已申请法院强制执行中南公司财产,仍无法获得清偿"属于《企业破产法解释(一)》第4条第3项经人民法院强制执行,无法清偿债务,故A、B、C项正确。D项中的情形仅导致中南公司市场信誉差,并不当然导致其缺乏清偿能力,错误。

3. 企业法人不能清偿到期债务,并且资产不足以清偿全部债务或者明显缺乏清偿能力的,根据《企业破产法》的规定,该企业法人可以选择以下哪些程序处理其与债权人之间的债权债务关系?(2007年真题,多选)

A. 申请破产清算　　　　　　　　B. 直接向法院申请和解
C. 决议解散并进行清算　　　　　D. 直接向法院申请重整

【答案】 ABD

【解析】 根据《企业破产法》第2条以及第7条的规定,选项A、B、D正确。破产清算应该由企业法人向人民法院提出申请,不能自行决议,自行清算,故选项C错误。

第三节　　管　理　人

考点 1　破产管理人制度概述

(一) 概念

破产管理人,是指破产宣告后,在法院的指挥和监督之下全面接管破产财产并负责对其进行保管、清理、估价、处理和分配的专门机构。

(二) 管理人的组成

1. 由有关部门、机构的人员组成的清算组
破产法所称的清算组是指在破产程序开始前已经依照其他法律成立的清算组。
2. 依法设立的社会中介机构
人民法院受理破产申请案件时,一般应在管理人名册中的社会中介机构范围内指定管理人,这里的"社会中介机构"主要是指律师事务所、会计师事务所、破产清算事务所。
3. 个人
对于一些规模较小、债权债务关系比较清楚的破产案件,人民法院可以根据债务人的实际情况,在征询有关社会中介机构的意见后,指定该机构具备相关专业知识并取得执业资格的人员担任管理人。为了降低管理人的职业风险,《企业破产法》规定个人担任管理人的应当参加

执业责任保险。

(三) 管理人的任职资格

有下列情形之一的,不得担任管理人:
(1) 因故意犯罪受过刑事处罚;
(2) 曾被吊销相关专业执业证书;
(3) 与本案有利害关系;
(4) 人民法院认为不宜担任管理人的其他情形。

考点 2　管理人的产生

(一) 管理人产生的时间

人民法院裁定受理破产申请的,应当同时指定管理人。

(二) 管理人的指定

(1) 管理人既然在性质上是法定机构,所以,管理人由人民法院指定。
(2) 管理人依照《破产法》规定执行职务,向人民法院报告工作。
(3) 管理人的报酬由人民法院确定,债权人会议对管理人的报酬有异议的,有权向人民法院提出。
(4) 管理人没有正当理由不得辞去职务,管理人辞去职务应当经人民法院许可。

(三) 管理人的变更

(1) 债权人会议认为管理人不能依法、公正执行职务或者有其他不能胜任职务情形的,可以申请人民法院予以更换。
(2) 管理人接受债权人会议和债权人委员会的监督。
(3) 管理人应当列席债权人会议,向债权人会议报告职务执行情况,并回答询问。
(4) 人民法院认为申请更换管理人的理由成立的,应当自收到管理人书面说明之日起10日内作出更换管理人的决定。

考点 3　管理人的职责

(一) 职权

(1) 接管债务人的财产、印章和账簿、文书等资料。
(2) 调查债务人财产状况,制作财产状况报告。
(3) 决定债务人的内部管理事务。
(4) 决定债务人的日常开支和其他必要开支。
(5) 在第一次债权人会议召开之前,决定继续或者停止债务人的营业。
(6) 管理和处分债务人的财产。
(7) 代表债务人参加诉讼、仲裁或者其他法律程序。

(8) 提议召开债权人会议。
(9) 人民法院认为管理人应当履行的其他职责。

(二) 法律责任

1. 未依法行使撤销权的责任

管理人因过错未依法行使撤销权导致债务人财产不当减损,债权人可以主张管理人对其损失承担相应的赔偿责任。

2. 执行职务致他人财产损害的责任

管理人或相关人员执行职务致他人财产损害产生的债务作为共益债务,由债务人财产随时予以清偿,以优先保障此类债权人权利的实现。尽管管理人或者相关人员在执行职务过程中造成他人的财产损失,可以列为共益债务,但在债务人财产较少的情形下,仍可能发生权利人损失不能足额弥补的情形。

(1) 管理人在执行职务过程中,因故意或者重大过失不当转让他人财产或者造成他人财产毁损、灭失的,导致他人损害产生的债务作为共益债务,由债务人财产随时清偿不足以弥补损失的,权利人可以主张管理人承担补充赔偿责任。

(2) 上述债务作为共益债务由债务人财产随时清偿后,债权人以管理人执行职务不当导致债务人财产减少给其造成损失为由提起诉讼,管理人应当承担相应赔偿责任。

注意:如果管理人不存在故意或重大过失的,则权利人的权利仅能在债务人财产中作为共益债务获得清偿。即使债务人财产不足以清偿该债务的,管理人也不承担责任。

【真题演练】

千叶公司因不能清偿到期债务,被债权人百草公司申请破产,法院指定甲律师事务所为管理人。下列哪一选项是错误的?(2007年真题,单选)

A. 甲律师事务所租赁百草公司酒店用作管理人办公室的行为不违反破产法的规定
B. 甲律师事务所有权处分千叶公司的财产
C. 甲律师事务所有权因担任管理人而获得报酬
D. 如甲律师事务所不能胜任职务,债权人会议有权罢免其管理人资格

【答案】 D

【解析】 根据《企业破产法》第22条规定,C项正确,D项错误。根据《企业破产法》第25条第1款第6项的规定,B项正确。管理人在破产程序中应保持中立地位,选项A所表述的行为,就本题所给信息很难判断其违反了《企业破产法》的规定。注意本题为选非题,答案为选项D。

第四节 债务人财产

考点 1 债务人财产

债务人财产,是指在破产程序中被纳入破产管理的为债务人所拥有的财产。

(一) 债务人财产的范围

1. 破产申请受理时属于债务人的财产和破产申请受理后至破产程序终结前债务人取得

的财产

（1）有形财产、无形财产

包括：货币、实物；可以用货币估价并依法转让的债权、股权、知识产权、用益物权等财产和财产权益。

（2）未设定担保权的财产、已经设定担保权的财产

（3）债务人位于境内和境外的财产

2. 债务人被宣告破产后，债务人称为破产人，债务人财产称为破产财产，人民法院受理破产申请时对债务人享有的债权称为破产债权

注意：下列财产不认定为债务人财产。

① 债务人基于仓储、保管、承揽、代销、借用、寄存、租赁等合同或者其他法律关系占有、使用的他人财产；

② 债务人在所有权保留买卖中尚未取得所有权的财产；

③ 所有权专属于国家且不得转让的财产；

④ 其他依照法律、行政法规不属于债务人的财产。

（二）债务人财产的追回权

1. 追收的类型

（1）对可撤销的交易行为涉及财产的追回

撤销权制度，是指针对债务人的某些行为，管理人有权请求法院予以撤销。

① 涉及债务人财产的下列行为，在受理破产申请前1年内出现，均可要求撤销

a. 无偿转让财产

无偿转让财产是指以无代价或者实质上无代价的方式将债务人财产让渡于他人的行为，例如，直接将某项财产赠与他人。

b. 以明显不合理的价格进行交易

"明显不合理价格"是指债务人与他人交易时严重背离当时市场正常价格，取得显然对自己不利的对待给付的情形。

注意：以明显不合理价格交易撤销后的双向返还问题。

对明显不合理交易被撤销时，应当恢复原状，即买受人应当将所买财产返还债务人，同时债务人应当将买受人已经支付的价款返还买受人，该返还债权可以按照共益债务优先清偿。

c. 对没有财产担保的债务提供财产担保

由于破产法的别除权制度使有财产担保的债权人能够由担保权标的优先受偿，债务人在无力偿债的情况下对原来没有财产担保的债务提供财产担保，从而使其他债权人通过集体程序获得的清偿数额减少，违背了破产法的公平清偿原则。因此，法律禁止债务人在破产案件受理前的1年内以自己的财产为以往的债务设置新的担保。但是在此期间内对新债务设置担保是允许的。

d. 对未到期的债务提前清偿

破产申请受理前1年内债务人提前清偿未到期债务，在破产申请受理前已经到期，管理人请求撤销该清偿行为的，人民法院不予支持。但是，若该清偿行为发生在破产申请受理前6个月内且债务人有《企业破产法》第2条第1款规定的情形的，管理人仍然可以申请法院予以撤销。

e. 放弃债权

在无力偿债的情况下,债务人在放弃自己的债权时,实质上放弃的是债权人的清偿利益。实践中无论放弃的动机如何,这种行为都属于可撤销的范围。

② 个别清偿的撤销

人民法院受理破产申请前6个月内,并且债务人有破产原因的,仍对个别债权人进行清偿的,管理人有权请求人民法院予以撤销。但是,个别清偿使债务人财产受益的除外。

a. 债务人对以自有财产设定担保物权的债权进行的个别清偿不得撤销,但是债务清偿时担保财产的价值低于债权额的除外。

b. 债务人经诉讼、仲裁、执行程序对债权人进行的个别清偿不得撤销。

c. 使债务人财产受益的个别清偿不得撤销。

如:债务人为维系基本生产需要而支付水费、电费等的;债务人支付劳动报酬、人身损害赔偿金等。

(2) 对无效交易行为财产的追回

① 为逃避债务而隐匿、转移财产的;

② 虚构债务或者承认不真实的债务的。

(3) 对出资的追回

人民法院受理破产申请后,债务人的出资人尚未完全履行出资义务的,管理人应当要求该出资人缴纳所认缴的出资,而不受出资期限的限制。

① 出资人向债务人依法缴付未履行的出资或者返还抽逃的出资本息,出资人不得以认缴出资尚未届至公司章程规定的缴纳期限或者违反出资义务已经超过诉讼时效为由进行抗辩。

② 可以主张公司的发起人和负有监督股东履行出资义务的董事、高级管理人员,或者协助抽逃出资的其他股东、董事、高级管理人员、实际控制人等,对股东违反出资义务或者抽逃出资承担相应责任,并将财产归入债务人财产。

(4) 对企业管理层的特别追回权

债务人的董事、监事和高级管理人员利用职权从企业获取的非正常收入和侵占的企业财产,管理人应当追回。

① 绩效奖金;

② 普遍拖欠职工工资情况下获取的工资性收入;

③ 其他非正常收入。

2. 追收的行使

(1) 追收诉讼时效的延长

① 债务人对外享有债权的诉讼时效,自人民法院受理破产申请之日起中断。

② 债务人无正当理由未对其到期债权及时行使权利,导致其对外债权在破产申请受理前1年内超过诉讼时效期间的,人民法院受理破产申请之日起重新计算上述债权的诉讼时效期间。

(2) 管理人无正当理由拒绝追收的,债权人会议申请更换管理人的,人民法院应当支持

(3) 管理人不予追收,个别债权人可以代表全体债权人请求清偿或者返还债务人财产,或者申请合并破产

(三) 取回权

取回权是指从管理人接管的财产中取回不属于债务人的财产的请求权。

1. 取回权的特征
(1) 取回权是对特定物的返还请求权。以特定物为请求标的,以该物的原物返还为请求内容。
(2) 取回权的发生依据是物权关系,是以物权为基础的请求权。
(3) 取回权不参加债权申报,权利人不参加债权人会议,而由权利人个别行使权利。
注意:取回权行使有一定的行使期限。权利人应当在破产财产变价方案或者和解协议、重整计划草案提交债权人会议表决前向管理人提出。权利人未在规定期限内行使取回权,其取回权并不会灭失,但由此增加的相关费用需要由权利人承担。
(4) 权利人应当向管理人主张取回权。
管理人不予认可,权利人可以以债务人为被告向人民法院提起诉讼请求行使取回权。

2. 取回权的种类
(1) 一般取回权
人民法院受理破产申请后,债务人占有的不属于债务人的财产,该财产的权利人可以通过管理人取回。但是,《破产法》另有规定的除外。
该财产包括基于仓储、保管、加工承揽、委托交易、代销、借寄存、租赁等法律关系占有、使用的他人财产。
① 权利人应当支付相关的费用,包括加工费、保管费、托运费、委托费、代销费等。
如果权利人行使取回权时,未依法向管理人支付相关费用,管理人可以拒绝其取回相关财产。
② 权利人对于不宜保存的财产,可以就变价款行使取回权。
③ 取回权与善意取得的关系。
如果第三人已经善意取得所有权,则无法行使取回权,破产企业应当对原权利人予以赔偿。
a. 如果转让发生破产申请受理前,原权利人的债权按普通债权处理;
b. 如果转让发生破产申请受理后,原权利人的债权按共益债务处理。

(2) 代偿取回权
代偿取回权是指一般取回权行使的标的财产毁损、灭失时,该财产的权利人依法对取回权标的物的代偿财产行使取回的权利。一般取回权是以取回物仍然存在于债务人处为基础而成立和行使的,而代偿取回权是在取回标的物毁损、灭失,一般取回权无法行使时,对一般取回权的必要补充。
① 因取回财产毁损、灭失获得的保险金、赔偿金或者代偿物尚未交付债务人,或者代偿物虽然已经交付债务人但能与债务人财产相区分的,权利人可以取回就此获得的保险金、赔偿金或者代偿物。
② 但是如果保险金、赔偿金或者代偿物已经交付债务人且不能与债务人财产相区分的,权利人就不能行使代偿取回权,只能按照破产债权或者共益债务获得清偿。

(3) 出卖人取回权
人民法院受理破产申请时,出卖人已将买卖标的物向作为买受人的债务人发运,债务人尚未收到且未付清全部价款的,出卖人可以取回在运途中的标的物。但是,管理人可以支付全部价款,请求出卖人交付标的物。如果出卖人未在买卖标的物到达管理人前及时主张行使在途标的物取回权的,即丧失了行使该取回权的权利。在买卖标的物到达管理人后,出卖人无权依据《企业破产法》第39条的规定向管理人主张取回买卖标的物。

(4) 重整期间紧急取回权

重整制度在注重对债务人挽救的同时,也要兼顾特殊情况下对权利人合法权利的保护。因此,在有证据证明管理人或者自行管理的债务人违反双方合同约定,可能导致相关财产被转让、毁损、灭失或者价值明显减少的情形下,权利人应当有权行使取回权,以此维护各方利益的适度平衡。

① 债务人重整期间,权利人要求取回债务人合法占有的权利人的财产,不符合双方事先约定条件的,人民法院不予支持。

② 因管理人或者自行管理的债务人违反约定,可能导致取回物被转让、毁损、灭失或者价值明显减少的,权利人有权行使取回权。

(四) 抵销权

1. 破产抵销权概述

破产抵销权,是指破产债权人在破产宣告前对破产人负有债务的,无论债的种类和到期时间,得于清算分配前以破产债权抵销其所负债务的权利。

债权人在破产申请受理前对债务人负有债务的,可以向管理人主张抵销。

(1) 破产抵销权的行使应以债权申报为必要条件。

(2) 破产债权人向管理人主张抵销。

(3) 破产抵销由债权人提出。管理人一般不得主动提出抵销,除了抵销可以使债务人财产受益的除外。

(4) 破产抵销中,种类不同的债权,以及附期限和附条件的债权均可以抵销。

(5) 行使抵销权后,未抵销的债权列入破产债权,参加破产分配。

2. 破产抵销权的行使

(1) 管理人收到债权人提出的主张债务抵销的通知后,经审查无异议的,抵销自管理人收到通知之日起生效。

(2) 管理人对抵销主张有异议的,应当在约定的异议期限内或者自收到主张债务抵销的通知之日起3个月内向人民法院提起诉讼。无正当理由逾期提起的,人民法院不予支持。

3. 破产抵销权的限制

(1) 债务人的债务人在破产申请受理后取得他人对债务人的债权的,不得抵销。

(2) 债务人已知债务人有不能清偿到期债务或者破产申请的事实,对债务人负担债务的,不得抵销。但是,债权人因为法律规定或者有破产申请1年前所发生的原因而负担债务的除外。

债权人恶意对债务人负担债务的,(即"债权人已知债务人有不能清偿到期债务或者破产申请的事实,对债务人负担债务的")不得抵销。但是,债权人因为法律规定或者有破产申请1年前所发生的原因而负担债务的除外。

(3) 债务人的债务人已知债务人有不能清偿到期债务或者破产申请的事实,对债务人取得债权的,不得抵销。但是,债务人的债务人因为法律规定或者有破产申请1年前所发生的原因而取得债权的除外。

债务人的债务人恶意取得对债务人的债权的,不得抵销。例如:虚构债权合同。

(4) 限制关联方的抵销权。债务人的股东因欠缴出资、抽逃出资,或者通过滥用股东权利、关联关系损害公司利益对债务人所负的债务,不得要求行使抵销权。

注意:破产申请受理前债务人与个别债权人借抵销实施个别清偿

债务人通过双方互负债务抵销的方式实现对个别债权人的优先清偿,如果该抵销本身符合破产抵销权的行使条件,则对全体债权人的公平受偿不产生影响,该抵销行为有效;如果该抵销不符合破产抵销权的行使条件,即属于《企业破产法》规定的禁止抵销情形时,该抵销行为实质上构成破产法上禁止的个别清偿行为。

借抵销实施个别清偿无效应当从下列几个方面进行认定:

① 破产申请受理前6个月内,债务人具有破产原因。

② 债务人与个别债权人以抵销方式对个别债权人清偿。

③ 该抵销行为属于禁止抵销的行为。

a. 债权人已知债务人有不能清偿到期债务或者破产申请的事实,对债务人负担债务的。

b. 债务人的债务人已知债务人有不能清偿到期债务或者破产申请的事实,对债务人取得债权的。

④ 管理人在破产申请受理之日起3个月内向人民法院提起诉讼。

(五) 别除权

1. 定义

别除权是指债权人因其债权设有物权担保,而在破产程序中就债务人特定财产享有的优先受偿权利。别除权具有以下法律特征:

(1) 别除权以担保权为基础权利。

(2) 别除权以实现债权为目的。

(3) 别除权以破产人的特定财产为标的物。

(4) 别除权的行使不参加集体清偿程序。

2. 行使条件

别除权的标的物计入破产财产,别除权不受破产清算方案的影响,别除权的标的物不得用于清偿破产费用和共益债务。自破产宣告裁定作出之日起,别除权人即可行使别除权。别除权的行使条件包括:

(1) 债权和担保权必须合法成立和生效。

(2) 债权和担保权必须符合破产法的规定。具体来讲债权和担保权必须指向破产人及其财产,不存在破产法上的无效或可撤销事由。

(3) 债权必须已依法申报并获得确认。

3. 别除权的适用

(1) 别除权人未能完全受偿的,其未受偿的债权作为普通债权;放弃优先受偿权利的,债权作为普通债权;剩余部分,在破产程序中可用以清偿破产费用、共益债务和其他破产债权。

(2) 建设工程价款优先于别除权清偿。在建设工程价款优先权与建筑物抵押权同时并存时,建设工程价款优先权作为法定抵押权优先于约定抵押权受偿。最高人民法院在《关于建设工程价款优先受偿权问题的批复》中规定,建筑工程的承包人的优先受偿权优于抵押权和其他债权。

考点 2　破产费用和共益债务

破产费用	破产费用必须是为全体债权人的共同利益而支出的费用。 1. 破产费用的特征 (1) 破产费用必须是为全体债权人的共同利益而支出。 如:个别债权人参加破产程序的费用不是破产费用。 (2) 破产费用是为保障破产程序的顺利进行而支付的费用。 如:在破产程序中为债务人的继续营业而负担的债务不属于破产费用。 2. 破产费用的范围 (1) 破产案件的诉讼费用; (2) 管理、变价和分配债务人财产的费用; (3) 管理人执行职务的费用、报酬和聘用工作人员的费用。
共益债务	共益债务,是指破产程序开始后为了全体债权人的共同利益而负担的非程序性债务。与共益债务对应的权利为共益债权。 1. 特征 (1) 是在破产程序中产生的; (2) 是为了保障全体债权人的权益; (3) 共益债务是非程序性债务,不同的破产案件其共益债务不同,也并不是所有的破产案件都会有共益债务产生。 2. 共益债务的范围 (1) 因管理人或者债务人请求对方当事人履行双方均未履行完毕的合同所产生的债务; (2) 债务人财产受无因管理所产生的债务; (3) 因债务人不当得利所产生的债务; (4) 为债务人继续营业而应支付的劳动报酬和社会保险费用以及由此产生的其他债务; (5) 管理人或相关人员执行职务致人损害所产生的债务; (6) 债务人财产致人损害所产生的债务。
清偿顺序	1. 破产财产优先清偿破产费用和共益债务 2. 适用 (1) 破产费用和共益债务由债务人财产随时清偿; (2) 债务人财产不足以清偿所有破产费用和共益债务的,先行清偿破产费用; (3) 债务人财产不足以清偿所有破产费用或者共益债务的,按照比例清偿; (4) 债务人财产不足以清偿破产费用的,管理人应当提请人民法院终结破产程序。 人民法院应当自收到请求之日起 15 日内裁定终结破产程序,并予以公告。

【真题演练】

1. 2014年6月经法院受理，甲公司进入破产程序。现查明，甲公司所占有的一台精密仪器，实为乙公司委托甲公司承运而交付给甲公司的。关于乙公司的取回权，下列哪一表述是错误的？（2014年真题，单选）

   A. 取回权的行使，应在破产财产变价方案或和解协议、重整计划草案提交债权人会议表决之前
   B. 乙公司未在规定期限内行使取回权，则其取回权即归于消灭
   C. 管理人否认乙公司的取回权时，乙公司可以诉讼方式主张其权利
   D. 乙公司未支付相关运输、保管等费用时，保管人可拒绝其取回该仪器

   【答案】 B
   【解析】 根据《企业破产法》第38条以及《企业破产法解释（二）》第26条的规定，A项正确。根据上述规定，如果乙公司未在规定期限内行使取回权，其取回权并不会灭失，但由此增加的费用需要由乙公司承担，故B项错误。根据《企业破产法解释（二）》第27条第1款规定，C项正确。根据《企业破产法解释（二）》第28条规定，D项正确。

2. 甲公司因不能清偿到期债务且明显缺乏清偿能力，遂于2014年3月申请破产，且法院已受理。经查，在此前半年内，甲公司针对若干债务进行了个别清偿。关于管理人的撤销权，下列哪些表述是正确的？（2014年真题，多选）

   A. 甲公司清偿对乙银行所负的且以自有房产设定抵押担保的贷款债务的，管理人可以主张撤销
   B. 甲公司清偿对丙公司所负的且经法院判决所确定的货款债务的，管理人可以主张撤销
   C. 甲公司清偿对丁公司所负的为维系基本生产所需的水电费债务的，管理人不得主张撤销
   D. 甲公司清偿对戊所负的劳动报酬债务的，管理人不得主张撤销

   【答案】 CD
   【解析】 根据《企业破产法》第32条以及《企业破产法解释（二）》第14条规定，A项错误。根据《企业破产法解释（二）》第15条规定，B项错误。根据《破产法解释（二）》第16条规定，C、D两项正确。

3. 某公司经营不善，现进行破产清算。关于本案的诉讼费用，下列哪一说法是错误的？（2012年真题，单选）

   A. 在破产申请人未预先交纳诉讼费用时，法院应裁定不予受理破产申请
   B. 该诉讼费用可由债务人财产随时清偿
   C. 债务人财产不足时，诉讼费用应先于共益费用受清偿
   D. 债务人财产不足以清偿诉讼费用等破产费用的，破产管理人应提请法院终结破产程序

   【答案】 A
   【解析】 根据《企业破产法》第41条第1款以及《企业破产法解释（一）》第8条的规定，A项错误。根据《企业破产法》第43条的规定，B、C、D选项正确。

4. 甲公司依据买卖合同，在买受人乙公司尚未付清全部货款的情况下，将货物发运给乙公司。乙公司尚未收到该批货物时，向法院提出破产申请，且法院已裁定受理。对此，下列哪

些选项是正确的？（2012 年真题，多选）

A. 乙公司已经取得该批货物的所有权
B. 甲公司可以取回在运货物
C. 乙公司破产管理人在支付全部价款情况下，可以请求甲公司交付货物
D. 货物运到后，甲公司对乙公司的价款债权构成破产债权

【答案】 BCD

【解析】 根据《企业破产法》第 39 条规定，A 选项错误，B 选项正确。但是，乙公司管理人可以通过支付全部价款的方式请求甲公司交付货物，货物运到乙公司后，所有权即转移乙公司，甲公司对乙公司享有的请求支付价款的债权只能是破产债权。故 C 选项、D 选项正确。

5. 2010 年 8 月 1 日，某公司申请破产。8 月 10 日，法院受理并指定了管理人。该公司出现的下列哪一行为属于《破产法》中的欺诈破产行为，管理人有权请求法院予以撤销？（2011 年真题，单选）

A. 2009 年 7 月 5 日，将市场价格 100 万元的仓库以 30 万元出售给母公司
B. 2009 年 10 月 15 日，将公司一辆价值 30 万元的汽车赠与甲
C. 2010 年 5 月 5 日，向乙银行偿还欠款 50 万元及利息 4 万元
D. 2010 年 6 月 10 日，以协议方式与债务人丙相互抵销 20 万元债务

【答案】 B

【解析】 根据《企业破产法》第 31 条规定，A 项中 2009 年 7 月 5 日，将市场价格 100 万元的仓库以 30 万元出售给母公司，虽属"以明显不合理的价格进行交易"，但其时间是在法院受理破产申请的前 1 年之外，不受管理人的限制，因此，公司有权做出上述决定，管理人对此无权行使撤销权，故 A 项错误。B 项 2009 年 10 月 15 日，将公司一辆价值 30 万元的汽车赠与甲，属于无偿转让财产的行为，且时间是在受理破产申请前的 1 年内，根据《企业破产法》第 31 条规定，管理人有权请求人民法院予以撤销，故 B 项正确。C 项所述 2010 年 5 月 5 日，向乙银行偿还欠款 50 万元及利息 4 万元，属于个别清偿行为，虽然 2010 年 5 月 5 日是在人民法院于 2010 年 8 月 10 日受理破产申请前的半年内，但是由于缺乏第 2 条规定的破产原因，对此行为管理人无权行使撤销权，故 C 项错误。D 项所述 2010 年 6 月 10 日，以协议方式与债务人丙相互抵销 20 万元债务，亦属于个别清偿行为，但与上同理，由于缺乏破产原因，管理人也无权向法院请求撤销权，故 D 项错误。

第五节 债权人及债权人会议

考点 1 债权申报

申报程序	人民法院受理破产申请后，应当确定债权人申报债权的期限。债权申报期限自人民法院发布受理破产申请公告之日起计算，最短不得少于 30 日，最长不得超过 3 个月。

(续表)

可以申报的债权	1. 未决债权可以申报 2. 连带债权债务的申报 （1）连带债权人可以由其中一人代表全体连带债权人申报债权，也可以共同申报债权。 （2）债务人的保证人或者其他连带债务人已经代替债务人清偿债务的，以其对债务人的求偿权申报债权。 （3）债务人的保证人或者其他连带债务人尚未代替债务人清偿债务的，以其对债务人的将来求偿权申报债权。但是，债权人已经向管理人申报全部债权的除外。 3. 合同解除的损害赔偿请求权 4. 未到期的债权和利息请求权 注意：附利息的债权自破产申请受理时起停止计息。 5. 票据付款人的请求权 债务人是票据的出票人，该票据的付款人继续付款或者承兑的，付款人以由此产生的请求权申报债权。 6. 善意受托人的请求权 债务人是委托合同的委托人，受托人不知该事实，继续处理委托事务的，受托人以由此产生的请求权申报债权。
无需申报的权利	职工债权
不得申报的债权	1. 可申报的债权须为以财产给付为内容的请求权，给付标的为劳务或者不作为的请求权，不能申报 2. 债权人申报的债权须为合法有效的债权 下列债权不得申报： （1）存在《合同法》或者其他法律规定的无效原因的债权； （2）诉讼时效已经届满的债权； （3）无证据或者证据为虚假的债权、有相反证据证明为虚假的债权。
不属于破产债权	（1）破产费用、共益债务不属于破产债权； （2）取回权、税款、罚金、违约金不属于破产债权。

【真题演练】

A公司因经营不善，资产已不足以清偿全部债务，经申请进入破产还债程序。关于破产债权的申报，下列哪些表述是正确的？（2015年真题，多选）

A. 甲对A公司的债权虽未到期，仍可以申报
B. 乙对A公司的债权因附有条件，故不能申报
C. 丙对A公司的债权虽然诉讼未决，但丙仍可以申报
D. 职工丁对A公司的伤残补助请求权，应予以申报

【答案】 AC

【解析】 根据《企业破产法》第46条第1款的规定，A选项正确。根据《企业破产法》法第

47 条的规定,B 选项错误,C 选项正确。根据《企业破产法》第 48 条第 2 款的规定,D 选项错误。

考点 2 债权人会议

(一) 概念

债权人会议是由依法申报债权的债权人组成的通过集体行使权利,讨论决定破产法定事项的临时性自治意思机构。

债权人会议是债权人团体在破产程序中的意思发表机关,债权人会议本质上是一个组织体,而不是临时的集会活动。

(二) 召集和召开

债权人会议分第一次会议和其他会议,第一次会议的召集及会议议事内容和其他会议不同。

1. 第一次债权人会议的召集和召开

第一次债权人会议的召集人只能是受理破产申请的法院,召开的时间有明确规定,即必须自债权申报期限届满之日起 15 日内召开。关于这一期限,法院既不得任意提前,也不得随意拖后。因为要照顾所有债权人尽可能参加第一次会议。主持人是会议主席。

2. 其他会议

其他会议的召开没有固定时间的规定,破产法规定出现以下四种情况之一时可以由债权人会议主席召集债权人会议:

(1) 法院认为必要时可向债权人会议主席提议召开债权人会议。

(2) 管理人可提议召开。

(3) 债权人委员会可提议召开。

(4) 债权人可提议召开,但有提议权的债权人所拥有的债权额必须占债权总额 1/4 以上。

不论是谁提议召开的,会议的召集人和主持人都是债权人会议主席。

(三) 职权

1. 核查债权

核查债权是为了尽早确定被申报的债权是否真实有效、其数额大小及有无担保等相关情况,以便使债权人在权利确定的基础上参加债权人会议和行使权利。在债权人会议上,通过对债权表以及申报债权人提供的相关证明材料的查阅、对申报人的询问和相互间的辩论来核查债权的上述基本情况。当债权人、债务人对债权表登记的债权存在异议时,可以向受理破产申请的人民法院提起诉讼。

2. 申请人民法院更换管理人,审查管理人的费用和报酬

管理人是否忠实、勤勉地履行职责,直接影响到债务人财产的保全和债权人权益的保护,所以债权人会议理应有权对其进行监督。对管理人的解任申请权,是债权人会议对不称职的管理人进行制约的重要手段。为了促使管理人合理地开支费用和领取报酬,法律赋予债权人会议对管理人费用和报酬的审查权。债权人会议对管理人的报酬有异议的,有权向人民法院提出。

3. 监督管理人

管理人应当向人民法院报告工作，并接受债权人会议和债权人委员会的监督。债权人会议对管理人的一般监督权，主要表现为知情权和异议权。知情权的行使方式主要包括听取管理人关于执行职务情况的报告并加以询问，以及主动要求管理人对其职责范围内的事务予以说明或者提供相关文件。异议权的范围可以涉及管理人的管理行为，也可以涉及管理人的费用和报酬，还可以涉及管理人的任职资格、执业能力和职业操守。

4. 选任和更换债权人委员会成员

为更好地保护债权人的合法权益，特别设立债权人委员会，由其在债权人会议闭会期间代表全体债权人行使债权人会议享有的相关权利。因此债权人会议对选任和更换这一机构的成员享有决定的权利。

5. 决定继续或者停止债务人的营业

在债权人会议召开后，有权依据具体情况决定企业的经营是继续进行还是予以停止。这里包括两种情况：一是在会议之前管理人已经决定继续营业的，债权人会议有权决定进行中的营业有无继续进行的必要；二是在会议之前管理人未决定继续营业的，债权人会议有权决定是否继续营业。

6. 通过重整计划

重整是使由债务人、债权人以及其他利害关系人达成有关债务清偿和企业振兴的计划并加以执行，从而使企业摆脱困境并使企业债务得到公平清偿的制度。但重整的企业也有可能因种种原因陷入更为艰难的境况，从而使债权人的受偿率更低。所以债权人有权对重整计划进行审查，并通过表决的方式表达他们对于重整计划的整体意愿。

7. 通过和解协议

债权人会议对债务人提交的和解协议草案，有权进行讨论和作出是否予以接受的决议。和解协议只有经债权人会议决议方能生效，对于和解协议草案，不得以债权人的私下意思表示或者法院的决定代替债权人会议的决议。

8. 通过债务人财产的管理方案

债务人的财产是债权人的债权得到清偿的物质基础，同债权人的利益息息相关。为了保护债权人的利益，管理人对债务人财产进行管理的方案应经债权人会议讨论通过。

9. 通过破产财产的变价方案

变价是指在破产清算程序中，通过拍卖等方式将债务人拥有的机器、设备等实物和知识产权等无形财产转化为货币，以便对债权人进行清偿。破产财产的变价方案，直接关系到债权人清偿利益的实现，故应赋予债权人以充分的自由表达和自主决定的权利。

10. 通过破产财产的分配方案

分配破产财产是破产清算程序中实现债权清偿的最后环节。破产财产分配关系到有资格参加分配的全体债权人的权益。管理人提交的破产财产分配方案必须经债权人会议讨论通过。

11. 人民法院认为应当由债权人会议行使的其他职权

（四）表决

1. 普通决议

债权人会议的决议，由出席会议的有表决权的债权人过半数通过，并且其所代表的债权额占无财产担保债权总额的 1/2 以上。

2. 特别决议

包括通过重整计划和和解协议草案。

债权人会议通过重整计划和和解协议草案的决议,由出席会议的有表决权的债权人过半数同意,并且其所代表的债权额占无财产担保债权总额的 2/3 以上。

(五) 债权人会议的效力和撤销

(1) 债权人会议以法定条件和程序形成的决议,对全体债权人具有约束力。

(2) 如果债权人认为决议违法并损害其利益的,可自决议作出之日起 15 日内请求法院裁定撤销。不论决议的事项如何,决议被裁定撤销的,债权人会议必须依法重新作出决议。

(3) 法院对债权人会议未通过事项的裁定。债务人财产管理方案和破产财产变价方案在债权人会议上经一次表决未获通过的,由法院裁定。任何债权人对法院的这一裁定不服,均可以自裁定宣布之日或接到通知之日起 15 日内向作出裁定的法院申请复议一次,复议期间不停止裁定的执行。破产财产分配方案在债权人会议上经两次表决未获通过的,由法院裁定。裁定作出后,法院可以在债权人会议上宣布,也可以另行通知债权人。占无财产担保债权总额 1/2 以上的债权人对法院的这一裁定不服的,也可以自裁定宣布之日或接到通知之日起 15 日内向作出裁定的法院申请复议一次,复议期间不停止裁定的执行。

(六) 债权人委员会

1. 债权人委员会是债权人会议决定设立的债权人会议的常设机构

债权人委员会代表债权人的共同意志,代表债权人会议在法定的职权范围内负责对破产管理人的活动及破产程序的合法、公正进行日常监督,并处理破产程序中债权人会议授权其解决的有关事项。

2. 债权人会议可以决定设立债权人委员会,自然也有权决定其变更或解散

债权人委员会由债权人会议选任的债权人代表和一名债务人的职工代表或者工会代表组成。债权人委员会成员不得超过 9 人。债权人委员会成员应当经人民法院书面决定认可。

3. 债权人委员会的职权

债权人委员会的职权分为以下几种:

(1) 监督权。监督管理人对债务人财产的管理、处分和破产财产的分配。

(2) 债权人会议召开提议权。债权人委员会在遇到重要或紧急情况时,可以提议召开债权人会议。

(3) 要求管理人和债务人协助权。债权人委员会在执行职务时,有权要求管理人、债务人的有关人员对其职权范围内的事务作出说明或者提供有关文件。

(4) 请求法院决定管理人、债务人接受监督的权力。管理人、债务人的有关人员就有关事项违法拒不接受监督的,债权人委员会有权就该事项请求法院作出决定。法院应在 5 日内作出决定。

【真题演练】

1. 祺航公司向法院申请破产,法院受理并指定甲为管理人。债权人会议决定设立债权人

委员会。现昊泰公司提出要受让祺航公司的全部业务与资产。甲的下列哪一做法是正确的？（2016年真题，单选）

A. 代表祺航公司决定是否向昊泰公司转让业务与资产
B. 将该转让事宜交由法院决定
C. 提议召开债权人会议决议该转让事宜
D. 作出是否转让的决定并将该转让事宜报告债权人委员会

【答案】 D

【解析】 根据我国《企业破产法》第25条的规定，管理人享有管理和处分债务人财产的权利。但管理人为独立的专门机关，其并不代表祺航公司做出任何决定。A选项表述错误。我国现行法律并未规定破产人的资产转让事宜由法院决定。B选项没有根据。根据我国《企业破产法》第61条的规定，C选项错误。根据我国《企业破产法》第69条的规定，D选项正确。

2. 在某公司破产案件中，债权人会议经出席会议的有表决权的债权人过半数通过，并且其所代表的债权额占无财产担保债权总额的60%，就若干事项形成决议。该决议所涉下列哪一事项不符合《破产法》的规定？（2012年真题，单选）

A. 选举8名债权人代表与1名职工代表组成债权人委员会
B. 通过债务人财产的管理方案
C. 申请法院更换管理人
D. 通过和解协议

【答案】 D

【解析】 根据《企业破产法》第67条第1款规定，A选项正确。根据《企业破产法》第61以及64条的规定，B、C选项正确。根据《企业破产法》第97条规定，D项错误。

第六节 破产重整程序

考点 1 重整申请

（一）概念

重整是指对已具备破产原因或可能出现破产原因而有拯救希望的债务人实施的保护其继续营业并挽救其生存的法律程序。

债务人和与债务人有利害关系的人均可以申请重整。

（二）重整类型

1. 初始重整申请

初始重整申请是在人民法院受理破产申请以前提出的对债务人适用重整程序的最初申请。债务人或者债权人直接向法院申请对债务人进行重整。

2. 后续重整申请

后续重整申请是在人民法院已经受理对债务人适用清算程序的申请后、破产宣告前提出的重整申请。破产清算转化为重整。债权人申请对债务人进行破产清算的，在人民法院受理破产申请后、宣告债务人破产前，债务人或者出资额占债务人注册资本1/10以上的出资人，可以向人民法院申请重整。后续重整申请经过法院审查后受理的,债务人由破产清算程序进入重整程序。

考点 2 重整期间的特别规定

重整期间,是重整程序开始后的一个法定期间,其目的在于防止债权人在重整管理期间对债务人及其财产采取诉讼或其他程序行动,以便保护企业的营运价值和制定重整计划。

(一) 重整期间的起止

重整期间自法院裁定债务人重整之日起至重整程序终止。

(二) 重整期间对债务人营业的保护

重整程序和破产程序不同,它不是单纯的财产管理和债权债务清理,它最大的特点是通过加强、改善生产经营活动而实现对企业的拯救。

1. 债务人自行管理财产和营业事务

在重整期间,经债务人申请,人民法院批准,债务人可以在管理人监督下自行管理财产和营业事务。在破产程序中开始重整程序的,依法已接管债务人财产和营业事务的管理人应当向债务人移交财产和营业事务,之后法律赋予管理人的职权由债务人行使。

2. 可以为新借款设定担保

在破产程序中,债务人在法定期限内对原来没有担保的债权提供担保的,属于撤销权的范畴,管理人可申请法院予以撤销,这是为了避免破产财产的减少而使债权人的利益受损。所以进入破产程序后,原则上不得设立新的担保。但是,在重整程序中,如果还仍然机械地秉持这一原则,将会出现继续营业急需补充适当资金但又无法借款的现实问题,从而无法实现重整目标。所以,针对重整期间的特殊情况,破产法规定在特定条件下,债务人仍然可以提供担保:

(1) 为继续营业需要取回质押物、留置物而提供替代担保。重整期间,债务人或者管理人为了继续营业的需要,可以通过提供能为债权人接受的新的担保而取回质物、留置物。

(2) 为继续营业需要借款而新设担保。借款是指借款人向贷款人借款,到期返还本金并支付利息的行为。在重整期间,债务人或管理人为了营业需要注入资金可以借款,也有权为该借款提供新的担保。

3. 担保物权人的优先受偿权暂停行使

在破产程序中,别除权人可就债务人特定财产即担保物优先受偿。但在重整程序中,别除权以暂停行使为原则,以不停止行使为例外。破产法规定,在重整期间,对债务人的特定财产享有的担保权暂停行使。但是,担保物有损坏或者价值明显减少的可能,足以危害担保人权利的,担保人可以向法院请求恢复行使担保权。

注意:别除权标的物的收回。

如果别除权标的物对于破产企业的继续经营或者破产财产的整体变价具有重要意义,因而需要收回和列入破产财产,则管理人可以在被担保债权由该标的物所能实现的清偿范围内,提供相同数额的清偿或者替代担保,从而收回该标的物。

4. 取回权人行使所有权应按事先约定的条件

债务人合法占有的他人财产,该财产的权利人在重整期间要求取回的,应当符合事先约定的条件。

5. 出资人不得请求投资收益分配

在重整期间,债务人已经出现不能清偿债务的事实或可能,为了挽救企业不能做出任何降低经营所需的物质能力的行为,即使通过重整恢复了部分盈利,也应该先用于偿还债务、弥补亏损,而不能对股东进行利润分配。

6. 对特殊主体股权或股份转让的限制

这里的特殊主体是指债务人的董事、监事和高级管理人员。这些人是企业的决策者、监督者和经营管理者,同时又可能是企业的股东。《企业破产法》规定,董事、监事、高级管理人员在重整期间不得向第三人转让其持有的债务人的股权或股份。即使符合其他法律规定的转让条件也是如此,除非经法院同意。在某些情况下,股权或股份转让不会对重整产生消极影响,甚至有积极作用,例如吸引新投资者,所以,《企业破产法》规定管理层的股权或股份转让经人民法院同意的除外。

考点 3 重整计划

(一) 重整计划的拟定

债务人或管理人应当自人民法院裁定债务人重整之日起 6 个月内提交重整计划草案。

重整计划草案的法定内容应包括:

(1) 债务人的经营方案;

(2) 债权分类;

(3) 债权调整方案;

(4) 债权受偿方案;

(5) 重整计划的执行期限;

(6) 重整计划执行的监督期限;

(7) 有利于债务人重整的其他方案。

(二) 重整计划的表决与通过

1. 表决权分类

分组表决制是指按照权利的实质相似标准,将债权人和股东分为若干表决组,以组为单位分别进行重整计划草案表决,以各组均表决通过为重整计划草案通过标准的表决制度。各类债权的债权人参加讨论重整计划草案的债权人会议,依照下列债权分类,分组对重整计划草案进行表决:

(1) 对债务人的特定财产享有担保权的债权。

(2) 债务人所欠职工的工资和医疗、伤残补助、抚恤费用,所欠的应当划入职工个人账户的基本养老保险、基本医疗保险费用,以及法律、行政法规规定应当支付给职工的补偿金。

(3) 债务人所欠税款。

(4) 普通债权。

2. 表决程序

出席会议的同一表决组的债权人过半数同意重整计划草案,并且其所代表的债权额占该组债权总额的 2/3 以上的,即为该组通过重整计划草案。

债务人或者管理人应当向债权人会议就重整计划草案作出说明,并回答询问。

3. 通过和再次表决

(1) 各表决组均通过重整计划草案时,重整计划即为通过。

(2) 部分表决组未通过重整计划草案的,债务人或者管理人可以同未通过重整计划草案的表决组协商。该表决组可以协商后再表决一次。双方协商的结果不得损害其他表决组的利益。

4. 法院批准

批准程序是人民法院行使司法审查权的过程,在审查过程中可以根据案情需要,进行开庭或不开庭的审理。审理之后人民法院可以针对不同情况做出不同结果的裁定。自重整计划通过之日起 10 日内,债务人或者管理人应当向人民法院提出批准重整计划的申请。人民法院经审查认为符合《企业破产法》规定的,应当自收到申请之日起 30 日内裁定批准,终止重整程序,并予以公告。

5. 法院强制通过

未通过重整计划草案的表决组拒绝再次表决或者再次表决仍未通过重整计划草案,但重整计划草案符合相关法条规定条件的,债务人或者管理人可以申请人民法院批准重整计划草案。

(三) 重整计划的效力

重整计划被批准后,原申报的债权变为重整债权,重整债权依重整计划规定行使,任何债权人均不得主张重整前的权利。重整计划被批准后,债权人、担保权人和出资人的权利一并随重整计划的规定而变更,上述权利人不得按照变更前的权利主张权利。

未依破产法申报的债权在重整计划执行期间不得行使权利;在重整计划执行完毕后,可以按照重整计划规定的同类债权的清偿条件行使权利。

重整计划的效力不及于债务人的保证人和其他连带债务人,债权人对债务人的保证人和其他连带债务人所享有的权利不受重整计划影响。

【真题演练】

关于破产重整的申请与重整期间,下列哪一表述是正确的?(2015 年真题,单选)

A. 只有在破产清算申请受理后,债务人才能向法院提出重整申请

B. 重整期间为法院裁定债务人重整之日起至重整计划执行完毕时

C. 在重整期间,经债务人申请并经法院批准,债务人可在管理人监督下自行管理财产和营业事务

D. 在重整期间,就债务人所承租的房屋,即使租期已届至,出租人也不得请求返还

【答案】 C

【解析】 根据《企业破产法》第 70 条的规定,A 项错误。根据《企业破产法》第 72 条的规定,B 项错误。根据《企业破产法》第 73 条第 1 款的规定,C 项正确。根据《企业破产法解释(二)》第 2 条第 1 项的规定,D 项错误。

第七节　破产清算程序

考点 1　破产清算顺序

（一）按照顺序清偿。

破产分配实行按顺序清偿的规则。其意义在于，依据一定的法律政策确定不同类别的债权人的受偿顺序，使顺序在先的债权人能够优先于顺序在后的债权人获得清偿。为了实现这一目的，按顺序清偿必须遵守如下规则：首先清偿在先顺序的债权。在先顺序清偿完毕后，有剩余财产的，进行下一顺序的清偿。

（1）破产人所欠职工的工资和医疗、伤残补助、抚恤费用，所欠的应当划入职工个人账户的基本养老保险、基本医疗保险费用，以及法律、行政法规规定应当支付给职工的补偿金；
（2）破产人欠缴的除上述以外的社会保险费用和破产人所欠税款；
（3）普通破产债权。

（二）按比例清偿。

（1）是指对同一顺序的债权，破产财产如果不足清偿的，按比例清偿。
（2）破产财产的分配应当以货币分配方式进行。但是，债权人会议另有决议的除外。
（3）管理人拟定破产财产变价方案和分配方案，并提交债权人会议讨论。破产财产分配方案经人民法院裁定认可后，由管理人执行。
（4）破产人无财产可供分配的，或者破产财产分配完毕，管理人应当请求人民法院裁定终结破产程序。

考点 2　追加分配

（一）定义

追加分配，是在破产程序终结以后，对新发现的属于破产人的可用于破产分配的财产，由人民法院按照破产分配方案对尚未获得完全清偿的债权人所进行的补充分配。

追加分配具有如下特征：
（1）用于追加分配的财产，是破产程序终结后新发现的财产。
（2）追加分配受法定除斥期间的限制。
（3）追加分配由法院负责实施。
（4）追加分配的方案应符合破产清算的有关规定。

（二）可以追加分配的财产

1. 应当追回的财产
即因为撤销、无效等原因导致财产可以被追回。
具体是指：

(1) 在受理破产申请前 1 年内出现的可撤销的交易行为

① 无偿转让财产的;

② 以明显不合理的价格进行交易的;

③ 对没有财产担保的债务提供财产担保的;

④ 对未到期的债务提前清偿的;

⑤ 放弃债权的。

(2) 个别清偿的撤销

人民法院受理破产申请前 6 个月内,债务人有破产原因的,仍对个别债权人进行清偿的,管理人有权请求人民法院予以撤销。但是,个别清偿使债务人财产受益的除外。

(3) 无效交易行为

① 为逃避债务而隐匿、转移财产的;

② 虚构债务或者承认不真实的债务的。

(4) 债务人的董事、监事和高级管理人员利用职权从企业获取的非正常收入和侵占的企业财产

2. 破产人有应当供分配的其他财产

(1) 因纠正破产程序中错误支出而收回的款项。

(2) 因权利被承认追回的财产。

(3) 债权人放弃的财产。

是指获得财产分配的债权人明确表示放弃的财产,以及自破产程序终结之日起满 2 年仍不能受领分配的财产。

(4) 破产程序终结后获得的可供分配的其他财产。

(二) 追加分配的实施

(1) 追加分配由人民法院实施。

(2) 有应当追回的财产,但财产数量不足以支付实施追加分配所需费用的,不再进行追加分配,由人民法院将其上交国库。

(3) 追加分配的时间是破产程序终结之日起 2 年内。追加分配的除斥期间,是破产程序终结后连续计算的不能中断和不能延长的固定期间。在此期间内发现符合上述条件的财产的,应当予以追加分配。按照《企业破产法》的规定,追加分配的除斥期间为 2 年。此期间的起算点有两类:一是因债务人财产不足以清偿破产费用,破产程序终结之日;二是因破产人无财产可供分配,破产程序终结之日。

【真题演练】

某建筑公司因严重资不抵债向法院申请破产救济。关于该案破产财产范围和清偿顺序等,下列哪些选项是错误的?(2008 年四川省真题,多选)

A. 该公司所欠民工工资应当列入破产费用先行清偿

B. 该公司租用甲公司的一套建筑设备不能列入破产财产

C. 该公司的一批脚手架已抵押给某银行,该批脚手架不能列入破产财产

D. 该公司员工对该公司的投资款只能作为普通债权受偿

【答案】 ACD

【解析】 根据《企业破产法》第41条以及第113条规定,本题中,农民工的工资并不属于破产费用,其受偿顺序在破产费用之后,故A项错误。根据《企业破产法》第30条、第38条以及第107条第2款的规定,B项正确,C项错误,按照破产财产的定义,抵押物也属于破产财产。员工对公司投资后是作为公司股东身份存在的,其不是债权人,因此不能作为债权人受偿,故D项说法错误。

票据法专题

专题导学：

票据的特性：文义性、无因性、独立性

票据是出票人签发的，约定由自己或其委托的人无条件支付确定的金额给持票人的有价证券。票据是一种代表某种财产权的格式化凭证。我国票据法规定的几种票据均是金钱债权证券，包括：本票、汇票、支票。

票据法学习线索：

1. 熟练掌握各类票据的法定记载事项

文义性： 票据权利义务以及相关信息都由票据上依法记载的文字含义来确定。票据上所载权利义务的内容必须严格按照票据上所载文义确定；不允许依据票据所载以外的事实对行为人的意思作出与票据所载文义相反的解释，或者对票据所载文义进行补充或变更。

2. 必须掌握票据的无因性及票据的抗辩

无因性： 票据上的法律关系是一种单纯的金钱支付关系，权利人享有票据权利只以符合票据法规定的有效票据为必要，至于票据赖以发生的原因则在所不问，即原因关系无效或有瑕疵，均不影响票据的效力。所以，票据权利人在行使票据权利时，无需证明给付原因。

3. 重点掌握各种票据行为的效力

独立性： 同一票据上有数个票据行为时，各行为相互独立，一行为无效并不影响其他有效行为的有效性。

第一节 票据法概述

考点 1 票据概念

（一）概念

票据是指由出票人签发，约定自己或者委托他人见票或在确定的日期，无条件支付一定金额的有价证券。

1. 票据是出票人依照法律的规定发行的。主要依据就是票据法，我国票据法实行票据法定主义，即票据的种类由法律所规定的三种为限，当事人不得在汇票、本票和支票之外自行发行其他票据。

2. 票据是无条件支付一定金额给权利人的有价证券，因而它是债权证券、金钱证券。"无条件"是指出票人或其他票据行为人不得将交易中的条件记载在票据上，来确保票据流通的便捷。

3. 票据是由出票人自行支付或由出票人委托他人支付的有价证券。

（二）票据的性质

1. 票据是完全的有价证券

(1) 设权证券,票据权利于证券作出后才发生,证券作出前票据权利不存在,没有票据就没有票据权利。

(2) 提示证券,票据权利人向票据债务人行使权利必须向债务人提示票据。

(3) 交付证券,票据权利的转移以交付票据为必要。

(4) 缴回证券,债务人向票据权利人履行债务交付后,即行收回票据,权利人应当缴回。

2. 票据是要式证券

票据的格式包括了票据的形式和记载事项,都有法律严格规定,不遵守格式对票据的效力有一定影响。

3. 票据具有流通性

本票、汇票、支票都可以进行转让。

4. 票据是文义证券

票据权利的有关内容和与票据有关的一切事项都以票据上记载的文字为准,不受票据上文字以外事项的影响。

5. 票据是无因证券

票据法律关系是一种单纯的金钱支付关系,不受基础关系是否存在及其效力的影响。即使票据行为的原因行为不成立、无效或者被撤销,票据效力也不受影响。

考点 2 票据类型

(一) 本票

本票是出票人签发的,承诺自己在见票时无条件支付确定的金额给收款人或者持票人的票据。

票据法所称的本票是银行本票。把本票限制为银行本票,而签发本票的银行必须经过人民银行审定,这是对于本票的严格限制。

(二) 汇票

汇票是出票人签发的,委托付款人在见票时或者在指定日期无条件支付确定的金额给收款人或者持票人的票据。

1. 银行汇票

出票银行签发的,由其在见票时按照实际结算金额无条件支付给收款人或者持票人的票据。银行汇票的出票银行为银行汇票的付款人。

2. 商业汇票

收款人或者付款人签发的,由承兑人承兑,并于到期日向收款人或者被背书人支付款项的票据。

(三) 支票

支票是出票人签发的,委托办理支票存款业务的银行或者其他金融机构在见票时无条件支付确定的金额给收款人或者持票人的票据。

三种票据的区别

	汇票	本票	支票
基本当事人不同	出票人、付款人、收款人	出票人和收款人	出票人、付款人、收款人
票据的性质不同	委付票据	己付票据	委付票据
出票人的身份不同	可以是银行,也可以是银行之外的其他经济组织和个人;	银行	没有身份的限制
付款人身份不同	无限制	无限制	出票人的开户银行
付款时间不同	见票即付、出票后定期付款、见票后定期付款、定日付款	见票即付	见票即付

【真题演练】

依票据法原理,票据具有无因性、设权性、流通性、文义性、要式性等特征。关于票据特征的表述,下列哪一选项是错误的？(2014年真题,单选)

A. 没有票据,就没有票据权利
B. 任何类型的票据都必须能够进行转让
C. 票据的效力不受票据赖以发生的原因行为的影响
D. 票据行为的方式若存在瑕疵,不影响票据的效力

【答案】 D

【解析】 票据具有设权性,票据属于设权证券。没有票据就没有票据权利,故 A 项正确。票据具有流通性,票据通常能够转让,因此可以说"任何类型的票据"都能够进行转让,故 B 项正确。票据是无因证券,不受基础关系是否存在及其效力的影响。即使票据行为的原因行为不成立、无效或者被撤销,票据效力也不受影响,故 C 项正确。票据是要式证券,各种票据行为如出票、背书、承兑、保证都必须严格按照《票据法》规定的程序与方式进行,否则会影响票据行为的效力,故 D 项错误。

第二节 票据上的当事人和法律关系

考点 1 当事人

1. 基本当事人与非基本当事人

基本当事人是构成票据法律关系的必要的主体,这种主体不存在或者不完全,票据上的法律关系不能成立,票据也就无效。

(1) 基本当事人是指在票据签发时就已经存在的票据当事人。

支票与汇票的基本当事人有出票人、付款人与收款人。

本票的基本当事人有出票人与收款人。

① 出票人是在票据上签名,发出票据的人。
② 付款人是受出票人委托付款并记载于汇票或支票上的人。
③ 收款人是从出票人处接受票据并享有向付款人请求付款的权利的人。
(2) 非基本当事人是指在票据签发后通过各种票据行为而加入票据关系的票据当事人的人。如:背书人、保证人。

2. 前手与后手

票据上多数当事人之间,依其相互间的位置关系,分为前手和后手。前后手的关系是债权人与债务人的关系,在行使追索权时有加以区别的必要。
(1) 前手是指在票据签章人之前签章的其他票据债务人。
(2) 后手是指在票据签章人之后签章的其他票据债务人。
简而言之,凡位于某人之前的称为某人的前手,位于某人之后的称为某人的后手。

3. 票据债权人与票据债务人

(1) 票据债权人。最初的债权人是发票时的收款人。以后从最初的收款人受让而取得票据的持票人(如被背书人)也就称为票据权利人,这种票据权利人行使的是付款请求权。此为,因履行了付款义务而取得票据的人也是票据权利人,这种票据权利人行使的是追索权。不论是付款请求权人或是追索权人,都以持有票据为必要。

(2) 票据债务人。票据债务人是因实施一定的票据行为而在票据上签名的人。票据债务人分为第一债务人(主债务人)和第二债务人。第一债务人是指负有付款义务的人,持票人应当先向第一债务人行使权利;第二债务人是指负有担保付款义务的人,持票人在向第一债务人行使权利被拒绝时始得向第二债务人行使追索权,请求第二债务人偿付票款。

考点 2 法律关系

(一) 票据关系

票据关系是当事人之间基于票据行为而发生的债权债务关系。

票据关系和票据法上的非票据关系不同,票据关系是由当事人所为的票据行为直接发生的关系,也就是因票据的授受而生的法律关系。所以,票据关系是持有票据的债权人与在票据上签名的债务人之间的关系。

(二) 非票据关系

票据法上的非票据关系是指票据法所规定的,但不是基于票据行为直接发生的法律关系。这种授受票据的原因或前提在票据授受之前就已经存在,而票据关系则只能发生在票据授受之后,又被称为票据的基础关系。

1. 原因关系

票据的原因关系,又称为票据原因,是指当事人之间授受票据的原因。
(1) 同一票据行为可以有不同的原因关系。
(2) 由于票据是金钱债权证券,所以这些原因关系大都是一定金额的支付关系。

只有两种情况例外:第一,以票据之交付设定权利质权,此时原因关系是设定质权或者担保债权;第二,是支付票据而委任取款,此时原因关系是委任取款。

(3) 原因关系可以是有对价的,也可以是无对价的。

(4) 原因关系存在于授受票据的直接前后手之间,票据流转必然隔断原因关系,所以前一原因关系与后一原因关系没有任何联系。

2. 资金关系

资金关系是存在于汇票的出票人与付款人之间、支票的出票人与付款人之间的基本关系,又称为票据资金。本票为自付证券,所以不存在资金关系。在资金关系中,供给资金的人称为资金义务人,资金义务人通常是出票人。

3. 票据预约

票据预约是指以授受票据以及票据的有关事项为内容的民法上的合同。授受票据的当事人之间有了原因关系之后,在发出票据之前,还必须就票据的种类、金额、到期日、付款地等事项达成合意,这种合意为票据预约。票据预约不仅存在与出票人与收款人之间,也存在与背书人与被背书人之间。

注意:票据关系和票据基础关系之间的关系

① 票据关系与基础关系是相互分离的,票据关系已经形成就同基础关系相分离,原因关系、资金关系是否存在与是否有效对票据关系不产生影响。

② 以下两种情形中基础关系对于原因关系产生影响:第一,原因关系与票据关系存在于同一当事人之间,债务人可以用原因关系对抗票据关系。第二,持票人取得票据权利如无对价,不能有优于其前手的权利。

第三节 票据行为和票据权利

考点 1 票据行为

票据行为是指以行为人在票据上进行必备事项的记载、完成签章并交付为要件的要式法律行为。

(一) 法律特征

(1) 票据行为是法定要式行为。票据行为非为法定要式不生效力。各种票据行为具有其法定记载事项,记载事项之总和即为票据行为之形式。符合法定形式的才发生票据行为的效力。

(2) 票据行为属于无因性行为。票据行为仅以签名为成立要件,实施票据行为的原因对票据行为的效力无影响,此为票据行为的无因性。

(3) 票据行为属于文义行为。票据行为以文义确定行为内容,票据法上规定签名人须按票据上记载的事项承担责任。

(4) 票据行为是独立生效的法律行为。票据上有数个票据行为的,各个票据行为独立生效,互不影响,一行为无效,不致使其他有效行为变为无效,有效行为的行为人仍需就票据文义负其责任。

票据行为	概念	以行为人在票据上进行必备事项的记载、完成签章并交付为要件的要式法律行为。
	范围	票据行为包括出票、背书、承兑、保证、付款等。 (1) 出票：出票是指出票人签发票据并将其交付给收款人的票据行为。最基本的票据行为，其他票据行为必须在出票行为的基础上才能进行。 (2) 背书：背书是指在票据背面或者粘单上记载有关事项并签章的票据行为。 背书意味着持票人将票据权利转让给他人或者将一定的票据权利授予他人行使。背书应当连续，是指在票据转让中，转让汇票的背书人与受让汇票的被背书人在汇票上的签章依次前后衔接，这具有重要的法律意义。 (3) 承兑：承兑是汇票付款人承诺在汇票到期日支付汇票金额的票据行为。承兑不得附有条件(部分承兑亦视为附条件)，附条件则视为拒绝承兑。 (4) 保证：保证是债务人以外的第三人为了保证债务的履行而提供的担保。保证的法律效力： ① 保证人与被保证人之间以及保证人之间就票据债务负连带责任； ② 保证具有独立性； ③ 保证不得附条件。附条件者，保证依然有效，所附条件视为无记载。
	特殊形式要件	(1) 书面 (2) 记载事项 (3) 签章和交付
	代理	票据代理是指由代理人代替本人为一定的票据行为。 票据行为的代理，其构成要件是： (1) 代理人依法享有代理权并在代理权限范围内行使代理权； (2) 代理人行使代理权必须在票据上明示被代理人的名义； (3) 代理人必须在票据上签章，表明其代理关系。 注意：对于票据代理，票据法规定无权代理而以代理人的名义在票据上签名的人应当自负票据上的责任，对越权代理的也有同样的要求。

(二) 票据行为的独立性

票据行为的独立性原则，是票据法上一个有重大价值的原则，其宗旨是为了保护票据权利人特别是善意取得票据的第三人，保障票据的安全可靠，促使人们使用票据，以加强票据流通。票据行为的独立性主要体现在以下三个方面：

(1) 民事行为能力欠缺者实施的票据签名虽然无效但是其他人的签名仍为有效。

(2) 票据有伪造、变造行为的，伪造、变造行为不影响其他真实签名的效力。

伪造和变造的票据本无票据行为效力可言，但为保护善意第三人之利益，票据行为独立原则使该类行为与同票据上其他有效票据行为截然分开，各具其效果。

(3) 票据债务人之保证人，就其在票据上的签名和记载事项负保证责任，保证行为不因被保证债务无效而无效。

考点 2 票据权利

票据权利是金钱债权,即请求支付一定数额货币的权利。票据上所体现的金钱债权包括了两次请求权:第一次请求权是付款请求权,即持票人请求主债务人(付款人或承兑人)支付票据所载金额的权利。在票据第一请求权不能实现时,债权人即得行使第二次请求权。第二次请求权是追索权,即持票人请求从债务人(前手,签章在前者)偿还票据所载金额及其他有关金额的权利。

票据权利取得	原始取得	票据权利的原始取得,是指持票人不经其任何前手权利人,而最初取得票据。 1. 票据权利的原始取得方式包括:出票取得、善意取得 2. 票据权利的善意取得,指票据受让人依票据法规定的转让方法,善意地从无处分权人处取得票据,从而取得票据权利 应当符合以下条件: (1) 受让的票据票面记载完整、正确、未过期或未有其他影响票据权利实现的事实。 (2) 通过背书或交付取得票据。 (3) 受让人从无处分权人处取得票据。 (4) 受让人无恶意或重大过失。 (5) 受让人支付了相当的对价。
	继受取得	票据权利的继受取得,是指持票人从有权处分票据权利的前手处依背书交付或单纯交付方式受让票据权利。票据的背书转让,是最主要的票据权利继受取得方式。
	注意事项	(1) 票据的取得,一般必须给付对价。 (2) 因税收、继承、赠与可以依法无偿取得票据的,不受给付对价的限制,但所享有的票据权利不得优于其前手所享有的权利。 (3) 取得人在取得票据时必须是善意的。
利益偿还请求权	概念	利益偿还请求权,是指持票人因超过票据权利时效或者因票据记载事项欠缺而丧失票据权利的,持票人可以请求出票人或者承兑人返还其与未支付的票据金额相当的利益的权利。
	构成要件	(1) 权利人是持票人,包括收款人、最后的被背书人、因清偿票据债务而取得票据的被追索人;义务人是受到实际利益的出票人,承兑人。 (2) 票据权利因时效或者手续欠缺而消灭,但票据上债权债务依民法有关规定仍有效存在; (3) 出票人或承兑人受有实际利益。
票据时效		票据权利在下列期限内不行使而消灭: (1) 持票人对票据的出票人和承兑人的权利,自票据到期日起 2 年。见票即付的汇票、本票,自出票日起 2 年; (2) 持票人对支票出票人的权利,自出票日起 6 个月; (3) 持票人对前手的追索权,自被拒绝承兑或者被拒绝付款之日起 6 个月; (4) 持票人对前手的再追索权,自清偿日或者被提起诉讼之日起 3 个月。

考点 3 票据的伪造、变造、更改与涂销

（一）伪造

伪造是指以行使票据权利义务为目的,假冒或虚构他人名义在票据上签章的票据行为。票据上有伪造的签章的,不影响票据上其他真实签章的效力。

由于伪造人没有在票据上签名,也就不存在票据行为,因而不承担票据上的责任。至于其在刑事上构成犯罪和民事上的侵权责任是另一问题。而被伪造人,既然没有在票据上亲自签名,所以也不负票据上的责任。

（二）变造

变造是指没有变更权限的人变更票据上除签章外其他记载事项的行为。票据变造使得票据上的权利义务关系发生了变化,所以票据变造涉及的不仅是被变造的记载事项的原记载人,而是所有票据当事人。票据是文义证券,对于票据签章人,要求依其签章时的票据文义承担责任才符合法律的公平和正义。

在变造之前签章的人,对原记载事项负责;在变造之后签章的人,对变造之后的记载事项负责;不能辨别是在票据被变造之前或者之后签的,视同在变造之前签章。

（三）更改

更改是指将票据上的记载事项更改的行为。

（1）更改应该由原记载人改写。在交出票据前可以自行改写,但应在改写处签章证明。在交出票据后改写,应经过全体票据关系人同意,否则即成为变造。

（2）票据中法律特别规定的事项不得更改。我国票据法规定,票据金额、日期、收款人名称不得更改。

（四）涂销

涂销是指将票据上的记载事项涂抹消除的行为。

（1）权利人故意所为的涂销行为究其实质来说是票据内容的更改,应发生票据更改的法律后果。

（2）权利人非故意所为的涂销,涂销行为无效,票据依其未涂销时的记载事项发生法律效力。

（3）非权利人所为的票据涂销行为,发生票据伪造、变造的法律后果。

【真题演练】

1. 甲未经乙同意而以乙的名义签发一张商业汇票,汇票上记载的付款人为丙银行。丁取得该汇票后将其背书转让给戊。下列哪一说法是正确的？（2013年真题,单选）

A. 乙可以无权代理为由拒绝承担该汇票上的责任
B. 丙银行可以该汇票是无权代理为由而拒绝付款
C. 丁对甲的无权代理行为不知情时,丁对戊不承担责任
D. 甲未在该汇票上签章,故甲不承担责任

【答案】 A

【解析】 根据《合同法》第 48 条规定,若未经被代理人乙追认,则对被代理人乙不发生效力,由行为人甲承担责任。故 A 项正确,D 项错误。汇票是一种无条件支付的票据,作为付款人的银行丙只能是见票即付或者在指定日期支付,故 B 项错误。根据《票据法》第 37 条规定,丁作为背书人以背书转让汇票于戊后,即承担保证其后手戊所持汇票承兑和付款的责任,无论丁是否对其前手知情;同时根据《票据法》第 61 条规定,若该汇票到期被拒绝付款,则戊可以对背书人、出票人以及汇票的其他债务人行使追索权,故 C 项错误。

2. 甲公司签发一张汇票给乙,票面记载金额为 10 万元,乙取得汇票后背书转让给丙,丙取得该汇票后又背书转让给丁,但将汇票的记载金额由 10 万元变更为 20 万元。之后,丁又将汇票最终背书转让给戊。其中,乙的背书签章已不能辨别是在记载金额变更之前,还是在变更之后。下列哪些选项是正确的?(2012 年真题,多选)

A. 甲应对戊承担 10 万元的票据责任
B. 乙应对戊承担 20 万元的票据责任
C. 丙应对戊承担 20 万元的票据责任
D. 丁应对戊承担 10 万元的票据责任

【答案】 AC

【解析】 根据《票据法》第 14 条规定,本题中丙将汇票金额由 10 万元变更为 20 万元的行为属于票据的变造行为。丙背书转让给丁时变造了汇票的记载金额,丙以及在此之后签章的丁,都应对变造后的 20 万承担票据责任,故 C 项正确,D 项错误。在变造之前的出票人甲只应对原记载金额 10 万负责,故 A 项正确。乙的背书签章已不能辨别是在记载金额变更之前,还是在变更之后,视为变造之前,所以只对 10 万元负责,故 B 项错误。

第四节 票据抗辩与补救

考点 1 票据抗辩

票据抗辩,是指票据债务人根据票据法的规定对票据债权人拒绝履行义务的行为。可以这样来理解,票据抗辩,是票据债务人拒绝向持票人支付票据金额。

(一) 对物的抗辩

对物的抗辩,是指基于票据本身的内容(票据上记载的事项以及票据的性质)发生的事由而为的抗辩。

1. 任何票据债务人可以对一切票据债权人行使的抗辩
(1) 票据无效。如:票据上欠缺绝对必要记载事项。
(2) 定期票据未到期。
(3) 票据权利已经消灭。如:票据权利因票据债务人付款而消灭;票据权利因票面金额的提存而消灭;票据权利因除权判决而消灭。

2. 特定票据债务人可以对一切票据债权人行使的抗辩
(1) 票据瑕疵。如:无权代理和越权代理;签章人欠缺民事行为能力;票据伪造、变造。
(2) 依票据上的记载提出的抗辩。如:出票人记载"不得转让字样";背书人记载"不得转让字样"。
(3) 票据权利行使和保全手续欠缺。如:应作成拒绝证书而未作时,被追索人对持票人提出的抗辩。

(二) 对人的抗辩

对人的抗辩,是指由于债务人与特定债权人之间的关系而发生,因而只能向特定债权人行使的抗辩。

(1) 直接债权债务关系之间,可以行使抗辩权。

(2) 恶意或重大过失取得票据的,可以行使抗辩权。

(3) 明知票据债务人与出票人或者与持票人的前手之间存在抗辩事由而取得票据的,可以行使抗辩权。

(4) 无偿取得的票据,后手的权利不得优于前手。

注意:票据抗辩权的限制,是指票据法规定的票据债务人对特定持票人不得抗辩的限制,又称为"抗辩切断制度"。抗辩切断制度将抗辩事由限定在票据债务人与其直接相对人之间,善意受让票据的持票人,不受票据债务人与其直接相对人之间的抗辩事由的影响。主要体现在:① 票据债务人不得以自己与出票人之间的抗辩事由,对抗善意持票人。② 票据债务人不得以自己与持票人的前手之间的抗辩事由,对抗善意持票人。

考点 2 票据的丧失与补救

票据的丧失是指票据的持票人丧失对于票据的占有,包括票据的灭失(票据的绝对丧失)和因遗失、窃盗等原因失去占有(票据的相对丧失)两种情形。票据本身即使丧失,票据上所体现的权利并不消灭。但因持票人的行使权利必须持有票据、提示票据、缴回票据,所以丧失票据后,权利人就不能行使票据权利,而且票款有被人冒领的可能。因此,需要设立补救制度对持票人给予保护。

(一) 救济方式

票据丧失的补救方法有挂失止付、提起公示催告程序和进行票据诉讼。

1. 挂失止付

挂失支付是指票据权利人在丧失票据占有时,为防止可能发生的损害,保护自己的票据权利,通知票据上的付款人,请求其停止票据支付的行为。

挂失止付只是失票人丧失票据后可以采用的一种临时的补救措施,以防止所失票据被他人所冒领。票据本身并不因挂失止付而无效,失票人的票据责任并不因此而免除,失票人的票据权利也不能因挂失止付得到最终的恢复。另外,挂失止付并不是公示催告程序和诉讼程序的必经程序。

2. 公示催告

公示催告是指票据等有价证券丧失的场合,由法院依申请人的申请,向未知的利害关系人发出公告,通知其如果未在一定期间申报权利、主张证券,则法院会通过判决的形式宣告其无效,从而催促利害关系人申报权利、主张证券的一种特别诉讼程序。

3. 提起诉讼

提起诉讼是指失票人在丧失票据后,直接向法院提起民事诉讼,请求法院判令票据债务人向其支付票据金额的救济形式。

在失票人选择诉讼途径救济自己的票据权利时,应当向法院提交有关的书面证明,证明自己对所丧失的票据享有所有权,同时向法院说明所丧失票据上的有关记载事项。失票人起诉时还应提供必要的担保。

(二) 程序

(1) 票据丧失,失票人可以及时通知票据的付款人挂失止付。但是,未记载付款人或者无法确定付款人及其代理付款人的票据除外。

(2) 收到挂失止付通知的付款人,应当暂停支付。

(3) 失票人应当在通知挂失止付后3日内,也可以在票据丧失后,依法向人民法院申请公示催告,或者向人民法院提起诉讼。

【真题演练】

甲向乙购买原材料,为支付货款,甲向乙出具金额为50万元的商业汇票一张,丙银行对该汇票进行了承兑。后乙不慎将该汇票丢失,被丁拾到。乙立即向付款人丙银行办理了挂失止付手续。下列哪些选项是正确的?(2014年真题,多选)

A. 乙因丢失票据而确定性地丧失了票据权利
B. 乙在遗失汇票后,可直接提起诉讼要求丙银行付款
C. 如果丙银行向丁支付了票据上的款项,则丙应向乙承担赔偿责任
D. 乙在通知挂失止付后十五日内,应向法院申请公示催告

【答案】 BC

【解析】 根据《票据法》第15条规定,A项错误。本题中丙银行已经对汇票进行了承兑,确定地负有票据义务,故乙可以起诉要求丙银行付款,故B项正确。根据《票据法》第15条第2款的规定,乙在丢失票据后立即办理了挂失止付,如果之后丙银行向丁支付票款,则应当向乙承担责任,故C项正确。根据《票据法》第15条第3款的规定,乙应当在挂失止付后3日内申请公示催告,故D项错误。

第五节 本票、汇票与支票

考点 1 汇票

(一) 概念与种类

概念	汇票是出票人签发的,委托付款人在见票时或在指定日期无条件支付确定金额给收款人或者持票人的票据。
种类	1. 汇票根据出票人的不同,可分为银行汇票和商业汇票 (1) 银行汇票是以银行为出票人,同时以银行为付款人的汇票。通常情况下,银行汇票中的出票行为与付款行为同一银行。

（续表）

种类	(2) 商业汇票是以银行以外的其他公司、企业为出票人，以银行或其他公司、企业等为付款人的汇票。 2. 汇票根据付款期可以分为即期汇票和远期汇票 (1) 即期汇票，见票即付的汇票，包括写明"见票即付"的汇票，到期日与发票日相同的汇票以及未记载到期日的汇票。 (2) 远期汇票，必须到约定的日期才能请求付款的汇票。

（二）出票

概念	出票是指出票人作成汇票并将汇票交付与收款人的一种票据行为。出票由"作成"票据与"交付"票据两种行为。
汇票必须记载下列事项	(1) 表明"汇票"的字样； (2) 无条件支付的委托； (3) 确定的金额； (4) 付款人名称； (5) 收款人名称； (6) 出票日期； (7) 出票人签章。 汇票上未记载上述事项之一的，汇票无效。
票据金额的记载	票据金额以中文大写和数字同时记载，二者必须一致，二者不一致的，票据无效。
出票时可以推定的记载事项	1. 可推定事项 <table><tr><td>未记载事项</td><td>推定</td></tr><tr><td>汇票付款日期</td><td>见票即付</td></tr><tr><td>汇票付款地</td><td>付款人的营业场所、住所或者经常居住地</td></tr><tr><td>汇票出票地</td><td>出票人的营业场所、住所或者经常居住地</td></tr><tr><td>本票付款地</td><td>出票人的营业场所</td></tr><tr><td>本票出票地</td><td>出票人的营业场所</td></tr><tr><td>支票付款地</td><td>付款人的营业场所</td></tr><tr><td>支票出票地</td><td>出票人的营业场所、住所或者经常居住地</td></tr></table>2. 可补记事项 (1) 支票收款人名称可以补记。 【《票据法》第86条】支票上未记载收款人名称的，经出票人授权，可以补记；出票人可以在支票上记载自己为收款人。 (2) 支票上的金额可以由出票人授权补记，未补记前的支票，不得使用。

(三) 背书

概念	背书是指在票据背面或者粘单上记载有关事项并签章的票据行为。
分类	(1) 转让背书,分为一般转让背书和特殊转让背书(包括禁止转让背书、期后背书、回头背书)。 (2) 非转让背书,分为委任背书(即委托取款)和质押背书。
背书规则	(1) 在票据背面或者粘单上记载票据事项并签章。 (2) 以背书转让的汇票,背书应当连续。
禁止的行为	(1) 禁止分别背书和部分背书。 【《票据法》第33条第2款】将汇票金额的一部分转让的背书或者将汇票金额分别转给2人以上的背书无效。 (2) 期后背书,是指汇票被拒绝承兑、被拒绝付款或者超过付款提示期限的,背书人仍然将其背书转让。 期后背书的后果:背书转让的,背书人应当承担汇票责任。 (3) 背书不得附有条件。背书时附有条件的,所附条件不具有汇票上的效力。
"不得转让"字样	出票人出票时记载"不得转让"字样	该汇票不得转让,再次背书为"无效背书"。 付款人、承兑人可以以出票人记载了"不得转让"为由,对收款人以外的其他持票人行使抗辩权。 该"不得转让"的背书记载产生限制债权转让的效力。
	背书人记载"不得转让"字样	其后手的再次背书为"有效背书"。 原背书人对后手的被背书人不承担保证责任。 背书人在票据上记载"不得转让"字样,其后手对此票据进行质押的,原背书人对后手的被背书人不承担票据责任。

(四) 承兑

承兑	概念	承兑是指远期汇票付款人承诺在汇票到期日支付汇票金额的票据行为。
	适用范围	承兑是远期汇票特有的规则。因为汇票的出票人在出票时,是委托他人代替其支付票据金额,而该付款人在出票时并未在票据上签章,并非票据债务人,无当然的支付义务。为使票据法律关系得以确定,就需要确认付款人能否进行付款,于是设计了汇票的承兑制度。
	承兑时间	持票人未遵期提示承兑的后果: (1) 付款人可以拒绝承兑; (2) 持票人丧失对其前手的追索权; (3) 不丧失对出票人的追索权。
	完全承兑原则	付款人承兑汇票,不得附有条件;承兑附有条件的,视为拒绝承兑。
	法律效果	(1) 汇票的付款人承兑汇票的,应当在汇票正面记载"承兑"字样和承兑日期并签章。 (2) 付款人承兑汇票后,应当承担到期付款的责任。

(五) 保证

概念	汇票的债务可以由保证人承担保证责任,保证人由汇票债务人以外的他人担当。
附条件	保证不得附有条件;附有条件的,不影响对汇票的保证责任。即该条件视为无记载。
连带责任	被保证的汇票,保证人应当与被保证人对持票人承担连带责任。汇票到期后得不到付款的,持票人有权向保证人请求付款,保证人应当足额付款。保证人为2人以上的,保证人之间承担连带责任。 (1) 保证人就票据债务来说,与被保证人承担的是同一责任,与被保证人的责任完全相同。 (2) 保证人的责任是独立责任。即使被保证的票据债务因实质性原因而无效,已经完成的票据保证仍然有效。 (3) 保证人的责任是连带责任。票据保证人的连带责任是一种法定连带责任而非补充责任。所以,对于票据保证人来说,不享有一般保证中保证人的先诉抗辩权。
保证责任的免除	被保证人的债务因汇票记载事项欠缺而无效。
记载事项的推定	已承兑的汇票,承兑人为被保证人;未承兑的汇票,出票人为被保证人;未记载保证日期的,推定出票日期为保证日期。

(六) 付款

概念	付款请求权是指持票人向付款人请求支付票据金额的权利。 票据权利只有两种,即付款请求权和追索权。	
时间	见票即付的汇票	自出票日起1个月内向付款人提示付款
	定日付款、出票后定期付款或者见票后定期付款的汇票	自到期日起10日内向承兑人提示付款
未按期付款效力	持票人未按照票据法规定的期限提示付款的,在作出说明后,承兑人或付款人仍应当继续对持票人承担付款责任。对于付款人和承兑人来说,持票人是否在票据法规定的提示期限内提示付款,其效力并无实质区别。	注意:对于背书人,持票人未在法定期限内提示付款,则会丧失对背书人的追索权。

(七) 追索权

概念	汇票到期被拒绝付款的,持票人可以对背书人、出票人以及汇票的其他债务人行使追索权。
追索权行使的原因	根据《票据法》第61条规定,在下列情况下可以行使追索权: (1) 汇票到期被拒绝付款的; (2) 汇票到期日之前,有下列情形之一的,持票人也可以行使追索权: ① 汇票被拒绝承兑的; ② 承兑人或者付款人死亡、逃匿的; ③ 承兑人或者付款人被依法宣告破产的或者因违法被责令终止业务活动的。
行使追索权的条件及规则	1. 行使追索权的条件 (1) 需要提供相关的证明。持票人不能出示拒绝证明、退票理由书或者未按照规定期限提供其他合法证明的,丧失对其前手的追索权。但是,承兑人或者付款人仍应当对持票人承担责任。 (2) 须在法定期间3天内通知其前手。 2. 追索权的行使规则 (1) 追索权具有选择性。持票人可以不按照汇票债务人的先后顺序,对其中任何一人、数人或者全体行使追索权。 (2) 追索权具有变更性。持票人对汇票债务人中的一人或者数人已经进行追索的,对其他汇票债务人仍可以行使追索权。 (3) 追索权具有代位性。被追索人清偿债务后,与持票人享有同一权利。
对象	汇票的出票人、背书人、承兑人和保证人对持票人承担连带责任。
限制	(1) 在"回头背书"的情况下,持票人不得向特定的票据债务人追索,禁止循环追索。 (2) 未按期提示票据时,对追索权有限制。 见票后定期付款的汇票,持票人应当自出票日起1个月内向付款人提示承兑。汇票未按照规定期限提示承兑的,持票人丧失对其前手的追索权。 (3) 未出示相关证明时,对追索权有限制。 持票人不能出示拒绝证明、退票理由书或者未按照规定期限提供其他合法证明的,丧失对其前手的追索权。但是,承兑人或者付款人仍应当对持票人承担责任。
内容	持票人行使追索权,可以请求被追索人支付下列金额和费用:被拒绝付款的汇票金额;汇票金额自到期日或者提示付款日起至清偿日止,按照中国人民银行规定的利率计算的利息;取得有关拒绝证明和发出通知书的费用。
再追索	被追索人依照上述内容清偿后,可以向其他汇票债务人行使再追索权,请求其他汇票债务人支付下列金额和费用:已清偿的全部金额;前项金额自清偿日起至再追索清偿日止,按照中国人民银行规定的利率计算的利息;发出通知书的费用。

考点 2 支票

(一) 概念

支票是出票人签发的,委托办理支票存款业务的银行或者其他金融机构在见票时无条件支付确定的金额给收款人或者持票人的票据。

(二) 种类

支票可分为一般支票和专用支票(专用转账支票、专用现金支票)。

(三) 出票

1. 支票的出票人只有符合下列条件,才能签发支票:
(1) 建立账户;
(2) 存入足够支付的款项;
(3) 预留印鉴。
注意:支票的出票人所签发的支票金额不得超过其付款时在付款人处实有的存款金额。
2. 支票必须记载下列事项:
(1) 表明"支票"的字样;
(2) 无条件支付的委托;
(3) 确定的金额;
(4) 付款人名称;
(5) 出票日期;
(6) 出票人签章。
支票上未记载上述规定事项之一的,支票无效。
其中,收款人名称不是必要记载事项。
3. 未记载事项补救:
(1) 支票上的金额可以由出票人授权补记,未补记前的支票,不得使用;
(2) 支票上未记载收款人名称的,经出票人授权,可以补记;
(3) 支票上未记载付款地的,付款人的营业场所为付款地;
(4) 支票上未记载出票地的,出票人的营业场所、住所或经常居住地为出票地。
4. 支票限于见票即付,不得另行记载付款日期,另行记载付款日期的,该记载无效。

(四) 付款

支票的持票人应当自出票日起10日内提示付款,超过提示付款期限的,付款人可以不予付款。付款人不予付款的,出票人仍应当对持票人承担票据责任。

考点 3 汇票、本票、支票的区别

	汇票	本票	支票
信用功能	基于出票人和付款人信用,除见票即付,还可另行指定到期日,为信用证券。	《票据法》上本票限于见票即付,为支付证券。	见票即付,属支付证券。
基本当事人	出票人、付款人和收款人。	出票人(付款人和出票人为同一个人)和收款人。	出票人、付款人和收款人。出票人与付款人之间必须先有资金关系,才能签发支票。
对出票人资格要求	具完全民事行为能力即可。	只能为银行。	必须使用本名、提交合法身份证件开立支票存款账户,存入足够支付的款项,并预留本名的签名样式和印鉴。
对付款人资格要求	银行汇票付款人为参加"全国联行往来"的银行;商业汇票付款人为商品交易活动中接受货物的当事人或与出票人签订承诺委托协议的银行。	与出票人为同一银行。	有从事支票业务资格的银行或其他金融机构。
绝对必要记载事项	"汇票"字样、无条件支付的委托、确定的金额、出票日期、出票人签章、付款人名称、收款人名称。	"本票"字样、无条件支付的承诺、确定的金额、出票日期、出票人签章、收款人名称。	"支票"字样、无条件支付的委托、确定的金额(可授权补记)、出票日期、出票人签章(必须与在银行预留印鉴的印章和签名式样一致)、付款人名称。
付款期限	见票即付者,自出票日起1个月内;定日付款、出票后定期付款、见票后定期付款者,自到期日起10日内。	出票日起2个月内。	同城支票为出票日起10日内;异地适用的支票,付款提示期限由中国人民银行另行规定。
权利消灭时效	见票即付者,自出票日起2年内有效;远期汇票自到期日起2年内有效。	自出票日起2年内有效。	自出票日起6个月内有效。

【真题演练】

1. 东霖公司向忠谙公司购买一个元器件,应付价款960元。东霖公司为付款开出一张支票,因金额较小,财务人员不小心将票据金额仅填写了数码的"¥960元",没有记载票据金额的中文大写。忠谙公司业务员也没细看,拿到支票后就放入文件袋。关于该支票,下列哪些选

项是正确的？（2017 年真题，多选）

A. 该支票出票行为无效

B. 忠谱公司不享有票据权利

C. 东霖公司应承担票据责任

D. 该支票在使用前应补记票据金额的中文大写

【答案】 CD

【解析】 根据《票据法》第 84 条规定，票据金额并不是必要记载事项，只要在使用支票前补记金额即可。本题中，出票人因为疏忽未记载票据金额中的中文大写，并不影响支票的效力，使用之前补记中文大写即可，故 A、B 选项错误，C、D 选项正确。

2. 甲公司为清偿对乙公司的欠款，开出一张收款人是乙公司财务部长李某的汇票。李某不慎将汇票丢失，王某拾得后在汇票上伪造了李某的签章，并将汇票背书转让给外地的丙公司，用来支付购买丙公司电缆的货款，王某收到电缆后转卖得款，之后不知所踪。关于本案，下列哪些说法是正确的？（2016 年真题，多选）

A. 甲公司应当承担票据责任　　B. 李某不承担票据责任

C. 王某应当承担票据责任　　　D. 丙公司应当享有票据权利

【答案】 ABD

【解析】 根据我国《票据法》第 26 条的规定，甲公司作为签发人应当承担票据责任。A 选项正确。根据我国《票据法》第 14 条第 1 款的规定，王某拾得汇票以后在汇票上伪造李某的签章，并将汇票进行背书转让，不知情的被伪造人李某不应承担相应责任。B 选项正确。而因为伪造人王某伪造了李某的签章，而自身并未在汇票上签字，因此王某并不是票据当事人，而无需承担相应的汇票责任。C 选项错误。根据我国《票据法》第 14 条第 2 款以及第 3 款的规定，虽然票据上李某的签章为伪造，但这并不妨碍票据的有效性。此时丙亦享有相应的票据权利。D 选项正确。

3. 关于支票的表述，下列哪些选项是正确的？（2015 年真题，多选）

A. 现金支票在其正面注明后，可用于转账

B. 支票出票人所签发的支票金额不得超过其付款时在付款人处实有的存款金额

C. 支票上不得另行记载付款日期，否则该记载无效

D. 支票上未记载收款人名称的，该支票无效

【答案】 BC

【解析】 根据《票据法》第 83 条第 2 款规定，A 项错误。根据《票据法》第 87 条第 1 款规定，B 选项正确。根据《票据法》第 90 条规定，C 选项正确。根据《票据法》第 86 条第 1 款规定，D 选项错误。

4. 甲公司开具一张金额 50 万元的汇票，收款人为乙公司，付款人为丙银行。乙公司收到后将该汇票背书转让给丁公司。下列哪一说法是正确的？（2011 年真题，单选）

A. 乙公司将票据背书转让给丁公司后即退出票据关系

B. 丁公司的票据债务人包括乙公司和丙银行，但不包括甲公司

C. 乙公司背书转让时不得附加任何条件

D. 如甲公司在出票时于汇票上记载有"不得转让"字样,则乙公司的背书转让行为依然有效,但持票人不得向甲行使追索权

【答案】 C

【解析】 根据《票据法》第37条规定,A项错误。依据《票据法》第26条、第36条、第37条、第61条、第68条规定,B项错误。根据《票据法》第33条规定,C项正确。根据《票据法》第27条规定,D项错误。

证券法专题

专题导学:

证券法的精神:规范市场、保护投资、打击投机

证券法调整的是有价证券的发行和交易。证券法的立法目的旨在规范证券发行和交易行为,保护投资者的合法权益,维护社会经济秩序和社会公共利益,促进社会主义市场经济的发展。证券法的基本原则"三公"原则也是证券法这一精神的体现与要求。

证券法学习线索:

1. 证券的发行与交易。应掌握区分不同种类证券的发行要求和程序;限制和禁止的证券交易行为。
2. 上市与上市公司收购。应掌握上市公司信息披露、收购规则。
3. 证券投资基金的基本知识,如基金财产、基金当事人、基金募集。

第一节 证券法概述

考点 1 证券

(一) 证券的概念

1. 证券泛指代表一定权利的书面凭证

证券法以有价证券作为自己的规范对象。有价证券是指设定并证明持券人有权取得一定财产权利的书面凭证。

依其所表示的权利内容,证券可以分为物权证券、债权证券、股权证券和衍生证券。

2. 证券种类

(1) 物权证券,指表彰物权的证券,包括提单和仓单等。持有人拥有此类证券,即对该证券指向的标的物享有物权。

(2) 债权证券,指表彰债权的证券,包括债券和票据等。持有人拥有此类证券,即对该证券指向的标的物享有债权。

(3) 股权证券,指表彰股权的证券,即股票。持有人拥有此类证券,即对该证券的发行公司享有股权。

(4) 衍生证券,泛指由物权证券、债权证券和股权证券派生出来的新型证券形式,如证券投资基金份额。

(二) 股票与债券的区别

股票是股份有限公司签发的证明股东权利义务的要式有价证券。债券指企业、金融机构或政府为募集资金向社会公众发行的、保证在规定的时间内向债券持有人还本付息的有价证券。

1. 发行主体不同

股票:股份有限公司

债券:公司、政府

2. 风险性不同

股票:单纯的投资行为,股息收入随股份有限公司的盈利情况而定,盈利多就多得,盈利少就少得,无利则不得,所以股票的风险较大。

债券:兼有投资与储蓄性质,以资本保值及获取固定利息为目的,债券到期后,发行人应向持券人支付本息,因此债券投资回报固定,风险较小。

3. 代表权利性质不同

股票:代表股东对公司的股权。

债券:代表持券人对公司的债权。

考点 2 证券市场

证券市场是股票、公司债券、证券投资基金份额、金融债券、政府债券、外国债券等有价证券及其衍生产品(如期货、期权等)发行和交易的场所,其实质是通过各类证券的发行和交易以募集和融通资金并取得预期利益。

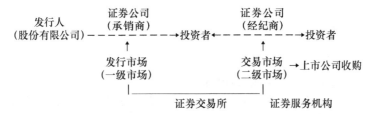

证监会监管下的我国证券市场(图)

(一) 证券市场关系图

证券市场由证券发行市场和证券交易市场两部分组成。证券发行市场又称一级市场,是通过发行证券进行筹资活动的市场。通过证券发行市场,投资者的闲散资金转化为生产资本。证券交易市场,又称证券二级市场,是指为已发行的证券进行买卖、转让和流通的市场。通过证券交易市场,投资者持有的证券实现了流通。

(二) 证券机构的基本情况

机构	概念
证券交易所	证券交易所是为证券集中交易提供场所和设施,组织和监督证券交易,实行自律管理的社团法人。

(续表)

机构	概念
证券公司	证券公司,简称"券商",是指依照《公司法》和《证券法》规定设立的经营证券业务的有限责任公司或者股份有限公司。设立证券公司,必须经国务院证券监督管理机构审查批准。
证券登记结算机构	证券登记结算机构是指经国务院监督管理机构批准,为证券交易提供集中登记、存管与结算服务的不以营利为目的的法人。 在我国由中国证券登记结算公司依法集中统一办理证券登记结算。
证券业协会	证券业协会是由证券公司组成的证券业的自律性组织,是社会团体法人。证券公司应当加入证券业协会。
证券监督管理机构	国务院证券监督管理机构依法对全国证券市场实行集中统一监督管理。目前,国务院证券监督管理机构就是中国证券监督管理委员会,根据国务院的授权履行其行政监管职能,依法对全国证券业进行集中统一监管。国务院证券监督管理机构根据需要可以设立派出机构,按照授权履行监督管理职责。

(三) 证券交易所

1. 组织形式

证券交易所是为证券集中交易提供场所和设施,组织和监督证券交易,实行自律管理的法人。实行会员制的证券交易所的财产积累归会员所有,其权益由会员共同享有,在其存续期间,不得将其财产积累分配给会员。

2. 设立和解散

证券交易所的设立和解散,由国务院决定。

证券交易所设理事会。证券交易所设总经理一人,由国务院证券监督管理机构任免。

3. 章程的制定和修改

设立证券交易所必须制定章程。证券交易所章程的制定和修改,必须经国务院证券监督管理机构批准。

4. 证券交易所的职责

(1) 制定证券交易规则、从业人员业务规则等。

(2) 即时公布证券交易行情。

(3) 对证券交易实行实时监控、限制交易。

(4) 采取技术性停牌和临时停市的措施。

(5) 对违反证券交易所交易规则的证券交易人给予纪律处分;情节严重的,可撤销其交易资格,禁止其入场进行证券交易。

(四) 证券公司

设立条件	设立证券公司,应当具备下列条件: (1) 有符合法律、行政法规规定的公司章程; (2) 主要股东具有持续盈利能力,信誉良好,最近3年无重大违法违规记录,净资产不低于人民币2亿元; (3) 有符合《证券法》规定的注册资本; (4) 董事、监事、高级管理人员具备任职资格,从业人员具有证券从业资格; (5) 有完善的风险管理与内部控制制度; (6) 有合格的经营场所和业务设施; (7) 法律、行政法规规定的和经国务院批准的国务院证券监督管理机构规定的其他条件。
经营范围	(1) 证券经纪; (2) 证券投资咨询; (3) 与证券交易、证券投资活动有关的财务顾问; (4) 证券承销与保荐; (5) 证券自营; (6) 证券资产管理; (7) 其他证券业务。 证券公司经营前三类业务的,注册资本最低限额为人民币5 000万元; 证券公司经营后四类业务之一的,注册资本最低限额是人民币1亿元; 证券公司经营后四类业务中两种以上的,注册资本最低限额是人民币5亿元。 注意:国务院证券监督管理机构根据审慎监管原则和各项业务的风险程度,可以调整注册资本最低限额,但不得少于前款规定的限额。
证券公司行为的要求	(1) 证券公司不得为其股东或者股东的关联人提供融资或者担保。 (2) 证券公司实行分业操作。经纪业务、承销业务、自营业务、资产管理业务分开办理 (3) 证券公司的自营业务必须以自己的名义进行。 (4) 交易结算资金的管理。 (5) 证券公司应当经国务院证券监督管理机构批准,为客户买卖证券提供融资融券服务。 (6) 禁止接受全权委托。 (7) 禁止向客户承诺收益。 (8) 禁止私下接受委托。

(五) 证券服务机构

证券服务机构是指为证券的发行、上市、交易等证券业务活动制作、出具审计报告、资产评估报告、财务顾问报告、资信评级报告或者法律意见书等专业报告的服务性机构。主要包括投资咨询机构、财务顾问机构、资信评级机构、资产评估机构、会计师事务所和律师事务所。

1. 投资咨询机构、财务顾问机构、资信评级机构、资产评估机构、会计师事务所从事证券服务业务,必须经国务院证券监督管理机构和有关主管部门批准。
2. 证券服务机构违法出具文件应承担的责任。
（1）承担责任的条件:证券服务机构为证券的发行、上市、交易等证券业务活动制作、出具的文件有虚假记载、误导性陈述或者重大遗漏,给他人造成损失的。
（2）责任的性质:证券服务机构违法出具文件给他人造成损失的,应当与发行人、上市公司承担连带赔偿责任,但是能够证明自己没有过错的除外。

【真题演练】

关于证券交易所,下列哪一表述是正确的？（2009年真题,单选）
A. 会员制证券交易所从事业务的盈余和积累的财产可按比例分配给会员
B. 证券交易所总经理由理事会选举产生并报国务院证券监督管理机构批准
C. 证券交易所制定和修改章程应报国务院证券监督管理机构备案
D. 证券交易所的设立和解散必须由国务院决定
【答案】 D
【解析】 根据《证券法》第105条第2款规定,A项错误。根据《证券法》第107条规定,B项错误。根据《证券法》第103条第2款规定,C项错误。根据《证券法》第102条第2款规定,D项正确。

第二节 证券的发行与交易

考点 1 证券发行

概念	证券发行是指发行人以筹集资金为目的,向投资者出售代表一定权利的有价证券的活动。
类型	目前我国证券发行的类型有: （1）国库券,国家重点建设债券; （2）原始股票、发行新股或公司债券; （3）金融债券; （4）证券投资基金券。
核准机构	公开发行股票、证券投资基金由国务院证券监督管理机构核准,其他证券的公开发行由国务院授权的部门核准或者由国务院授权的部门和国务院证券监督管理机构共同核准。
公开发行证券	有下列情形之一的,为公开发行: （1）向不特定对象发行证券的; （2）向特定对象发行证券累计超过200人的。 注意:非公开发行债券,不得采用广告、公开劝诱和变相公开方式。

(续表)

保荐人制度	发行申请人公开发行股票、可转换为股票的公司债券,依法采取承销方式的,或者公开发行法律、行政法规规定实行保荐制度的其他证券的,应当聘请具有保荐资格的机构担任保荐人。保荐人应当遵守业务规则和行业规范,诚实守信、勤勉尽责,对发行人的申请文件和信息披露资料进行审慎核查,督导发行人规范运作。
公司公开发行股票	公司公开发行新股,应当符合下列条件: (1) 具备健全且运行良好的组织机构; (2) 具有持续盈利能力,财务状况良好; (3) 最近3年财务会计文件无虚假记载,无其他重大违法行为; (4) 经国务院批准的国务院证券监督管理机构规定的其他条件。 注意: ① 股票发行的种类。股份有限公司发行股票包括设立公司时的募集股份和公司成立后的发行新股。 ② 股票发行的价格。股票发行价格可以按票面金额,也可以超过票面金额(即溢价发行),但不得低于票面金额(即禁止折价发行)。 ③ 新股发行的程序。股份有限公司发行新股,须经股东大会决议,董事会不能自行决定发行。 ④ 公开发行股票所募资金的用途。公司对公开发行股票所募集资金,必须按照招股说明书所列资金用途使用。改变招股说明书所列资金用途,必须经股东大会作出决议。 ⑤ 发行人应当在规定的期限内将股票发行情况报国务院证券监督管理机构备案。
公开发行公司债券	公开发行公司债券,应当符合下列条件: (1) 股份有限公司的净资产不低于人民币3 000万元,有限责任公司的净资产不低于人民币6 000万元; (2) 累计债券余额不超过公司净资产的40%; (3) 最近3年平均可分配利润足以支付公司债券1年的利息; (4) 筹集的资金投向符合国家产业政策; (5) 债券的利率不超过国务院限定的利率水平; (6) 国务院规定的其他条件。 公开发行公司债券筹集的资金,必须用于核准的用途,不得用于弥补亏损和非生产性支出。 注意:只要符合法定条件,不论是股份有限公司、有限责任公司还是国有独资公司均可以发行公司债券。

(续表)

证券的承销	1. 承销的方式 （1）证券代销 又称代理发行，指证券公司代发行人销售证券，在承销期结束时，将未售出的证券全部退还给发行人的承销方式。对发行人而言，这种承销方式风险较大，但承销费用相对较低。 （2）证券包销 指证券公司将发行人的证券按照协议全部购入或者在承销期结束后将剩余证券全部自行购入的承销方式。证券包销合同签订后，发行人将证券的所有权转移给证券承销人。因此，证券销售不出去的风险由承销人承担。但其费用高于代销的费用。 2. 承销期限 （1）证券的代销、包销期最长不得超过90日。证券公司在代销、包销期内，对代销、包销的证券应当先行出售给认购人，不得为本公司事先预留所代销的证券和预先购入并留存所包销的证券。 （2）股票发行采用代销方式，代销期限届满，向投资者出售的股票数量未达到拟公开发行股票数量70%的，为发行失败。发行人应当按照发行价并加算银行同期存款利息返还股票认购人。 3. 承销团承销 承销团又称联合承销，是指两个以上的证券经营机构组成承销人，为发行人发售证券的一种承销方式。 向不特定对象发行的证券票面总值超过人民币5 000万元的，应当由承销团承销。承销团应当由主承销和参与承销的证券公司组成。
已核准证券发行决定的撤销	（1）尚未发行证券的，应当予以撤销，停止发行。 （2）已经发行尚未上市的，撤销发行核准决定，发行人应当按照发行价并加算银行同期存款利息返还证券持有人；保荐人应当与发行人承担连带责任，但是能够证明自己没有过错的除外；发行人的控股股东、实际控制人有过错的，应当与发行人承担连带责任。

【真题演练】

1. 依据我国《证券法》的相关规定，关于证券发行的表述，下列哪一选项是正确的？（2013年真题，单选）

A. 所有证券必须公开发行，而不得采用非公开发行的方式
B. 发行人可通过证券承销方式发行，也可由发行人直接向投资者发行
C. 只有依法正式成立的股份公司才可发行股票
D. 国有独资公司均可申请发行公司债券

【答案】 D

【解析】 根据《证券法》第10条规定，A项错误。根据《证券法》第28条的规定，其并不要求必须采取承销方式，而是可以直接发行，但是B选项笼统地说"也可由发行人直接向投资者发行"则有误，故B项错误。根据《证券法》第12条以及《公司法》第77条的规定，设立股份

有限公司时也可发行股票，并不是只有依法正式成立的股份有限公司才可发行股票，故 C 项错误。根据《证券法》第 16 条的规定，只要符合法条条件，不论是股份有限公司、有限责任公司还是国有独资公司均可以发行公司债券，故 D 项错误。

2. 为扩大生产规模，筹集公司发展所需资金，鄂神股份有限公司拟发行总值为 1 亿元的股票。下列哪一说法符合《证券法》的规定？（2012 年真题，单选）

A. 根据需要可向特定对象公开发行股票
B. 董事会决定后即可径自发行
C. 可采取溢价发行方式
D. 不必将股票发行情况上报证券监管机构备案

【答案】 C
【解析】 根据《证券法》第 10 条规定，A 项错误。根据《公司法》第 37 条、第 99 条以及《证券法》第 14 条的规定，股份公司发行新股，须经股东大会决议，董事会不能自行决定发行，故 B 项错误。根据《公司法》第 127 条和《证券法》第 34 条的规定，股票发行价格可以按票面金额，也可以超过票面金额（即溢价发行），但不得低于票面金额（即禁止折价发行），故 C 项正确。根据《证券法》第 36 条的规定，故 D 项错误。

考点 2 证券交易

（一）禁止性的交易主体规定

1. 禁止性交易的主体范围

证券交易所、证券公司、证券登记结算机构从业人员、证券监督管理机构工作人员和法律、行政法规禁止参与股票交易的其他人员。

2. 禁止性交易的客体
3. 禁止性交易的时间限制

上述人员的任期或者法定期限内。

（二）限制交易时间的交易规定

（1）为股票发行出具审计报告、资产评估报告或者法律意见书等文件的证券服务机构和人员，在该股票承销期内和期满后 6 个月内，不得买卖该种股票。

（2）为上市公司出具审计报告、资产评估报告或者法律意见书等文件的证券服务机构和人员，自接受上市公司委托之日起至上述文件公开后 5 日内，不得买卖该种股票。

（三）短线交易的限制

1. 短线交易的主体

上市公司董事、监事、高级管理人员、持有上市公司股份 5% 以上的股东。

2. 短线交易的行为表现

将其持有的该公司的股票在买入后 6 个月内卖出，或者在卖出后 6 个月内又买入。

3. 短线交易的法律后果

收益归公司所有，公司董事会应当收回其所得收益。

4. 违反短线交易禁止的救济

公司董事会不执行的,股东有权要求董事会在30日内执行。公司董事会未在上述期限内执行的,股东有权为了公司的利益以自己的名义直接向人民法院提起诉讼。公司董事会不按规定执行的,负有责任的董事依法承担连带责任。

(四) 禁止的证券交易行为

内幕交易行为	内幕交易是指知悉证券交易内幕信息的知情人和非法获取内幕信息的人,利用内幕信息进行证券交易的活动。 1. 证券交易内幕信息的知情人 (1) 发行人的董事、监事、高级管理人员; (2) 持有公司5%以上股份的股东及其董事、监事、高级管理人员,公司的实际控制人及其董事、监事、高级管理人员; (3) 发行人控股的公司及其董事、监事、高级管理人员; (4) 由于所任公司职务可以获取公司有关内幕信息的人员; (5) 证券监督管理机构工作人员以及由于法定职责对证券的发行、交易进行管理的其他人员; (6) 保荐人、承销的证券公司、证券交易所、证券登记结算机构、证券服务机构的有关人员; (7) 国务院证券监督管理机构规定的其他人员。 2. 内幕信息的范围 (1) 法律规定上市公司必须及时公开的,可能对股票价格产生较大影响,而投资者尚未得知的重大事件; (2) 公司分配股利或者增资的计划; (3) 公司股权结构的重大变化; (4) 公司债务担保的重大变更; (5) 公司营业用主要资产的抵押、出售或者报废一次超过该资产的30%; (6) 公司的董事、监事、高级管理人员的行为可能依法承担重大损害赔偿责任; (7) 上市公司收购的有关方案; (8) 国务院证券监督管理机构认定的对证券交易价格有显著影响的其他重要信息。 知悉证券交易内幕信息的知情人员或者非法获取内幕信息的其他人员,不得买入或者卖出所持有的该公司的证券,或者泄露该信息或者建议他人买卖该证券。
操纵市场行为	操纵市场行为,是指行为人背离市场自由竞价和供求关系原则,以各种不正当的手段,影响证券市场价格或者证券交易量,制造证券市场假象,以引诱他人参与证券交易,为自己谋取不正当利益或者转嫁风险的行为。 (1) 通过单独或者合谋,集中资金优势、持股优势或者利用信息优势联合或者连续买卖,操纵证券市场交易价格或者证券交易量; (2) 与他人串通,以事先约定的时间、价格和方式相互进行证券交易,影响证券交易价格或者证券交易量; (3) 在自己实际控制的账户之间进行证券交易,影响证券交易价格或者证券交易量; (4) 以其他手段操纵证券市场。

(续表)

虚假陈述和信息误导行为	虚假陈述和信息误导行为,泛指证券发行交易过程中不正确或不正当披露信息和陈述事实的行为。 (1) 禁止国家工作人员、传播媒介从业人员和有关人员编造、传播虚假信息,扰乱证券市场。 (2) 禁止证券交易所、证券公司、证券登记结算机构、证券服务机构及其从业人员,证券业协会、证券监督管理机构及其工作人员,在证券交易活动中作出虚假陈述或者信息误导。 (3) 各种传播媒介传播证券市场信息必须真实、客观,禁止误导。
欺诈客户行为	欺诈客户,是指证券公司及其从业人员在证券交易及相关活动中,为了谋取不法利益,而违背客户的真实意图进行代理的行为,以及诱导客户进行不必要的证券交易的行为。 (1) 违背客户的委托为其买卖证券; (2) 不在规定的时间内向客户提供交易的书面确认文件; (3) 挪用客户所委托买卖的证券或者客户账户上的资金; (4) 未经客户的委托,擅自为客户买卖证券,或者假借客户的名义买卖证券; (5) 为牟取佣金收入,诱使客户进行不必要的证券买卖; (6) 利用传播媒介或者通过其他方式提供、传播虚假或者误导投资者的信息; (7) 其他违背客户真实意思表示,损害客户利益的行为。

注意:在调查操纵证券市场、内幕交易等重大证券违法行为时,经国务院证券监督管理机构主要负责人批准,可以限制被调查事件当事人的证券买卖,但限制的期限不得超过15个交易日;案情复杂的,可以延长15个交易日。

【真题演练】

某证券公司在业务活动中实施了下列行为,其中哪些违反《证券法》规定?(2009年真题,多选)

A. 经股东会决议为公司股东提供担保
B. 为其客户买卖证券提供融资服务
C. 对其客户证券买卖的收益作出不低于一定比例的承诺
D. 接受客户的全权委托,代理客户决定证券买卖的种类与数量

【答案】 ACD

【解析】 根据《证券法》第130条第2款规定,证券公司为其股东提供担保的行为是法律明确禁止的,不能通过股东会决议来改变。故 A 项应选。根据《证券法》第142条规定,没有禁止证券公司为其客户买卖证券提供融资服务。故 B 项不应选。根据《证券法》第144条规定,为其客户证券买卖的收益作出承诺的行为是被明令禁止的。故 C 项应选。根据《证券法》第143条规定,接受客户的全权委托是被明令禁止的。故 D 项应选。

第三节 上市制度与上市公司收购

考点 1 股票上市制度

(一) 股票上市的条件

(1) 股票经国务院证券监督管理机构核准已公开发行;
(2) 公司股本总额不少于人民币 3 000 万元;
(3) 公开发行的股份达到公司股份总数的 25% 以上;公司股本总额超过人民币 4 亿元的,公开发行股份的比例为 10% 以上;
(4) 公司最近 3 年无重大违法行为,财务会计报告无虚假记载。

注意:证券交易所可以规定高于上述规定的上市条件,并报国务院证券监督管理机构批准。国家鼓励符合产业政策并符合上市条件的公司股票上市交易。

(二) 股票的暂停上市

(1) 公司股本总额、股权分布等发生变化不再具备上市条件;
(2) 公司不按照规定公开其财务状况,或者对财务会计报告作虚假记载,可能误导投资者;
(3) 公司有重大违法行为;
(4) 公司最近 3 年连续亏损;
(5) 证券交易所上市规则规定的其他情形。

(三) 股票的终止上市

(1) 公司股本总额、股权分布等发生变化不再具备上市条件,在证券交易所规定的期限内仍不能达到上市条件;
(2) 公司不按照规定公开其财务状况,或者对财务会计报告作虚假记载,且拒绝纠正;
(3) 公司最近 3 年连续亏损,在其后一个年度内未能恢复盈利;
(4) 公司解散或者被宣告破产;
(5) 证券交易所上市规则规定的其他情形。

(四) 上市公司的信息公开制度

信息披露制度是指上市公司在证券发行和交易过程中,必须真实、准确、完整、及时地按照法律规定的形式向公众投资者公开一切有关公司重要信息的制度,从而使上市公司的证券能够在有效、公开、知情的市场中进行交易。

1. 信息披露的基本要求
2. 中期报告

上市公司和公司债券上市交易的公司应当在每一会计年度的上半年结束之日起 2 个月内报送中期报告。

(1) 公司财务会计报告和经营情况;

（2）涉及公司的重大诉讼事项；
（3）已发行的股票、公司债券变动情况；
（4）提交股东大会审议的重要事项；
（5）国务院证券监督管理机构规定的其他事项。

3. 年度报告

上市公司和公司债券上市交易的公司应当在每一会计年度结束之日起4个月内报送年度报告。

（1）公司概况；
（2）公司财务会计报告和经营情况；
（3）董事、监事、高级管理人员简介及其持股情况；
（4）已发行的股票、公司债券情况，包括持有公司股份最多的前10名股东的名单和持股数额；
（5）公司的实际控制人；
（6）国务院证券监督管理机构规定的其他事项。

4. 临时报告

（1）公司的经营方针和经营范围的重大变化；
（2）公司的重大投资行为和重大的购置财产的决定；
（3）公司订立重要合同，可能对公司的资产、负债、权益和经营成果产生重要影响；
（4）公司发生重大债务和未能清偿到期重大债务的违约情况；
（5）公司发生重大亏损或者重大损失；
（6）公司生产经营的外部条件发生的重大变化；
（7）公司的董事、1/3以上监事或者经理发生变动；
（8）持有公司5%以上股份的股东或者实际控制人，其持有股份或者控制公司的情况发生较大变化；
（9）公司减资、合并、分立、解散及申请破产的决定；
（10）涉及公司的重大诉讼，股东大会、董事会决议被依法撤销或者宣告无效；
（11）公司涉嫌犯罪被司法机关立案调查，公司董事、监事、高级管理人员涉嫌犯罪被司法机关采取强制措施；
（12）国务院证券监督管理机构规定的其他事项。

5. 违反信息披露义务的法律后果

（1）发行人、上市公司公告的招股说明书、公司债券募集办法、财务会计报告、上市报告文件、年度报告、中期报告、临时报告以及其他信息披露资料有虚假记载、误导性陈述或者重大遗漏，致使投资者在证券交易中遭受损失的，发行人、上市公司应当承担赔偿责任。

（2）发行人、上市公司的董事、监事、高级管理人员和其他直接责任人员以及保荐人、承销的证券公司，应当与发行人、上市公司承担连带赔偿责任，但是能够证明自己没有过错的除外。

（3）发行人、上市公司的控股股东、实际控制人有过错的，应当与发行人、上市公司承担连带赔偿责任。

考点 2 上市公司收购

概念	上市公司收购,是指收购人公开收购目标公司依法发行的股份,以达到对该股份公司进行控股或者兼并、合并目的的行为。 注意:目标公司的反收购措施
方式	(1) 要约收购,分为强制要约收购和自愿要约收购。 (2) 协议收购。
法定义务	1. 控制上市公司一定数量股份后的法定义务 (1) 通过证券交易所的证券交易,投资者持有或者通过协议、其他安排与他人共同持有一个上市公司已发行的股份达到5%时,应当在该事实发生之日起3日内,向国务院证券监督管理机构、证券交易所作出书面报告,通知该上市公司,并予公告;在上述期限内,不得再行买卖该上市公司的股票。 (2) 投资者持有或者通过协议、其他安排与他人共同持有一个上市公司已发行的股份达到5%后,其所持该上市公司已发行的股份比例每增加或者减少5%,应当依照规定进行报告和公告。在报告期限内和作出报告、公告后2日内,不得再行买卖该上市公司的股票。 2. 法律责任 收购人未按照本法规定履行上市公司收购的公告、发出收购要约等义务的,责令改正,给予警告,并处以十万元以上三十万元以下的罚款;在改正前,收购人对其收购或者通过协议、其他安排与他人共同收购的股份不得行使表决权。对直接负责的主管人员和其他直接责任人员给予警告,并处以三万元以上三十万元以下的罚款。
强制收购	1. 强制要约收购 通过证券交易所的证券交易,投资者持有或者通过协议、其他安排与他人共同持有一个上市公司已发行的股份达到30%时,继续进行收购的,应当依法向该上市公司所有股东发出收购上市公司全部或者部分股份的要约。收购上市公司部分股份的收购要约应当约定,被收购公司股东承诺出售的股份数额超过预定收购的股份数额的,收购人按比例进行收购。 2. 收购期 收购要约约定的收购期限不得少于30日,并不得超过60日。 3. 收购要约的撤销与变更 在收购要约确定的承诺期限内,收购人不得撤销其收购要约。收购人需要变更收购要约的,必须及时公告,载明具体变更事项。
协议收购	1. 协议收购的报告与公告 以协议收购方式收购上市公司时,达成协议后,收购人必须在3日内将该收购协议向国务院证券监督管理机构及证券交易所作出书面报告,并予以公告。在公告前不得履行收购协议。 2. 协议收购之后继续收购的强制要约义务、报告义务、买卖股票的限制 采取协议收购方式的,收购人或者通过协议、其他安排与他人共同收购一个上市公司已发行的股份达到30%时,继续收购的,应当向该上市公司所有股东发出收购上市公司全部或者部分股份的要约,但是,经过国务院证券监督管理机构免除发出要约的除外。

	（续表）
上市公司股份收购行为完成之后的有关法律规定	(1) 在上市公司收购中,收购人持有的被收购的上市公司的股票,在收购行为完成后的12个月内不得转让。 (2) 报告、公告义务。收购行为完成之后,收购人应当在15日内将收购情况报告国务院证券监督管理机构和证券交易所,并予以公告。

【真题演练】

1. 甲在证券市场上陆续买入力扬股份公司的股票,持股达6%时才公告,被证券监督管理机构以信息披露违法为由处罚。之后甲欲继续购入力扬公司股票,力扬公司的股东乙、丙反对,持股4%的股东丁同意。对此,下列哪些说法是正确的?(2017年真题,多选)

　　A. 甲的行为已违法,故无权再买入力扬公司股票
　　B. 乙可邀请其他公司对力扬公司展开要约收购
　　C. 丙可主张甲已违法,故应撤销其先前购买股票的行为
　　D. 丁可与甲签订股权转让协议,将自己所持全部股份卖给甲

【答案】　BD

【解析】　根据《证券法》第86条规定,甲持有力扬股份公司股份在达到5%时应当向证监会、交易所报告,并且发布公告,而本题中甲在持股比例达到6%时才公告,甲违反了信息披露义务,应当受到证监会处罚。根据《证券法》第213条规定,应当对违反信息披露义务的收购人规定应当进行行政处罚,但并未禁止其继续购买目标公司股票,也不影响其先前股票买卖的效力,因此,A选项错误,C选项错误。面对收购,目标公司可以采取合法的反收购措施,如寻找第三方友好公司进行收购,因此,本题中乙可以邀请其他公司对力扬公司展开要约收购,B选项正确。根据《证券法》第94条规定,本题中,甲可以采取协议收购的方式进行收购,丁可以将其持股份全部转让给甲,D选项正确。

2. 申和股份公司是一家上市公司,现该公司董事会秘书依法律规定,准备向证监会与证券交易所报送公司年度报告。关于年度报告所应记载的内容,下列哪一选项是错误的?(2015年真题,单选)

　　A. 公司财务会计报告和经营情况
　　B. 董事、监事、高级管理人员简介及其持股情况
　　C. 已发行股票情况,含持有股份最多的前二十名股东的名单和持股数额
　　D. 公司的实际控制人

【答案】　C

【解析】　根据《证券法》第66条规定,A、B、D三个选项正确,不入选。而C选项中要求公布前二十名股东的名单和持股数额明显与法律规定不符,故C选项错误,答案为C。

3. 某上市公司因披露虚假年度财务报告,导致投资者在证券交易中蒙受重大损失。关于对此承担民事赔偿责任的主体,下列哪一选项是错误的?(2010年真题,单选)

　　A. 该上市公司的监事　　　　　　　B. 该上市公司的实际控制人
　　C. 该上市公司财务报告的刊登媒体　　D. 该上市公司的证券承销商

【答案】　C

【解析】　根据《证券法》第69条的规定,A项和D项正确。根据《证券法》第69条规定,

B 项正确。法律并未规定上市公司财务报告的刊登媒体成为承担民事赔偿责任的主体,本题中考生从常识亦能判断出,上市公司财务报告的刊登媒体对上市公司财务报告的真实性不具有审查义务和审查能力,因此刊登媒体当然对上市公司虚假披露信息导致的投资者损失不承担赔偿责任,故 C 项错误。

第四节 证券投资基金法律制度

考点 1 证券投资基金概述

(一) 定义

证券投资基金是一种利益共享、风险共担的集合证券投资方式,即通过发行基金份额,集中投资者的资金,由基金托管人托管,由基金管理人管理和运用资金,从事股票、债券等金融工具投资。

(二) 性质

投资基金的性质是信托,投资基金法律关系是信托法律关系。基金管理人、基金托管人 按照法律规定和基金合同的约定,履行受托人职责。公开募集基金的基金份额持有人按其所持基金份额享受收益和承担风险,非公开募集基金的收益分配和风险承担由基金合同约定。

(三) 类型

证券投资基金按照募集对象与募集方式可以分为:

1. 公开募集基金

公开募集基金是向不特定对象或者累计超过 200 人的特定对象募集资金而成立的基金,公开募集基金可以通过报刊、电台、电视台、互联网等公众传播媒体或者讲座、报告会、分析会等方式向不特定对象进行宣传推介。公开募集基金应当由基金管理人管理,基金托管人托管。

2. 非公开募集基金

非公开募集基金是向累计不超过 200 人的合格投资者募集资金而成立的基金。非公开募集基金不得向合格投资者之外的单位和个人募集资金,不得通过报刊、电台、电视台、互联网等公众传播媒体或者讲座、报告会、分析会等方式向不特定对象宣传推介。非公开募集基金由基金管理人管理,除基金合同另有约定外,非公开募集基金应当由基金托管人托管。

考点 2 基金财产

基金财产独立是证券投资基金最核心的理念。

1. 基金财产的债务由基金财产本身承担,基金份额持有人以其出资为限对基金财产的债务承担责任。但基金合同另有约定的,从其约定。

(1) 基金财产独立于基金管理人、基金托管人的固有财产。

(2) 基金管理人、基金托管人不得将基金财产归入其固有财产。

（3）基金管理人、基金托管人因基金财产的管理、运用或者其他情形而取得的财产或者收益,归入基金财产。

2. 基金财产的债权,不得与基金管理人、基金托管人固有的债务相抵销;不同的基金财产的债权债务,不得相互抵销。

3. 非因基金财产本身承担的债务,不得对基金财产强制执行。

4. 基金管理人、基金托管人因依法解散、被依法撤销或者依法被宣告破产等原因进行清算的,基金财产不属于清算财产。

考点 3 证券投资基金当事人

证券投资基金法律关系是围绕着基金财产而在基金份额持有人、基金管理人和基金托管人之间产生的权利义务关系。

（一）基金份额持有人

投资者购买了基金份额以后,就成为基金份额持有人。

1. 基金份额持有人的权利

基金份额持有人享有下列权利:

（1）分享基金财产收益;
（2）参与分配清算后的剩余基金财产;
（3）依法转让或者申请赎回其持有的基金份额;
（4）按照规定要求召开基金份额持有人大会或者召集基金份额持有人大会;
（5）对基金份额持有人大会审议事项行使表决权;
（6）对基金管理人、基金托管人、基金服务机构损害其合法权益的行为依法提起诉讼;
（7）基金合同约定的其他权利。

公开募集基金的基金份额持有人有权查阅或者复制公开披露的基金信息资料;非公开募集基金的基金份额持有人对涉及自身利益的情况,有权查阅基金的财务会计账簿等财务资料。

2. 基金份额持有人权利的行使

基金份额持有人的一些权利通过基金份额持有人大会行使。

（1）决定基金扩募或者延长基金合同期限;
（2）决定修改基金合同的重要内容或者提前终止基金合同;
（3）决定更换基金管理人、基金托管人;
（4）决定调整基金管理人、基金托管人的报酬标准;
（5）基金合同约定的其他职权。

3. 基金份额持有人大会的程序

（1）公开募集基金的基金份额持有人大会由基金管理人召集。

基金份额持有人大会设立日常机构的,由该日常机构召集;该日常机构未召集的,由基金管理人召集。基金管理人未按规定召集或者不能召集的,由基金托管人召集。

代表基金份额10%以上的基金份额持有人就同一事项要求召开基金份额持有人大会,而基金份额持有人大会的日常机构、基金管理人、基金托管人都不召集的,代表基金份额10%以上的基金份额持有人有权自行召集,并报国务院证券监督管理机构备案。

(2) 公开募集基金的基金份额持有人大会应当有代表 1/2 以上基金份额的持有人参加,方可召开。

(3) 基金份额持有人大会就审议事项作出决定,应当经参加大会的基金份额持有人所持表决权的 1/2 以上通过;但是,转换基金的运作方式、更换基金管理人或者基金托管人、提前终止基金合同、与其他基金合并,应当经参加大会的基金份额持有人所持表决权的 2/3 以上通过。

(4) 基金份额持有人大会决定的事项,应当报国务院证券监督管理机构备案,并予以公告。

(二) 基金管理人

基金管理人是指发行基金份额募集证券投资基金,并按照法律的规定和基金合同的约定,为基金份额持有人的利益,对基金财产进行管理和运用的机构。

1. 基金管理人的担任

基金管理人由依法设立的公司或者合伙企业担任。公开募集基金的基金管理人,由基金管理公司或者经国务院证券监督管理机构按照规定核准的其他机构担任。

2. 禁止的行为

公开募集基金的基金管理人及其董事、监事、高级管理人员和其他从业人员的行为直接影响到基金份额持有人的利益,不得有下列行为:

(1) 将其固有财产或者他人财产混同于基金财产从事证券投资;

(2) 不公平地对待其管理的不同基金财产;

(3) 利用基金财产或者职务之便为基金份额持有人以外的人牟取利益;

(4) 向基金份额持有人违规承诺收益或者承担损失;

(5) 侵占、挪用基金财产;

(6) 泄露因职务便利获取的未公开信息、利用该信息从事或者明示、暗示他人从事相关的交易活动;

(7) 玩忽职守,不按照规定履行职责;

(8) 法律、行政法规和国务院证券监督管理机构规定禁止的其他行为。

3. 从业人员投资行为的监督与利益冲突的防范

(1) 公开募集基金的基金管理人的董事、监事、高级管理人员和其他从业人员可以进行证券投资。但是,其本人、配偶、利害关系人进行证券投资,应当事先向基金管理人申报,并不得与基金份额持有人发生利益冲突。公开募集基金的基金管理人应当建立前述人员进行证券投资的申报、登记、审查、处置等管理制度,并报国务院证券监督管理机构备案。

(2) 公开募集基金的基金管理人的董事、监事、高级管理人员和其他从业人员,不得担任基金托管人或者其他基金管理人的任何职务,不得从事损害基金财产和基金份额持有人利益的证券交易及其他活动。

(三) 基金托管人

基金托管人是指受基金发起人或基金管理人的委托而保护各项基金财产,并对基金管理人运用基金财产从事证券投资进行监督的金融机构。

1. 基金托管人的担任

（1）基金托管人由依法设立的商业银行或者其他金融机构担任。商业银行担任基金托管人的，由国务院证券监督管理机构会同国务院银行业监督管理机构核准；其他金融机构担任基金托管人的，由国务院证券监督管理机构核准。

（2）基金托管人与基金管理人不得为同一机构，不得相互出资或者持有股份。

2. 基金托管人的禁止行为准用基金管理人的禁止行为规定

3. 基金托管人的专门基金托管部门的高级管理人员和其他从业人员的投资行为监督与利益冲突防范准用基金管理人的从业人员投资行为监督与利益冲突防范规定

考点 4 基金的公开募集与非公开募集

（一）公开募集

1. 基金公开募集的注册

（1）公开募集基金，应当经国务院证券监督管理机构注册。未经注册，不得公开或者变相公开募集基金。

（2）基金公开募集的注册事宜，由拟任基金管理人办理。

拟任基金管理人应向国务院证券监督管理机构提交申请报告、基金合同草案、基金托管协议草案、招募说明书草案、律师事务所出具的法律意见书等文件。

2. 公开募集基金的基金合同

基金合同是规范基金管理人、基金托管人和基金份额持有人权利义务关系的协议，属于要式合同。基金合同是基金募集、基金运作中一个非常重要的文件。由于在基金募集时基金合同必须公开，而此时基金管理人、基金托管人作为受托人已经明确，合同另一方当事人尚不明确，因此基金合同在投资人缴纳认购的基金份额款项时，才能成立。但即使基金合同成立，如果基金不能成立，也谈不上生效，因此，在基金管理人向证监会办理基金备案手续时基金成立，基金合同也随之生效。

3. 公开募集基金的成立与不成立

（1）基金募集期限届满，封闭式基金募集的基金份额总额达到准予注册规模的80%以上，开放式基金募集的基金份额总额超过准予注册的最低募集份额总额，并且基金份额持有人人数符合国务院证券监督管理机构规定的，基金管理人应当自募集期限届满之日起10日内聘请法定验资机构验资，自收到验资报告之日起10日内，向国务院证券监督管理机构提交验资报告，办理基金备案手续，并予以公告。

（2）基金募集期限届满，不能满足上述条件的，基金管理人应当承担下列责任：

① 以其固有财产承担因募集行为而产生的债务和费用；

② 在基金募集期限届满后30日内返还投资人已交纳的款项，并加算银行同期存款利息。

4. 公开募集基金的投资

公开募集基金的基金财产由基金管理人运作，基金管理人运用基金财产进行证券投资，除国务院证券监督管理机构另有规定外，应当采用资产组合的方式。基金财产应投资于上市交易的股票、债券和国务院证券监督管理机构规定的其他证券及其衍生品种。

基金财产不得用于下列投资或者活动：
(1) 承销证券；
(2) 违反规定向他人贷款或者提供担保；
(3) 从事承担无限责任的投资；
(4) 买卖其他基金份额，但是国务院证券监督管理机构另有规定的除外；
(5) 向基金管理人、基金托管人出资；
(6) 从事内幕交易、操纵证券交易价格及其他不正当的证券交易活动；
(7) 法律、行政法规和国务院证券监督管理机构规定禁止的其他活动。

(二) 非公开募集基金

(1) 非公开募集基金的募集对象限于合格投资者，并且人数不得超过200人。合格投资者是指达到规定资产规模或者收入水平，并且具备相应的风险识别能力和风险承担能力、其基金份额认购金额不低于规定限额的单位和个人。非公开募集基金的基金份额持有人转让基金份额的，转让对象限于合格投资者。

(2) 担任非公开募集基金的基金管理人，应当按照规定向基金行业协会履行登记手续，报送基本情况。这与担任公开募集基金的基金管理人须由经国务院证券监督管理机构批准设立的基金管理公司或者由国务院证券监督管理机构核准的其他机构担任不同。

(3) 除基金合同另有约定外，非公开募集基金应当由基金托管人托管。非公开募集基金的基金合同可以约定将基金的管理与基金的托管集于基金管理人一身，这与公开募集基金必须将基金的管理与基金的托管分开不同。

(4) 非公开募集基金的运作主要依赖于基金合同，即依靠基金参与者自主约定。按照基金合同约定，非公开募集基金可以由部分基金份额持有人作为基金管理人负责基金的投资管理活动，并在基金财产不足以清偿其债务时对基金财产的债务承担无限连带责任。

(5) 非公开募集基金募集完毕，基金管理人应当向基金行业协会备案。对募集的资金总额或者基金份额持有人的人数达到规定标准的基金，基金行业协会应当向国务院证券监督管理机构报告。非公开募集基金财产的证券投资，包括买卖公开发行的股份有限公司股票、债券、基金份额，以及国务院证券监督管理机构规定的其他证券及其衍生品种。

(6) 基金管理人、基金托管人应当按照基金合同的约定，向基金份额持有人提供基金信息。

(7) 专门从事非公开募集基金管理业务的基金管理人，其股东、高级管理人员、经营期限、管理的基金资产规模等符合规定条件的，经国务院证券监督管理机构核准，可以从事公开募集基金管理业务。

【真题演练】

1. 赢鑫投资公司业绩骄人。公司拟开展非公开募集基金业务，首期募集1 000万元。李某等老客户知悉后纷纷表示支持，愿意将自己的资金继续交其运作。关于此事，下列哪一选项是正确的？(2016年真题，单选)

A. 李某等合格投资者的人数可以超过200人

B. 赢鑫公司可在全国性报纸上推介其业绩及拟募集的基金

C. 赢鑫公司可用所募集的基金购买其他的基金份额
D. 赢鑫公司就其非公开募集基金业务应向中国证监会备案

【答案】 C

【解析】 根据我国《证券投资基金法》第87条第1款的规定,A选项错误。根据我国《证券投资基金法》第91条的规定,B选项错误。根据我国《证券投资基金法》第94条第2款的规定,C选项正确。根据我国《证券投资基金法》第94条第1款的规定,D选项错误。

2. 华新基金管理公司是信泰证券投资基金(信泰基金)的基金管理人。华新公司的下列哪些行为是不符合法律规定的?(2012年真题,多选)

A. 从事证券投资时,将信泰基金的财产独立于自己固有的财产
B. 以信泰基金的财产为公司大股东鑫鑫公司提供担保
C. 就其管理的信泰基金与其他基金的财产,规定不同的基金收益条款
D. 向信泰基金份额持有人承诺年收益率不低于12%

【答案】 BCD

【解析】 根据《证券投资基金法》第5条第2款的规定,A项正确。根据《证券投资基金法》第20条以及第73条的规定,B、C选项的行为不符合法律规定,入选。根据《证券投资基金法》第20条第4项的规定,D选项的行为不符合法律规定,入选。

保险法专题

专题导学：

保险法的精神：分散风险、填补损失

保险，是指投保人根据合同约定，向保险人支付保险费，保险人对于合同约定的可能发生的事故因其发生所造成的财产损失承担赔偿保险金责任，或者当被保险人死亡、伤残、疾病或者达到合同约定的年龄、期限等条件时承担给付保险金责任的商业保险行为。保险首先是分散风险、填补损失的一种经济制度。保险法的核心在于保险合同。

保险法学习线索：

1. 保险合同的基本规定

分散风险：保险不是从根本上消灭危险，而是一种分散由于保险事故发生给当事人所带来的损失的手段，亦是一种以较小代价换取具有更多价值的财产或者人身安全的方式。

填补损失：财产保险与人身保险的损失填补方式是不同的。财产保险的标的是财产或与财产有关的利益，其损失能够用货币来衡量，损失的赔付是按照实际损失计算的。人身保险的标的是人的寿命和身体，其损失难以用金钱来具体衡量，损失的赔付一般采取定额方式，按保险合同约定的金额给付。

2. 人身保险合同的特殊制度
3. 财产保险合同的特殊制度

第一节 保险法概述

考点 1 定义

保险，是投保人根据合同约定，向保险人支付保险费，保险人对于合同约定的可能发生的事故因其发生所造成的财产损失承担赔偿保险金责任，或者当被保险人死亡、伤残、疾病或者达到合同约定的年龄、期限等条件时承担给付保险金责任的商业保险行为。

商业保险区别于劳动与社会保障法中的社会保险。社会保险的对象在具备条件下可以扩展到全体社会成员，是国家法律强制规定的；商业保险的保险对象可以是自然人，也可以是特定物，由保险双方按自愿原则签订契约来实现。

考点 2 保险法基本原则

（一）自愿原则

自愿原则指保险法律关系的当事人即投保人、保险人以及被保险人、受益人有权根据自己的意愿设立、变更或终止保险法律关系，不受他人干预；投保人有权选择保险人和保险的种类、保险的范围、责任等。

订立保险合同,应当协商一致,遵循公平原则确定各方的权利和义务。除法律、行政法规规定必须保险的外,保险合同自愿订立。

(二) 最大诚信原则

由于保险活动具有不确定的保险风险和赔付风险,所以要求当事人讲求诚信、恪守诺言,严格履行自己的义务。

1. 投保人

(1) 在订立保险合同时的如实告之义务,即应当将有关保险标的的重要情况如实向保险人作出陈述;

(2) 履行保险合同时的信守保险义务,即严守允诺,完成保险合同中约定的作为或不作为的义务。

2. 保险人

(1) 在订立保险合同时将保险条款告知投保人的义务,特别是保险人的免责条款;

(2) 及时与全面支付保险金的义务。

(三) 保险利益原则

保险利益,又称为可保利益,是指投保人或者被保险人对保险标的具有法律上承认的利益。

1. 保险利益的意义

(1) 保险利益是投保人或者被保险人对保险标的具有的某种"关系"。保险利益的成立需具备三个要件:必须是合法利益;必须是经济上的利益;必须是可以确定的利益。

(2) 人身保险的投保人对被保险人不具有保险利益的,合同无效。财产保险的被保险人对保险标的不具有保险利益的,不得向保险人请求赔偿保险金。

保险利益是保险合同的效力要件,没有保险利益的合同都是无效的,保险利益是指投保人对保险标的具有保险利益。在人身保险中只要其在订立合同时存在保险利益。而在财产保险中则只要求被保险人在保险责任范围内的事故发生时,对保险标的具有保险利益即可。如果被保险人对保险标的已没有保险利益,这意味着被保险人没有任何实际的损失,保险人也就谈不上对损失的填补。这一点应特别加以注意,因为投保时有无保险利益,决定的是合同是否有效,在财产保险中出险时是否还存在有保险利益,决定的是保险人应否承担保险责任。因此随着保险标的的转移,保险合同应及时变更。

注意:人身保险中,因投保人对被保险人不具有保险利益导致保险合同无效,应当扣减相应手续费后退还保险费。

2. 保险利益的范围

(1) 财产保险

财产保险,均为损失补偿性保险。保险利益分为积极保险利益和消极保险利益。积极保险利益,为特定的人对某一特定积极财产享有的经济利益,即享有权利或期待利益。消极保险利益,指某一不利情形的发生,使特定人产生财产上的损失,主要指责任利益。

财产保险合同的保险利益应具有以下三个条件之一:

① 投保人对保险标的享有物权;

② 基于合同;
③ 依法应承担民事赔偿责任。
(2) 人身保险的投保人对下列人员具有保险利益:

人身保险的保险利益,是指投保人对于被保险人的生命或身体健康所具有的利害关系,即投保人对于被保险人将因保险事故的发生而遭受损失,因保险事故的不发生而维持原有利益。

① 本人;
② 配偶、子女、父母;
③ 上述以外与投保人有抚养、赡养或者扶养关系的家庭其他成员、近亲属;
④ 与投保人有劳动关系的劳动者。

除上述内容外,被保险人同意投保人为其订立合同的,视为投保人对被保险人具有保险利益。

3. 保险利益的有效存在时间
(1) 财产保险的被保险人在保险事故发生时,对保险标的应当具有保险利益。
(2) 人身保险的投保人在保险合同订立时,对被保险人应当具有保险利益。

(四) 近因原则

近因原则是指保险人按照约定的保险责任范围承担责任时,其所承保危险的发生与保险标的的损害之间必须存在因果关系。在近因原则中造成保险标的损害的主要的、起决定性作用的原因,即属近因。只有近因属于保险责任时,保险人才承担保险责任。近因原则的意义,一方面在于克服漫无边际地对保险人滥施责任,另一方面也可以有效地避免保险人推卸责任。

【真题演练】

根据《保险法》规定,人身保险投保人对下列哪一类人员具有保险利益?(2010年真题,单选)

A. 与投保人关系密切的邻居
B. 与投保人已经离婚但仍一起生活的前妻
C. 与投保人有劳动关系的劳动者
D. 与投保人合伙经营的合伙人

【答案】 C
【解析】 根据《保险法》第31条规定,C选项正确。

第二节 保险合同总论

考点 1 保险合同概述

(一) 保险合同的概念

保险合同是投保人与保险人约定保险权利义务关系的协议。

(二) 保险合同的法律特征

1. 保险合同是射幸合同

射幸合同是指当事人一方或双方的给付义务,取决于合同成立后偶然事件的发生。保险合同的目的在于当保险人在特定不可预料或不可抗力事故发生时,对被保险人履行给付义务,所以也是射幸合同的一种。

2. 保险合同是附和合同

附和合同又称为格式合同。

3. 保险合同是双务合同

投保人依法负有支付保险费的义务,而另一方当事人保险人负有危险负担的义务,即保险事故发生或保险合同到期后给付保险金的义务。

4. 保险合同是有偿合同

保险合同当事人互负对价关系的给付义务。

5. 保险合同是诺成合同

只要双方当事人意思表示一致,保险合同即可成立。

考点 2 保险合同的主体

保险合同的主体包括当事人和关系人,保险合同当事人是指订立保险合同并享有权利承担相应义务的人,包括保险人和投保人;关系人是指在保险合同约定的保险条件发生时,享有保险金给付请求权的人,包括被保险人和受益人。受益人是指人身保险合同中由被保险人或者投保人指定的享有保险金请求权的人,为人身保险中特有的关系人。被保险人是其财产或者人身受到合同保障,享有保险金请求权的人,无论在财产保险合同中还是人身保险合同中,投保人与被保险人可以一致也可以不一致,一致、不一致都是常见的,但在人身保险中投保人与被保险人之间必须存在有保险利益。

(一) 当事人

(1) 投保人,是指与保险人订立保险合同,并按照保险合同负有支付保险费义务的人。

(2) 保险人,是指与投保人订立保险合同,并根据保险合同收取保险费,在保险事故发生时承担赔偿或者给付保险金责任的保险公司。

(二) 关系人

享有保险金给付请求权的人:被保险人、受益人

(1) 被保险人是指其财产或者人身受保险合同保障,享有保险金请求权的人。投保人可以为被保险人,也可以不为被保险人。

(2) 受益人是指人身保险合同中由被保险人或者投保人指定的享有保险金请求权的人,投保人、被保险人可以为受益人。

(三) 辅助人:保险代理人、保险经纪人

(1) 保险代理人是根据保险人的委托,向保险人收取佣金,并在保险人授权的范围内代为

办理保险业务的机构或者个人。

注意:保险代理适用表见代理的相关规定。保险代理人为保险人办理保险业务,有超越代理权限的行为,投保人有理由相信其有代理权,并已订立保险合同的,保险人应当承担保险责任,但保险人如因此受到损失,可以请求保险代理人赔偿。但投保人与保险人恶意串通的除外。

(2)保险经纪人是基于投保人的利益,为投保人与保险人订立保险合同提供中介服务,并依法收取佣金的机构。

考点 3 保险合同的类型

(一) 财产保险合同与人身保险合同

依据保险合同标的的不同进行的分类

(1)财产保险合同是指以物或者其他财产利益为保险标的的保险合同。财产保险业务,包括财产损失保险、责任保险、信用保险、保证保险等保险业务。

(2)人身保险合同是指以人的生命或者身体为保险标的的保险合同。人身保险业务,包括人寿保险、健康保险、意外伤害保险等保险业务。

注意:同一保险人不得同时兼营财产保险业务和人身保险业务;但是,经营财产保险业务的保险公司经保险监督管理机构核定,可以经营短期健康保险业务和意外伤害保险业务。

(二) 足额保险合同、不足额保险合同和超额保险合同

按照保险金额和保险价值的关系分为足额保险合同、不足额保险合同和超额保险合同

(1)保险价值就是保险标的的价值。保险金额是指保险人承担赔偿或者给付保险金责任的最高限额。

(2)保险价值是财产保险合同中特有的条款,人身保险合同中不存在保险价值条款。

(3)保险金额可以等于保险价值,这种保险叫足额保险。足额保险在保险责任范围内的事故发生时,损失多少,保险人应当赔偿多少。保险金额也可以小于保险价值,这种保险叫做不足额保险。不足额保险在保险责任范围内的事故发生时,保险人按照保险金额占保险价值的比例承担损失赔偿责任。如果保险金额大于保险价值,叫做超额保险。超额保险中超过保险价值的部分无效,在保险责任范围内的事故发生时,保险人依然应按照实际损失承担赔偿责任。

(三) 强制保险合同与自愿保险合同

依据保险合同实施形式的不同可以分为强制保险合同和自愿保险合同

(1)强制保险合同是指依据法律的规定而强制实施的保险合同。例如机动车第三者责任强制保险。

(2)自愿保险合同是指基于投保人自己的意思而订立的保险合同。

(四) 原保险合同与再保险合同

依据保险人责任次序的不同可以分为原保险合同和再保险合同

(1) 原保险合同是指保险人对被保险人承担直接责任的原始保险合同。
(2) 再保险合同是指保险人将其承担的保险业务,以承保的形式,部分转移给其他保险人。

考点 4　保险合同的订立与成立

(一) 保险合同的订立

订立保险合同,须经投保和承保两个阶段:投保是投保人向保险人提出保险请求的单方意思表示,属于订立保险合同的要约阶段;承保是保险人承诺投保人的保险要约的意思表示,是保险人的单方法律行为,属于订立保险合同的承诺阶段。

保险合同是最大诚信合同,当事人在订立保险合同中,须履行如实告知义务。

1. 保险人的提示和说明义务

(1) 提示义务

保险人在投保单或者保险单等其他保险凭证上,对保险合同中免除保险人责任的条款,应当以足以引起投保人注意的文字、字体、符号或者其他明显标志作出提示。

① 将法律、行政法规中的禁止性规定情形作为保险合同免责条款的免责事由,保险人只需对该条款做出提示,而无须说明。

② 通过网络、电话等方式订立的保险合同,保险人可以以网页、音频、视频等形式对免除保险人责任条款予以提示。

(2) 说明义务

对于保险合同中规定的保险人责任免除的条款,如果保险人在订立保险合同时未向投保人明确说明的,该条款不产生效力。

① 免责条款包括保险人提供的格式合同文本中的责任免除条款、免赔额、免赔率、比例赔付或者给付等。保险人因投保人、被保险人违反法定或者约定义务,享有解除合同权利的条款不属于免责条款。

② 保险人对保险合同中有关免除保险人责任条款的概念、内容及其法律后果以书面或者口头形式向投保人作出常人能够理解的解释说明。

③ 通过网络、电话等方式订立的保险合同,保险人可以以网页、音频、视频等形式对免除保险人责任条款予以明确说明。

④ 保险人对其履行了明确说明义务负举证责任。投保人对保险人履行了说明义务在相关文书上签字、盖章或者以其他形式予以确认的,应当认定保险人履行了该项义务,但另有证据的除外。

2. 投保人的告知义务

(1) 如实告知义务,指的是保险合同订立时,投保人如实告知保险人与保险标的或者被保险人有关的情况。

① 投保人的告知义务限于保险人询问的范围和内容。

② 当事人对询问范围及内容有争议的,保险人负举证责任。

③ 保险人不得以投保人违反了对投保单询问表中所列概括性条款的如实告知义务为由请求解除合同,但概括性条款有具体内容的除外。

（2）投保人故意隐瞒事实或者因过失未履行如实告知义务，足以影响保险人决定是否承保或者提高保险费率的，保险人有权解除合同。

① 投保人故意不履行如实告知义务的，保险人对于保险合同解除前发生的保险事故，不承担赔偿或者给付保险金的责任，并不退还保险费。

② 投保人因重大过失未履行如实告知义务，对保险事故的发生有严重影响的，保险人对于合同解除前发生的保险事故，不承担赔偿或者给付保险金的责任，但应当退还保险费。

注意：保险人拒绝赔偿的前提是解除合同。但当事人就拒绝赔偿事宜及保险合同存续另行达成一致的情况除外。

（3）保险人在合同订立时已经知道投保人未如实告知的情况的，保险人不得解除合同；发生保险事故的，保险人应当承担赔偿或者给付保险金的责任。

注意：保险人在保险合同成立后知道或者应当知道投保人未履行如实告知义务，仍然收取保险费，不得主张解除合同的。

（二）保险合同的成立

订立保险合同，由投保人提出保险要求，经保险人同意承保，并就保险合同的条款达成协议，保险合同成立。

1. 保险合同成立的要件

（1）投保人提出保险要求；

（2）保险人同意承保；

（3）保险人与投保人就合同的条款达成协议。

① 投保人或者投保人的代理人订立保险合同时没有亲自签字或者盖章，而由保险人或者保险人的代理人代为签字或者盖章的，对投保人不生效。但投保人已经交纳保险费的，视为其对代签字或者盖章行为的追认。

② 保险人或者保险人的代理人代为填写保险单证后经投保人签字或者盖章确认的，代为填写的内容视为投保人的真实意思表示。但有证据证明保险人或者保险人的代理人存在违法违规开展业务情形的除外。

2. 保险合同的成立不需要具备的要件

由于保险合同为诺成性合同，应注意保险合同的成立不需要具备以下要件：

（1）不应以保险单或保险凭证的交付为要件；

（2）不应以保险费的交付为要件。

注意：保险人接受了投保人提交的投保单并收取了保险费，尚未作出是否承保的意思表示，发生保险事故，被保险人或者受益人请求保险人按照保险合同承担赔偿或者给付保险金责任，符合承保条件的，人民法院应予支持；不符合承保条件的，保险人不承担保险责任，但应当退还已经收取的保险费。保险人主张不符合承保条件的，应承担举证责任。

3. 保险合同的生效

（1）保险合同自成立时生效。投保人和保险人可以对合同的效力约定附条件或者附期限。

保险合同成立后，投保人按照约定交付保险费，保险人按照约定的时间开始承担保险责任。

(2) 保险人应当及时向投保人签发保险单或者其他保险凭证。保险单或者其他保险凭证应当载明当事人双方约定的合同内容。当事人也可以约定采用其他书面形式载明合同内容。

(3) 保险合同中记载的内容不一致的,按照下列规则认定:

① 投保单与保险单或者其他保险凭证不一致的,原则上以投保单为准;但不一致的情形系经保险人说明并经投保人同意的,以投保人签收的保险单或者其他保险凭证载明的内容为准。

注意:保险合同的形式

投保单:又称要保单,是投保人向保险人提出的、订立保险合同的书面要约。投保单一般是由保险人准备的统一格式书据,由投保人依其所列项目逐项填写。

保险单:又称保单,是保险人与投保人订立保险合同的正式书面形式。保险单必须明确完整地记载保险双方的权利义务内容,是保险合同双方当事人履行合同的依据。

保险凭证:又称小保单,实际上是简化了的保险单,与保险单具有同等效力。

② 非格式条款与格式条款不一致的,以非格式条款为准。

③ 保险凭证记载的时间不同的,以形成时间在后的为准。

④ 保险凭证存在手写和打印两种方式的,以双方签字、盖章的手写部分的内容为准。

【真题演练】

1. 甲公司代理人谢某代投保人何某签字,签订了保险合同,何某也依约交纳了保险费。在保险期间内发生保险事故,何某要求甲公司承担保险责任。下列哪一表述是正确的?(2014年真题,单选)

A. 谢某代签字,应由谢某承担保险责任
B. 甲公司承保错误,无须承担保险责任
C. 何某已经交纳了保险费,应由甲公司承担保险责任
D. 何某默认谢某代签字有过错,应由何某和甲公司按过错比例承担责任

【答案】 C

【解析】 根据《保险法解释(二)》第3条第1款规定,甲公司代理人谢某代替投保人何某签字,一开始对投保人不生效,但投保人何某交纳了保险费,说明其认可保险合同,故保险合同成立并且生效。根据《保险法》第14条规定,保险事故发生后,应当由甲公司承担责任,故C项正确。A、B、D项均错误。

2. 关于投保人在订立保险合同时的告知义务,下列哪些表述是正确的?(2014年真题,多选)

A. 投保人的告知义务,限于保险人询问的范围和内容
B. 当事人对询问范围及内容有争议的,投保人负举证责任
C. 投保人未如实告知投保单询问表中概括性条款时,则保险人可以此为由解除合同
D. 在保险合同成立后,保险人获悉投保人未履行如实告知义务,但仍然收取保险费,则保险人不得解除合同

【答案】 AD

【解析】 根据《保险法解释(二)》第6条第1款规定,A项正确,B项错误。根据《保险法解释(二)》第6条第2款规定,C项错误。根据《保险法解释(二)》第7条规定,D项正确。

3. 甲公司将其财产向乙保险公司投保。因甲公司要向银行申请贷款,乙公司依甲公司指示将保险单直接交给银行。下列哪一表述是正确的?(2013年真题,单选)

A. 因保险单未送达甲公司,保险合同不成立
B. 如保险单与投保单内容不一致,则应以投保单为准
C. 乙公司同意承保时,保险合同成立
D. 如甲公司未缴纳保险费,则保险合同不成立

【答案】 C

【解析】 根据《保险法》第13条规定,只要投保人甲提出保险要求,经保险人乙同意承保,保险合同即成立。依法成立的保险合同,自成立时生效。同时根据《保险法》第14条规定,A、D项错误,C项正确。根据《保险法解释(二)》第14条的规定,B项错误。

考点 5 保险合同的解除

保险合同的解除是指在保险合同成立后,基于法定的或者约定的事由,保险合同当事人行使解除权,从而使保险合同发生自始无效的后果的单方法律行为。

(一) 投保人的解除权

1. 除法律有规定或者合同另有约定的外,保险合同成立后投保人可以解除保险合同。
2. 货物运输保险合同和运输工具航程保险合同在保险责任开始后,合同当事人双方均不得解除合同。

(二) 保险人的解除权

(1) 除法律有规定或者合同另有约定的外,保险合同成立后保险人不得解除保险合同。

(2) 投保人故意隐瞒事实,不履行如实告知义务,或者因过失未履行如实告知义务,足以影响保险人决定是否同意承保或者提高保险费率的,保险人有权解除保险合同。

(3) 被保险人或者受益人在未发生保险事故的情况下,谎称发生了保险事故,向保险人提出赔偿或者给付保险金的请求的;或者投保人、被保险人、受益人故意制造保险事故的,保险人有权解除保险合同。

(4) 投保人、被保险人未按照约定履行其对保险标的的安全应尽责任的,保险人有权要求增加保险费或者解除合同。

(5) 因保险标的的转让导致危险程度显著增加的,保险人自收到上述规定的通知之日起30日内,可以按照合同约定增加保险费或者解除合同。保险人解除合同的,应当将已收取的保险费,按照合同约定扣除自保险责任开始之日起至合同解除之日止应收的部分后,退还投保人。

(6) 投保人申报的被保险人年龄不真实,并且其真实年龄不符合合同约定的年龄限制的,保险人可以解除合同。

注意:该解除权适用保险法第16条关于除斥期间的规定,即自保险人知道解除事由之日起超过30日不行使而消灭,自合同成立之日起超过2年的不得再解除合同。

(7) 自人身保险合同效力中止之日起满2年双方未达成协议的,保险人有权解除合同。

考点 6 保险合同的主要权利义务

(一) 投保人的义务

1. 缴纳保险费的义务

保险费是投保人根据保险合同的规定,为被保险人取得因约定危险事故发生所造成的经济损失补偿(或给付)权利,支付给保险人的代价。保险合同成立后,投保人需按照约定交纳保险费。保险合同是有偿合同,投保人交纳保险费实际上是获取保险金的对价。因而,交纳保险费是投保人的重要义务之一。

注意:保险费可以由他人代为支付。

2. 保险事故的通知义务

投保人、被保险人或者受益人知道保险事故发生后,应当及时通知保险人。故意或者因重大过失没有及时通知的,致使保险事故的性质、原因、损失程度等难以确定的,保险人对无法确定的部分,不承担赔偿或者给付保险金的义务。但保险人通过其他途径已经及时知道或者应当及时知道保险事故发生的除外。

3. 维护保险标的安全的义务

根据合同约定,保险人可以对保险标的的安全状况进行检查,及时向投保人、被保险人提出消除不安全因素和隐患的书面建议,如果投保人、被保险人没有按照约定履行其对保险标的安全应尽责任的,保险人有权要求增加保险费或者解除合同。

4. 危险程度增加的通知义务

所谓危险程度增加,是指订立保险合同时所未预料或者未估计到的危险可能性的增加,它发生在保险合同有效期内。保险人在得知保险标的的危险程度显著增加时,可以按照合同约定增加保险费或者解除保险合同。

5. 采取必要措施防止或者减少损失的义务

保险事故发生时,被保险人有责任尽力采取必要措施,防止或者减少损失,为此所支出的必要的、合理的费用,由保险人承担。

(二) 保险人的义务:承担赔偿责任或支付保险金

保险人依法不承担责任的情形包括:

(1) 投保人或者被保险人故意制造保险事故的,保险人不承担保险责任。

(2) 投保人、被保险人或者受益人虚报或者夸大保险损失的,对其虚报的部分不承担保险责任。

(3) 因被保险人不履行防灾减损义务而造成保险标的扩大损失的,保险人不承担保险责任。

(4) 在合同有效期限内,保险标的的危险程度增加,被保险人未履行及时通知义务的,因保险标的危险程度增加而发生的保险事故,保险人不承担保险责任。

(5) 对于保险标的因其性质或者瑕疵或者因其自然损耗而发生的损失,保险人不承担保险责任。

【真题演练】

依据《保险法》规定,保险合同成立后,保险人原则上不得解除合同。下列哪些情形下保险人可以解除合同?(2011年真题,多选)

A. 人身保险中投保人在交纳首期保险费后未按期交纳后续保费
B. 投保人虚报被保险人年龄,保险合同成立已1年6个月
C. 投保人在投保时故意未告知投保汽车曾遇严重交通事故致发动机受损的事实
D. 投保人未履行对保险标的安全维护之责任

【答案】 BCD

【解析】 根据《保险法》第37条规定,对于A项中的情形,保险人不能解除合同。根据《保险法》第16条第3款的规定,B项正确。根据《保险法》第16条的规定,C项正确。根据《保险法》第51条规定,D项正确。

第三节 保险合同分论

考点 1 财产保险合同

财产保险合同是指以财产及其有关利益为保险标的的保险合同。

(一) 标的的转让

(1) 保险标的转让的,保险标的的受让人承继被保险人的权利和义务。

(2) 保险标的转让的,被保险人或者受让人应当及时通知保险人,但货物运输保险合同和另有约定的合同除外。

(3) 因保险标的转让导致危险程度显著增加的,保险人自收到上述的通知之日起30日内,可以按照合同约定增加保险费或者解除合同。保险人解除合同的,应当将已收取的保险费,按照合同约定扣除自保险责任开始之日至合同解除之日止应收的部分后,退还投保人。

(二) 责任保险

责任保险是指以被保险人对第三者依法应负的赔偿责任为保险标的的保险。责任保险不仅可以保障被保险人因为履行损害赔偿责任所受到的利益减损,而且可以保护被保险人的侵权行为的直接受害者,使受害者获得及时的补偿。

(1) 保险人对责任保险的被保险人给第三者造成的损害,可以依照法律的规定或者合同的约定,直接向该第三者赔偿保险金。

① 责任保险的被保险人给第三者造成损害,被保险人对第三者应负的赔偿责任确定的,根据被保险人的请求,保险人应当直接向该第三者赔偿保险金。被保险人怠于请求的,第三者有权就其应获赔偿部分直接向保险人请求赔偿保险金。

② 责任保险的被保险人给第三者造成损害,被保险人未向该第三者赔偿的,保险人不得向被保险人赔偿保险金。

(2) 责任保险的被保险人因给第三者造成损害的保险事故而被提起仲裁或者诉讼的,除

合同另有约定外,由被保险人支付的仲裁或者诉讼费用以及其他必要的、合理的费用,由保险人承担。

注意:责任保险不能及于被保险人的人身或其财产。责任保险的目的在于转移被保险人对第三者应当承担的赔偿责任,所以,当被保险人的人身或者财产发生损失时,保险人不承担保险责任。

(三) 重复保险合同

(1) 重复保险是指投保人对同一保险标的、同一保险利益、同一保险事故分别与两个以上保险人订立保险合同的保险。

不同投保人可以就同一保险标的分别投保,保险事故发生后,被保险人亦可以在其保险利益范围内依据保险合同主张保险赔偿。

(2) 保险人责任的分摊。

重复保险的保险金额总和超过保险价值的,各保险人的赔偿金额总和不得超过保险价值。除合同另有约定外,各保险人按照其保险金额与保险金额总和的比例承担赔偿责任。

(四) 代位求偿

代位求偿,是指财产保险中保险人赔偿被保险人的损失后,可以取得在其赔付保险金的限度内,要求被保险人转让其对造成损失的第三人享有的追偿的权利。

1. 代位求偿权的行使

(1) 保险事故是由第三人的行为所致。

(2) 被保险人可以选择向第三人请求损害赔偿,或选择向保险人请求保险赔偿。

注意:保险事故发生后,被保险人或者受益人起诉保险人,保险人不得以被保险人或者受益人未要求第三者承担责任为由进行抗辩。

(3) 代位求偿权的发生必须是保险人给付保险赔偿金之后,诉讼时效期间自保险人取得代位求偿权之日起算。

(4) 保险人应当以自己的名义在赔偿限额内代位行使被保险人对第三者请求赔偿的权利。

(5) 保险事故发生后,保险人未赔偿保险金之前,被保险人放弃对第三者的请求赔偿权利的,保险人不承担赔偿保险金的责任;保险人向被保险人赔偿保险金后,被保险人未经保险人同意放弃对第三者请求赔偿权利的,该行为无效。

(6) 保险人行使代位求偿权的数额以给付的保险金额为限。对于超出保险人已支付的保险金额以外的部分,保险人无权要求第三人赔偿,求偿权仍由被保险人所享有。

2. 代位求偿权的限制

保险人不得对被保险人的家庭成员或者组成人员行使代位求偿权,除非他们故意造成保险事故的发生。

【真题演练】

1. 姜某的私家车投保商业车险,年保险费为3 000元。姜某发现当网约车司机收入不错,便使用手机软件接单载客,后辞职专门跑网约车。某晚,姜某载客途中与他人相撞,造成车损10

万元。姜某向保险公司索赔,保险公司调查后拒赔。关于本案,下列哪一选项是正确的?(2017年真题,单选)

A. 保险合同无效
B. 姜某有权主张约定的保险金
C. 保险公司不承担赔偿保险金的责任
D. 保险公司有权解除保险合同并不退还保险费

【答案】 C

【解析】 根据《保险法》第52条规定,被保险人违反了保险标的危险程度增加的通知义务,保险公司有权按照合同约定增加保险费或者解除合同,但保险合同仍然有效,A选项错误。本题中,姜某因为夜晚载客使保险标的危险程度严重增加而没有履行通知义务,而发生了交通事故,与人发生碰撞而导致车损,保险公司不承担赔偿责任,B选项错误,C选项正确。保险人解除合同的,应当将已收取的保险费,按照合同约定扣除自保险责任开始之日起至合同解除之日止应收的部分后,退还投保人,D选项错误。

2. 潘某请好友刘某观赏自己收藏的一件古玩,不料刘某一时大意致其落地摔毁。后得知,潘某已在甲保险公司就该古玩投保了不足额财产险。关于本案,下列哪些表述是正确的?(2015年真题,多选)

A. 潘某可请求甲公司赔偿全部损失
B. 若刘某已对潘某进行全部赔偿,则甲公司可拒绝向潘某支付保险赔偿金
C. 甲公司对潘某赔偿保险金后,在向刘某行使保险代位求偿权时,既可以自己的名义,也可以潘某的名义
D. 若甲公司支付的保险金不足以弥补潘某的全部损失,则就未取得赔偿的部分,潘某对刘某仍有赔偿请求权

【答案】 BD

【解析】 根据《保险法》第55条第4款规定,潘某就其古玩投了不足额保险,只能以保险金额与保险价值的比例要求甲公司赔偿。故A项错误。基于保险法的填补损失原则,B选项正确。根据《保险法解释(二)》第16条第1款的规定,C项错误。根据《保险法》第60条第3款规定,若甲公司支付的保险金不足以弥补潘某的全部损失,则就未取得赔偿的部分,潘某对刘某仍有赔偿请求权,故D项正确。

3. 甲参加乙旅行社组织的沙漠一日游,乙旅行社为此向红星保险公司购买了旅行社责任保险。丙客运公司受乙旅行社之托,将甲运送至沙漠,丙公司为此向白云保险公司购买了承运人责任保险。丙公司在运送过程中发生交通事故,致甲死亡,丙公司负事故全责。甲的继承人为丁。在通常情形下,下列哪些表述是正确的?(2012年真题,多选)

A. 乙旅行社有权要求红星保险公司直接对丁支付保险金
B. 丙公司有权要求白云保险公司直接对丁支付保险金
C. 丁有权直接要求红星保险公司支付保险金
D. 丁有权直接要求白云保险公司支付保险金

【答案】 AB

【解析】 题中乙旅行社和丙客运公司都购买了责任保险。甲在旅游过程中死亡,乙旅行社应对甲的继承人丁承担赔偿责任。只有乙旅行社怠于向红星保险公司请求责任承担的

情况下,丁才能直接向红星保险公司请求支付保险金,无权直接要求保险公司赔付,故 A 项正确,C 项错误。丙公司对运送过程中造成甲死亡的交通事故负全责,丙公司应对甲的继承人丁承担赔偿责任,丙公司怠于请求的,丁才有权请求白云公司赔付,故 B 项正确,D 项错误。

考点 2 人身保险合同

人身保险合同是指以人的生命和身体为保险标的的保险合同。

注意:人身保险合同的法律特征包括① 保险标的人格化;② 保险金定额支付;③ 不适用代位求偿权。

(一) 受益人

1. 受益人的法律特征

(1) 受益人只存在于人身保险合同中。

(2) 投保人、被保险人或者第三人均可以成为受益人;受益人不受有无行为能力及保险利益的限制。

(3) 受益人本身具有不确定性。受益人可以放弃受益权,不能实施出售、转让等任何处分行为。受益人的资格可能被取消,也可能会依法丧失。受益人的资格不能继承。

2. 受益人的指定

人身保险的受益人由被保险人或者投保人指定。投保人指定受益人时须经被保险人同意。被保险人为无民事行为能力人或者限制民事行为能力人的,可以由其监护人指定受益人。

(1) 被保险人或者投保人可以指定一人或者数人为受益人。

当事人对保险合同约定的受益人存在争议,除投保人、被保险人在保险合同之外另有约定外,按以下情形分别处理:

① 受益人约定为"法定"或者"法定继承人"的,以继承法规定的法定继承人为受益人;

② 受益人仅约定为身份关系,投保人与被保险人为同一主体的,根据保险事故发生时与被保险人的身份关系确定受益人;投保人与被保险人为不同主体的,根据保险合同成立时与被保险人的身份关系确定受益人;

③ 受益人的约定包括姓名和身份关系,保险事故发生时身份关系发生变化的,认定为未指定受益人。

(2) 受益人为数人的,被保险人或者投保人可以确定受益顺序和受益份额;未确定受益份额的,受益人按照相等份额享有受益权。

部分受益人在保险事故发生前死亡、放弃受益权或者依法丧失受益权的,该受益人应得的受益份额按照保险合同的约定处理;保险合同没有约定或者约定不明的,该受益人应得的受益份额按照以下情形分别处理:

① 未约定受益顺序及受益份额的,由其他受益人平均享有;

② 未约定受益顺序但约定受益份额的,由其他受益人按照相应比例享有;

③ 约定受益顺序但未约定受益份额的,由同顺序的其他受益人平均享有;同一顺序没有其他受益人的,由后一顺序的受益人平均享有;

④ 约定受益顺序和受益份额的,由同顺序的其他受益人按照相应比例享有;同一顺序没

有其他受益人的,由后一顺序的受益人按照相应比例享有。

3. 受益人的变更

(1) 被保险人或者投保人可以变更受益人并书面通知保险人,没有书面通知的无效。保险人收到变更受益人的书面通知后,应当在保险单或者其他保险凭证上批注或者附贴批单。

(2) 投保人变更受益人时须经被保险人同意。

(3) 变更受益人应当在保险事故发生前变更。被保险人或者投保人可以主张变更行为自变更意思表示发出时生效。

4. 作为被保险人遗产处理的情形

(1) 没有指定受益人,或者受益人指定不明无法确定的;

(2) 受益人先于被保险人死亡,没有其他受益人的;

(3) 受益人依法丧失受益权或者放弃受益权,没有其他受益人的。

注意:受益人与被保险人在同一事件中死亡,不能确定死亡先后顺序的,推定受益人死亡在先。

5. 保险金请求权的转让

保险事故发生后,受益人可以将与本次保险事故相对应的全部或者部分保险金请求权转让给第三人,但根据合同性质、当事人约定或者法律规定不得转让的除外。

(二) 人寿保险合同的特殊规则

人寿保险合同是投保人和保险人约定,被保险人在合同规定的年限内死亡,或者在合同规定的年限届满时仍然生存,由保险人依照约定向被保险人或者受益人给付保险金的合同。

1. 死亡保险被保险人的资格

死亡保险是指以被保险人在保险期内的死亡为保险事故的保险。

(1) 以死亡为给付保险金条件的合同,未经被保险人同意并认可保险金额的,合同无效。

被保险人同意可以采取书面形式、口头形式或者其他形式;可以在合同订立时作出,也可以在合同订立后追认。

有下列情形之一的,应认定为被保险人同意投保人为其订立保险合同并认可保险金额:

① 被保险人明知他人代其签名同意而未表示异议的;

② 被保险人同意投保人指定的受益人的;

③ 有证据足以认定被保险人同意投保人为其投保的其他情形。

注意:被保险人可以以书面形式通知保险人和投保人撤销其关于死亡保险的同意意思表示,此时保险合同解除。

(2) 按照以死亡为给付保险金条件的合同所签发的保险单,未经被保险人书面同意,不得转让或者质押。

(3) 投保人不得为无民事行为能力人投保以死亡为给付保险金条件的人身保险,保险人也不得承保。父母为其未成年子女投保的人身保险,不受上述规定限制,也无需征得被保险人的同意,但是死亡给付保险金额总和不得超过保险监督管理机构规定的限额。

注意:经未成年人父母同意,其他履行监护职责的人可以为未成年人订立以死亡为给付保险金条件的合同。

(4) 投保人为被保险人订立以死亡为给付保险金条件的保险合同,被保险人被宣告死亡后,当事人要求保险人按照保险合同约定给付保险金的,人民法院应予支持。被保险人被宣告死亡之日在保险责任期间之外,但有证据证明下落不明之日在保险责任期间之内,当事人要求保险人按照保险合同约定给付保险金的,人民法院应予支持。

2. 人寿保险合同的诉讼程序

(1) 保险费不得强制请求。保险人对人寿保险的保险费,不得用诉讼方式要求投保人支付。

(2) 5年诉讼时效。人寿保险的被保险人或者受益人向保险人请求给付保险金的诉讼时效期间为5年,自其知道或者应当知道保险事故发生之日起计算。

注意:人寿保险以外的其他保险的被保险人或者受益人,向保险人请求赔偿或者给付保险金的诉讼时效期间为2年,自其知道或者应当知道保险事故发生之日起计算。

(三) 年龄误报的后果

人身保险合同中,投保人必须如实申报被保险人的年龄,投保人申报的被保险人的年龄如果不真实,将会导致相应的法律后果。

(1) 投保人申报的被保险人年龄不真实,并且其真实年龄不符合合同约定的年龄限制的,保险人可以解除合同,并按照合同约定退还保险单的现金价值,但是自合同成立之日起逾2年的除外。

(2) 投保人申报的被保险人年龄不真实,致使投保人支付的保险费少于应付保险费的,保险人有权更正并要求投保人补交保险费,或者在给付保险金时按照实付保险费与应付保险费的比例支付。

(3) 投保人申报的被保险人年龄不真实,致使投保人实付保险费多于应付保险费的,保险人应当将多收的保险费退还投保人。

(四) 保险合同的中止与复效

1. 保险合同的中止

合同约定分期支付保险费,投保人支付首期保险费后,除合同另有约定外,投保人自保险人催告之日起超过30日未支付当期保险费,或者超过约定的期限60日未支付当期保险费的,合同效力中止。

2. 保险合同的恢复

人身保险合同效力中止后,经保险人与投保人协商并达成协议,在投保人补交保险费后,合同效力恢复。

(1) 投保人提出恢复效力申请并同意补交保险费的,保险人不得拒绝恢复效力。

注意:被保险人的危险程度在中止期间显著增加的除外。

(2) 保险人在收到恢复效力申请后,30日内未明确拒绝的,应认定为同意恢复效力。

(3) 保险合同自投保人补交保险费之日恢复效力。保险人可以要求投保人补交相应的利息。

3. 保险合同的解除

自合同效力中止之日起满2年双方未达成协议的,保险人有权解除合同。保险人依照前述规定解除合同的,应当按照合同约定退还保险单的现金价值。

(五) 法定除外责任

(1) 投保人故意造成被保险人死亡、伤残或者疾病的，保险人不承担给付保险金的责任。投保人已交足2年以上保险费的，保险人应当按照合同约定向其他权利人退还保险单的现金价值。

受益人故意造成被保险人死亡、伤残、疾病的，或者故意杀害被保险人未遂的，该受益人丧失受益权。

(2) 因被保险人故意犯罪或者抗拒依法采取的刑事强制措施导致其伤残或者死亡的，保险人不承担给付保险金的责任。投保人已交足2年以上保险费的，保险人应当按照合同约定退还保险单的现金价值。

被保险人在羁押、服刑期间因意外或者疾病造成伤残或者死亡的，保险人仍应承担给付保险金的责任。

(3) 以被保险人死亡为给付保险金条件的合同，自合同成立或者合同效力恢复之日起2年内，被保险人自杀的，保险人不承担给付保险金的责任，但被保险人自杀时为无民事行为能力人的除外。保险人不承担给付保险金责任的，应当按照合同约定退还保险单的现金价值。

【真题演练】

1. 甲向某保险公司投保人寿保险，指定其秘书乙为受益人。保险期间内，甲、乙因交通事故意外身亡，且不能确定死亡时间的先后。该起交通事故由事故责任人丙承担全部责任。现甲的继承人和乙的继承人均要求保险公司支付保险金。下列哪一选项是正确的？（2012年真题，单选）

   A. 保险金应全部交给甲的继承人
   B. 保险金应全部交给乙的继承人
   C. 保险金应由甲和乙的继承人平均分配
   D. 某保险公司承担保险责任后有权向丙追偿

   【答案】 A
   【解析】 本题通过案例考查被保险人与受益人在同一事件中死亡不能确定先后顺序，应如何处理赔偿问题。根据《保险法》第42条规定，投保人和被保险人都是甲，受益人是乙。甲乙在同一交通事故意外身亡，且不能确定死亡时间的先后，所以推定受益人乙先死。乙先于被保险人死亡，又没有其他的受益人时，该保险金作为被保险人甲的遗产。故A项正确。B、C项与A项矛盾，予以排除。根据《保险法》第46条的规定，D项错误。

2. 2007年7月，陈某为其母投保人身保险时，为不超过保险公司规定的承保年龄，在申报被保险人年龄时故意少报了两岁。2009年9月保险公司发现了此情形。对此，下列哪些选项是正确的？（2010年真题，多选）

   A. 保险公司有权解除保险合同，但需退还投保人已交的保险费
   B. 保险公司无权解除保险合同
   C. 如此时发生保险事故，保险公司不承担给付保险金的责任
   D. 保险人有权要求投保人补交少交的保险费，但不能免除其保险责任

   【答案】 BD

【解析】 根据《保险法》第 16 条第 3 款以及第 32 条的规定,保险公司可以解除保险合同。但是该解除权受到法律的限制,故选项 B、D 正确。

3. 甲为其妻乙投保意外伤害保险,指定其子丙为受益人。对此,下列哪些选项是正确的?(2010 年真题,多选)

A. 甲指定受益人时须经乙同意
B. 如因第三人导致乙死亡,保险公司承担保险金赔付责任后有权向该第三人代位求偿
C. 如乙变更受益人无须甲同意
D. 如丙先于乙死亡,则出现保险事故时保险金作为乙的遗产由甲继承

【答案】 ACD

【解析】 根据《保险法》第 39 条的规定,A 项正确。保险代位求偿权仅限于财产保险合同,人身保险合同不适用保险代位求偿权,故 B 项错误。根据《保险法》第 41 条的规定,被保险人乙变更受益人无须经过投保人同意,故 C 项正确。根据《保险法》第 42 条规定,D 项正确。

第四节 保险业法律制度

考点 1 保险公司概述

保险公司是指经过保险监督管理机构批准经营保险业而设立的专营保险业务的公司。

(一) 保险公司的组织形式

既可以是股份有限公司,也可以是有限责任公司

(二) 保险公司的设立

设立条件	业务范围
(1) 设立保险公司应当经国务院保险监督管理机构(即保监会)批准。 (2) 设立保险公司应当具备下列条件:主要股东具有持续盈利能力,信誉良好,最近 3 年内无重大违法违规记录,净资产不低于人民币 2 亿元;设立保险公司,其注册资本的最低限额为人民币 2 亿元;保险公司的注册资本必须为实缴货币资本。	(1) 保险公司的业务范围包括: ① 人身保险业务(包括人寿保险、健康保险、意外伤害保险等保险业务); ② 财产保险业务(包括财产损失保险、责任保险、信用保险、保证保险等保险业务)。 (2) 保险人不得兼营人身保险业务和财产保险业务。但是,经营财产保险业务的保险公司经国务院保险监督管理机构批准,可以经营短期健康保险业务和意外伤害保险业务。

(三) 保险公司的终止

(1) 因解散而终止;
(2) 因被撤销而终止;
(3) 因破产而终止。

(四) 保险公司的监管

1. 保险业的监督管理机构

保险业的监督管理机关是国务院保险监督管理委员会。其监督管理目标是：确保保险公司的偿付能力，维护保险当事人的利益，维持保险市场的公平竞争。

2. 保险业监督管理的内容

关系社会公众利益的保险险种、依法实行强制保险的险种和新开发的人寿保险险种等的保险条款和保险费率，应当报国务院保险监督管理机构批准。

3. 保险公司的接管

保险公司有下列情形之一的，国务院保险监督管理机构可以对其实行接管：

(1) 公司的偿付能力严重不足的；

(2) 违反《保险法》规定，损害社会公共利益，可能严重危及或者已经严重危及公司的偿付能力的。

接管的目的是对被接管的保险公司采取必要的措施，恢复保险公司的正常经营，以保护被保险人的利益。接管的期限应知道最长不得超过2年。接管期间尽管要由接管组织亲自经营保险公司，被接管的保险公司的债权与债务不因接管而发生变化。也就是说，保险公司作为民事主体，被接管后仅是其具体的管理工作发生变化，其作为债权债务关系的民事主体地位并未改变。

考点 2 保险经营规则

(一) 保险经营原则

我国实行保险业、银行业、证券业、信托业的分业经营，保险业务依法由保险公司专营，并且同一保险人不得同时兼营财产保险业务和人身保险业务。

(二) 保险公司的行为限制

1. 资金营运的限制

保险公司的资金运用限于下列形式：

(1) 银行存款；

(2) 买卖债券、股票、证券投资基金份额等有价证券；

(3) 投资不动产；

(4) 国务院规定的其他资金运用形式。

2. 经营禁止行为

保险代理人和保险经纪人的禁止行为：

(1) 欺骗保险人、投保人、被保险人或者受益人；

(2) 隐瞒与保险合同有关的重要情况；

(3) 阻碍投保人履行《保险法》规定的如实告知义务，或者诱导其不履行《保险法》规定的如实告知义务；

（4）给予或者承诺给予投保人、被保险人或者受益人保险合同约定以外的利益；

（5）利用行政权力、职务或者职业便利以及其他不正当手段强迫、引诱或者限制投保人订立保险合同；

（6）伪造、擅自变更保险合同，或者为保险合同当事人提供虚假证明材料；

（7）挪用、截留、侵占保险费或者保险金；

（8）利用业务便利为其他机构或者个人牟取不正当利益；

（9）串通投保人、被保险人或者受益人，骗取保险金；

（10）泄露在业务活动中知悉的保险人、投保人、被保险人的商业秘密。

3. 自留保险费的限制

经营财产保险业务的保险公司当年自留保险费，不得超过其实有资本金加公积金总和的4倍。对于经营人身保险业务的保险公司，其当年的自留保险费不受限制。

4. 承保责任的限制

保险公司对一次保险事故可能造成的最大损失范围所承担的责任，不得超过其实有资本加公积金总和的10%，超过的部分应当办理再保险。

海商法专题

专题导学：

海商法内容导学：适用范围、特殊制度

海商法的目的系调整海上运输关系、船舶关系，维护当事人各方的合法权益，促进海上运输和经济贸易的发展，因此海商法中的特殊制度值得关注。

海商法学习线索：

1. 记忆承运人责任的相关法条
2. 记忆船舶物权的相关法条

考点 1　海商法的适用范围

海商法是调整海上运输关系和船舶关系的法律规范的总称。

（一）适用船舶

（1）船舶，是指海船和其他海上移动式装置，包括船舶属具。
（2）用于军事的、政府公务的船舶和 20 总吨以下的小型船艇除外。

（二）适用水域

（1）包括海江之间、江海之间的直达运输关系。
（2）不适用于中华人民共和国港口之间的海上货物运输，而我国港口之间的旅客运输则适用。

（三）适用事项

就适用的事项而言，除运输合同、船舶合同等事项以外，还适用于船舶碰撞、海难救助、共同海损等海上事故。

考点 2　船舶权利

（一）船舶所有权

（1）船舶所有权，是指船舶所有人依法对其船舶享有的占有、使用、收益和处分的权利。
（2）船舶所有权可为自然人所有，也可为法人所有。船舶所有权的取得、转让和消灭，应当向船舶登记机关登记；未经登记的，不得对抗第三人。
（3）船舶可以由两个以上的法人或者个人共有。船舶共有的，应当向船舶登记机关登记；未经登记的，不得对抗第三人。
（4）船舶所有权的转让，应当签订书面合同。

(二) 船舶抵押权

船舶抵押权,是指抵押权人对于抵押人提供的作为债务担保的船舶,在债务人不履行债务时,可以依法拍卖,从卖得价款中优先受偿的权利。

(1) 船舶抵押权合同应采取书面形式,船舶抵押权登记采取登记公示主义,未经过登记则不得对抗第三人。

(2) 建造中的船舶可以设定船舶抵押权。

(3) 船舶共有人就共有船舶设定抵押权,应当取得持有2/3以上份额的共有人的同意,共有人之间另有约定的除外。

(4) 对于同一船舶设定两个以上抵押的,抵押权人的受偿顺序以登记顺序为准。同一天登记的抵押权,则按同一顺序受偿;船舶拍卖所得价款不足以清偿同一顺序数个抵押权的,则数个抵押权按同一比例受偿。

(三) 船舶优先权

船舶优先权,是指海事请求人依法向船舶所有人、光船承租人、船舶经营人提出海事请求,对产生该海事请求的船舶具有优先受偿的权利。

1. 船舶优先权的义务主体

海事请求人向船舶所有人、光船承租人、船舶经营人提出海事请求。

2. 船舶优先权债权项目和受偿顺序

(1) 船长、船员和在船上工作的其他在编人员根据劳动法律、行政法规或者劳动合同所产生的工资、其他劳动报酬、船员遣返费用和社会保险费用的给付请求。

(2) 在船舶营运中发生的人身伤亡的赔偿请求。

(3) 船舶吨税、引航费、港务费和其他港口规费的缴付请求。

(4) 海难救助的救助款项的给付请求。

有两个以上海难救助请求权的,后发生的先受偿。

(5) 船舶在营运中因侵权行为产生的财产赔偿请求。

注意:同属具有船舶优先权的请求权中,受偿顺序按上列(1)至(5)的顺序排列。同一优先项目中,如有两个请求权,应不分先后,同时受偿。不足受偿的,按比例受偿。但是第(4)项关于救助款项的请求权例外。救助款项中有两个以上优先请求权的,后发生的先受偿。同时,如果第(4)项海事请求权后于(1)至(3)项海事请求发生的,第(4)项也应优先于第(1)至(3)项受偿。

救助款项的给付请求所享有的船舶优先权,后发生而先受偿的原因是,后发生的救助保全了船舶,也保全了先发生的救助的成果,使得先发生的各项债权有可能得到清偿,因此保全他人者应优先于被保全者受偿,这被称为"倒序原则"。

(四) 船舶留置权

船舶留置权,指船舶建造人、修船人在合同另一方未履行合同时,可以留置所占有的船舶,以保证造船费用或者修船费用得以偿还的权利。

船舶留置权也是一种法定的担保物权。与一般留置权不同的是,海商法所指的船舶留置权只限于造船人和修船人的留置权。其他人因为其他原因占有船舶不能行使船舶留置权。

(五) 船舶优先权、船舶留置权、船舶抵押权的法定实现顺序

船舶优先权、船舶留置权、船舶抵押权

船舶抵押权、船舶优先权和船舶留置权都是以船舶为标的物的担保物权,都能保证其担保的债权比没有担保的普通债权优先受偿。但船舶抵押权是约定担保物权,而船舶优先权和船舶留置权是法定担保物权;船舶抵押权非经登记不得对抗第三人,而船舶优先权和船舶留置权无需登记。在其担保的债权的受偿顺序上,从先到后依次是:船舶优先权先于船舶留置权受偿,船舶抵押权后于船舶留置权受偿。

注意:因诉讼费用、保存、拍卖船舶和分配船舶价款产生的费用,应从船舶拍卖所得价款中先行拨付。

考点 3 共同海损

(一) 共同海损的认定

1. 共同海损的定义

共同海损,是指在同一海上航程中,船舶、货物和其他财产遭遇共同危险,为了共同安全,有意地合理地采取措施所直接造成的特殊牺牲、支付的特殊费用。

注意:与单独海损的区别

与共同海损相对应,并非为了大家的共同利益而作出的牺牲,而是因自然灾害或意外事故等其他原因直接造成的船舶或货物的损失被称为单独海损。共同海损与单独海损的区别在于,前者是为了大家的利益有意作出的,而后者是海上事故直接造成的;前者应由大家来分摊,而后者应由受损者自行承担。

2. 发生共同海损的条件

(1) 遭遇共同的、真实的危险

共同海损必须是在同一海上航程中的船舶、货物或其他财产面临共同的、真实的危险时发生的。

① 共同的危险,是指这种危险对船舶和货物都构成威胁,仅仅危及船舶或货物单方的危险不会造成共同海损。如天气闷热而船上的冷冻设备损坏,可能导致货物腐败变质而船舶本身不受影响,就不是共同危险。

② 真实的危险,是指危险必须是客观存在的,仅仅是主观臆测的危险不会造成共同海损。

(2) 必须是有意地采取了合理的、有效的措施

① 共同海损中采取的措施必须是船长或其他有权作出决定的人,为了实现挽救船上财物的明确目的而有意采取的。

② 合理是指公平而适当的处置行为,是基于善良管理人的立场,在当时的情况下,慎重考虑后所为的行为。

③ 有效是指因其行为而使财产得以保全。

(3) 损失必须是直接的、特殊的

共同海损措施是以牺牲较小利益保全较大利益为特征。被牺牲的利益必须是共同海损措

施直接造成的,而且是特殊的、异常的。

① 所谓直接的是指损失必须是共同海损行为直接造成的。间接损失,如船期损失、滞期损失、行市损失等,都不能算作共同海损损失。

② 所谓特殊的是指损失必须是非正常的。正常航行中需要作出的开支,不得算作共同海损。

3. 共同海损的牺牲和费用

(1) 共同海损牺牲

共同海损牺牲是指共同海损行为造成的有形的物质损坏或灭失。其范围主要包括:

① 船舶的牺牲;② 货物的牺牲;③ 运费的牺牲。

(2) 共同海损费用

共同海损费用是指共同海损行为造成的金钱上的支出。其范围主要包括:

船舶因发生意外、牺牲或者其他特殊情况而损坏时,为了安全完成本航程,应当列入共同海损的项目:

① 驶入避难港口、避难地点或者驶回装货港口、装货地点进行必要的修理。

② 在上述港口或者地点额外停留期间所支付的港口费。

③ 船员工资、给养,船舶所消耗的燃料、物料。

④ 为修理而卸载、贮存、重装或者搬移船上货物、燃料、物料以及其他财产所造成的损失、支付的费用。

(二) 共同海损的分摊

(1) 船舶共同海损分摊价值,按照船舶在航程终止时的完好价值,减除不属于共同海损的损失金额计算,或者按照船舶在航程终止时的实际价值,加上共同海损牺牲的金额计算。

(2) 货物共同海损分摊价值,按照货物在装船时的价值加保险费加运费,减除不属于共同海损的损失金额和承运人承担风险的运费计算。货物在抵达目的港以前售出的,按照出售净得金额,加上共同海损牺牲的金额计算。

(3) 运费分摊价值,按照承运人承担风险并于航程终止时有权收取的运费,减除为取得该项运费而在共同海损事故发生后,为完成本航程所支付营运费用,加上共同海损牺牲的金额计算。

(4) 以上每一项分摊价值都要加上共同海损牺牲的金额,是因为共同海损牺牲费用中的一部分将要从其他各受益方那里得到补偿,因此也有部分价值因为共同海损行为而得到保全,从而也应计算在共同海损分摊价值之内。

【真题演练】

1. 依据我国《海商法》和《物权法》的相关规定,关于船舶所有权,下列哪一表述是正确的?(2014年真题,单选)

A. 船舶买卖时,船舶所有权自船舶交付给买受人时移转

B. 船舶建造完成后,须办理船舶所有权的登记才能确定其所有权的归属

C. 船舶不能成为共同共有的客体

D. 船舶所有权不能由自然人继承

【答案】 A

【解析】 根据《海商法》第9条第1款以及《物权法》第23条规定,A项正确。基于建造的事实行为取得船舶所有权,无需登记即可以取得所有权的表述缺乏法律依据和法理依据,故B项错误。根据《海商法》第10条规定,船舶与其他物一样,都能成为共同共有的客体,故C项错误。船舶作为物,当然也可以按照《继承法》规定进行继承,故D项错误。

2. 关于船舶担保物权及针对船舶的请求权的表述,下列哪些选项是正确的?(2012年真题,多选)

A. 海难救助的救助款项给付请求,先于在船舶营运中发生的人身伤亡赔偿请求而受偿

B. 船舶在营运中因侵权行为产生的财产赔偿请求,先于船舶吨税、引航费等的缴付请求而受偿

C. 因保存、拍卖船舶和分配船舶价款产生的费用,应从船舶拍卖所得价款中先行拨付

D. 船舶优先权先于船舶留置权与船舶抵押权受偿

【答案】 ACD

【解析】 根据《海商法》第22条和23条的规定,A项正确,B项错误。根据《海商法》第24条的规定,C项正确。根据《海商法》第25条第1款的规定,D项正确。

经济法

竞争法专题

专题导学：

竞争法的精神：公平竞争、市场监管

竞争是经济上的概念，经济主体在市场上为了实现自身利益和既定目标，不断进行争胜的过程。竞争是市场经济的内在机制，保障国家经济正常运行。我国竞争法目前采取的是分立式立法模式，即将竞争法分为反垄断法和反不正当竞争法。垄断行为是指有关主体在市场运行过程中通过排他性控制，或对市场竞争进行实质性限制，而妨碍公平竞争秩序的行为。不正当竞争行为是指经营者违反法律的规定，损害其他经营者的合法权益，扰乱社会经济秩序的行为。反垄断法和反不正当竞争法的共同目的都是预防和制止非法的竞争行为，保护市场公平竞争，提高经济运行效率，维护消费者利益和社会公共利益，促进市场经济健康发展。

竞争法学习线索：

1. 垄断行为的种类与执法

要求掌握垄断行为的基本种类，包括经济性垄断行为和行政性垄断行为的具体规定，能够结合实际案例进行运用。同时，掌握反垄断执法机构的名称、职权和行政执法措施，以及违反反垄断法的相应的法律责任。

2. 不正当竞争行为的种类与执法

应熟练掌握反不正当竞争的七种行为，能够灵活应用并综合理解其中难点、热点问题。并了解国家行政机关对反不正当竞争行为的监管措施。

第一节 反垄断法

垄断是指经营者排除或限制竞争的违法行为。可以从以下几点理解：第一，垄断的客观方面是垄断行为，即法律所规范的对象是行为，而不是状态。第二，垄断的主体是经营者或其利益代表者，行业协会、行政机关和根据法律法规授权享有公共管理权利的其他组织虽然不是经营者，但当它成为垄断行为的主体时，实际上就作为或演变为经营者的利益代表者。第三，垄断的主观方面是为了谋取超额利益。第四，垄断的后果是排除或限制竞争。第五，垄断具有违法性。在法律上被认定为是垄断的行为一定是违法行为。

考点 1 经济性垄断

经济性垄断是指经营者利用自己的经济优势，或者通过联合组织或通谋等方式，限制、排挤或阻碍市场正常竞争的行为。经济性垄断的实施主体是经营者；目的是为了获取高额垄断利润。经营者是指从事商品生产、经营或者提供服务的自然人、法人和其他组织。

《反垄断法》中的"经济性垄断行为"，包括：经营者达成垄断协议；经营者滥用市场支配地位；具有或者可能具有排除、限制竞争效果的经营者集中。

(一) 垄断协议

1. 垄断协议的界定

垄断协议,也即联合限制竞争行为,是指排除、限制竞争的协议、决定或者其他协同行为。对于垄断协议,判断其合理及合法性的标准在于其是否排除、限制及损害了竞争。

2. 横向垄断协议

横向垄断协议的主要特征是当事人处于同一生产或流通环节,或同为生产者,或同为销售者,或同为购买者。

(1) 横向固定价格协议(价格同盟);
(2) 限制数量的协议;
(3) 市场划分协议;
(4) 限制购买新技术、新设备或者限制开发新技术、新产品的协议;
(5) 联合抵制交易。

3. 纵向垄断协议

处于同一产业不同环节的交易者约定,就交易标的转售给第三人,或由第三人再转售时,应遵守一定价格的限制竞争协议。

纵向垄断协议作为垄断协议的一种,与横向垄断协议相对应,它是指在同一产业中两个或两个以上处于不同经济层次、没有直接竞争关系但是有买卖关系的经营者,通过明示或者默示的方式达成的排除、限制竞争的协议。一般来说,处于前一阶段的经营者,常被称为"上游经营者";而处于后一阶段的经营者,则常被称为"下游经营者"。

4. 垄断协议的适用除外

(1) 为改进技术、研究开发新产品的;
(2) 为提高产品质量、降低成本、增进效率,统一产品规格、标准或者实行专业化分工的;
(3) 为提高中小经营者经营效率,增强中小经营者竞争力的;
(4) 为实现节约能源、保护环境、救灾救助等社会公共利益的;
(5) 因经济不景气,为缓解销售量严重下降或者生产明显过剩的;
(6) 为保障对外贸易和对外经济合作中的正当利益的;
(7) 农业生产者及农村经济组织在农产品生产、加工、销售、运输、储存等经营活动中实施的联合或者协同行为。

5. 行业协会限制竞争行为

行业协会在其运作中,以行业协会决议等方式实施的排除、限制及损害竞争的行为。

【真题演练】

1. 某景区多家旅行社、饭店、商店和客运公司共同签订《关于加强服务协同提高服务水平的决定》,约定了统一的收费方式、服务标准和收入分配方案。有人认为此举构成横向垄断协议。根据《反垄断法》,下列哪一说法是正确的?(2017年真题,单选)

A. 只要在一个竞争性市场中的经营者达成协调市场行为的协议,就违反该法
B. 只要经营者之间的协议涉及商品或服务的价格、标准等问题,就违反该法
C. 如经营者之间的协议有利于提高行业服务质量和经济效益,就不违反该法

D. 如经营者之间的协议不具备排除、限制竞争的效果,就不违反该法

【答案】 D

【解析】 根据《反垄断法》第13条、第15条规定,本题中景区多家旅行社、饭店、商店和客运公司共同签订的《关于加强服务协同 提高服务水平的决定》不一定会构成垄断协议。A选项和B选项的说法过于绝对,A、B选项错误。同理,即使经营者之间的协议有利于提高行业服务质量和经济效益属于不适用本法第12条、第14条规定的情形,此时的经营者还应当证明所达成的协议不会严重限制相关市场的竞争,并且能够使消费者分享由此产生的利益。C选项的说法过于绝对,C选项错误。既然经营者之间的协议已不具备排除、限制竞争的效果,其不属于垄断协议,因而不违反法律规定。D选择正确。

2. 某品牌白酒市场份额较大且知名度较高,因销量急剧下滑,生产商召集经销商开会,令其不得低于限价进行销售,对违反者将扣除保证金、减少销售配额直至取消销售资格。关于该行为的性质,下列哪一判断是正确的?(2013年真题,单选)

A. 维护品牌形象的正当行为　　　　B. 滥用市场支配地位的行为
C. 价格同盟行为　　　　　　　　　D. 纵向垄断协议行为

【答案】 D

【解析】 根据《反垄断法》第3、14、17条的规定,该行为为纵向垄断行为,故A错误,D项正确。该白酒生产商的行为不构成滥用市场支配地位,故B项错误。价格同盟行为属于横向垄断协议行为,故C项错误。

3. 根据《反垄断法》规定,下列哪些选项不构成垄断协议?(2009年真题,多选)

A. 某行业协会组织本行业的企业就防止进口原料时的恶性竞争达成保护性协议
B. 三家大型房地产公司的代表聚会,就商品房价格达成共识,随后一致采取涨价行动
C. 某品牌的奶粉含有毒物质的事实被公布后,数家大型零售公司联合声明拒绝销售该产品
D. 数家大型煤炭企业就采用一种新型矿山安全生产技术达成一致意见

【答案】 ACD

【解析】 根据《反垄断法》第13、15条的规定。B构成垄断协议,A、C、D均不构成垄断协议。

(二) 滥用市场支配地位

1. 滥用市场支配地位界定

滥用市场支配地位是指具有某种市场支配地位的主体滥用其优势,排除、限制及损害竞争的行为。

(1) 市场支配地位的界定。

市场支配地位,是指经营者在相关市场内具有能够控制商品价格、数量或者其他交易条件,或者能够阻碍、影响其他经营者进入相关市场能力的市场地位。

相关市场,是与特定经营者的产品和服务存在竞争关系的产品范围和服务范围。可以从三个方面来认定:一是种类上的相关市场,能够与经营者的产品和服务存在相互竞争关系的同种类品和替代品的范围。二是地域上的相关市场,能够与经营者的产品和服务存在相互竞争关系的同种类品和替代品的地域范围。三是时间上的相关市场,能够与经营者的产品和服务

存在相互竞争关系的同种类品和替代品的时间范围。

(2) 认定经营者是否具有市场支配地位要考虑市场份额、相关市场的竞争状况、其他经营者进入相关市场的难易程度等因素。

具体是：

① 该经营者在相关市场的市场份额，以及相关市场的竞争状况；
② 该经营者控制销售市场或者原材料采购市场的能力；
③ 该经营者的财力和技术条件；
④ 其他经营者对该经营者在交易上的依赖程度；
⑤ 其他经营者进入相关市场的难易程度；
⑥ 与认定经营者市场支配地位有关的其他因素。

2. 市场支配地位的推定

(1) 一个经营者在相关市场的市场份额达到1/2的，或者两个经营者在相关市场的市场份额合计达到2/3的，或者三个经营者在相关市场的市场份额合计达到3/4的，可以推定经营者具有市场支配地位。但是如果两个经营者在相关市场的市场份额合计达到2/3，或者三个经营者在相关市场的市场份额合计达到3/4，而其中有的经营者市场份额不足1/10的，不应推定该经营者具有市场支配地位。

(2) 被推定具有市场支配地位的经营者，有证据证明不具有市场支配地位的，不应当认定其具有市场支配地位。

3. 滥用市场支配地位的表现形式

禁止具有市场支配地位的经营者从事下列滥用市场支配地位的行为：

(1) 以不公平的高价销售商品或者以不公平的低价购买商品。

又称为垄断高价和垄断低价。垄断高价，是指具有市场支配地位的经营者，利用其市场支配地位，以远高于平均利润率的利润率确定其销售价格销售商品和提供服务的行为。垄断低价，是指具有市场支配地位的经营者，利用其市场支配地位，以远低于平均利润率的利润率确定其购买价格购买商品和服务的行为。两种虽然表现形式不同，实质一样，都是以谋取超额利润为直接目的。

(2) 没有正当理由，以低于成本的价格销售商品。

又称为掠夺性定价，构成掠夺性定价需要具备以下四个条件：一是经营者在相关市场中具有市场支配地位；二是经营者销售商品和提供服务的价格低于成本价；三是采用低于成本价的直接目的是为了排挤竞争对手；四是没有正当理由。正当理由包括：降价处理鲜活商品、季节性商品、有效期将至的商品和积压商品的；因清偿债务、转产、歇业降价销售商品的；为推广新产品进行促销的；能够证明行为有正当性的其他理由。

(3) 没有正当理由，拒绝与交易相对人进行交易。

(4) 没有正当理由，限定交易相对人只能与其进行交易或者只能与其指定的经营者进行交易。

(5) 没有正当理由搭售商品，或者在交易时附加其他不合理的交易条件。

① 搭售，指具有市场支配地位的经营者，在销售和提供其市场份额高的商品和服务时，搭配销售和提供其市场份额较低的商品和服务的行为。搭售有作为阻碍性滥用的搭售和作为剥削性滥用的搭售之分。阻碍性滥用的搭售主要是经营者为了达到扩大其商品的市场份额或者

服务的市场份额,并降低竞争对手同类产品和服务的市场份额目的的行为。剥削性滥用的搭售,则是具有市场支配地位的经营者,在销售和提供其供不应求的商品和服务时,搭配销售和提供其库存积压、质次价高或者供过于求的商品和服务的行为。这样既可以减少积压成本又可以通过过高的售价谋取暴利。

② 附加其他不合理限制主要表现为,具有市场支配地位的经营者,对合同期限、支付方式、商品的运输及交付方式或者服务的提供方式等附加不合理的限制;对商品的销售地域、销售对象、售后服务等附加不合理的限制;在价格之外附加不合理的费用;附加于交易标的无关的其他交易条件。

(6) 没有正当理由,对条件相同的交易相对人在交易价格等交易条件上实行差别待遇。

具体体来说对于条件相同的交易相对人在交易条件上实施下列行为是差别待遇的体现:交易价格;实施不同的交易数量、品种、品质等级;实行不同数量折扣等优惠条件;不同的交付条件、交付方式;不同的售后服务条件;其他差别待遇。

(7) 国务院反垄断执法机构认定的其他滥用市场支配地位的行为。

注意:《反垄断法》与《反不正当竞争法》的适用

①《反垄断法》重在保护竞争自由,反对排除、限制竞争,解决的是市场中有没有竞争的问题;

②《反不正当竞争法》重在保护竞争公平,反对不正当竞争,解决的是市场中的竞争是否公平有序的问题。

【真题演练】

关于市场支配地位,下列哪些说法是正确的?(2011年真题,多选)
A. 有市场支配地位而无滥用该地位的行为者,不为《反垄断法》所禁止
B. 市场支配地位的认定,只考虑经营者在相关市场的市场份额
C. 其他经营者进入相关市场的难易程度,不影响市场支配地位的认定
D. 一个经营者在相关市场的市场份额达到二分之一的,推定为有市场支配地位

【答案】 AD

【解析】 根据《反垄断法》第3条规定,A项正确。根据《反垄断法》第18条规定,B项、C项说法均不正确。根据《反垄断法》第19条第1款规定,D项正确。

(三) 经营者集中

1. 经营者集中是指下列情形
(1) 经营者合并;
(2) 经营者通过取得股权或者资产的方式取得对其他经营者的控制权;
(3) 经营者通过合同等方式取得对其他经营者的控制权或者能够对其他经营者施加决定性影响。

经营者集中可以给企业带来规模效益;减少对手,提高市场份额;减少税收负担;降低交易成本;有助于国家调整和完善产业结构。但是经营者集中也有造成限制、减少竞争的后果的可能性。所以反垄断法综合经营者集中的利弊,对经营者集中采取了不放任也不是一概禁止的规制手段。

2. 经营者集中的申报

事先申报制度是防止出现经营者集中的预防性措施。由于经营者集中对市场竞争结构影响较大,且事后处理或处罚所造成的消极影响甚大,因此要求达到法定标准的集中案件须进行事先申报,继而由相关执法部门予以审查。

标准	经营者集中达到国务院规定的申报标准的,经营者应当事先向国务院反垄断执法机构申报,未申报的不得实施集中。 (1) 参与集中的所有经营者上一会计年度在全球范围内的营业额合计超过100亿元人民币,并且其中至少2个经营者上一会计年度在中国境内的营业额均超过4亿元人民币; (2) 参与集中的所有经营者上一会计年度在中国境内的营业额合计超过20亿元人民币,并且其中至少2个经营者上一会计年度在中国境内的营业额均超过4亿元人民币。
免除	经营者集中有下列情形之一的,可以不向国务院反垄断执法机构申报: (1) 参与集中的一个经营者拥有其他每个经营者50%以上有表决权的股份或者资产的; (2) 参与集中的每个经营者50%以上有表决权的股份或者资产被同一个未参与集中的经营者拥有的。
主体	经营者合并方式的集中,由参与合并的全部经营者申报;其他方式的经营者集中,由取得控制权或施加决定性影响的经营者申报,其他经营者予以配合。

3. 经营者集中的审查程序、审查标准和豁免标准

审查程序	(1) 初步审查 国务院反垄断执法机构应当自收到经营者提交的符合规定的文件、资料之日起30日内,对申报的经营者集中进行初步审查,作出是否实施进一步审查的决定,并书面通知经营者。国务院反垄断执法机构作出决定前,经营者不得实施集中。国务院反垄断执法机构作出不实施进一步审查的决定或者逾期未作出决定的,经营者可以实施集中。 (2) 实质审查 国务院反垄断执法机构决定实施进一步审查的,应当自决定之日起90日内审查完毕,作出是否禁止经营者集中的决定,并书面通知经营者。作出禁止经营者集中的决定,应当说明理由。审查期间,经营者不得实施集中。国务院反垄断执法机构逾期未作出决定的,经营者可以实施集中。
审查标准	经营者集中具有或者可能具有排除、限制竞争效果的,国务院反垄断执法机构应当作出禁止经营者集中的决定。

(续表)

分析因素	经营者集中易改变竞争结构、引发不良竞争效果,各国反垄断执法机构在审查经营者集中时往往在界定清楚相关市场的基础上,考虑集中企业的市场份额、控制力、市场集中度等方面的因素。 (1) 参与集中的经营者在相关市场的市场份额及其对市场的控制力; (2) 相关市场的市场集中度; (3) 经营者集中对市场进入、技术进步的影响; (4) 经营者集中对消费者和其他有关经营者的影响; (5) 经营者集中对国民经济发展的影响。
豁免规则	经营者能够证明该集中对竞争产生的有利影响明显大于不利影响,或者符合社会公共利益的,国务院反垄断执法机构可以作出对经营者集中不予禁止的决定。对不予禁止的经营者集中,国务院反垄断执法机构可以决定附加减少集中对竞争产生不利影响的限制性条件。
国家安全审查	外资并购境内企业或以其他方式参与经营者集中的,涉及国家安全的,还应当按国家有关规定进行国家安全审查。

【真题演练】

根据《反垄断法》规定,关于经营者集中的说法,下列哪些选项是正确的？(2010年真题,多选)

A. 经营者集中就是指企业合并
B. 经营者集中实行事前申报制,但允许在实施集中后补充申报
C. 经营者集中被审查时,参与集中者的市场份额及其市场控制力是一个重要的考虑因素
D. 经营者集中如被确定为可能具有限制竞争的效果,将会被禁止

【答案】 CD

【解析】 根据《反垄断法》第20条的规定,A选项错误。根据《反垄断法》第21条的规定,B选项错误。根据《反垄断法》第27条第1项规定,C选项正确。根据《反垄断法》第28条规定,D选项正确。

考点 2 行政性垄断

行政性垄断是指行政机关和法律、法规授权的具有管理公共事务职能的组织滥用行政权力,排除、限制竞争的行为。行政性垄断是一种超经济垄断,实施主体特殊,具有鲜明的强制性。

(一) 主体

行政机关和法律、法规授权的具有管理公共事务职能的组织。

(二) 排除、限制竞争的典型行为

1. 行政性强制交易

以明确要求、暗示或者拒绝、拖延行政许可以及重复检查等方式限定或者变相限定单位或者个人经营、购买、使用其指定的经营者提供的商品或者限定他人的正常经营活动。

2. 行政性限制市场准入

(1) 妨碍商品在地区之间的自由流通

① 对外地商品设定歧视性收费项目、实行歧视性收费标准或规定歧视性价格；

② 对外地商品规定与本地同类商品不同的技术要求、检验标准，或者对外地商品采取重复检验、重复认证等歧视性技术措施，限制外地商品进入本地市场；

③ 采取专门针对外地商品的行政许可，限制外地商品进入本地市场；

④ 设置关卡或者采取其他手段，阻碍外地商品进入或者本地商品运出；

⑤ 妨碍商品在地区之间自由流通的其他行为。

(2) 排斥或者限制外地经营者参加本地的招标投标活动

以设定歧视性资质要求、评审标准或者不依法发布信息等方式，排斥或者限制外地经营者参加本地的招标投标活动。

(3) 排斥或者限制外地经营者在本地投资或者设立分支机构

采取与本地经营者不平等待遇等方式，排斥或者限制外地经营者在本地投资或者设立分支机构。

3. 行政性强制经营者限制竞争

(1) 不得滥用行政权力强制经营者从事《反垄断法》规定的垄断行为；

(2) 不得滥用行政权力制定含有排除、限制竞争内容的规定。

考点 3 反垄断执法

(一) 反垄断执法机构

1. 一级机构

(1) 商务部下设的反垄断局

(2) 国家发展改革委员会下设的价格监督检查司

(3) 国家工商行政管理总局下设的反垄断与不正当竞争执法局

注意：反垄断委员会

2. 二级机构

国务院反垄断执法机构根据工作需要，可以授权省、自治区、直辖市人民政府相应的机构依法规定负责有关反垄断执法工作。

(二) 反垄断执法机构的调查

反垄断执法机构调查针对的事项主要是，经营者的联合限制竞争行为、经营者滥用市场支配地位的行为、经营者集中行为、产业组织结构和市场竞争状况及其他需要调查的事项。在我国还包括了行政垄断的调查。为履行其职责,起到防止限制、排除竞争的垄断行为的后果出现,其必须享有对经营者的住所、经营场所或者其他场所进行实地调查的以获得一切必要证据的权力,包括采取必要的强制性调查手段的权力。

1. 调查的具体内容

（1）检查权。进入被调查的经营者的营业场所或者其他有关场所进行检查。

（2）询问权。询问被调查的经营者、利害关系人或者其他有关单位或者个人,要求其说明有关情况。

（3）资料调阅复制权。查阅、复制被调查的经营者、利害关系人或者其他有关单位或者个人的有关单证、协议、会计账簿、业务函电、电子数据等文件、资料。

（4）证据查封、扣押权。查封、扣押相关证据。

（5）账户查询权。查询经营者的银行账户。

2. 调查行使的程序

（1）调查的启动

对于涉嫌垄断的行为,任何单位和个人有权向反垄断执法机构举报。反垄断执法机构应当为举报人保密。采用书面形式并提供相关事实和证据的,反垄断执法机构应当进行必要的调查。具体实施调查,还必须由调查人员向反垄断执法机构主要负责人书面报告,并经批准。

（2）调查的中止

对反垄断执法机构调查的涉嫌垄断行为,被调查的经营者承诺在反垄断执法机构认可的期限内采取具体措施消除该行为后果的,反垄断执法机构可以决定中止调查。这是通行的调查和解。中止调查的决定应当载明被调查的经营者承诺的具体内容。

（3）调查的终止

反垄断执法机构决定中止调查的,应当对经营者履行承诺的情况进行监督。经营者履行承诺的,反垄断执法机构可以决定终止调查。

（4）调查的恢复

有下列情形之一的,反垄断执法机构应当恢复调查：

① 经营者未履行承诺的;

② 作出中止调查决定所依据的事实发生重大变化的;

③ 中止调查的决定是基于经营者提供的不完整或者不真实的信息作出的。

（三）信息公开

反垄断执法机构对涉嫌垄断行为调查核实后,认为构成垄断行为的,应当依法作出处理决定,并可以向社会公布。

（四）违反反垄断法的法律责任

1. 经营者违法实施垄断协议的法律责任

（1）经营者责任

经营者达成并实施垄断协议的,由反垄断执法机构责令停止违法行为,没收违法所得,并处上一年度销售额1%以上10%以下的罚款;尚未实施所达成的垄断协议的,可以处50万元以下的罚款。

注意:经营者主动向反垄断执法机构报告达成垄断协议的有关情况并提供重要证据的,反垄断执法机构可以酌情减轻或者免除对该经营者的处罚。

(2) 行业协会责任

行业协会违反规定,组织本行业的经营者达成垄断协议的,反垄断执法机构可以处 50 万元以下的罚款;情节严重的,社会团体登记管理机关可以依法撤销登记。

2. 经营者违法实施滥用市场支配地位的法律责任

经营者滥用市场支配地位的,由反垄断执法机构责令停止违法行为,没收违法所得,并处上一年度销售额 1% 以上 10% 以下的罚款。

3. 经营者违法实施经营者集中的法律责任

经营者违反《反垄断法》规定实施集中的,由国务院反垄断执法机构责令停止实施集中、限期处分股份或者资产、限期转让营业以及采取其他必要措施恢复到集中前的状态,可以处 50 万元以下的罚款。

4. 违法滥用行政权力排除、限制竞争的法律责任

行政机关和法律、法规授权的具有管理公共事务职能的组织滥用行政权力,实施排除、限制竞争行为的,由上级机关责令改正;对直接负责的主管人员和其他直接责任人员依法给予处分。反垄断执法机构可以向有关上级机关提出依法处理的建议。

【真题演练】

1. 某县会计师行业自律委员会成立之初,达成统筹分配当地全行业整体收入的协议,要求当年市场份额提高的会员应分出自己的部分收入,补贴给市场份额降低的会员。事后,有会员向省级工商行政管理部门书面投诉。关于此事,下列哪些说法是正确的?(2016 年真题,多选)

A. 该协议限制了当地会计师行业的竞争,具有违法性
B. 抑强扶弱有利于培育当地会计服务市场,法律不予禁止
C. 此事不能由省级工商行政管理部门受理,应由该委员会成员自行协商解决
D. 即使该协议尚未实施,如构成违法,也可予以查处

【答案】 AD

【解析】 根据我国《反垄断法》第 13 条的规定,该协议属于垄断协议,A 选项正确,B 选项错误。根据我国《反垄断法》第 46 条第 3 款的规定,C 选项错误。根据我国《反垄断法》第 46 条第 1 款的规定,D 选项正确。

2. 某市甲、乙、丙三大零售企业达成一致协议,拒绝接受产品供应商丁的供货。丙向反垄断执法机构举报并提供重要证据,经查,三企业构成垄断协议行为。关于三企业应承担的法律责任,下列哪些选项是正确的?(2015 年真题,多选)

A. 该执法机构应责令三企业停止违法行为,没收违法所得,并处以相应罚款
B. 丙企业举报有功,可酌情减轻或免除处罚
C. 如丁因垄断行为遭受损失的,三企业应依法承担民事责任
D. 如三企业行为后果极为严重,应追究其刑事责任

【答案】 ABC

【解析】 根据《反垄断法》第46条第1款规定,A项正确。根据《反垄断法》第46条第2款的规定,B项正确。根据《反垄断法》第50条规定,C项正确。由于目前我国立法没有关于追究垄断协议的刑事责任的规定,故D项错误。

3. 某县政府规定:施工现场不得搅拌混凝土,只能使用预拌的商品混凝土。2012年,县建材协会组织协调县内6家生产企业达成协议,各自按划分的区域销售商品混凝土。因货少价高,一些施工单位要求县工商局处理这些企业的垄断行为。根据《反垄断法》,下列哪些选项是错误的?(2013年真题,多选)

A. 县政府的规定属于行政垄断行为
B. 县建材协会的行为违反了《反垄断法》
C. 县工商局有权对6家企业涉嫌垄断的行为进行调查和处理
D. 被调查企业承诺在反垄断执法机构认可的期限内采取具体措施消除该行为后果的,该机构可决定终止调查

【答案】 ACD

【解析】 根据《环境保护法》第6条以及《反垄断法》关于行政垄断的相关规定,县政府的规定是合法的,且不构成行政垄断,故A项错误。根据《反垄断法》第11、16、46条的规定,县建材协会的行为违反了《反垄断法》,故B项正确。根据《反垄断法》第38条以及第10条第2款规定,C项错误。根据《反垄断法》第45条的规定,D选项中反垄断执法机构应是中止调查,而不是终止调查,故D项错误。

4. 对于国务院反垄断委员会的机构定位和工作职责,下列哪一选项是正确的?(2009年真题,单选)

A. 是承担反垄断执法职责的法定机构
B. 应当履行协调反垄断行政执法工作的职责
C. 可以授权国务院相关部门负责反垄断执法工作
D. 可以授权省、自治区、直辖市人民政府的相应机构负责反垄断执法工作

【答案】 B

【解析】 根据《反垄断法》第9条规定,反垄断委员会的定位应该属于调研智囊型宏观协调机构而非直接执法机构。故选项A错误,选项B正确。根据《反垄断法》第10条第2款规定,选项C、D错误。

第二节 反不正当竞争法

考点 1 反不正当竞争行为

(一) 反不正当竞争法概述

不正当竞争行为,是指经营者在生产经营活动中,违反《反不正当竞争法》规定,扰乱市场竞争秩序,损害其他经营者或者消费者的合法权益的行为。经营者,是指从事商品生产、经营或者提供服务(以下所称商品包括服务)的自然人、法人和非法人组织。

由不正当竞争的定义可以分析出以下三种属性:
1. 竞争性,不正当的竞争行为是市场竞争行为,这成为与垄断行为的关键区分点。
2. 反道德性,不正当竞争行为是违反商业道德的行为,这成为不正当竞争和正当竞争的行为的区分点。
3. 违法性,法律上的不正当竞争行为当然是同时违反法律和商业道德的行为。

(二) 对不正当竞争行为的规制

混淆行为	混淆行为,就是通过种种手段引人误认为是他人商品或者与他人存在特定联系的行为,包括: (1) 混淆商品标识:擅自使用与他人有一定影响的商品名称、包装、装潢等相同或者近似的标识; (2) 混淆主体标识:擅自使用他人有一定影响的企业名称(包括简称、字号等)、社会组织名称(包括简称等)、姓名(包括笔名、艺名、译名等)); (3) 混淆网络活动标识:擅自使用他人有一定影响的域名主体部分、网站名称、网页等; (4) 其他足以引人误认为是他人商品或者与他人存在特定联系的混淆行为。
商业贿赂行为	经营者不得采用财物或者其他手段贿赂下列单位或者个人,以谋取交易机会或者竞争优势。 (1) 进行商业贿赂的主体包括经营者及其工作人员,但是经营者有证据证明该工作人员的行为与为经营者谋取交易机会或竞争优势无关的除外。 (2) 进行商业贿赂的目的是谋取交易机会或者竞争优势。 (3) 商业贿赂的手段既包括财物,也包括其他手段。 (4) 商业贿赂的对象 ① 交易相对方的工作人员; ② 受交易相对方委托办理相关事务的单位或者个人; ③ 利用职权或者影响力影响交易的单位或者个人。 (5) 区分商业贿赂和合法的折扣、佣金 ① 要以明示方式进行; ② 要如实入账。 注意:经营者向交易相对方支付折扣、向中间人支付佣金的,应当如实入账。接受折扣、佣金的经营者也应当如实入账。
虚假宣传行为	(1) 经营者不得对其商品的性能、功能、质量、销售状况、用户评价、曾获荣誉等作虚假或者引人误解的商业宣传,欺骗、误导消费者。 (2) 经营者不得通过组织虚假交易等方式,帮助其他经营者进行虚假或者引人误解的商业宣传。 如:刷单炒信。

(续表)

侵犯商业秘密行为	商业秘密:商业秘密,是指不为公众所知悉、具有商业价值并经权利人采取相应保密措施的技术信息和经营信息。 侵犯商业秘密的类型: (1) 以盗窃、贿赂、欺诈、胁迫或者其他不正当手段获取权利人的商业秘密; (2) 披露、使用或者允许他人使用以前项手段获取的权利人的商业秘密; (3) 违反约定或者违反权利人有关保守商业秘密的要求,披露、使用或者允许他人使用其所掌握的商业秘密。 (4) 第三人明知或者应知商业秘密权利人的员工、前员工或者其他单位、个人实施前款所列违法行为,仍获取、披露、使用或者允许他人使用该商业秘密的,视为侵犯商业秘密。 注意:对员工、前员工侵犯商业秘密的体系化规制 ①《劳动法》《劳动合同法》的保密义务。 ②《民法总则》《侵权责任法》的侵犯知识产权的民事责任。
不当有奖销售行为	有奖销售,是指经营者销售商品或者提供服务,附带性地向购买者提供物品、金钱或者其他经济上的利益的行为。 (1) 所设奖的种类、兑奖条件、奖金金额或者奖品等有奖销售信息不明确,影响兑奖; (2) 采用谎称有奖或者故意让内定人员中奖的欺骗方式进行有奖销售; (3) 抽奖式的有奖销售,最高奖的金额超过五万元。
商业诋毁行为	经营者不得编造、传播虚假信息或者误导性信息,损害竞争对手的商业信誉、商品声誉。 注意:对于商业诋毁行为,主体仅限于经营者,并且实施商业诋毁行为的经营者与被商业诋毁的经营者之间存在竞争关系。
网络领域不正当竞争行为	经营者不得利用技术手段,通过影响用户选择或者其他方式,实施下列妨碍、破坏其他经营者合法提供的网络产品或者服务正常运行的行为。 (1) 未经其他经营者同意,在其合法提供的网络产品或者服务中,插入链接、强制进行目标跳转; (2) 误导、欺骗、强迫用户修改、关闭、卸载其他经营者合法提供的网络产品或者服务; (3) 恶意对其他经营者合法提供的网络产品或者服务实施不兼容; (4) 其他妨碍、破坏其他经营者合法提供的网络产品或者服务正常运行的行为。

考点 2 法律责任

(一) 监管措施

1. 进入涉嫌不正当竞争行为的经营场所进行检查;
2. 询问被调查的经营者、利害关系人及其他有关单位、个人,要求其说明有关情况或者提供与被调查行为有关的其他资料;

3. 查询、复制与涉嫌不正当竞争行为有关的协议、账簿、单据、文件、记录、业务函电和其他资料;

4. 查封、扣押与涉嫌不正当竞争行为有关的财物;

5. 查询涉嫌不正当竞争行为的经营者的银行账户。

采取上述措施,应当向监督检查部门主要负责人书面报告,并经批准。采取查封、扣押财务,查询账户的措施,应当向设区的市级以上人民政府监督检查部门主要负责人书面报告,并经批准。

(二) 民事责任

1. 因不正当竞争行为受到损害的经营者的赔偿数额,按照其因被侵权所受到的实际损失确定;实际损失难以计算的,按照侵权人因侵权所获得的利益确定。赔偿数额还应当包括经营者为制止侵权行为所支付的合理开支。

2. 经营者实施混淆行为、侵犯商业秘密行为的,权利人因被侵权所受到的实际损失、侵权人因侵权所获得的利益难以确定的,由人民法院根据侵权行为的情节判决给予权利人300万元以下的赔偿。

(三) 行政责任

1. 实施混淆行为的行政责任

(1) 由监督检查部门责令停止违法行为,没收违法商品。违法经营额5万元以上的,可以并处违法经营额5倍以下的罚款;没有违法经营额或者违法经营额不足5万元的,可以并处25万元以下的罚款。情节严重的,吊销营业执照。

(2) 经营者登记的企业名称应当及时办理名称变更登记;名称变更前,由原企业登记机关以统一社会信用代码代替其名称。

2. 实施商业贿赂行为的行政责任

由监督检查部门没收违法所得,处10万元以上300万元以下的罚款。情节严重的,吊销营业执照。

3. 实施虚假宣传行为的行政责任

(1) 由监督检查部门责令停止违法行为,处20万元以上100万元以下的罚款;情节严重的,处100万元以上200万元以下的罚款,可以吊销营业执照。

(2) 经营者实施虚假宣传行为属于发布虚假广告的,依照《中华人民共和国广告法》的规定处罚。

4. 实施侵犯商业秘密行为的行政责任

由监督检查部门责令停止违法行为,处10万元以上50万元以下的罚款;情节严重的,处50万元以上300万元以下的罚款。

5. 实施不当有奖销售行为的行政责任

由监督检查部门责令停止违法行为,处5万元以上50万元以下的罚款。

6. 实施商业诋毁行为的行政责任

由监督检查部门责令停止违法行为、消除影响,处10万元以上50万元以下的罚款;情节严重的,处50万元以上300万元以下的罚款。

7. 实施网络领域不正当竞争行为的行政责任

由监督检查部门责令停止违法行为,处 10 万元以上 50 万元以下的罚款;情节严重的,处 50 万元以上 300 万元以下的罚款。

注意:从轻、减轻或者不予行政处罚的情形

经营者违反本法规定从事不正当竞争,有主动消除或者减轻违法行为危害后果等法定情形的,依法从轻或者减轻行政处罚;违法行为轻微并及时纠正,没有造成危害后果的,不予行政处罚。

【真题演练】

某蛋糕店开业之初,为扩大影响,增加销售,出钱雇人排队抢购。不久,该店门口便时常排起长队,销售盛况的照片也频频出现于网络等媒体,附近同类店家生意随之清淡。对此行为,下列哪一说法是正确的?(2017年真题,单选)

A. 属于正当的营销行为
B. 构成混淆行为
C. 构成虚假宣传行为
D. 构成商业贿赂行为

【答案】 C

【解析】 根据《反不正当竞争法》第 6 条规定,混淆行为需要引人误认为该产品是他人商品或与他人存在特定联系,该题中蛋糕店的行为并未使顾客产生此种误解,不构成混淆行为,B 选项错误。根据《反不正当竞争法》第 8 条规定,该题中蛋糕店出钱雇人排队抢购,营造出一种店面火爆销售的虚假经营状况,并通过媒体对这种虚假经营状况进行进一步宣传,实质上是通过组织虚假交易的方式进行虚假宣传,不属于正常的营销行为。选项 A 错误,选项 C 正确。根据《反不正当竞争法》第 7 条规定,该题中蛋糕店的行为并不满足商业贿赂的构成要件,D 选项错误。

消费者法专题

专题导学：

消费者法的精神：消费者权益、经营者责任

广义上的消费者法是调整在保护消费者权益和构建经营者责任的过程中发生的社会关系的法律规范的总称。所谓"消费者权益"是指消费者依法享有的权利以及该权利受到保护而给消费者带来的应得的利益。所谓"经营者责任"是指从事商品生产、经营或者提供服务的自然人、法人和其他组织，违反法律规定的经营者义务而应承担的相应责任。广义上的消费者法在考试中包括三部法律，即《消费者权益保护法》着眼于对消费者权益的重点保护；《产品质量法》目的在于对缺陷产品的生产者责任、销售者责任及第三方责任进行规制；《食品安全法》侧重在食品生产、流通等各个环节，保证食品安全，保障公民身体健康和生命安全。

消费者法学习线索：

1. 消费者权利与经营者义务

《消费者权益保护法》中规定的消费者权利与经营者义务是学习的重点。特别应当结合2013年新修订的《消费者权益保护法》规定的，非现场购物的反悔权、消费者个人的信息权、三倍的惩罚性赔偿、霸王条款的限制等内容进行复习。

2. 产品责任

产品责任亦称产品缺陷责任，是指因产品缺陷造成人身、缺陷产品以外的其他财产损害而应承担的赔偿责任。应当能够辨析直接责任的承担和最终责任的承担，以及产品责任中生产者和销售者不同的归责原则和免责事由。

3. 食品安全的一般规定

食品安全直接关系到公民的身体健康和生命，在消费者法中有着十分重要的法律地位和更加严格的规定，因此要求能够充分理解食品安全法的法律体系，包括法律适用、食品许可、食品标准、食品召回、食品信息、食品检验、安全事故处置、民事赔偿责任等重要内容。

第一节 消费者权益保护法

考点 1 消费者权益保护法概述

（一）概述

消费者权益保护法是调整在保护消费者权益的过程中发生的社会关系的法律规范的总称，其立法目的系保护消费者的合法权益，维护社会经济秩序，促进社会主义市场经济的健康发展。

消费者权益保护法应当包括：一是尊重和保障人权原则，即是国家保护消费者的合法权益不受侵犯；二是保障经济秩序原则,体现在我国的《消费者权益保护法》中即是一切组织和个人对损害消费者合法权益的行为进行社会监督；三是依法交易原则,经营者应当依法提供商品或者服务,经营者与消费者进行交易应当遵循自愿、平等、公平和诚实信用。

从上述原则中可以看出,消费者保护需要立足于经济、社会的总体利益,而并非仅仅是调整消费者与经营者之间的个体关系,国家要从人权、经济与社会秩序等高度,来切实保障消费者的合法权益。

(二) 适用范围

1. 消费者为生活消费需要购买、使用商品或者接受服务,适用《消费者权益保护法》

(1) 消费者既包括商品的购买者,也包括商品的使用者,还包括服务的接受者。消费者不限于与经营者达成合同关系的相对方,购买商品一方的家庭成员、受赠人等使用商品的主体都是消费者。

(2) 生活消费是指为个人或者家庭生活需要而消费物质资料或者精神产品的行为。生活消费应做广义理解,既包括衣食住行等生存型消费,也包括职业培训等发展型消费,还包括文化旅游等精神型或休闲型消费。

注意:农民购买、使用直接用于农业生产的生产资料,适用《消费者权益保护法》

2. 经营者为消费者提供其生产、销售的商品或者提供服务,适用《消费者权益保护法》。

(1) 经营者是从事生产、销售商品或者提供服务等经营活动的民事主体。

(2) 经营者从事的行为是有偿的。

(3) 经营者不以公司等企业法人为限。凡是持续有偿的向消费者从事商品生产、销售或者提供服务的法人、其他组织和自然人,都可以成为经营者。

考点 2 消费者权利

消费者的权利主要包括:安全保障权;知悉真情权;自主选择权;公平交易权;获得赔偿权;结社权;获得相关知识权;受尊重及个人信息受到保护权;监督批评权。

(一) 安全保障权

消费者在购买、使用商品或者接受服务时,享有人身、财产安全不受损害的权利。

1. 人身安全权

消费者的生命健康不受损害的权利。

2. 财产安全权

消费者在购买、使用商品和接受服务时享有财产安全不受损害的权利。

(二) 知悉真情权

1. 消费者享有知悉其购买、使用的商品或者接受服务的真实情况的权利

对于消费者来说,了解的真实情况越多,越有利于作出正确的消费选择。对于经营者来说,有义务向消费者提供商品的真实情况。

2. 商品或服务的情况

（1）商品或者服务的基本情况包括商品的价格、产地、生产者、生产日期、有效期限、检验合格证明、使用方法说明书、售后服务，或者服务的内容、费用等。

（2）商品的性质状况等基本情况包括商品用途、性能、规格、等级、主要成分或者服务的规格等。

（三）自主选择权

消费者享有自主选择商品或者服务的权利。

（1）自主选择提供商品或者服务的经营者

（2）自主选择商品品种或者服务方式

（3）自主决定是否购买商品或者接受服务

（4）对商品和服务进行比较、鉴别和挑选

（四）公平交易权

消费者享有公平交易的权利。

1. 交易条件公平

（1）商品或者服务的质量合格

（2）商品或者服务的价格合理

（3）商品或者服务的计量正确

2. 有权拒绝经营者的强制交易行为

（五）获得赔偿权

消费者因购买、使用商品或者接受服务受到人身、财产损害的，享有依法获得赔偿的权利。

消费者因购买、使用商品或者接受服务受到的人身损害包括：生命健康权、姓名权、肖像权、名誉权、隐私权等损害，也包括人身自由、人格尊严等人格权的损害。

（六）结社权

消费者享有依法成立维护自身合法权益的社会团体的权利。

结社权是宪法赋予公民的基本权利之一。通过行使结社权有利于消费者从弱小走向强大，从分散走向集中，依靠集体的力量来改变自己的弱者地位。

（七）获得相关知识权

该项权利是由知悉真情权中引申来的一种消费者权利，是消费者获得有关消费和消费者权益保护方面知识的权利。消费者应当努力掌握所需商品或者服务的知识和使用技能，正确使用商品，提高自我保护意识。

消费知识主要是指有关商品和服务的知识。消费者权益方面的知识是指有关消费者权益保护方面以及消费者权益受到损害如何有效解决方面的法律知识。

（八）受尊重及个人信息受到保护权

消费者在购买、使用商品和接受服务时，享有人格尊严、民族风俗习惯得到尊重的权利，享有个人信息依法得到保护的权利。

1. 消费者享有人格尊严受到尊重的权利

人格尊严是人身权的重要内容，涉及姓名权、名誉权、荣誉权、肖像权、隐私权等方面。

2. 消费者享有民族风俗习惯受到尊重的权利

民族风俗习惯涉及风土人情、饮食情况、居住方式、衣着服饰、礼节禁忌等诸多方面。

3. 消费者享有个人信息得到保护的权利

个人信息，也称为个人资料、个人数据，一般是指自然人相关的能够单独识别或者辅以其他信息能够识别出特定主题的所有信息，可以表现为文字、图表、图形等任何形式。

（九）监督批评权

消费者享有对商品和服务以及保护消费者权益工作进行监督的权利。

（1）消费者有权对经营者的商品和服务进行监督。在权利受到侵害时，消费者有权提出检举、控告。

（2）消费者有权监督国家机关及其工作人员，对其在保护消费者权益工作中的违法失职行为进行检举、控告。

（3）消费者有权对消费者权益工作提出批评、建议。

考点 3 经营者的义务

经营者的义务主要包括：依法守信义务；接受监督义务；安全保障义务；缺陷商品服务采取措施义务；提供真实全面信息义务；标明真实名称与标记义务；出具凭证或单据义务；保证商品或服务质量义务；退货、更换、修理"三包"义务；不得使用不公平格式条款义务；不得侵犯消费者人身权义务；信息披露义务；保护消费者个人信息义务。

（一）依法守信的义务

经营者向消费者提供商品或者服务，应当依法守信，恪守社会公德并承担社会责任，这样有助于培育诚信的消费环境，增强人民群众的消费信心。

（1）经营者向消费者提供商品和服务，应依照法律、法规的规定履行义务。

（2）双方有约定的，应按照约定履行义务，但双方的约定不得违反法律、法规的规定。

（3）经营者向消费者提供商品或者服务，应当恪守社会公德，诚信经营，保障消费者的合法权益；不得设定不公平、不合理的交易条件，不得强制交易。

（二）接受监督的义务

经营者应当听取消费者对其提供的商品或者服务的意见，接受消费者的监督。

1. 经营者接受消费者监督的内容

（1）商品或者服务本身存在的问题；

(2) 经营者在提供商品或者服务过程中的行为;
(3) 后续义务履行及民事责任承担问题。
2. 经营者接受消费者监督的方式
(1) 听取消费者的意见;
(2) 通过邀请消费者代表实地参观、组织座谈会等方式接受监督。

(三) 安全保障义务

1. 经营者提供商品或者服务的安全保障义务
(1) 经营者应当保证其提供的商品或者服务符合保障人身、财产安全的要求。
(2) 对可能危及人身、财产安全的商品或者服务,应当向消费者作出真实的说明和明确的警示,并说明和标明正确使用商品或者接受服务的方法以及防止危害发生的方法。
2. 经营场所的经营者的安全保障义务
宾馆、商场、餐馆、银行、机场、车站、港口、影剧院等经营场所的经营者,应当对消费者尽到安全保障义务。

注意:《侵权责任法》规定的安全保障义务
第37条　宾馆、商场、银行、车站、娱乐场所等公共场所的管理人或者群众性活动的组织者,未尽到安全保障义务,造成他人损害的,应当承担侵权责任。
因第三人的行为造成他人损害的,由第三人承担侵权责任;管理人或者组织者未尽到安全保障义务的,承担相应的补充责任。

(四) 缺陷商品服务采取措施义务

经营者发现其提供的商品或者服务存在缺陷,有危及人身、财产安全危险的,应当立即向有关行政部门报告和告知消费者,并采取下列措施:
1. 停止销售
经营者发现提供的商品或者服务存在缺陷,如果发现时经营者仍然在销售存在缺陷的商品,那么经营者首先应当采取的措施是停止销售商品。
2. 警示
对产品有关的危险或产品的正确使用给予说明、提醒,提请使用者在使用该产品时注意已经存在的危险或潜在可能发生的危险。
3. 召回
产品的生产者、销售者依法定程序,对其生产或者销售的缺陷产品以换货、退货、更换零配件等方式,及时消除或减少缺陷产品危害的行为。
召回产生的必要费用由经营者承担。
4. 无害化处理
经营者对其生产或者销售的有缺陷的商品做不污染环境的处理。
5. 停止生产或者服务
经营者发现提供的商品或者服务存在缺陷的,停止继续生产或者服务。

(五) 提供真实全面信息义务

1. 经营者向消费者提供信息应当真实、全面

（1）经营者提供的信息应当是真实的；

（2）经营者提供的信息应当是全面的；

（3）经营者不得作虚假或者引人误解的宣传。

2. 经营者对消费者就其提供的商品或者服务的质量和使用方法等问题提出的询问，应当作出真实、明确的答复

3. 经营者提供商品或者服务应当明码标价

（六）标明真实名称与标记义务

经营者的名称与标记，是经营者之间相互区别的重要标志，是消费者判断商品或服务来源及其品质的最基本依据。同样的商品或者服务，经营者不同，其商品或者服务的质量也都不一样。

（1）经营者应当标明其真实名称和标记。

（2）租赁他人柜台或者场地的经营者特别强调要标明其真实的名称与标记。

（七）出具凭证或单据义务

购货凭证或服务单据是证明经营者与消费者之间存在消费关系的证明文件，这也是在消费者权益受到损害时求偿的重要证据。

（1）经营者提供商品或者服务，应当按照国家有关规定或者商业惯例向消费者出具发票等购货凭证或者服务单据。

（2）消费者索要发票等购货凭证或者服务单据的，经营者必须出具。

注意：如果消费者索要，将构成强制性义务。

（八）保证商品或服务质量义务

1. 一般商品或者服务

（1）经营者应当保证消费者在正常使用商品或者接受服务时，其提供的商品或者服务应当具有的质量、性能、用途和有效期限。

（2）消费者在购买该商品或者接受该服务前，已经知道存在瑕疵，且存在该瑕疵不违反法律强制性规定的除外。

2. 明示商品或者服务质量的

经营者以明示的方式表明其商品或者服务的质量状况，而事实上未达到，属于损害消费者权益的行为。

经营者以广告、产品说明、实物样品或者其他方式表明商品或者服务质量状况的，应当保证其提供的商品或者服务的实际质量与表明的质量状况相符。

3. 耐用商品或者装饰装修等服务（经营者的瑕疵举证责任）

经营者提供的机动车、计算机、电视机、电冰箱、空调器、洗衣机等耐用商品或者装饰装修等服务，消费者自接受商品或者服务之日起6个月内发现瑕疵，发生争议的，由经营者承担有关瑕疵的举证责任。

注意：一般商品或者服务的瑕疵系由消费者举证的。耐用商品，尤其是科技含量较高的商品，或者装饰装修等一些技术性较强或者结构程序复杂的服务，消费者缺乏相关专业知识，难

以掌握深入信息和发现隐蔽瑕疵,因此实行举证责任倒置。

(九) 退货、更换、修理"三包"义务

1. 一般商品或者服务

(1) 经营者提供商品或者服务,按照国家规定或者与消费者的约定,承担包修、包换、包退或者其他责任的,应当按照规定或者约定履行,不得故意拖延或者无理拒绝。

① "三包"可以是法定的,也可以是约定的。

② "其他责任"是指"三包"以外的民事责任。

(2) 没有国家规定和当事人约定的,消费者可以自收到商品之日起7日内退货;7日后符合法定解除合同条件的,消费者可以及时退货,不符合法定解除合同条件的,可以要求经营者履行更换、修理等义务。

① 经营者提供的商品或者服务不符合质量要求的;

② 没有国家规定和当事人约定的;

③ 自收到商品之日起7日内退货;

④ 7日后符合法定解除合同条件的,可退;不符合法定解除合同条件的,可更换、修理。

(3) "三包"产生的运输等必要费用由经营者承担,不限于大件商品。

2. 远程交易购物的无理由退货

(1) 远程交易购物指的是网购、电视电话购物、邮购等领域。

(2) 无理由退货的适用期限为消费者自收到商品之日起7日内。

(3) 排除适用无理由退货的情形:法定+约定。

① 消费者定做的;

② 鲜活易腐的;

③ 在线下载或者消费者拆封的音像制品、计算机软件等数字化商品;

④ 交付的报纸、期刊。

注意:其他根据商品性质并经消费者在购买时确认不宜退货的商品,不适用无理由退货。

(4) 消费者的义务。

① 退回商品的运费

注意:经营者和消费者另有约定的,按照约定。

② 保证商品完好

注意:"商品完好"包括消费者为检查、试用商品而拆封的情况,只要不是因消费者的原因造成价值明显贬损的,均属于"商品完好"。

(5) 经营者应当自收到退回商品之日起7日内返还消费者支付的商品价款。

(十) 不得使用不公平格式条款义务

1. 经营者使用格式条款时的具体义务

(1) 提示说明义务

经营者在经营活动中使用格式条款的,应当以显著方式提请消费者注意商品或者服务的数量和质量、价款或者费用、履行期限和方式、安全注意事项和风险警示、售后服务、民事责任

等与消费者有重大利害关系的内容,并按照消费者的要求予以说明。

(2) 禁止使用对消费者"不公平、不合理"的格式条款

经营者不得以格式条款、通知、声明、店堂告示等方式,作出排除或者限制消费者权利、减轻或者免除经营者责任、加重消费者责任等对消费者不公平、不合理的规定,不得利用格式条款并借助技术手段强制交易。

2. 法律效力

格式条款、通知、声明、店堂告示等含有上述禁止使用的格式条款的,其内容无效。

(十一) 不得侵犯消费者人身权义务

(1) 经营者不得对消费者进行侮辱、诽谤;

(2) 不得搜查消费者的身体及其携带的物品;

(3) 不得侵犯消费者的人身自由。

(十二) 信息披露义务

1. 信息披露义务仅适用于特定领域的经营者

(1) 远程交易购物

采用网购、电视电话购物、邮购等方式提供商品或者服务的经营者。

(2) 金融服务

提供证券、保险、银行等金融服务的经营者。

2. 特定领域的经营者应当提供的信息

特定领域的经营者应当向消费者提供经营地址、联系方式、商品或者服务的数量和质量、价款或者费用、履行期限和方式、安全注意事项和风险警示、售后服务、民事责任等信息。

(十三) 保护消费者个人信息义务

1. 经营者收集、使用消费者个人信息

(1) 应当遵循合法、正当、必要的原则,明示收集、使用信息的目的、方式和范围,并经消费者同意。

(2) 应当公开其收集、使用规则,不得违反法律、法规的规定和双方的约定收集、使用信息。

经营者收集、使用信息应当与事先向消费者明示的使用目的相关,不得收集、使用与消费者交易无关的其他信息。

2. 经营者应当确保收集到的消费者个人信息的安全

(1) 经营者负有严格的保密义务,不得泄露、出售或者非法向他人提供消费者个人信息。除非信息主体同意或者法律授权外,经营者不得披露数据,不得将其用于与最初收集时预定目的不符的其他目的。

(2) 经营者应当采取技术措施和其他必要措施,确保信息安全,防止消费者个人信息泄露、丢失。在发生或者可能发生信息泄露、丢失的情况时,应当立即采取补救措施。

(3) 经营者应当确保消费者不受无关商业信息的侵扰。经营者未经消费者同意或者请

求,或者消费者明确表示拒绝的,不得向其发送商业性信息。

考点 4 消费者组织

保护消费者的合法权益是全社会的共同责任,国家鼓励、支持一切组织和个人对损害消费者合法权益的行为进行社会监督。为了更好地保护消费者的权益,各种消费者组织的作用不可小视,它既是消费者结社权的落实又是消费者获得信息权、依法求偿权、批评监督权的实现的保障。同时,消费者权益保障组织具有非营利性和公益性,有助于保持其中立地位,从而更好地为消费者服务。

(一) 性质

消费者协会和其他消费者组织是依法成立的,对商品和服务进行社会监督的保护消费者合法权益的社会组织。

目前,中国消费者协会及地方各级消费者协会已经成立。我国现有的消费者协会是由各级政府发起成立的半官方的组织,其工作人员和经费由工商行政管理局配备和提供,在同级工商行政管理局的领导下开展工作。

(二) 公益性职责

(1) 向消费者提供消费信息和咨询服务,提高消费者维护自身合法权益的能力,引导文明、健康、节约资源和保护环境的消费方式;

(2) 参与制定有关消费者权益的法律、法规、规章和强制性标准;

(3) 参与有关行政部门对商品和服务的监督、检查;

(4) 就有关消费者合法权益的问题,向有关部门反映、查询,提出建议;

(5) 受理消费者的投诉,并对投诉事项进行调查、调解;

(6) 投诉事项涉及商品和服务质量问题的,可以委托具备资格的鉴定人鉴定,鉴定人应当告知鉴定意见;

(7) 就损害消费者合法权益的行为,支持受损害的消费者提起诉讼或者依照《消费者权益保护法》提起诉讼;

(8) 对损害消费者合法权益的行为,通过大众传媒介予以揭露、批评。

注意:新修订内容

① 增加"提高消费者维护自身合法权益的能力,引导文明、健康、节约资源和保护环境的消费方式"的倡导性规定。

② 增加消费者组织参与制定有关消费者立法活动的职责。

③ 增加消费者组织的诉权。

公益诉讼:对侵害众多消费者合法权益的行为,中国消费者协会以及在省、自治区、直辖市设立的消费者协会,可以向人民法院提起诉讼。

(三) 禁止行为

消费者组织不得从事商品经营和营利性服务,不得以收取费用或者其他牟取利益的方式向消费者推荐商品和服务。

(四) 经费支持

各级人民政府对消费者协会履行职责应当予以必要的经费等支持。

考点 5　争议的解决

(一) 消费者争议的解决途径

(1) 与经营者协商和解；
(2) 请求消费者协会或者依法成立的其他调解组织调解；
(3) 向有关行政部门投诉；
(4) 根据与经营者达成的仲裁协议提请仲裁机构仲裁；
(5) 向人民法院提起诉讼。

(二) 民事责任

1. 违约责任

可以向销售者请求赔偿，由销售者赔偿后，再向生产者或者其他销售者追偿，与《产品质量法》一致。

经营者提供商品或者服务，造成消费者财产损害的，应当依照法律规定或者当事人约定承担修理、重作、更换、退货、补足商品数量、退还货款和服务费用或者赔偿损失等民事责任。

2. 侵权责任

由消费者选择，可以向生产者，也可以向销售者请求赔偿，与《产品质量法》一致。

(1) 经营者侵害消费者的人格尊严、侵犯消费者人身自由或者侵害消费者个人信息依法得到保护的权利的，应当停止侵害、恢复名誉、消除影响、赔礼道歉，并赔偿损失。

(2) 经营者有侮辱诽谤、搜查身体、侵犯人身自由等侵害消费者或者其他受害人人身权益的行为，造成严重精神损害的，受害人可以要求精神损害赔偿。

(3) 经营者对消费者未尽到安全保障义务，造成消费者损害的，应当承担侵权责任。

3. 特殊责任

(1) 借用营业执照的责任

使用他人营业执照的违法经营者提供商品或者服务，消费者可以向其、也可以向营业执照的持有人要求赔偿。

(2) 展销会举办者、柜台出租者的责任

① 展销会期间或柜台租赁期间，直接向销售者或服务者要求赔偿。

② 展销会结束或者柜台租赁期满后，可以向销售者或服务者要求赔偿，也可以向展销会的举办者、柜台的出租者要求赔偿。

(3) 网络交易平台提供者的责任

① 消费者通过网络交易平台购买商品或者接受服务，可以向销售者或者服务者要求赔偿。

②特定条件下网络交易平台的先行赔付责任。网络交易平台提供者对平台内经营者的真实名称、地址和有效联系方式负有提供义务。不能提供的,消费者可以要求网络交易平台承担先行赔付责任。

注意:网络交易平台提供者赔偿后,可以向销售者或者服务者追偿。

③网络交易平台提供者作出更有利于消费者的承诺的,应当履行承诺。

注意:网络交易平台提供者赔偿后,有权向销售者或者服务者追偿。

④过错原则下的连带侵权责任。网络交易平台提供者明知或者应知销售者或者服务者利用其平台侵害消费者合法权益,未采取必要措施的,与该销售者或者服务者承担连带责任。

(4) 虚假广告的责任

广告是指提供商品或者服务的经营者承担费用,通过一定媒介和形式直接或者间接的介绍自己所推销的商品或者所提供的服务的商业广告。

①经营者。因虚假广告的商品或者服务致消费者利益受损,消费者可以向经营者要求赔偿。

②广告经营者。广告的经营者不能提供经营者的真实名称、地址和有效联系方式的,应当承担赔偿责任;广告经营者、发布者设计、制作、发布关系消费者生命健康商品或者服务的虚假广告,造成消费者损害的,应当与提供该商品或者服务的经营者承担连带责任。

③广告代言人。社会团体或者其他组织、个人在关系消费者生命健康商品或者服务的虚假广告或者其他虚假宣传中向消费者推荐商品或者服务,造成消费者损害的,应当与提供该商品或者服务的经营者承担连带责任。

(5) 惩罚性赔偿

①经营者提供商品或者服务有欺诈行为的,应当按照消费者的要求增加赔偿其受到的损失,增加赔偿的金额为消费者购买商品的价款或者接受服务的费用的3倍;增加赔偿的金额不足500元的,为500元。法律另有规定的,依照其规定。

②经营者明知商品或者服务存在缺陷,仍然向消费者提供,造成消费者或者其他受害人死亡或者健康严重损害的,受害人有权要求经营者给付人身损害赔偿和精神损害赔偿等赔偿损失,并有权要求所受损失2倍以下的惩罚性赔偿。

注意:故意造成消费者人身严重损害的,"所受损失"2倍以下的惩罚性赔偿。

【真题演练】

1. 甲在乙公司办理了手机通讯服务,业务单约定:如甲方(甲)预付费使用完毕而未及时补交款项,乙方(乙公司)有权暂停甲方的通讯服务,由此造成损失,乙方概不担责。甲预付了费用,1年后发现所用手机被停机,经查询方得知公司有"话费有效期满暂停服务"的规定,此时账户尚有余额,遂诉之。关于此事,下列哪些说法是正确的?(2016年真题,多选)

A. 乙公司侵犯了甲的知情权
B. 乙公司提供格式条款时应提醒甲注意暂停服务的情形
C. 甲有权要求乙公司退还全部预付费
D. 法院应支持甲要求乙公司承担惩罚性赔偿的请求

【答案】 AB

【解析】 根据我国《消费者权益保护法》第8条的规定,乙公司并未全面告知甲业务单中的具体内容,侵犯了甲作为消费者的知情权。A选项正确。根据我国《合同法》第39条的规定,B选项正确。根据我国《消费者权益保护法》第53条的规定,乙虽未尽到良好的说明义务,但其仍然提供了有效的通讯服务,因此,甲无权要求乙公司退还全部的预付款。C选项错误。根据我国《消费者权益保护法》第55条的规定,乙公司的行为不适用惩罚性赔偿。D选项错误。

2. 张某从某网店购买一套汽车坐垫。货到拆封后,张某因不喜欢其花色款式,多次与网店交涉要求退货。网店的下列哪些回答是违法的?(2014年真题,多选)

A. 客户下单时网店曾提示"一经拆封,概不退货",故对已拆封商品不予退货
B. 该商品无质量问题,花色款式也是客户自选,故退货理由不成立,不予退货
C. 如网店同意退货,客户应承担退货的运费
D. 如网店同意退货,货款只能在一个月后退还

【答案】 ABD

【解析】 《消费者权益保护法》第24条以及25条的规定,题目中汽车坐垫不属于音像制品、计算机软件等数字化商品,不能以拆封作为拒绝退还的理由,故A项错误。网店7日内退货不需要任何理由,故B项错误。退回商品的运费由消费者承担,故C项正确。经营者应当自收到退回商品之日起7日内返还消费者支付的商品价款,故D项错误。

第二节 产品质量法

考点 1 产品质量法的适用范围

(一) 概述

产品质量法是调整在生产、流通和消费过程中因产品质量所发生的社会关系的法律规范的总称。产品质量法以加强产品质量监督管理,提高产品质量水平,明确产品质量责任,保护消费者的合法权益,维护社会经济秩序为立法宗旨。凡在我国境内从事产品生产、销售活动,都必须遵守《产品质量法》。

产品质量法调整的对象主要有三个方面:第一,产品质量监督管理关系,即各级技术监督部门、工商行政管理部门在产品质量监督检查、行使行政处罚权时与市场主体所发生的法律关系。第二,产品质量责任关系,即因产品质量而引起的消费者与销售者、生产者之间的法律关系。第三,产品质量检验、认证关系,即因中介服务所产生的中介机构与市场经营主体之间的法律关系,以及因产品质量检验和认证不实损害消费者利益而产生的法律关系。

(二) 适用范围

(1) 产品质量法所称的产品,是指经过加工、制作,用于销售的产品。因此,天然的物品、非用于销售的物品,不属于该法所说的产品。

(2) 由于建设工程、军工产品在质量监督管理方面的特殊性,它们被排除在产品质量法所称的产品范围之外,另由专门的法律予以调整;但建设工程所用的建筑材料、建筑构配件和设

备以及军工企业生产的民用产品,适用产品质量法的规定。

(3) 因核设施、核产品造成损害的赔偿责任,法律、行政法规另有规定的,依照其规定。

(4) 初级农产品不是产品质量法所称的产品,但经过加工以后的农产品属于产品质量法所称的产品。

考点 2 产品质量监督与质量认证制度

(一) 产品质量监督制度

产品质量监督管理是指划分部门之间、中央与地方之间产品质量监督管理权限的法律制度。我国的产品质量监督管理机构主要有两类:一类是专门机构,即各级技术监督局;另一类是其他部门,包括工商、卫生、医药等管理部门。

根据《产品质量法》的规定,国务院产品质量监督管理部门负责全国产品质量监督管理工作;县级以上地方产品质量监督部门负责本行政区域内的产品质量监督管理工作。县级以上地方人民政府有关部门在各自的职权范围内负责产品质量监督管理工作。

(1) 以抽查为主要方式。

(2) 由国务院质监部门规划、组织,县级以上地方质监部门在其区域内可以组织监督抽查。

(3) 国家监督抽查的产品,地方不得另行重复抽查;上级监督抽查的产品,下级不得另行重复抽查。

(4) 检验抽取样品的数量不得超过检验的合理需要,并不得向被检查人收取检验费用。

(5) 生产者、销售者对抽查检验的结果有异议的,向实施监督抽查的质监部门或者其上级质监部门申请复检,由受理复检的质监部门作出复检结论。

(6) 对依法进行的产品质量监督检查,生产者、销售者不得拒绝。

(二) 产品质量认证制度

质量认证分为企业质量体系认证和产品质量认证。

企业质量体系认证是指通过认证机构的独立审评,对于符合条件的企业,颁发认证证书,从而证明该企业的质量体系达到相应标准。其认证的对象是企业,即企业的质量管理、质量保证能力的整体水平。企业可以自愿提出申请认证。推行企业质量体系认证,引导企业向国际先进水平努力,有利于促进企业改善经营管理,提高企业整体素质,增强市场竞争能力。

产品质量认证是指通过认证机构的独立审评,对于符合条件的产品,颁发认证证书和认证标志,从而证明某一产品达到相应标准。企业可以自愿提出申请认证。推行产品质量认证,引导企业向国际先进水平看齐,有利于促进企业提高产品质量,提高企业信誉,开拓国内外市场。

(1) 国家推行企业质量体系认证制度和产品质量认证制度,企业根据自愿原则申请,经认证合格的,由认证机构颁发企业质量体系认证证书,准许企业在产品或者其包装上使用产品质量认证标志。

(2) 质量认证机构属于中介机构,具有独立性,不得与行政机关和其他国家机关存在隶属关系或者其他利益关系。

(3) 认证机构应在认证后进行跟踪检查,对不符合认证标准而使用认证标志的,要求其改正;情节严重的,取消其使用认证标志的资格。

考点 3 产品质量法律责任

生产者的产品质量义务	产品内在质量	(1) 不存在危及人身、财产安全的不合理的危险,有保障人体健康和人身、财产安全的国家标准、行业标准的,应当符合该标准; (2) 具备产品应当具备的使用性能,但是,对产品存在使用性能的瑕疵作出说明的除外; (3) 符合在产品或者其包装上注明采用的产品标准,符合以产品说明、实物样品等方式表明的质量状况。
	标识及包装	产品或者其包装上的标识必须真实,并符合下列要求: (1) 有产品质量检验合格证明; (2) 有中文标明的产品名称、生产厂厂名和厂址; (3) 根据产品的特点和使用要求,需要标明产品规格、等级、所含主要成分的名称和含量的,用中文相应予以标明;需要事先让消费者知晓的,应当在外包装上标明,或者预先向消费者提供有关资料; (4) 限期使用的产品,应当在显著位置清晰地标明生产日期和安全使用期或者失效日期; (5) 使用不当,容易造成产品本身损坏或者可能危及人身、财产安全的产品,应当有警示标志或者中文警示说明。
	禁止生产者从事的行为	(1) 不得生产国家明令淘汰的产品; (2) 不得伪造产地,不得伪造或者冒用他人的厂名、厂址; (3) 不得伪造或者冒用认证标志、名优标志等质量标志; (4) 不得掺杂、掺假,不得以假充真、以次充好,不得以不合格产品冒充合格产品。
销售者的产品质量义务		(1) 销售者不得销售国家明令淘汰并停止销售的产品和失效、变质的产品。失效,是指超过产品质量保证期或者安全使用期,可能导致产品变质,但也可能只是导致商品的价格降低。变质,则是指产品不能使用。 (2) 销售者不得伪造产地,不得伪造或者冒用他人的厂名、厂址。 (3) 销售者不得伪造或者冒用认证标志等质量标志。 (4) 销售者销售产品,不得掺杂、掺假,不得以假充真、以次充好,不得以不合格产品冒充合格产品。

(续表)

违反产品质量法的民事责任	合同责任	1. 售出的产品有下列情形之一的,销售者应当负责修理、更换、退货;给购买产品的消费者造成损失的,销售者应当赔偿损失 (1) 不具备产品应当具备的使用性能而事先未作说明的; (2) 不符合在产品或者其包装上注明采用的产品标准的; (3) 不符合以产品说明、实物样品等方式表明的质量状况的。 2. 责任承担方式 销售者负责修理、更换、退货、赔偿损失后,属于生产者的责任或者属于向销售者提供产品的其他销售者(供货者)的责任的,销售者有权向生产者、供货者追偿。这是基于合同的相对性,因为买受人是与销售者而非生产者签订的买卖合同,所以须向销售者行使权利,如果是生产者或供货者的问题,之后再由销售者进行追偿; 3. 诉讼时效 此违约责任适用《民法通则》第136条规定的1年的特别诉讼时效。 【《民法通则》第136条】下列的诉讼时效期间为1年:(1) 身体受到伤害要求赔偿的;(2) 出售质量不合格的商品未声明的;(3) 延付或者拒付租金的;(4) 寄存财物被丢失或者损毁的。 注意:与产品侵权责任的诉讼时效不同。 【《产品质量法》第45条】因产品存在缺陷造成损害要求赔偿的诉讼时效期间为2年,自当事人知道或者应当知道其权益受到损害时起计算。因产品缺陷造成损害要求赔偿的请求权,在造成损害的缺陷产品交付最初消费者满10年丧失;但是,尚未超过明示的安全使用期的除外。
	侵权责任(产品责任)	产品侵权责任的特征	(1) 产品侵权责任不以生产者、销售者与受害者有直接合同关系为前提条件; (2) 产品侵权责任的主体不限于合同当事人; (3) 产品侵权责任的核心在产品存在缺陷。缺陷,是指产品存在危及人身、他人财产安全的不合理的危险;产品有保障人体健康和人身、财产安全的国家标准、行业标准的,是指不符合该标准。
		归责原则	1. 生产者的无过错责任 【《侵权责任法》第41条】因产品存在缺陷造成他人损害的,生产者应当承担侵权责任。 2. 销售者的过错责任 【《侵权责任法》第42条】因销售者的过错使产品存在缺陷,造成他人损害的,销售者应当承担侵权责任。销售者不能指明缺陷产品的生产者也不能指明缺陷产品的供货者的,销售者应当承担侵权责任。

(续表)

违反产品质量法的民事责任	侵权责任（产品责任）	直接责任与最终责任	1. 直接责任(受害人的索赔选择权) 【《侵权责任法》第43条】因产品存在缺陷造成损害的,被侵权人可以向产品的生产者请求赔偿,也可以向产品的销售者请求赔偿。 2. 最终责任(生产者、销售者、第三方之间的追偿权) 【《侵权责任法》第43条、第44条】 (1)产品缺陷由生产者造成的,销售者赔偿后,有权向生产者追偿。因销售者的过错使产品存在缺陷的,生产者赔偿后,有权向销售者追偿。 (2)因运输者、仓储者等第三人的过错使产品存在缺陷,造成他人损害的,产品的生产者、销售者赔偿后,有权向第三人追偿。
		受害人的举证责任	(1) 产品存在缺陷; (2) 存在人身伤害、财产损害的事实; (3) 产品缺陷与损害事实之间有因果关系。
		生产者的免责事由	(1) 未将产品投入流通; (2) 产品投入流通时,引起损害的缺陷尚不存在; (3) 将产品投入流通时的科学技术尚不能发现缺陷的存在。
		销售者的产品侵权责任	销售者在下列两种情形下,应当承担产品侵权责任: (1) 由于销售者的过错使产品存在缺陷,造成人身、他人财产损害; (2) 销售者不能指明缺陷产品的生产者也不能指明缺陷产品的供货者。
		第三方的责任	运输者、仓储者等第三方应对由于自己的过错导致产品存在缺陷造成他人的损害,承担侵权责任。
	惩罚性赔偿		明知产品存在缺陷仍然生产、销售,造成他人死亡或者健康严重损害的,被侵权人有权请求相应的惩罚性赔偿。
	产品质量检验机构、认证机构的责任		产品质量检验机构、认证机构出具的检验结果或者证明不实,造成损失的,应当承担相应的赔偿责任; 产品认证机构对不符合认证标准而使用认证标志的产品,未依法要求其改正或者取消其使用,并因该产品不符合认证标准给消费者造成损失的,与生产者、销售者承担连带责任。
	社会团体、中介机构的承诺与保证责任		社会团体、社会中介机构对产品质量作出承诺、保证,而该产品又不符合其承诺、保证的质量要求,给消费者造成损失的,与产品的生产者、销售者承担连带责任。

【真题演练】

1. 赵某从某商场购买了某厂生产的高压锅,烹饪时邻居钱某到其厨房聊天,高压锅爆炸致2人受伤。下列哪一选项是错误的?(2012年真题,单选)
   A. 钱某不得依据《消费者权益保护法》请求赔偿
   B. 如高压锅被认定为缺陷产品,赵某可向该厂也可向该商场请求赔偿
   C. 如高压锅未被认定为缺陷产品则该厂不承担赔偿责任
   D. 如该商场证明目前科技水平尚不能发现缺陷存在则不承担赔偿责任

【答案】 AD

【解析】 依据《消费者权益保护法》第40条第2款规定,消费者或者其他受害人因商品缺陷造成人身、财产损害的,可以向销售者要求赔偿,故A错误。根据《产品质量法》第43条规定,B、C项正确。根据《产品质量法》第41条规定,D项错误。本题为选错题,故当选AD。

2. 根据《产品质量法》规定,下列哪一说法是正确的?(2010年真题,单选)
   A. 《产品质量法》对生产者、销售者的产品缺陷责任均实行严格责任
   B. 《产品质量法》对生产者产品缺陷实行严格责任,对销售者实行过错责任
   C. 产品缺陷造成损害要求赔偿的诉讼时效期间为二年,从产品售出之日起计算
   D. 产品缺陷造成损害要求赔偿的请求权在缺陷产品生产日期满十年后丧失

【答案】 B

【解析】 根据《产品质量法》第41条以及第42条第1款规定,销售者因其"过错使产品存在缺陷,造成人身、他人财产损害的"实行过错责任原则。故A项错误。根据《产品质量法》第42条规定,销售者的产品责任是过错责任,故B项正确。根据《产品质量法》第45条第1款规定,C项错误。根据《产品质量法》第45条第2款规定,D项错误。

第三节 食品安全法

考点 1 食品安全法的适用

食品安全法是调整在保障食品安全过程中发生的社会关系的法律规范的总称。食品指各种供人食用或者饮用的成品和原料以及按照传统既是食品又是中药材的物品,但是不包括以治疗为目的的物品。食品安全,指食品无毒、无害,符合应当有的营养要求,对人体健康不造成任何急性、亚急性或者慢性危害。

(一) 适用范围

1. 凡在我国境内从事下列活动,应当遵守食品安全法
(1) 食品生产和加工(以下称食品生产),食品销售和餐饮服务(以下称食品经营)。
① 食品生产包括食品生产和加工,是指把食品原料通过生产加工程序,形成一种新形式的可直接食用的产品。
② 食品经营包括食品销售和餐饮服务。餐饮服务是指通过即时制作加工、商业销售和服务性劳动等,向消费者提供食品和消费场所及设施的服务活动。

(2) 食品添加剂的生产经营。

食品添加剂,指为改善食品品质和色、香、味以及为防腐、保鲜和加工工艺的需要而加入食品中的人工合成或者天然物质,包括营养强化剂。

(3) 用于食品的包装材料、容器、洗涤剂、消毒剂和用于食品生产经营的工具、设备(以下称食品相关产品)的生产经营。

① 用于食品的包装材料和容器,指包装、盛放食品或者食品添加剂用的纸、竹、木、金属、搪瓷、陶瓷、塑料、橡胶、天然纤维、化学纤维、玻璃等制品和直接接触食品或者食品添加剂的涂料。

② 用于食品生产经营的工具、设备,指在食品或者食品添加剂生产、销售、使用过程中直接接触食品或者食品添加剂的机械、管道、传送带、容器、用具、餐具等。

③ 用于食品的洗涤剂、消毒剂,指直接用于洗涤或者消毒食品、餐具、饮具以及直接接触食品的工具、设备或者食品包装材料和容器的物质。

(4) 食品生产经营者使用食品添加剂、食品相关产品。

(5) 食品的贮存和运输。

注意:对非食品生产经营者从事食品贮存、运输活动提出了与食品生产经营者相同的要求。

(6) 对食品、食品添加剂、食品相关产品的安全管理。

2. 特殊情况

(1) 供食用的源于农业的初级产品(以下称食用农产品)的质量安全管理,遵守《农产品质量安全法》的规定。但是,食用农产品的市场销售、有关质量安全标准的制定、有关安全信息的公布和《食品安全法》对农业投入品作出规定的,应当遵守《食品安全法》的规定。

食用农产品是指供食用的源于农业的初级产品,即在农业活动中获得的植物、动物、微生物及其产品。如蔬菜、瓜果、未经加工的肉类。

(2) 转基因食品和食盐的食品安全管理,《食品安全法》未作规定的,适用其他法律、行政法规的规定。

① 转基因食品。根据《农业转基因生物安全管理条例》的规定,单位和个人从事农业转基因生物生产、加工的,应当由农业行政主管部门批准。

② 食盐。根据《食盐专营办法》等行政法规的规定,国家对食盐实行专营管理,盐业主管机构负责管理食盐专营工作,实行食盐定点生产许可和食盐批发许可。

(3) 铁路、民航运营中食品安全的管理办法由国务院食品药品监督管理部门会同国务院有关部门依照《食品安全法》制定。

(4) 保健食品的具体管理办法由国务院食品药品监督管理部门依照《食品安全法》制定。

(5) 食品相关产品生产活动的具体管理办法由国务院质量监督部门依照《食品安全法》制定。

(6) 国境口岸食品的监督管理由出入境检验检疫机构依照《食品安全法》以及有关法律、行政法规(如国家质检总局《出入境口岸食品卫生监督管理规定》)的规定实施。

(7) 军队专用食品和自供食品的食品安全管理办法由中央军事委员会依照《食品安全法》制定。

（二）监管部门

1. 食品安全委员会

国务院设立食品安全委员会，其职责由国务院规定。

（1）分析食品安全形势，研究部署、统筹指导食品安全工作；

（2）提出食品安全监管的重大政策措施；

（3）督促落实食品安全监管责任。

2. 国务院食品药品监督管理部门

国务院食品药品监督管理部门依照《食品安全法》和国务院规定的职责，负责对食品生产经营活动实施监督管理，承担食品安全委员会的日常工作。

（1）对食品生产经营活动实施监督管理；

（2）承担食品安全委员会的日常工作，负责对食品安全工作的综合协调；

（3）对食品添加剂的生产经营活动进行监督管理；

（4）负责对重大食品安全信息的统一发布；

（5）负责会同有关部门对食品安全事故进行调查处置；

（6）负责制定食品检验机构的资质认定条件和检验规范；

（7）参与食品安全国家标准的制定，由国务院卫生行政部门会同其制定、公布食品安全国家标准。

3. 国务院卫生行政部门

国务院卫生行政部门依照《食品安全法》和国务院规定的职责，组织开展食品安全风险监测与风险评估，制定并公布食品安全国家标准。

注意：由国务院卫生行政部门会同国务院食品药品监督管理部门制定食品安全国家标准。

4. 国务院其他有关部门

（1）国务院质量监督检验检疫部门负责对食品相关产品的生产进行监督管理，负责食品、食品添加剂和食品相关产品的出入境管理。

（2）国务院农业行政部门负责食用农产品的种植养殖环节，以及食用农产品进入批发、零售市场或生产加工企业前的质量安全监督管理，负责畜禽屠宰环节和生鲜乳收购环节质量安全监督管理，负责与国务院卫生行政部门并会同国务院食品药品监管部门制定食品中兽药残留、农药残留的限量规定及其检验方法与规程，并会同国务院卫生行政部门制定屠宰畜、禽的检验规程。

（3）根据国务院规定的职责承担食品安全工作的其他部门。

考点 2 食品安全标准

食品安全标准关系人民群众身体健康和生命安全，是强制执行的标准，包括食品安全国家标准和地方标准。生产经营者、检验机构以及监管部门必须严格执行，禁止生产经营不符合食品安全标准的食品、食品添加剂和食品相关产品，否则应承担相应的法律责任。

（一）食品安全标准的内容

（1）食品、食品添加剂、食品相关产品中的致病性微生物，农药残留、兽药残留、生物毒素、重金属等污染物质以及其他危害人体健康物质的限量规定；
（2）食品添加剂的品种、使用范围、用量；
（3）专供婴幼儿和其他特定人群的主辅食品的营养成分要求；
（4）对与卫生、营养等食品安全要求有关的标签、标志、说明书的要求；
（5）食品生产经营过程的卫生要求；
（6）与食品安全有关的质量要求；
（7）与食品安全有关的食品检验方法与规程；
（8）其他需要制定为食品安全标准的内容。

注意：预包装食品的标签的要求。
① 名称、规格、净含量、生产日期；
② 成分或者配料表；
③ 生产者的名称、地址、联系方式；
④ 保质期；
⑤ 产品标准代号；
⑥ 贮存条件；
⑦ 所使用的食品添加剂在国家标准中的通用名称；
⑧ 生产许可证编号；
⑨ 法律、法规或者食品安全标准规定应当标明的其他事项。

专供婴幼儿和其他特定人群的主辅食品，其标签还应当标明主要营养成分及其含量。

（二）食品安全标准的制定

1. 食品安全国家标准

（1）食品安全国家标准由国务院卫生行政部门会同国务院食品药品监督管理部门制定、公布，国务院标准化行政部门提供国家标准编号。

（2）食品中农药残留、兽药残留的限量规定及其检验方法与规程由国务院卫生行政部门、国务院农业行政部门会同国务院食品药品监督管理部门制定。

（3）屠宰畜、禽的检验规程由国务院农业行政部门会同国务院卫生行政部门制定。

2. 食品安全地方标准

对地方特色食品，没有食品安全国家标准的，省、自治区、直辖市人民政府卫生行政部门可以制定并公布食品安全地方标准，报国务院卫生行政部门备案。食品安全国家标准制定后，该地方标准即行废止。

3. 食品安全企业标准

（1）食品安全企业标准应当严于食品安全国家标准或者地方标准。国家鼓励企业的这种行为。

（2）企业标准是该企业组织生产的依据，在企业内部适用。企业在进行食品生产时，应当严格遵循已经备案的食品安全企业标准的规定，按照该标准组织生产、进行检验，保障其生产食品的安全。

（3）食品安全企业标准的备案制度。食品安全企业标准应当报省级卫生行政部门备案。省级卫生行政部门收到企业食品安全标准的备案材料后即予登记。如果发现备案的企业食品安全标准违反有关法律、法规,或者低于国家强制性标准或地方标准时,省级卫生行政部门应当予以指出、纠正。

4. 食品安全标准应当供公众免费查阅

(1) 省级以上人民政府卫生行政部门应当在其网站上公布制定和备案的食品安全国家标准、地方标准和企业标准,供公众免费查阅、下载。

(2) 对食品安全标准执行过程中的问题,县级以上人民政府卫生行政部门应当会同有关部门及时给予指导、解答。

考点 3 食品安全控制

生产经营许可制度	1. 国家对食品生产经营实行许可制度 从事食品生产、食品销售、餐饮服务,应当依法取得许可。由县级以上地方人民政府食品药品监督管理部门颁发食品生产经营许可证。 2. 销售食用农产品,不需要取得许可 3. 禁止生产经营 (1) 用非食品原料生产的食品或者添加食品添加剂以外的化学物质和其他可能危害人体健康物质的食品,或者用回收食品作为原料生产的食品; (2) 致病性微生物、农药残留、兽药残留、生物毒素、重金属等污染物质以及其他危害人体健康的物质含量超过食品安全标准限量的食品、食品添加剂、食品相关产品; (3) 用超过保质期的食品原料、食品添加剂生产的食品、食品添加剂; (4) 超范围、超限量使用食品添加剂的食品; (5) 营养成分不符合食品安全标准的专供婴幼儿和其他特定人群的主辅食品; (6) 腐败变质、油脂酸败、霉变生虫、污秽不洁、混有异物、掺假掺杂或者感官性状异常的食品、食品添加剂; (7) 病死、毒死或者死因不明的禽、畜、兽、水产动物肉类及其制品; (8) 未按规定进行检疫或者检疫不合格的肉类,或者未经检验或者检验不合格的肉类制品; (9) 被包装材料、容器、运输工具等污染的食品、食品添加剂; (10) 标注虚假生产日期、保质期或者超过保质期的食品、食品添加剂; (11) 无标签的预包装食品、食品添加剂; (12) 国家为防病等特殊需要明令禁止生产经营的食品; (13) 其他不符合法律、法规或者食品安全标准的食品、食品添加剂、食品相关产品。
食品添加剂管理制度	食品添加剂是指为了改善食品品质和色、香、味以及为防腐、保鲜和加工工艺的需要而加入食品中的人工合成或者天然物质。 (1) 国家对食品添加剂生产实行许可制度。从事食品添加剂生产,应当具有与所生产食品添加剂品种相适应的场所、生产设备或者设施、专业技术人员和管理制度,并依法取得食品添加剂生产许可。 注意:我国仅对食品添加剂实行生产许可制度,而对食品添加剂没有实行销售许可制度。 (2) 生产食品添加剂应当符合法律、法规和食品安全国家标准。

(续表)

食品添加剂管理制度	(3) 食品添加剂应当在技术上确有必要且经过风险评估证明安全可靠，方可列入允许使用的范围。有关食品安全国家标准应当根据技术必要性和食品安全风险评估结果及时修订。 (4) 生产食品添加剂新品种应当向国务院卫生行政部门提交安全性评估材料，经审查符合食品安全要求的，准予许可并公布。 (5) 食品生产经营者应当依照食品安全标准关于食物添加剂的品种、使用范围、用量的规定使用食品添加剂，不得添加食品添加剂以外的化学物质和其他可能危害人体健康的物质。 (6) 食品生产经营者应当按照食品安全国家标准使用食品添加剂。 (7) 食品添加剂应当有标签、说明书和包装，载明"食品添加剂"字样。 (8) 食品添加剂的标签、说明书，不得含有虚假内容，不得涉及疾病预防、治疗功能。生产经营者对其提供的标签、说明书的内容负责。
从业人员健康管理制度	(1) 食品生产经营者应当建立并执行从业人员健康管理制度。患有国务院卫生行政部规定的有碍食品安全疾病的人员，不得从事接触直接入口食品的工作。如患有消化道传染病、患有活动性肺结核、患有化脓性或者渗出性皮肤病等有碍食品安全的疾病的人员。 (2) 从事接触直接入口食品工作的食品生产经营人员应当每年进行健康检查，取得健康证明后方可上岗工作。
餐饮服务加工管理制度	1. 原料控制要求 餐饮服务提供者应当制定并实施原料控制要求，不得采购不符合食品安全标准的食品原料。倡导公开加工过程，公示食品原料及其来源等信息。 2. 过程要求 餐饮服务提供者在加工过程中应当检查待加工的食品及原料，发现食品、食品添加剂有腐败变质、油脂酸败、霉变生虫、污秽不洁、混有异物、掺假掺杂或者感官性状异常的，不得使用和加工。 3. 定期维护设备、设施 餐饮服务提供者应当定期维护食品加工、贮存、陈列等设施、设备；定期清洗、校验保温设施及冷藏、冷冻设施。 4. 餐具、饮具清洗消毒 餐饮服务提供者应当按照要求对餐具、饮具进行清洗消毒，不得使用未经清洗消毒的餐具、饮具；餐饮服务提供者委托清洗消毒餐具、饮具的，应当委托符合法定条件的餐具、饮具集中消毒服务单位。 5. 集中用餐单位管理 (1) 对集中用餐单位食堂的管理 食堂，指设于机关、学校、企业事业单位、工地等地点(场所)，为供应内部职工、学生等就餐的单位。食堂的管理直接关系到职员、学生等就餐人员的基本权益和身体健康。因此，食堂的经营者必须严格按照法律、法规和食品安全标准的要求进行管理。 (2) 对集中用餐单位订餐的管理 从供餐单位订餐的，应当从取得食品生产经营许可的企业订购，并按照要求对订购的食品进行查验。供餐单位应当严格遵守法律、法规和食品安全标准，当餐加工，确保食品安全。

(续表)

餐饮服务加工管理制度	6. 餐具、饮具集中消毒服务单位管理 (1) 餐具、饮具集中消毒服务单位应当具备相应的作业场所、清洗消毒设备或者设施,用水和使用的洗涤剂、消毒剂应当符合相关食品安全国家标准和其他国家标准、卫生规范。 (2) 餐具、饮具集中消毒服务单位应当对消毒餐具、饮具进行逐批检验,检验合格后方可出厂,并应当随附消毒合格证明。 消毒后的餐具、饮具应当在独立包装上标注单位名称、地址、联系方式、消毒日期以及使用期限等内容。
食品召回制度	产品召回制度是指由于生产者的原因造成某批次不安全的缺陷产品,由生产者按照规定程序,通过换货、退货、补充或者修正等方式,及时消除或减少产品安全危害的活动。 1. 主动召回 (1) 食品生产者召回 食品生产者发现其生产的食品不符合食品安全标准或者有证据证明可能危害人体健康的,应当立即停止生产,召回已经上市销售的食品,通知相关生产经营者和消费者,并记录召回和通知情况。 (2) 食品经营者召回 ① 食品经营者发现其经营的食品不符合食品安全标准或者有证据证明可能危害人体健康的,应当立即停止经营,通知相关生产经营者和消费者,以便及时采取补救措施,避免危害进一步扩大,并记录停止经营和通知情况。 ② 食品生产者接到经营者的通知后,认为应当召回的,应当立即召回。由于食品经营者的原因,如贮存不当,造成其经营的食品有前述规定情形的,应当由食品经营者,而非生产者进行召回。 2. 责令召回 (1) 县级以上人民政府食品药品监督管理部门发现食品生产经营者生产经营的食品不符合食品安全标准或者有证据证明可能危害人体健康,但未依照法律规定召回或者停止经营的,可以责令其召回或者停止经营。 (2) 食品生产经营者在接到责令召回的通知后,应当立即停止生产或者经营,按照法定程序召回不符合食品安全标准的食品,进行相应的处理,并将食品召回和处理情况向所在地县级人民政府食品药品监督管理部门报告。 3. 召回后的处理 (1) 一般情况下,召回的食品不符合食品安全标准或者可能存在食品安全隐患的,食品生产经营者应当对召回的食品采取无害化处理、销毁等措施,防止其再次流入市场。 (2) 对因标签、标志或者说明书不符合食品安全标准而被召回的食品,食品生产者在采取补救措施且能保证食品安全的情况下可以继续销售,但销售时应当向消费者明示补救措施。 4. 召回情况报告 食品生产经营者应当将食品召回和处理情况向所在地县级人民政府食品药品监督管理部门报告;需要对召回的食品进行无害化处理、销毁的,应当提前报告时间、地点。食品药品监督管理部门认为必要的,可以赴无害化处理或者销毁现场进行监督,以确保存在安全隐患的被召回食品不会再次流入市场。

【真题演练】

1. 红星超市发现其经营的"荷叶牌"速冻水饺不符合食品安全标准,拟采取的下列哪一措施是错误的?(2013年真题,单选)
   A. 立即停止经营该品牌水饺
   B. 通知该品牌水饺生产商和消费者
   C. 召回已销售的该品牌水饺
   D. 记录停止经营和通知情况

   【答案】 C
   【解析】 根据《食品安全法》第63条第1款、第2款的规定,作为经营者的红星超市发现销售的"荷叶牌"速冻水饺不符合食品安全标准后,应采取的措施是立即停止经营"荷叶牌"速冻水饺、通知该品牌水饺生产商和消费者并记录停止经营和通知情况,而无权召回已销售的水饺,故A、B、D项正确,C项错误。此题为选错项,故C项当选。

2. 关于食品添加剂管制,下列哪一说法符合《食品安全法》的规定?(2011年真题,单选)
   A. 向食品生产者供应新型食品添加剂的,必须持有省级卫生行政部门发放的特别许可证
   B. 未获得食品添加剂销售许可的企业,不得销售含有食品添加剂的食品
   C. 生产含有食品添加剂的食品的,必须给产品包装加上载有"食品添加剂"字样的标签
   D. 销售含有食品添加剂的食品的,必须在销售场所设置载明"食品添加剂"字样的专柜

   【答案】 C
   【解析】 根据《食品安全法》第37条规定,A项错误。根据《食品安全法》第39条规定,B项错误。根据《食品安全法》第67条第1款第(七)项规定,C项正确。《食品安全法》中并无设置食品添加剂专柜的法律要求,故D项错误。

考点 4 食品检验

(一) 禁止食品免检;抽检和复检

(1) 食品药品监督管理部门不得对食品实施免检。
(2) 县级以上人民政府食品药品监督管理部门应当对食品进行定期或者不定期的抽样检验。进行抽样检验,应当购买抽取的样品,不收取检验费和其他任何费用。
(3) 应当委托符合《食品安全法》规定的食品检验机构进行检验,并支付相关费用。
(4) 对检验结论有异议的,可以依法进行复检。

食品生产经营者可以自收到检验结论之日起7个工作日内向实施抽样检验的食品药品监督管理部门或者其上一级食品药品监督管理部门提出复检申请。

(二) 食品检验实行食品检验机构与检验人负责制

食品检验报告应当加盖食品检验机构公章,并有检验人的签名或者盖章。食品检验机构和检验人对出具的食品检验报告负责。

(三) 食品检验机构、认证机构的责任

(1) 食品检验机构出具虚假检验报告,使消费者的合法权益受到损害的,应当与食品生产经营者承担连带责任。
(2) 认证机构出具虚假认证结论,使消费者的合法权益受到损害的,应当与食品生产经营

者承担连带责任。

考点 5 食品安全事故处置机制

食品安全事故危害人民群众生命健康,如果不能及时有效处置,会导致危害结果扩大。为有效处理食品安全事故,食品安全法确立了以下几项制度:

(一)食品安全报告制度

1. 报告责任主体

有义务向食品药品监督管理部门报告食品安全事故的主体包括:发生可能与食品有关的急性群体性健康损害的单位、接收食品安全事故病人治疗的单位。质量监督、农业行政、卫生行政等部门在日常监督管理中发现食品安全事故或者接到事故举报的,应当立即向食品药品监督管理部门通报。

2. 接收报告的部门

食品药品监督管理部门是食品生产经营活动监督管理机关,相关报告责任主体应当向事故发生地县级人民政府食品药品监督管理部门报告或者通报,由其统一汇总信息,按照应急预案进行处理。

3. 行政机关内部逐级报告

事故发生地县级人民政府食品药品监督管理部门接到食品安全事故报告后,应当按照食品安全事故应急预案的规定向本级人民政府和上级食品药品监督管理部门报告。县级人民政府和上级人民政府食品药品监督管理部门应当按照应急预案的规定上报。根据国家食品安全事故应急预案的规定,必要时,可直接向国务院食品药品监督管理部门报告。

(二)事故处置制度

(1)县级以上人民政府食品药品监督管理部门接到食品安全事故的报告后,应当立即会同同级卫生行政、质量监督、农业行政等部门进行调查处理,并采取下列措施。

① 开展应急救援工作,组织救治因食品安全事故导致人身伤害的人员;

② 封存可能导致食品安全事故的食品及其原料,并立即进行检验;对确认属于被污染的食品及其原料,责令食品生产经营者依照《食品安全法》第63条的规定召回或者停止经营;

③ 封存被污染的食品相关产品,并责令进行清洗消毒;

④ 做好信息发布工作,依法对食品安全事故及其处理情况进行发布,并对可能产生的危害加以解释、说明。

(2)发生食品安全事故需要启动应急预案的,县级以上人民政府应当立即成立事故处置指挥机构,启动应急预案,依照上述和应急预案的规定进行处置。

(3)发生食品安全事故,县级以上疾病预防控制机构应当对事故现场进行卫生处理,并对与事故有关的因素开展流行病学调查,有关部门应当予以协助。县级以上疾病预防控制机构应当向同级食品药品监督管理、卫生行政部门提交流行病学调查报告。

(三)责任追究制度

(1)发生食品安全事故,设区的市级以上人民政府食品药品监督管理部门应当立即会同有关部门进行事故责任调查,督促有关部门履行职责,向本级人民政府和上一级人民政府食品药品监督管理部门提出事故责任调查处理报告。

（2）涉及两个以上省、自治区、直辖市的重大食品安全事故由国务院食品药品监督管理部门依照上述规定组织事故责任调查。

考点 6 法律责任

（一）消费者的损害赔偿

1. 首负责任制

首负责任制，是指消费者在合法权益受到损害，向生产者或者经营者要求赔偿时，由首先接到赔偿要求的生产者或者经营者负责先行赔付，再由先行赔付的生产者或者经营者依法向相关责任人追偿。

（1）消费者因不符合食品安全标准的食品受到损害的，可以向经营者要求赔偿损失，也可以向生产者要求赔偿损失。

（2）接到消费者赔偿要求的生产经营者，应当实行首负责任制，先行赔付，不得推诿。

（3）属于生产者责任的，经营者赔偿后有权向生产者追偿；属于经营者责任的，生产者赔偿后有权向经营者追偿。

注意：损害赔偿责任的范围

包括赔偿消费者的医疗费、护理费、误工损失费、残疾者生活补助费等费用；造成死亡的，并应当支付丧葬费、死者生前扶养的人必要的生活费等费用。

2. 免责事由

（1）生产者、销售者不得以购买者明知食品存在质量问题进行抗辩。

（2）生产者、销售者不得以消费者未对赠品支付对价为由进行抗辩。

（3）经检验确认不合格的食品，生产者或者销售者不得以该食品具有检验合格证明为由进行抗辩。

3. 举证责任

（1）违约责任：消费者举证证明所购买食品的事实以及所购食品不符合合同的约定。

（2）侵权责任：消费者举证证明因食用食品受到损害，初步证明损害与食用食品存在因果关系；但生产者、销售者能证明损害不是因产品不符合质量标准造成的除外。

注意：食品的生产者与销售者应当对于食品符合质量标准承担举证责任。

4. 惩罚性赔偿制度

生产不符合食品安全标准的食品或者经营明知是不符合食品安全标准的食品，消费者除要求赔偿损失外，还可以向生产者或者经营者要求支付价款 10 倍或者损失 3 倍的赔偿金；增加赔偿的金额不足 1 000 元的，为 1 000 元。

注意：不适用惩罚性赔偿的情况

食品的标签、说明书存在不影响食品安全且不会对消费者造成误导的瑕疵的，不适用有关惩罚性赔偿的规定。

5. 民事赔偿责任优先原则

应当承担民事赔偿责任和缴纳罚款、罚金，其财产不足以同时支付时，先承担民事赔偿责任。

(二) 特殊责任

1. 集中交易市场的开办者、柜台出租者、展销会的举办者责任

集中交易市场的开办者、柜台出租者、展销会的举办者允许未依法取得许可的食品经营者进入市场销售食品，或者未履行检查、报告等义务的，致使消费者遭受人身损害，承担连带责任。

2. 网络食品交易第三方平台责任

(1) 网络食品交易第三方平台违反法定义务

网络食品交易第三方平台提供者未对入网食品经营者进行实名登记、审查许可证，或者未履行报告、停止提供网络交易平台服务等义务的，使消费者的合法权益受到损害的，应当与食品经营者承担连带责任。

(2) 消费者索赔

① 消费者通过网络食品交易第三方平台购买食品，其合法权益受到损害的，可以向入网食品经营者或者食品生产者要求赔偿。

② 网络食品交易第三方平台提供者不能提供入网食品经营者的真实名称、地址和有效联系方式的，由网络食品交易第三方平台提供者赔偿。网络食品交易第三方平台提供者赔偿后，有权向入网食品经营者或者食品生产者追偿。

③ 网络食品交易第三方平台提供者作出更有利于消费者承诺的，应当履行其承诺。

3. 虚假广告责任

(1) 广告经营者、发布者设计、制作、发布虚假食品广告，使消费者的合法权益受到损害的，应当与食品生产经营者承担连带责任。

(2) 社会团体或者其他组织、个人在虚假广告或者其他虚假宣传中向消费者推荐食品，使消费者的合法权益受到损害的，应当与食品生产经营者承担连带责任。

(3) 消费者协会可以提起公益诉讼。

【真题演练】

1. 李某花 2 000 元购得某省 M 公司生产的苦茶一批，发现其备案标准并非苦茶的标准，且保质期仅为 9 个月，但产品包装上显示为 18 个月，遂要求该公司支付 2 万元的赔偿金。对此，下列哪些说法是正确的？(2017 年真题，多选)

A. 李某的索赔请求于法有据

B. 茶叶的食品安全国家标准由国家卫计委制定、公布并提供标准编号

C. 没有苦茶的食品安全国家标准时，该省卫计委可制定地方标准，待国家标准制定后，酌情存废

D. 国家鼓励该公司就苦茶制定严于食品安全国家标准或地方标准的企业标准，在该公司适用，并报该省卫计委备案

【答案】 AD

【解析】 根据《食品安全法》第 148 条规定，本题中苦茶保质期只有 9 个月，但包装上却显示为 18 个月，明显不符合食品安全标准，因而李某可以主张 10 倍价款赔偿，A 选项正确。根据《食品安全法》第 27 条规定，苦茶的国家标准编号应当是由国家标准化行政部门提供而不是由国家卫计委制定、公布并提供标准编号，B 选项错误。根据《食品安全法》第 29 条规定，由于已经制定了苦茶的食品安全国家标准，那么地方标准应该即行废止，而不是酌情存废，C 选项错误。根据《食品安全法》第 30 条规定，国家鼓励食品生产企业制定严于食品安全国家

标准或者地方标准的企业标准,D 选项正确。

2. 李某从超市购得橄榄调和油,发现该油标签上有"橄榄"二字,侧面标示"配料:大豆油,橄榄油",吊牌上写明:"添加了特等初榨橄榄油",遂诉之。经查,李某事前曾多次在该超市"知假买假"。关于此案,下列哪些说法是正确的?(2016 年真题,多选)

A. 该油的质量安全管理,应遵守《农产品质量安全法》的规定
B. 该油未标明橄榄油添加量,不符合食品安全标准要求
C. 如李某只向该超市索赔,该超市应先行赔付
D. 超市以李某"知假买假"为由进行抗辩的,法院不予支持

【答案】 BCD

【解析】 根据我国《农产品质量安全法》第 2 条第 1 款的规定,食用油并不属于农产品。A 选项错误。根据我国《食品安全法》第 67 条的规定,B 选项正确。根据我国《食品安全法》第 148 条第 1 款的规定,李某有权向作为经营者的超市要求赔付,C 选项正确。根据我国《关于审理食品药品纠纷案件适用法律若干问题的规定》第 3 条的规定,即使李某事前曾经多次在该超市"知假买假",也并不能够作为超市的有效抗辩理由,D 选项正确。

3. 某企业明知其产品不符合食品安全标准,仍予以销售,造成消费者损害。关于该企业应承担的法律责任,下列哪一说法是错误的?(2010 年真题,单选)

A. 除按消费者请求赔偿实际损失外,并按消费者要求支付所购食品价款十倍的赔偿金
B. 应当承担民事赔偿责任和缴纳罚款、罚金的,优先支付罚款、罚金
C. 可能被采取的强制措施种类有责令改正、警告、停产停业、没收、罚款、吊销许可证
D. 如该企业被吊销食品生产许可证,其直接负责的主管人员五年内不得从事食品生产经营管理工作

【答案】 B

【解析】 根据《食品安全法》第 148 条第 2 款规定,A 项正确,不当选。需要注意的,2015 年《食品安全法》修订之后,消费者还可以选择主张在要求赔偿损失之外,向生产者或者经营者要求支付损失 3 倍的赔偿金。根据《食品安全法》第 147 条的规定,B 项错误,当选。根据《食品安全法》第 9 章"法律责任"的规定,C 项正确,不当选。根据《食品安全法》第 135 条第 1 款的规定,D 项正确,不当选。

银行业法专题

专题导学：

银行业法的精神：金融枢纽、审慎经营

银行是经营货币和信用业务的金融机构，通过发行信用货币、管理货币流通、调剂资金供求、办理货币存贷与结算，充当信用的中介人。银行业是现代金融业的主导力量，是国民经济运转的枢纽，因此在其设立、运营、终止等一系列活动中都应遵守审慎经营规则，切实保障货币体系的安全和国家经济秩序的有序发展。

银行业法学习线索：

1. 商业银行

银行业法考试涉及的一部主要的法律是《商业银行法》。在我国，商业银行是金融组织体系的主体。商业银行是依法设立的吸收公众存款、发放贷款、办理结算等业务的企业法人。商业银行以审慎经营为其经营原则。商业银行法是调整商业银行在资金融通过程中所发生的社会关系的法律规范的总称，凡在境内设立银行、办理银行业务均应适用《商业银行法》。有关商业银行的设立、组织形式、审批监管、贷款业务、接管破产等都是考试的重点。

2. 银行业的监管

银行业法考试涉及的另一部重要的法律是《银行业监督管理法》。银行业监督管理法是调整银行业监督管理机构在对银行业金融机构及其业务活动进行监督管理的过程中发生的社会关系的法律规范的总称，以促进银行业的合法、稳健运行，维护公众对银行业的信心为监督管理目标。银行业监督管理的职能机构、监管对象、监管措施等经常出现在试题之中。

第一节 商业银行法

考点 1 商业银行的监管

（一）商业银行概述

商业银行是依法设立的吸收公众存款、发放贷款、办理结算等业务的企业法人。商业银行是我国金融组织体系的主体，具有信用中介、支付中介、信用创造和金融服务等职能。商业银行以审慎经营为其经营原则，实行自主经营、自担风险、自负盈亏、自我约束。商业银行法是调整商业银行在资金融通过程中所发生的社会关系的法律规范的总称，凡在境内设立银行、办理银行业务的，均应适用《商业银行法》。

（二）监管

银行监管是银行监督和银行管理的总称。监督是对银行业金融机构合法经营情况和风险状况的监测、评估和控制。管理是通过制定相关的监管法规来规范银行金融机构及其行为，并决定银行金融机构的市场准入和退出。

1. 国务院银行业监督管理机构对商业银行的组织机构、营业范围等事项进行监管

(1) 负债业务

负债业务是商业银行通过一定形式,组织资金来源的业务。商业银行通过一定利息吸收存款是其负债的主要内容,通过吸收存款形成的资金是商业银行的经营之本,如存款。

(2) 资产业务

资产业务主要是指商业银行运用其集聚的货币资金从事各种信用活动的业务,如发放贷款、对外投资。

(3) 中间业务

中间业务是指商业银行不需要运用自有资金,只代替客户承办支付、收取和其他委托事项而收取手续费的业务,如结算业务。

2. 中国人民银行对货币政策进行监管

(1) 违反规定确定贷款利率的;

(2) 未经批准办理结汇、售汇的;

(3) 未经批准在银行间债券市场发行、买卖金融债券或者到境外借款的;

(4) 违反规定同业拆借的;

(5) 未按照央行规定的比例交存存款准备金的;

(6) 提供虚假的或者隐瞒重要事实的财务会计报告、报表和统计报表的。

【真题演练】

下列哪一选项不属于国务院银行业监督管理机构职责范围?(2010年真题,单选)

A. 审查批准银行业金融机构的设立、变更、终止以及业务范围

B. 受理银行业金融机构设立申请或者资本变更申请时,审查其股东的资金来源、财务状况、诚信状况等

C. 审查批准或者备案银行业金融机构业务范围内的业务品种

D. 接收商业银行交存的存款准备金和存款保险金

【答案】　D

【解析】　根据《银行业监督管理法》第16、17、18条的规定,A、B、C三选项正确,但不符合题干要求,故不选。根据《商业银行法》第32条的规定,D项错误,应选。

考点 2　商业银行的设立与组织机构

设立	商业银行的设立是指商业银行的创办人依照法律规定的程序,筹建商业银行并使之具有企业法人资格的法律行为。 审批制:商业银行作为涉及公共利益并影响国计民生的特殊行业,其设立采取核准主义原则,也称"许可主义",指商业银行的设立除了必须具备法律规定的条件外,还必须经过行政机关的审查批准,否则不得成立。由银监机构(国务院银行业监督管理委员会)审批设立,"银行"名称具有专属性。 未经国务院银行业监督管理机构批准,任何单位和个人不得从事吸收公众存款等商业银行的业务,任何单位在名称中不得使用"银行"字样。

(续表)

营业范围	主要涉及吸收公众存款、发放贷款、办理结算等业务,具体经营范围由商业银行章程规定,报银监机构批准。 商业银行可以经营下列部分或者全部业务: (1) 吸收公众存款; (2) 发放短期、中期和长期贷款; (3) 办理国内外结算; (4) 办理票据承兑与贴现; (5) 发行金融债券; (6) 代理发行、代理兑付、承销政府债券; (7) 买卖政府债券、金融债券; (8) 从事同业拆借; (9) 买卖、代理买卖外汇; (10) 从事银行卡业务; (11) 提供信用证服务及担保; (12) 代理收付款项及代理保险业务; (13) 提供保管箱服务; (14) 经国务院银行业监督管理机构批准的其他业务。 商业银行的经营范围由章程规定,报国务院银行业监督管理机构批准。 注意:① 银行在报批的同时实行试销,属于违反规定从事未经批准的业务活动。 ② 商业银行在中华人民共和国境内不得从事信托投资和证券经营业务,不得向非自用不动产投资或者向非银行金融机构和企业投资,但国家另有规定的除外。
设立条件	商业银行的设立与组织又可以称为商业银行的组织规则。 1. 有符合《商业银行法》和《公司法》规定的章程 2. 有符合《商业银行法》规定的注册资本最低限额 (1) 全国性商业银行10亿元人民币;城市商业银行1亿元人民币;农村商业银行5 000万元人民币。 注意:法律赋予国务院银行业监督管理机构调整注册资本最低限额的权利,但只能根据监管的需要调高注册资本的最低限额,不得调低。 (2) 注册资本为实缴资本。 注意:虽然2013年我国公司法进行修改,免去了一般公司实缴资本的义务,但是商业银行仍然采用实缴资本,表明商业银行实行严格的法定资本制度。 3. 有具备任职专业知识和业务工作经验的董事、高级管理人员 (1) 积极任职资格。即具备任职专业知识和业务工作经验。 (2) 消极任职资格。《商业银行法》第27条规定,有下列情形之一的,不得担任商业银行的董事、高级管理人员: ① 因犯有贪污、贿赂、侵占财产、挪用财产罪或者破坏社会经济秩序罪,被判处刑罚,或者因犯罪被剥夺政治权利的;

(续表)

设立条件	② 担任因经营不善破产清算的公司、企业的董事或者厂长、经理,并对该公司、企业的破产负有个人责任的; ③ 担任因违法被吊销营业执照的公司、企业的法定代表人,并负有个人责任的; ④ 个人所负数额较大的债务到期未清偿的。 4. 有健全的组织机构和管理制度 商业银行的管理制度涉及诸多方面,如人力资源管理、内部控制、风险管理、各项业务活动、岗位责任、财务管理等等。 5. 有符合要求的营业场所、安全防范措施和与业务有关的其他设施 经营场所是商业银行开展业务必备的物质条件;安全防范措施主要是指由公安、监督、消防机构规定的防盗、报警、消防、电子计算机等设施;与业务有关的其他设施一般应包括运钞车、点钞机、验钞机、保险箱等。 6. 其他审慎性条件 注意:商业银行既应符合《商业银行法》的规定,也应符合《公司法》的规定,特别是组织形式、组织机构、合并、分立等方面。
组织形式	商业银行的组织形式既可以是有限责任公司,也可以是股份有限公司。
分支机构	商业银行根据业务需要设立分支机构: (1) 须经国务院银行业监督管理机构审批; (2) 可在境内或境外设立,在境内设立的,不按行政区划设立; (3) 拨付各分支机构营运资金额的总和,不得超过总行资本金总额的60%; (4) 分支机构不具有法人资格,在总行授权范围内依法开展业务,其民事责任由总行承担。 (5) 商业银行对其分支机构实行全行统一核算,统一调度资金,分级管理的财务制度。
经营许可证	商业银行及其分支机构的经营许可证均由国务院银行业监督管理机构颁发,凭该许可证向工商部门办理登记,领取营业执照。 商业银行及其分支机构自取得营业执照之日起无正当理由超过6个月未开业的,或者开业后自行停业连续6个月以上的,吊销其经营许可证。
由银监机构审批的其他事项	商业银行成立后,在经营过程中,由于各种原因,其登记的有关事项可能发生变化,也可能发生商业银行的合并与分立,在这种情况下,就会发生商业银行的变更。 1. 变更事项 (1) 变更名称; (2) 变更注册资本; (3) 变更总行或者分支行所在地; (4) 调整业务范围;

(续表)

由银监机构审批的其他事项	(5) 变更持有资本总额或者股份总额5%以上的股东； (6) 修改章程； (7) 国务院银行业监督管理机构规定的其他变更事项。 注意：商业银行更换董事、高级管理人员虽无须国务院银行业监督管理机构批准，但要由国务院银行业监督管理机构审查其任职资格。 2. 商业银行的合并与分立 3. 因合并、分立或章程规定事由须解散的 4. 不能支付到期债务，由国务院银行业监督管理机构同意，法院宣告破产 5. 任何单位和个人购买银行股份总额5%以上的，须事先审批

【真题演练】

1. 根据《商业银行法》，关于商业银行分支机构，下列哪些说法是错误的？（2012年真题，多选）

A. 在中国境内应当按行政区划设立

B. 经地方政府批准即可设立

C. 分支机构不具有法人资格

D. 拨付各分支机构营运资金额的总和，不得超过总行资本金总额的70%

【答案】 ABD

【解析】 根据《商业银行法》第19条的规定，A、B、D项错误。根据《商业银行法》第22条规定，C项正确。本题为选错题，故答案为A、B、D。

2. 根据《商业银行法》，关于商业银行的设立和变更，下列哪些说法是正确的？（2012年真题，多选）

A. 国务院银行业监督管理机构可以根据审慎监管的要求，在法定标准的基础上提高商业银行设立的注册资本最低限额

B. 商业银行的组织形式、组织机构适用《公司法》

C. 商业银行的分立、合并不适用《公司法》

D. 任何单位和个人购买商业银行股份总额5%以上的，应事先经国务院银行业监督管理机构批准

【答案】 ABD

【解析】 根据《商业银行法》第13条的规定，A项正确。根据《商业银行法》第17条和第25条的规定，B项正确，C项错误。根据《商业银行法》第28条的规定，D项正确。

考点 3 商业银行的业务

(一) 存款业务

1. 个人储蓄存款和单位存款

(1) 商业银行办理个人储蓄存款业务，应当遵循存款自愿、取款自由、存款有息、为存款人

保密的原则。对个人储蓄存款,商业银行有权拒绝任何单位或者个人查询、冻结、扣划,但法律另有规定的除外。

(2) 对单位存款,商业银行有权拒绝任何单位或者个人查询,但法律、行政法规另有规定的除外;有权拒绝任何单位或者个人冻结、扣划,但法律另有规定的除外。

2. 利息

(1) 商业银行应当按照中国人民银行规定的存款利率的上下限,确定存款利率。

(2) 商业银行应当按照中国人民银行的规定,向中国人民银行交存存款准备金,留足备付金。

(3) 商业银行应当保证存款本金和利息的支付,不得拖延、拒绝支付存款本金和利息。

3. 商业银行应当保障存款人的合法权益不受任何单位和个人的侵犯

(二) 贷款业务

贷款是商业银行运用资金的业务,商业银行贷款业务的状况,贷款资产的质量高低,直接影响到存款人的利益和商业银行的经营业绩。

注意:商业银行贷款,应当与借款人订立书面贷款合同,而不能采取口头或其他形式。

基本制度	审贷分离:贷款调查评估人员负责贷款调查,承担调查失误和评估失准的责任;贷款审查人员负责贷款风险的审查,承担审查失误的责任;贷款发放人员负责贷款的检查和清收,承担检查错误、清收不力的责任。 分级审批:贷款人应当根据业务量大小、管理水平和贷款风险程度确定各级分支机构的审批权限,超过审批权限的贷款,应当报上级审批。各级分支机构应当根据贷款种类、借款人的信用等级以及抵押物、质物、保证人等情况确定每一笔贷款的风险度。
担保贷款 信用贷款	1. 商业银行贷款,借款人一般应当提供担保,以担保贷款为原则 贷款担保是指以借款人的特定财产或者第三人的特定财产或信用为基础,督促借款人清偿债务,保障贷款人贷款债权实现的法律制度。 2. 信用贷款的对象 经银行审查评估,确认借款人资信良好、确能还贷的,可不提供担保,为信用贷款;信用贷款的风险完全由贷款人承担,出于金融安全的考虑通常对信用贷款进行严格的监管。 3. 发放贷款的审查 商业银行贷款,应当对借款人的借款用途、偿还能力、还款方式等情况进行严格审查。 4. 关系人贷款的特别规定 (1) 不得向关系人发放信用贷款; (2) 向关系人发放担保贷款的条件不得优于其他借款人同类贷款的条件。 关系人是指: ① 商业银行的董事、监事、管理人员、信贷业务人员及其近亲属; ② 前项所列人员投资或者担任高级管理职务的公司、企业和其他经济组织。

（续表）

资产负债比例	商业银行贷款，应当遵守下列资产负债比例管理的规定： （1）资本充足率不得低于8%； （2）流动性资产余额与流动性负债余额的比例不得低于25%； （3）对同一借款人的贷款余额与商业银行资本余额的比例不得超过10%； （4）国务院银行业监督管理机构对资产负债比例管理的其他规定。
贷款偿还	1. 贷款偿还 （1）借款人应当按期归还贷款的本金和利息。贷款期限由借贷双方根据贷款用途、资金状况、资产运转周期等协商后确定，并在借款合同中载明。《贷款通则》对商业银行贷款的期限进行了限制，自营贷款期限一般不超过10年，超过10年的应当办理备案手续。 （2）借款人到期不归还担保贷款的，商业银行依法享有要求保证人归还贷款本金和利息或者就该担保物优先受偿的权利。 （3）商业银行因行使抵押权、质权而取得的不动产或者股权，应当自取得之日起2年内予以处分。 （4）借款人到期不归还信用贷款的，应当按照合同约定承担责任。 注意：贷款期限展期决定权在贷款人，借款人不能按期偿还贷款的，应在贷款到期日之前向贷款人申请贷款展期。短期贷款展期期限累计不能超过原贷款期限。 2. 不良贷款 不良贷款主要是按照贷款逾期的期限长短的标准划分的，包括逾期贷款、呆滞贷款和呆账贷款。 （1）呆账贷款，指按财政部有关规定列为呆账的贷款。 （2）呆滞贷款，指按财政部有关规定，逾期（含展期后到期）超过规定年限以上仍未归还的贷款，或虽未逾期或逾期不满规定年限但生产经营已终止、项目已停建的贷款（不含呆账贷款）。 （3）逾期贷款，指借款合同约定到期（含展期后到期）未归还的贷款（不含呆滞贷款和呆账贷款）。
贷款业务不受干涉	任何单位和个人不得强令商业银行发放贷款或者提供担保。商业银行有权拒绝任何单位和个人强令要求其发放贷款或者提供担保。 （1）商业银行工作人员违反规定徇私向亲属、朋友发放贷款或者提供担保造成损失的，应当承担全部或者部分赔偿责任。 （2）单位或者个人强令商业银行发放贷款或者提供担保的，造成损失的，应当承担全部或者部分赔偿责任。 （3）商业银行的工作人员对单位或者个人强令其发放贷款或者提供担保未予拒绝的，造成损失的，应当承担相应的赔偿责任。

【真题演练】

1. 根据现行银行贷款制度，关于商业银行贷款，下列哪一说法是正确的？（2013年真题，单选）

　　A. 商业银行与借款人订立贷款合同，可采取口头、书面或其他形式

B. 借款合同到期未偿还,经展期后到期仍未偿还的贷款,为呆账贷款
C. 政府部门强令商业银行向市政建设项目发放贷款的,商业银行有权拒绝
D. 商业银行对关系人提出的贷款申请,无论是信用贷款还是担保贷款,均应予拒绝

【答案】 C

【解析】 根据《商业银行法》第37条的规定,A项错误。银行商业的不良贷款包括呆账贷款、呆滞贷款和逾期贷款。本题中所描述情形属于逾期贷款,故B项错误。根据《商业银行法》第41条的规定,故C项正确。根据《商业银行法》第40条的规定,D项错误。

2. 李大伟是M城市商业银行的董事,其妻张霞为S公司的总经理,其子李小武为L公司的董事长。2009年9月,L公司向M银行的下属分行申请贷款1000万元。其间,李大伟对分行负责人谢二宝施加压力,令其按低于同类贷款的优惠利息发放此笔贷款。L公司提供了由保证人陈富提供的一张面额为2000万元的个人储蓄存单作为贷款质押。贷款到期后,L公司无力偿还,双方发生纠纷。根据《商业银行法》的规定,请回答第(1)—(3)题。(2011年真题,不定选)

(1) 关于M银行向L公司发放贷款的行为,下列判断正确的是:
A. L公司为M银行的关系人,依照法律规定,M银行不得向L公司发放任何贷款
B. L公司为M银行的关系人,依照法律规定,M银行可以向L公司发放担保贷款,但不得提供优于其他借款人同类贷款的条件
C. 该贷款合同无效
D. 该贷款合同有效

【答案】 BD

【解析】 根据《商业银行法》第40条的规定,商业银行不得向关系人发放信用贷款,但可以发放其他形式的贷款,A项错误,B项正确。根据《合同法》第52条规定,D项正确,C项错误。

(三) 同业拆借业务

同业拆借是临时调剂性借贷行为,是指金融机构(主要是商业银行)之间为了调剂资金余缺,利用资金融通过程的时间差、空间差、行际差来调剂资金而进行的短期借贷。

(1) 中国金融机构间同业拆借是由中国人民银行统一负责管理、组织、监督和稽核。

(2) 金融机构用于拆出的资金只限于交足准备金、留足5%备付金、归还中国人民银行到期贷款之后的闲置资金,拆入的资金只能用于弥补票据清算、先支后收等临时性资金周转的需要。

(3) 严禁非金融机构或个人参与同业拆借活动,并禁止从事利用拆入资金发放固定资产贷款或者用于投资的行为。

【真题演练】

某商业银行通过同业拆借获得一笔资金。关于该拆入资金的用途,下列哪一选项是违法的?(2014年真题,单选)
A. 弥补票据结算的不足
B. 弥补联行汇差头寸的不足
C. 发放有担保的短期固定资产贷款
D. 解决临时性周转资金的需要

【答案】 C
【解析】 根据《商业银行法》第 46 条的规定,本题 C 项违法,应选。

考点 4 商业银行的接管与破产

(一) 商业银行的接管

商业银行的接管是指国务院银行业监督机构依法保护商业银行经营安全性、合法性的一项重要措施,可以说是一项预防性拯救措施。

1. 条件

商业银行已经或者可能发生信用危机,严重影响存款人的利益时。

2. 目的和法律后果

接管的目的是对被接管的商业银行采取必要措施,以保护存款人的利益,恢复商业银行的正常经营能力。被接管的商业银行的债权债务关系不因接管而变化。自接管开始之日起,由接管组织行使商业银行的经营管理权力。

3. 期限

接管期限届满,国务院银行业监督管理机构可以决定延期,但接管期限最长不得超过2年。

(二) 商业银行的破产

破产申请可以在银行被接管后提出,也可以不经接管而直接提出,接管并不是银行破产申请的前提条件。

1. 破产原因

商业银行不能支付到期债务。

2. 须经国务院银行业监督管理机构同意并由法院宣告

3. 由人民法院组织国务院银行业监督管理机构等有关部门和有关人员成立清算组

4. 商业银行的破产分配

(1) 支付清算费用;

(2) 所欠职工工资和劳动保险费用;

(3) 支付个人储蓄存款的本金和利息;

(4) 支付税款;

(5) 普通债权。

第二节 银行业监督管理法

考点 1 银行业的监管对象

(一) 概述

银行业监督管理法是调整银行业监督管理机构在对银行业金融机构及其业务活动进行监

督管理的过程中发生的社会关系的法律规范的总称。银行业监督管理法以加强对银行业的监督管理,规范监督管理行为,防范和化解银行业风险,保护存款人和其他客户的合法权益,促进银行业健康发展为立法宗旨;以促进银行业的合法、稳健运行,维护公众对银行业的信心为监督管理目标。

国务院银行业监督管理机构应与中国人民银行、证券监督管理委员会、保险监督管理委员会建立监督管理信息共享机制;可以和其他国家或地区的银行业监督管理机构建立监督管理的合作机制,实施跨境管理。

(二) 监管对象

1. 银行业金融机构及其高级管理人员

(1) 在我国境内设立的商业银行,城市、农村信用合作社,政策性银行。

银行业金融机构是指在中华人民共和国境内设立的商业银行、城市信用合作社、农村信用合作社等吸收公众存款的金融机构以及政策性银行。因此,在我国银行应该包括中央银行、商业银行、政策性银行、信用合作社和准银行业金融机构。

① 商业银行,指以经营存款、贷款,办理转账结算为主要义务,以盈利为目标的金融企业。

② 城市信用合作社,是指在城市为城市信用社社员和中小企业服务,以吸收存款、发放贷款、办理结算为主要业务的金融企业。

③ 农村信用合作社,是指由农民自愿入股组成,由入股社员民主管理,主要为入股社员服务的具有法人资格的合作金融机构。

④ 政策性银行,是指由政府创立或担保、以贯彻国家产业政策和区域发展政策为目的的金融机构。

(2) 在我国境内设立的金融资产管理公司、信托投资公司、金融租赁公司、财务公司以及经国务院银行业监督管理机构批准设立的其他金融机构。

① 金融资产管理公司,是指经国务院决定设立的收购国有银行不良贷款,管理和处置国有银行不良贷款形成的资产的国有独资非银行金融机构。

② 信托投资公司,指以受托人的身份,代理理财的非银行金融机构,具有财产管理和运用、融通资金、提供信息及咨询,社会投资等功能。

③ 金融租赁公司,指经银监会批准,以经营融资租赁业务为主的非银行金融机构。

④ 财务公司,包括企业集团财务公司和独资财务公司、中外合资财务公司。

(3) 经国务院银行业监督管理机构批准在境外设立的金融机构以及前两种金融机构在境外的业务活动。

2. 非法从事银行业金融业务的非银行金融机构

3. 在银行业监督管理机构从事监管工作的人员

【真题演练】

关于《银行业监督管理法》的适用范围,下列哪一说法是正确的?(2011年真题,单选)

A. 信托投资公司适用本法　　　　B. 金融租赁公司不适用本法
C. 金融资产管理公司不适用本法　　D. 财务公司不适用本法

【答案】 A

【解析】 根据《银行业监督管理法》第2条第3款的规定,A项关于信托投资公司适用本法的说法正确,B、C、D项说法均与上述法律规定相悖,不正确。

考点 2 监管职责与监管措施

(一) 监管职责

监管职责是国家有权机关授予银行业监督管理机构的职权,被监管的金融机构必须服从;另一方面,监管职责也是银行业监督管理机构的义务和责任。

审批	对设立银行业金融机构或者从事银行业金融机构的业务活动进行审批;
审查	对银行业金融机构的董事和高级管理人员的任职资格进行审查;
检查	对银行业金融机构的业务活动及其风险状况进行现场检查;

(二) 监管措施

1. 关于现场检查

(1) 现场检查,是指银行业监督管理机构的监管人员进入银行业金融机构的经营场所,通过实地查阅财务报表、规章制度、文件档案等,检查、核实银行业金融机构的经营状况。

(2) 银行业监督管理机构根据审慎监管的要求,可以采取下列措施进行现场检查:

① 进入银行业金融机构进行检查;

② 询问银行业金融机构的工作人员,要求其对有关检查事项作出说明;

③ 查阅、复制银行业金融机构与检查事项有关的文件、资料,对可能被转移、隐匿或者毁损的文件、资料予以封存;

④ 检查银行业金融机构运用电子计算机管理业务数据的系统。

(3) 银监机构进行现场检查,应当经银行业监督管理机构负责人批准,检查人员不得少于2人,并应出示合法证件和检查通知书,否则,银行业金融机构有权拒绝检查。

2. 关于违反审慎经营的处理

审慎性经营规则是审慎会计准则在金融业务经营活动中的体现,为防范和控制金融风险损失,从而确保金融机构稳健运行的制度规则。银行业金融机构应当严格遵守审慎经营规则。审慎经营规则,包括风险管理、内部控制、资本充足率、资产质量、损失准备金、风险集中、关联交易、资产流动性等内容。

(1) 银行业金融机构违反审慎经营规则的,国务院银行业监督管理机构或其省一级派出机构应当责令限期改正;逾期未改正的,或者其行为严重危及该银行业金融机构的稳健运行、损害存款人和其他客户合法权益的,经国务院银行业监督管理机构或者其省一级派出机构负责人批准,可以区别情形,采取下列措施:

① 责令暂停部分业务、停止批准开办新业务;

② 限制分配红利和其他收入;

③ 限制资产转让;

④ 责令控股股东转让股权或者限制有关股东的权利;

⑤ 责令调整董事、高级管理人员或者限制其权利；
⑥ 停止批准增设分支机构。

(2) 银行业金融机构整改后,向银行业监督管理机构提交报告。银行业监督管理机构经验收,符合有关审慎经营规则的,应当自验收完毕之日起3日内解除对其采取的上述规定的有关措施。

3. 对高级管理人员及其他责任人的措施

在接管、机构重组或者撤销清算期间,经国务院银行业监督管理机构负责人批准,对直接负责的董事、高级管理人员和其他直接责任人员,可以采取下列措施：

(1) 出境将对国家利益造成重大损失的,通知出境管理机关依法阻止其出境；
(2) 申请司法机关禁止其转移、转让财产或者对其财产设定其他权利

4. 关于与涉嫌违法事项有关的单位和个人

(1) 调查权。银行业监督管理机构依法对银行业金融机构进行检查时,经设区的市一级以上银行业监督管理机构负责人批准,可以对与涉嫌违法事项有关的单位和个人采取下列措施：

① 询问权。询问银行业金融机构的工作人员,要求其对有关检查事项作出说明。
② 查阅复制权。查阅、复制银行业金融机构与检查事项有关的文件、资料。
③ 先行登记保存权。对可能被转移、隐匿或者损毁的文件、资料予以封存。

(2) 经国务院银行业监督管理机构或者其省一级派出机构负责人批准,银行业监督管理机构有权查询涉嫌金融违法的银行业金融机构及其工作人员以及关联行为人的账户;对涉嫌转移或者隐匿违法资金的,经银行业监督管理机构负责人批准,可以申请司法机关予以冻结。

(三) 法律责任

1. 违法开展业务活动的法律责任

银行业金融机构违法开展业务活动的,由国务院银行业监督管理机构责令改正,有违法所得的,没收违法所得,违法所得50万元以上的,并处违法所得1倍以上5倍以下罚款;没有违法所得或者违法所得不足50万元的,处50万元以上200万元以下罚款;情节特别严重或者逾期不改正的,可以责令停业整顿或者吊销其经营许可证。

(1) 未经批准设立分支机构的；
(2) 未经批准变更、终止的；
(3) 违反规定从事未经批准或者未备案的业务活动的；
(4) 违反规定提高或者降低存款利率、贷款利率的。

2. 违法从事经营活动的法律责任

银行业金融机构违法从事经营活动的,由国务院银行业监督管理机构责令改正,并处20万元以上50万元以下罚款;情节特别严重或者逾期不改正的,可以责令停业整顿或者吊销其经营许可证。

(1) 未经任职资格审查任命董事、高级管理人员的；
(2) 拒绝或者阻碍非现场监管或者现场检查的；
(3) 提供虚假的或者隐瞒重要事实的报表、报告等文件、资料的；

(4）未按照规定进行信息披露的；

(5）严重违反审慎经营规则的；

(6）拒绝执行因违反审慎经营而被采取的限制措施的。

3. 直接责任人员的责任

银行业金融机构违反法律、行政法规以及国家有关银行业监督管理规定的，银行业监督管理机构可以对直接负责的董事、高级管理人员和其他直接责任人员采取下列措施：

(1）责令银行业金融机构对直接负责的董事、高级管理人员和其他直接责任人员给予纪律处分；

(2）银行业金融机构的行为尚不构成犯罪的，对直接负责的董事、高级管理人员和其他直接责任人员给予警告，处5万元以上50万元以下罚款；

(3）取消直接负责的董事、高级管理人员一定期限直至终身的任职资格，禁止直接负责的董事、高级管理人员和其他直接责任人员一定期限直至终身从事银行业工作。

【真题演练】

1. 陈某在担任某信托公司总经理期间，该公司未按照金融企业会计制度和公司财务规则严格管理和审核资金使用，违法开展信托业务，造成公司重大损失。对此，陈某负有直接管理责任。关于此事，下列哪些说法是正确的？（2016年真题，多选）

A. 该公司严重违反审慎经营规则

B. 银监会可责令该公司停业整顿

C. 国家工商总局可吊销该公司的金融许可证

D. 银监会可取消陈某一定期限直至终身的任职资格

【答案】 ABD

【解析】 根据我国《银行业监督管理法》第2条第3款，以及第21条的规定，本题目中的信托公司，未按照金融企业会计制度和公司财务规制严格管理和审核资金使用，属于违反审慎经营规则的体现。A选项正确。根据我国《银行业监督管理法》第46条的规定，B选项正确，C选项错误。根据我国《银行业金融机构董事（理事）和高级管理人员任职资格管理办法》第29条第3项的规定，D选项正确。

2. 某商业银行违反审慎经营规则，造成资本和资产状况恶化，严重危及稳健运行，损害存款人和其他客户合法权益。对此，银行业监督管理机构对该银行依法可采取下列哪些措施？（2013年真题，多选）

A. 限制分配红利和其他收入　　　　B. 限制工资总额

C. 责令调整高级管理人员　　　　　D. 责令减员增效

【答案】 AC

【解析】 根据《银行业监督管理法》第37条的规定，银行业监督管理机构对该银行依法可采取的措施中，A、C项正确。B、D项错误。

3. 银行业监督管理机构依法对银行业金融机构进行检查时，经设区的市一级以上银行业监督管理机构负责人批准，可以对与涉嫌违法事项有关的单位和个人采取下列哪些措施？（2010年真题，多选）

A. 询问有关单位或者个人，要求其对有关情况作出说明

B. 查阅、复制有关财务会计、财产权登记等文件与资料
C. 对涉嫌转移或者隐匿违法资金的账户予以冻结
D. 对可能被转移、隐匿、毁损或者伪造的文件与资料予以先行登记保存

【答案】 ABD

【解析】 根据《银行业监督管理法》第42条的规定,A、B、D三选项正确。根据《银行业监督管理法》第41条的规定,银监会有权查询账户,但是无权自行冻结账户,只能申请司法机关冻结,故C项错误。

财税法专题

专题导学：

财税法的精神：税收法定、加强征管

财政法与税法统称为财税法。财政法是调整国家财政收支关系的法律规范的总称。法律意义上的财政可界定为以国家为主体的收入和支出活动以及在此过程中形成的各种关系。税法即税收法律制度，是调整税收关系的法律规范的总称。在考试中，税法是财税法专题考试的重点。税收关系的内容概括起来可分为两大类：税收分配关系和税收征收管理关系。税收分配关系，即国家与纳税人之间在税收征纳过程中形成的分配关系。在这方面有一系列的税收法律规范，基本上有一种税，就有一部税收法律规范。税收征收管理关系，即在税收征收管理过程中，国家与纳税人及其他税务当事人之间形成的管理关系。通常我们将调整税收分配关系的法律规范称为实体税法，将调整税收征收管理关系的法律规范称为程序税法。

财税法学习线索：

1. 实体税法

实体税法，是指规定国家征税和纳税主体纳税的实体权利与义务的法律规范的总称，包括流转税、收益税、财产税、行为税和资源税。备考的时候应掌握个人所得税法、企业所得税法两大收益税的内容和具体运用，同时结合当年最新出台税种进行复习。

2. 程序税法

程序税法，是指国家税务机关税务征管、纳税程序方面的法律规范的总称。在我国主要指《税收征收管理法》，该法调整的是国家与纳税人及其他税务当事人之间形成的管理关系，对规范税收征收和缴纳行为，保障国家税收收入，保护纳税人的合法权益，促进经济和社会发展有着很大的作用。纳税主体、税务登记、缴纳程序、征管措施等问题都是历年考试的重点。

第一节 税法基础知识

考点 1 税法概述

（一）税法的构成要素

税是以实现国家财政职能为目的，基于政治权力和法律规定，由政府专门机构向居民和非居民就其财产或特定行为实施的强制、非罚与不直接偿还的金钱课征，是一种财产收入的形式。

税法是调整税收关系的法律规范的总称。税法是由一系列的构成要素组成的，这些要素是：

1. 税法主体

税法主体是指税法规定的享有权利并承担义务的当事人，包括征税主体与纳税主体。征税主体是代表国家行使行政权力的机关，在我国，有税务机关、财政机关和海关，绝大多数的工商税种是由税务机关负责征收的,税收征收管理法也是为税务机关组织征税制定的法律。纳税主体是负有纳税义务的单位和个人。其中单位可以是企业、事业单位,也可以是政府机关;个人可以是中国人,也可以是外国人。

2. 征税对象

征税对象是指税法确定的产生纳税义务的标的或依据。从范围上看,课税客体包括标的物和行为。前者如商品、劳务、财产、资源等,后者如证券交易、领受凭证、车辆购置等。征税对象是税与税区分的关键所在。

3. 税目

税目是征税对象的具体化,并非每一个税收实体法都有税目,如增值税就没有税目。

4. 计税依据

计税依据又称税基,是计算应纳税额的依据。

5. 税率

税率是应纳税额与计税依据之间的比例,体现着征税的深度。现行实体税法采用的税率基本形式有三种:

(1) 定额税率,是按照单位征税对象直接规定固定的税额,资源税采用的就是定额税率;

(2) 比例税率,是指对同一征税对象,不分数额大小,均采用相同的征收比例,增值税、企业所得税等税种采用的就是比例税率;

(3) 累进税率,是指同一征税对象,随着数额的增大,征收比例也随之提高的税率。现行个人所得税法的部分税目采用了超额累进税率。超额累进税率,是根据课税客体数额的不同级距规定不同的税率,对同一纳税人的课税客体数额按照不同的等级税率计税。

税法主体	征税主体	包括:税收机关
	纳税主体	包括:纳税人,扣缴义务人
征税对象	税法规定的征税的客体	
税基	税法规定的计算应纳税额的依据	
税目	税法规定的征税的具体品目,是征税对象的分类和细化	
税率	税法规定的计算应纳税额的比率,包括:定额税率、比例税率、累进税率等	

(二) 实体税法的分类

通常我们按照征税对象将实体税法分为流转税、收益税法、财产税法、行为税法和资源税法。

1. 流转税(商品与劳务税)

流转税是以商品或劳务的流转额(如销售收入额、营业额)为征税对象的一类税。现行增值税、消费税、营业税、城市维护建设税、关税为流转税。

2. 收益税(所得税)

收益税是以所得额为征税对象的一类税。现行企业所得税、个人所得税为收益税。

3. 财产税

财产税是以财产为征税对象的一类税。现行房产税、契税属于财产税。

4. 行为税

行为税是以特定行为的发生为征税对象的一类税。现行印花税、车船使用税、筵席税、屠宰税属于行为税。

5. 资源税

资源税是以特定资源的开采、利用为征税对象的一类税,现行资源税、城镇土地使用税、耕地占用税、土地增值税属于资源税。

考点 2 流转税法

(一) 增值税法

增值税是以商品生产或提供劳务过程中的增值额为征税对象的一种税,增值税具有道道征税、税负中性、税负转嫁等特征。增值税法的主要内容包括:

1. 纳税人

增值税的纳税人是指在中国境内销售货物或提供加工、修理修配劳务以及进口货物的单位和个人。增值税的纳税人按会计核算水平和经营规模不同,分为一般纳税人和小规模纳税人。一般纳税人采用税款抵扣方法,使用增值税专用发票计算纳税。小规模纳税人不能使用增值税专用发票,采用简易方法计算纳税,小规模纳税人增值税征收率为3%。

2. 征税范围

增值税的征税范围主要是货物,包括销售货物与进口货物,同时外加两项劳务,即加工劳务与修理修配劳务。纳税人只要从事销售货物、进口货物、提供加工与修理修配劳务的活动,不考虑其盈亏状况,一律针对其流转额征收增值税。

3. 税率

增值税采用比例税率,分为基本税率、低税率与零税率。

(1) 基本税率

基本税率为17%,适用于除实行低税率与零税率以外的所有货物和应税劳务。

(2) 低税率

低税率为13%,适用于纳税人销售或进口的国家有特别规定的货物,如粮食、食用植物油、自来水、图书、报纸、杂志、饲料、农机、农用薄膜等。

(3) 零税率

零税率适用于出口货物。

上述税率仅适用于对一般纳税人征税,小规模纳税人销售货物或提供应税劳务按照征收率征收增值税。

4. 免税项目

(1) 农业生产者销售的自产农产品;

(2) 避孕药品和用具;

(3) 古旧图书;

(4) 直接用于科学研究、科学试验和教学的进口仪器、设备;

(5) 外国政府、国际组织无偿援助的进口物资和设备；

(6) 由残疾人的组织直接进口供残疾人专用的物品；

(7) 销售的自己使用过的物品。

注意：增值税的免税、减税的其他项目由国务院规定。任何地区、部门均不得规定免税、减税项目。

5. 增值税的类型

我国实行消费型增值税。

6. 增值税专用发票的管理

增值税专用发票既是纳税人从事生产经营活动的商业凭证，又是记载发票开具方应纳税额或发票接受方抵扣进项税额的合法凭证。增值税专用发票由国务院税务主管部门指定的企业印制，增值税专用发票只限于一般纳税人使用，小规模纳税人和非增值税纳税人不得使用。增值税专用发票要求设专人保管并存放于专门场所，税款抵扣联要按照规定装订成册，不得擅自销毁、损毁或丢失。

(二) 消费税法

消费税是以特定消费品的流转额为征税对象的一种税，是在对货物普遍征收增值税的基础上，选择特定的消费品加征的一道税。消费税法的主要内容有：

1. 纳税人

纳税人是在中国境内生产、委托加工和进口应税消费品的单位和个人，以及国务院确定的销售应税消费品的其他单位和个人。

2. 征税范围

消费税的征税范围限于特定的消费品，具体包括：烟、酒及酒精，贵重首饰及珠宝玉石，小汽车、摩托车，成品油，鞭炮与焰火，化妆品，汽车轮胎，高尔夫球及球具，游艇，实木地板，一次性筷子，高档手表。

3. 税率

消费税采用定额税率与比例税率。

4. 纳税环节

消费税实行单环节课税，一般在出厂环节或进口环节征税，贵重首饰在零售环节征税。

(1) 纳税人应税消费品的计税价格明显偏低并无正当理由的，由主管税务机关核定其计税价格。

(2) 对纳税人出口应税消费品，免征消费税。

(3) 消费税由税务机关征收，进口的应税消费品的消费税由海关代征。个人携带或者邮寄进境的应税消费品的消费税，连同关税一并计征。

注意：

① 消费税与增值税之间是一种递进的关系。纳税人缴纳消费税肯定要缴纳增值税，但纳税人缴纳增值税却不一定要缴纳消费税。

② 增值税的纳税人范围远大于消费税的纳税人，除转让无形资产和销售不动产外，其他货物的生产、销售、进口，纳税人均应缴纳增值税；但消费税则针对特定消费品的生产者、进口者征税。增值税的征税范围中涉及两项劳务，即加工劳务和修理修配劳务；而消费税只针对特

定消费品的生产者,劳务的经营者不缴纳消费税。

(三) 营业税法

营业税是针对在我国境内提供应税劳务、转让无形资产或者销售不动产的营业收入额、转让额或销售额征收的一种税。营业税法的主要内容有:

1. 纳税人

营业税的纳税人是指在我国境内提供应税劳务、转让无形资产或销售不动产的单位和个人。

2. 征税范围

营业税的征税范围主要是劳务,外加转让无形资产与销售不动产两项货物的销售。

3. 税率

营业税采用比例税率,提供不同的劳务适用的税率也各不相同。

增值税、营业税、消费税比较

	增值税	营业税	消费税
概念	是以商品和劳务在流通各环节的增加值为征税对象的一种税。	是以从事工商营利事业和服务业所取得的收入为征税对象的一种税。	是以特定消费品(或消费行为)的流转额作为征税对象的一种税。
纳税人	在中国境内销售货物或提供加工、修理修配劳务及进口货物的单位和个人。分为一般纳税人和小规模纳税人。	在中国境内提供应税劳务、转让无形资产或销售不动产的单位和个人。	在中国境内生产、委托加工和进口法律规定的消费品的单位和个人。
征税对象	是纳税人在中国境内销售的货物、提供的加工、修理修配劳务及进口的货物。	交通运输业、建筑业、金融保险业、邮电通讯业、文化体育业、娱乐业和服务业;转让无形资产、销售不动产。	应税消费品共14项:烟、酒及酒精、鞭炮和焰火、贵重首饰及珠宝玉石、化妆品、小汽车、摩托车、成品油、轮胎、高尔夫球及球具、高档手表、游艇、木制一次性筷子、实木地板。
税基	为销售货物、提供加工、修理修配劳务以及进口货物的增值额。	为营业额,包括向对方收取的全部价款和价外费用。	为销售额或销售数量。

第二节 企业所得税法

所得税是由取得所得的主体缴纳的、以其纯所得额为计税依据的一类税,是一种典型的直接税。企业所得税法是调整国家与企业之间所得税税收关系的法律规范体系。

考点 1 纳税义务人

企业所得税的纳税义务人是在中国境内的企业和其他取得收入的组织。

个人独资企业、合伙企业不是企业所得税的纳税人。

(一) 居民企业

居民企业是指依法在中国境内成立,或者依照外国(地区)法律成立但实际管理机构在中国境内的企业。

(二) 非居民企业

非居民企业是指依照外国(地区)法律成立且实际管理机构不在中国境内,但在中国境内设立机构、场所的,或者在中国境内未设立机构、场所,但有来源于中国境内所得的企业。

注意:注意居民与非居民的界分标准

① 居民企业就其来源于中国境内外的全部所得缴纳企业所得税;非居民企业只就来源于中国境内的所得缴纳企业所得税。

② 税率。居民企业适用25%的税率;非居民企业分为两种情况:第一种情况,在境内设有机构、场所,所得与所设机构、场所有关系,或者所得发生在境外但与其所设机构、场所有实际联系;第二种情况,在境内未设机构、场所,但取得了来自境内的所得,或者设有机构、场所但所得与其机构、场所没有关系。属于第一种情况的非居民企业税率为25%;属于第二种情况的非居民企业税率为20%。

(三) 其他取得收入的组织

(1) 事业单位;
(2) 社会团体;
(3) 民办非企业单位;
(4) 基金会;
(5) 外国商会;
(6) 农民专业合作社;
(7) 从事经营活动的其他组织。

【真题演练】

关于企业所得税的说法,下列哪一选项是错误的?(2009年真题,单选)

A. 在我国境内,企业和其他取得收入的组织为企业所得税的纳税人
B. 个人独资企业、合伙企业不是企业所得税的纳税人
C. 企业所得税的纳税人分为居民企业和非居民企业,二者的适用税率完全不同
D. 企业所得税的税收优惠,居民企业和非居民企业都有权享受

【答案】 C

【解析】 根据《企业所得税法》第1条第1款的规定,A项正确。根据《企业所得税法》第

1 条第 2 款的规定,B 项正确。根据《企业所得税法》第 4 条的规定,C 项错误。根据《企业所得税法》第 22、26 条的规定,D 项正确。

考点 2 应纳所得额

企业每一纳税年度的收入总额,减除不征税收入、免税收入、各项扣除以及允许弥补的以前年度亏损后的余额,为应纳税所得额。

(一) 年度收入总额

收入总额是指企业以货币形式和非货币形式从各种来源取得的收入。前者包括现金、存款、应收账款、应收票据等;后者包括固定资产、无形资产、股权投资、存货等。

1. 销售货物收入

销售货物收入是指企业销售商品、产品、原材料、包装物、低值易耗品以及其他存货取得的收入。

2. 提供劳务收入

提供劳务收入是指企业从事劳务服务活动取得的收入。

3. 转让财产收入

转让财产收入是指企业转让固定资产、无形资产、股权、债权等财产取得的收入。

4. 股息、红利等权益性投资收益

股息、红利等权益性投资收益是指企业因权益性投资从被投资方取得的收入。

5. 利息收入

利息收入是指企业将资金提供他人使用但不构成权益性投资,或者因他人占用本企业资金取得的收入。

6. 租金收入

租金收入是指企业提供固定资产、包装物或者其他有形资产的使用权取得的收入。

7. 特许权使用费收入

特许权使用费收入是指企业提供专利权、非专利技术、商标权、著作权以及其他特许权的使用权取得的收入。

8. 接受捐赠收入

接受捐赠收入是指企业接受的来自其他企业、组织或者个人无偿给予的货币性资产、非货币性资产。

9. 其他收入

其他收入是指企业取得的除上述收入外的其他收入,包括企业资产溢余收入、逾期未退包装物押金收入、确实无法偿付的应付款项、已作坏账损失处理后又收回的应收款项、债务重组收入、补贴收入、违约金收入、汇兑收益等。

(二) 不征税收入

不征税收入是指从性质和根源上不属于企业经营性活动带来的经济利益,不负有纳税义务并不作为应纳税所得额组成部分的收入。主要包括财政拨款;依法收取并纳入财政管理的行政事业性收费、政府性基金;国务院规定的其他不征税收入。

注意：不征税收入与免税收入的区别

不征税收入与免税收入不同，不征税收入不属于营利性活动带来的经济利益，是专门从事特定目的的收入，这些收入从原理上不列为征税范围的收入范畴。免税收入是纳税人应税收入的重要组成部分，只是国家为了实现某些经济和社会目标，在特定时期或对特定项目取得的经济利益给予的税收优惠照顾，而在一定时期又有可能恢复征收。

（三）各项扣除

各项扣除，又称为准予扣除项目，是指与纳税人取得收入有关的、合理的支出，以及《企业所得税》规定可以扣除项目。"有关的支出"是指与取得收入直接相关的支出。"合理的支出"是指符合生产经营活动常规，应当计入当期损益或者有关资产成本的必要和正常的支出。

（1）企业实际发生的与取得收入有关的、合理的支出，包括成本、费用、税金、损失或其他支出。

（2）企业发生的公益性捐赠支出，在年度利润总额12%以内的部分，准予在计算应纳税所得额时扣除。

（3）向投资者支付的股息、红利等权益性投资收益款项，企业所得税税款、税收滞纳金、罚金、罚款和被没收财物的损失、超过规定的捐赠支出、赞助支出、未经核定的准备金支出、与取得收入无关的其他支出不得在计算应纳税所得额时扣除。企业对外投资期间投资资产的成本也不得扣除。

考点 3 税收优惠

税收优惠，就是指为了配合国家在一定时期的政治、经济和社会发展总目标，政府利用税收制度，按预定目的，在税收方面采取相应的激励和照顾措施，以减轻某些纳税人应履行的纳税义务来补贴纳税人的某些活动或相应的纳税人，是国家干预经济的重要手段之一。

（一）企业的下列收入为免税收入

免税收入是属于企业的应税所得但国家为了实现某些经济和社会目标，在特定时期或对特定项目给予税收优惠照顾而免于征收企业所得税的收入。

（1）国债利息收入；

（2）符合条件的居民企业之间的股息、红利等权益性投资收益；

（3）在中国境内设立机构、场所的非居民企业从居民企业取得与该机构、场所有实际联系的股息、红利等权益性投资收益；

（4）符合条件的非营利组织的收入。

（二）企业的下列所得，可以免征、减征企业所得税

（1）从事农、林、牧、渔业项目的所得；

（2）从事国家重点扶持的公共基础设施项目投资经营的所得；

（3）从事符合条件的环境保护、节能节水项目的所得；

（4）符合条件的技术转让所得。

(三) 企业的下列支出,可以在计算应纳税所得额时加计扣除

(1) 开发新技术、新产品、新工艺发生的研究开发费用；
(2) 安置残疾人员及国家鼓励安置的其他就业人员所支付的工资。

(四) 税率

(1) 一般企业税率为25%。
(2) 符合条件的小型微利企业,减按20%的税率征收企业所得税。
(3) 国家需要重点扶持的高新技术企业,减按15%的税率征收企业所得税。

(五) 调整

企业实施其他不具有合理商业目的的安排而减少其应纳税收入或者所得额的,税务机关有权按照合理方法调整。

【真题演练】

1. 2012年12月,某公司对县税务局确定的企业所得税的应纳税所得额、应纳税额及在12月30日前缴清税款的要求极为不满,决定撤离该县,且不缴纳税款。县税务局得知后,责令该公司在12月15日前纳税。当该公司有转移生产设备的明显迹象时,县税务局责成其提供纳税担保。该公司取得的下列收入中,属于《企业所得税法》规定的应纳税收入的是:(2013年真题,不定选)

A. 财政拨款　　B. 销售产品收入　　C. 专利转让收入　　D. 国债利息收入

【答案】　BC

【解析】　根据《企业所得税法》第6条的规定,B、C项正确,为应选项。根据《企业所得税法》第7条的规定,财政拨款属不征税收入范围；根据《企业所得税法》第26条规定,国债利息收入为免税收入,故A、D项错误。

2. 根据《企业所得税法》规定,下列哪些表述是正确的？(2010年真题,多选)

A. 国家对鼓励发展的产业和项目给予企业所得税优惠
B. 国家对需要重点扶持的高新技术企业可以适当提高其企业所得税税率
C. 企业从事农、林、牧、渔业项目的所得可以免征、减征企业所得税
D. 企业安置残疾人员所支付的工资可以在计算应纳税所得额时加计扣除

【答案】　ACD

【解析】　根据《企业所得税法》第25、27、28、30条的规定,A、C、D三选项正确,根据《企业所得税法》第28条的规定,B项错误。

第三节　个人所得税法

个人所得税是对个人取得的各项应税所得征收的一种所得税。

考点 1 纳税义务人、扣缴义务人

(一) 纳税义务人

1. 居民纳税人

居民纳税人负无限纳税义务。

居民是指在中国境内有住所,或者无住所但在境内居住满 1 年的个人,居民纳税人应当就其来源于中国境内、境外的全部所得纳税。

2. 非居民纳税人

非居民纳税人负有限纳税义务。

非居民是指居民以外的人,非居民仅就来源于中国境内的所得纳税。

来源于我国境内的所得,是从所得来源的角度来说的,即非居民在我国境内工作或提供劳务,或者因其他经济行为取得来源于我国境内的所得,无论其支付地点是否在我国境内,都属于来源于我国境内的所得。

注意:为了鼓励个人投资兴办企业,国务院决定从 2000 年 1 月 1 日起,对个人独资企业和合伙企业停止征收企业所得税,其投资者的生产经营所得,比照个体工商户的生产、经营所得征收个人所得税。因此,个人独资企业和合伙企业的投资者也是个人所得税的纳税主体。

(二) 扣缴义务人

(1) 扣缴义务人应当按照国家规定办理全员全额扣缴申报。

扣缴义务人每月所扣的税款,自行申报纳税人每月应纳的税款,都应当在次月 15 日内缴入国库,并向税务机关报送纳税申报表。

(2) 对扣缴义务人按照所扣缴的税款,付给 2% 的手续费。

考点 2 征税对象与免税对象

(一) 征税对象

下列各项个人所得,应纳个人所得税:① 工资、薪金所得;② 个体工商户的生产、经营所得;③ 对企事业单位的承包经营、承租经营所得;④ 劳务报酬所得;⑤ 稿酬所得;⑥ 特许权使用费所得;⑦ 利息、股息、红利所得;⑧ 财产租赁所得;⑨ 财产转让所得;⑩ 偶然所得;⑪ 经国务院财政部门确定征税的其他所得。

(1) 劳务报酬所得与工资、薪金所得,个体工商户的生产、经营所得的区别。劳务报酬所得是个人独立从事某种技艺、独立提供某种劳务而取得的所得;而工资、薪金所得是非独立劳务所得。前者不存在雇佣与被雇佣关系,后者则存在这种关系。

劳务报酬所得与个体工商户的生产、经营所得都属于个人独立劳动所得,但是区别在于是否经政府有关部门批准、取得执照。

(2) 特许权使用费所得。特许权使用费所得是指个人提供专利权、商标权、著作权、非专利技术以及其他特许权的使用权取得的所得;提供著作权的使用权取得的所得,不包括稿酬所得。

(3) 财产租赁所得与财产转让所得。财产租赁所得是指个人出租建筑物、土地使用权、机器设备、车船以及其他财产取得的所得。除土地使用权出租所得外，一般为有形动产和不动产租赁所得。而知识产权租赁所获得的收入属于特许权使用费所得。

财产转让所得是指个人转让有价证券、股权、建筑物、土地使用权、机器设备、车船以及其他财产取得的所得。

(4) 偶然所得。偶然所得是指个人得奖、中奖、中彩以及其他偶然性质的所得。得奖是指参加各种有奖竞赛活动，取得名次获得的奖金。中奖、中彩是指参加有奖销售、有奖储蓄或购买彩票等有奖活动，经过规定程序抽中、摇中号码而获得的奖金。

个人取得的应纳税所得，包括现金、实物和有价证券。所得为实物的，应按照取得的凭证上所注明的价格计算应纳税所得额；无凭证的实物或者凭证上所注明的价格明显偏低的，由主管税务机关参照当地的市场价格核定应纳税所得额。所得为有价证券的，由主管税务机关根据票面价格和市场价格核定应纳税所得额。

（二）下列各项个人所得，免纳个人所得税

(1) 省级人民政府、国务院部委和中国人民解放军军以上单位，以及外国组织、国际组织颁发的科学、教育、技术、文化、卫生、体育、环境保护等方面的奖金；

(2) 国债和国家发行的金融债券利息；

(3) 按照国家统一规定发给的补贴、津贴；

(4) 福利费、抚恤金、救济金；

(5) 保险赔款；

(6) 军人的转业费、复员费；

(7) 按照国家统一规定发给干部、职工的安家费、退职费、退休工资、离休工资、离休生活补助费；

(8) 依照我国有关法律规定应予免税的各国驻华使馆、领事馆的外交代表、领事官员和其他人员的所得；

(9) 中国政府参加的国际公约、签订的协议中规定免税的所得；

(10) 经国务院财政部门批准免税的所得。

（三）下列情形之一的，经批准可以减征个人所得税

(1) 残疾、孤老人员和烈属的所得；

(2) 因严重自然灾害造成重大损失的；

(3) 其他经国务院财政部门批准减税的。

（四）税率

1. 工资、薪金：以每月收入额减除费用3 500元后的余额为应纳税所得额。

(1) 不超过1 500元的，适用3%的税率；

(2) 超过1 500元至4 500元的部分，适用10%的税率；

(3) 超过4 500元至9 000元的部分，适用20%的税率；

(4) 超过9 000元至35 000元的部分，适用25%的税率；

（5）超过35 000元至55 000元的部分,适用30%的税率;

（6）超过55 000元至80 000元的部分,适用35%的税率;

（7）超过80 000元的部分,适用45%的税率。

2. 稿酬所得,适用比例税率,税率为20%,并按应纳税额减征30%。

3. 劳务报酬所得,适用比例税率,税率为20%。对劳务报酬所得一次收入畸高的,可以实行加成征收,具体办法由国务院规定。

4. 特许权使用费所得,利息、股息、红利所得,财产租赁所得,财产转让所得,偶然所得和其他所得,适用比例税率,税率为20%。

考点 3　纳税申报

个人所得税实行个人申报和源泉扣缴两种方法组织征税。

纳税申报是指纳税人、扣缴义务人按照法律、行政法规的规定,在申报期限内就纳税事项向税务机关书面申报的一种法定手续。我国《税收征收管理法》和《税收征收管理法实施细则》分别从程序角度对"纳税申报"作了相应规定,《个人所得税法实施条例》从实体角度对个人所得税纳税申报的范围作了详细规定,主要包括五类。

（1）年所得12万元以上的;

（2）从中国境内两处或者两处以上取得工资、薪金所得的;

（3）从中国境外取得所得的;

（4）取得应税所得,没有扣缴义务人的;

（5）国务院规定的其他情形。

【真题演练】

1. 关于个人所得税,下列哪些表述是正确的?（2015年真题,多选）

A. 以课税对象为划分标准,个人所得税属于动态财产税

B. 非居民纳税人是指不具有中国国籍但有来源于中国境内所得的个人

C. 居民纳税人从中国境内、境外取得的所得均应依法缴纳个人所得税

D. 劳务报酬所得适用比例税率,对劳务报酬所得一次收入畸高的,可实行加成征收

【答案】　CD

【解析】　以课税对象为划分,税收征纳实体法主要包括商品税法、所得税法、财产税法和行为税法,个人所得税法属于所得税法,而不是财产税法,A选项错误。根据《个人所得税法》第1条第2款的规定,B项错误。根据《个人所得税法》第1条第1款的规定,C项正确。根据《个人所得税法》第3条的规定,D项正确。

2. 2012年外国人约翰来到中国,成为某合资企业经理,迄今一直居住在北京。根据《个人所得税法》,约翰获得的下列哪些收入应在我国缴纳个人所得税?（2014年真题,多选）

A. 从该合资企业领取的薪金

B. 出租其在华期间购买的房屋获得的租金

C. 在中国某大学开设讲座获得的酬金

D. 在美国杂志上发表文章获得的稿酬

【答案】 ABCD

【解析】 根据《个人所得税法》第1条的规定,约翰2012年来到中国,迄今一直居住在北京,其在中国境内居住已经满一年,因此从中国境内和境外取得的所得,依照本法规定缴纳个人所得税。根据《个人所得税法》第2条的规定,A项属于个人所得税"工资、薪金所得",B项属于"财产租赁所得",C项属于"劳务报酬所得",D项属于"稿酬所得",因此A、B、C、D均为正确答案。

3. 纳税义务人具有下列哪些情形的,应当按规定办理个人所得税纳税申报?(2010年真题,多选)

A. 个人所得超过国务院规定数额的
B. 在两处以上取得工资、薪金所得的
C. 从中国境外取得所得的
D. 取得应纳税所得没有扣缴义务人的

【答案】 ABCD

【解析】 根据《个人所得税法》第8条以及《个人所得税法实施条例》第36条的规定,A、B、C、D四选项都符合该实施细则的规定,为本题的正确答案。

第四节 车船税法

考点 1 车船税的纳税人和征税对象

(一) 纳税人

在中国境内,《车船税法》所附《车船税税目税额表》规定的车辆、船舶(以下简称车船)的所有人或者管理人为车船税的纳税人。

(二) 征税对象

根据《车船税税目税额表》,车船税的征收对象包括:
(1) 乘用车;
(2) 商用车(客车、货车);
(3) 挂车;
(4) 其他车辆(专用作业车、轮式专用机械车);
(5) 摩托车和船舶(机动船舶、游艇)。

考点 2 车船税的税额与减免

(一) 税额

乘用车、商用车中的客车和摩托车以每辆为计税单位,商用车中的货车、挂车和其他车辆以整备质量每吨为计税单位,船舶中的机动船舶以净吨位每吨、游艇以艇身长度每米为计税单位,依照《车船税税目税额表》规定的年基准税额征收车船税。

(二) 减免

1. 免征车船税

(1) 捕捞、养殖渔船；

(2) 军队、武警专用的车船；

(3) 警用车船；

(4) 依照法律规定应当予以免税的外国驻华使领馆、国际组织驻华代表机构及其有关人员的车船。

2. 减征或免征车船税

(1) 对节约能源、使用新能源的车船可以减征或者免征车船税；对受严重自然灾害影响纳税困难以及有其他特殊原因确需减税、免税的，可以减征或者免征车船税。

(2) 省、自治区、直辖市人民政府根据当地实际情况，可以对公共交通车船，农村居民拥有并主要在农村地区使用的摩托车、三轮汽车和低速载货汽车定期减征或者免征车船税。

考点 3 车船税的申报缴纳和扣缴

(一) 申报

(1) 车船税按年申报缴纳。车船税纳税义务发生时间为取得车船所有权或者管理权的当月。

(2) 车船税的纳税地点为车船的登记地或者车船税扣缴义务人所在地。依法不需要办理登记的车船，车船税的纳税地点为车船的所有人或者管理人所在地。

(二) 扣缴

从事机动车第三者责任强制保险业务的保险机构为机动车车船税的扣缴义务人，应当在收取保险费时依法代收车船税，并出具代收税款凭证。

第五节 税收征收管理法

税收征收管理制度是税务机关对纳税人依法征税和进行税务监督管理的法律规范的总称。

考点 1 税务管理

税务管理是税收征收管理的基础性工作，包括税务登记、账簿与凭证管理和纳税申报三方面内容。

(一) 税务登记

税务登记是纳税人依照税法规定就其设立、变更、终止等事项，向税务机关申请办理书面登记的法律手续。纳税人在指定税务机关将其基本情况填写在规定的表册中,以便税务机关对纳税人进行管理的一项制度。

1. 开业税务登记

(1) 从事生产、经营的纳税人自领取营业执照之日起30日内,持有关证件,向税务机关申报办理税务登记。税务机关应当于收到申报的当日办理登记并发给税务登记证件。

(2) 从事生产、经营的纳税人,税务登记内容发生变化的,自工商行政管理机关办理变更登记之日起30日内或者在向工商行政管理机关申请办理注销登记之前,持有关证件向税务机关申报办理变更或者注销税务登记。

(3) 从事生产、经营的纳税人应当按照国家有关规定,持税务登记证件,在银行或者其他金融机构开立基本存款账户和其他存款账户,并将其全部账号向税务机关报告。

(4) 从事生产、经营的纳税人外出经营,在同一地累计超过180天的,应当在营业地办理税务登记手续。

2. 注销税务登记

(1) 纳税人发生解散、破产、撤销以及其他情形,依法终止纳税义务的,应当在向工商行政管理机关或者其他机关办理注销登记前,持有关证件向原税务登记机关申报办理注销税务登记。

(2) 纳税人因住所、经营地点变动,涉及改变税务登记机关的,应当在向工商行政管理机关或者其他机关申请办理变更或者注销登记前或者住所、经营地点变动前,向原税务登记机关申报办理注销税务登记,并在30日内向迁达地税务机关申报办理税务登记。

(3) 纳税人被工商行政管理机关吊销营业执照或者被其他机关予以撤销登记的,应当自营业执照被吊销或者被撤销之日起15日内,向原税务登记机关申报办理注销税务登记。

(4) 纳税人在办理注销税务登记前,应当向税务机关结清应纳税款、滞纳金、罚款,缴销发票、税务登记证件和其他税务证件。

(二) 账簿与凭证管理

1. 账簿管理

(1) 从事生产、经营的纳税人应当自领取营业执照或者发生纳税义务之日起15日内,按照国家有关规定设置账簿。

(2) 纳税人生产、经营规模小又确无建账能力的,可以聘请经批准从事会计代理记账业务的专业机构或者财会人员代为建账和办理财务。

(3) 纳税人使用计算机记账的,应在使用前将会计电算化系统的会计核算软件、使用说明书及有关资料报送主管税务机关备案。

(4) 纳税人、扣缴义务人会计制度健全,能够通过计算机正确、完整计算其收入和所得情况的,其计算机输出的完整的书面会计记录,可视同会计账簿。

(5) 纳税人的账簿、记账凭证、报表、完税凭证、发票、出口凭证以及其他有关涉税资料,除另有规定外,应当保存10年。

2. 凭证管理主要表现为发票管理

(1) 确定税务机关是发票的主管机关,负责印制、领购、开具、取得、保管、缴销的管理与监督。

(2) 增值税专用发票由国务院税务主管部门指定的企业印制；其他发票分别由省级国家税务局、地方税务局指定的企业印制。

（三）纳税申报

(1) 纳税人必须依照申报期限、申报内容如实办理纳税申报，报送纳税申报表、财务会计报表以及税务机关根据实际需要要求纳税人报送的其他纳税资料。扣缴义务人必须依照申报期限、申报内容如实报送代扣代缴、代收代缴税款报告表以及税务机关根据实际需要要求扣缴义务人报送的其他有关资料。

(2) 纳税人、扣缴义务人可以直接到税务机关办理纳税申报或者报送代扣代缴、代收代缴税款报告表，也可以按照规定采取邮寄、数据电文或者其他方式办理上述申报、报送事项。

(3) 纳税人、扣缴义务人不能按期办理纳税申报或者报送代扣代缴、代收代缴税款报告表的，经税务机关核准，可以延期申报。

【真题演练】

根据税收征收管理法规，关于税务登记，下列哪一说法是错误的？（2012年真题，单选）

A. 从事生产、经营的纳税人，应在领取营业执照后，在规定时间内办理税务登记，领取税务登记证件

B. 从事生产、经营的纳税人在银行开立账户，应出具税务登记证件，其账号应当向税务机关报告

C. 纳税人税务登记内容发生变化，不需到工商行政管理机关或其他机关办理变更登记的，可不向原税务登记机关申报办理变更税务登记

D. 从事生产、经营的纳税人外出经营，在同一地累计超过180天的，应在营业地办理税务登记手续

【答案】 C

【解析】 根据《税收征收管理法》第15条第1款的规定，A项正确。根据《税收征收管理法》第17条第1款的规定，B项正确。根据《税收征收管理法》第16条的规定，C项错误。根据《税收征收管理法实施细则》第21条的规定，D项正确。

考点 2 纳税主体

（一）纳税人与扣缴义务人

(1) 法律、行政法规规定负有纳税义务的单位和个人为纳税人。

(2) 法律、行政法规规定负有代扣代缴、代收代缴税款义务的单位和个人为扣缴义务人。

（二）纳税人的权利和税务机关的义务

1. 纳税人的权利

(1) 知情权。有权向税务机关了解国家税收法律、行政法规的规定以及与纳税程序有关

的情况。

(2) 隐私权。有权要求税务机关为纳税人的情况保密。

(3) 申请减、免、退税的权利。依法享有申请减税、免税、退税的权利(扣缴义务人没有此项权利)。

(4) 陈述权、申辩权。对税务机关所作的决定,享有陈述权、申辩权。

(5) 救济权。依法享有申请行政复议、提起行政诉讼、请求国家赔偿等权利。

(6) 控告检举权。有权检举和控告税务机关、税务人员的违法违纪行为。任何单位和个人都有权检举违反税收法律、行政法规的行为。收到检举的机关和负责查处的机关应当为检举人保密。税务机关应当按照规定对检举人给予奖励。

2. 税务机关的义务

(1) 普法义务。税务机关应当广泛宣传税收法律、行政法规,普及纳税知识,无偿地为纳税人提供纳税咨询服务。

(2) 保密义务。税务机关应依法为纳税人的情况保密。

【真题演练】

关于纳税人享有的权利,下列哪些选项是正确的?(2011年真题,多选)

A. 向税务机关了解税收法律规定和纳税程序
B. 申请减税、免税、退税
C. 对税务机关的决定不服时,提出申辩,申请行政复议
D. 合法权益因税务机关违法行政而受侵害时,请求国家赔偿

【答案】 ABCD

【解析】 根据《税收征收管理法》第8条第1款的规定,A项正确。根据《税收征收管理法》第8条第3款的规定,B项正确。根据《税收征收管理法》第8条第4款的规定,C、D项均正确。

考点 3 税款征收

税款征收是整个税收征管的核心环节,是纳税人依法履行纳税义务和征税机关依法将税款征收入库的最重要的阶段。

(一) 税收法定

税收的开征、停征以及减税、免税、退税、补税,依照法律的规定执行;法律授权国务院规定的,依照国务院制定的行政法规的规定执行。

(二) 缴纳管理

1. 纳税人只要不按期纳税,就应承担滞纳金

2. 延期纳税

纳税人按期纳税确有困难的,可以申请延期纳税,但只有省级国税局、地税局才有延期纳

税的批准权,并且延期不得超过 3 个月。

3. 减税与免税制度

(1) 纳税人依照法律、行政法规的规定办理减税、免税。

(2) 减税与免税由法律、行政法规规定,除此之外,任何单位或个人作出的减免税决定都是无效的。

地方各级人民政府、各级人民政府主管部门、单位和个人违反法律、行政法规规定,擅自作出的减税、免税决定无效,税务机关不得执行,并应向上级税务机关报告。

4. 核定应纳税额与调整应纳税额

应纳税额的确定是税款征收的前提,一般情况下是纳税人申报纳税,税务机关依法予以确定。但若申报的应纳税额与依实际情况应缴纳的税额有出入,税务机关依法有权重新核定与调整。

依据《税收征收管理法》,纳税人有下列情形之一的,税务机关有权核定其应纳税额:

(1) 依照法律、行政法规的规定可以不设置账簿的;

(2) 依照法律、行政法规的规定应当设置账簿但未设置的;

(3) 擅自销毁账簿或者拒不提供纳税资料的;

(4) 虽然设置账簿,但账目混乱或者成本资料、收入凭证、费用凭证残缺不全,难以查账的;

(5) 发生纳税义务,未按照规定的期限申报纳税,经税务机关责令限期申报,逾期仍不申报的;

(6) 纳税人申报的计税依据明显偏低,又无正当理由的。

(三) 税收保全与强制执行措施

1. 定义

(1) 税收保全措施

税收保全措施是一种事前的措施,是指为了维护正常的税收秩序,预防纳税人逃避纳税义务,以使税收收入得以保全而采取的措施。

注意:税务机关采取税收保全措施的期限一般不得超过 6 个月;重大案件需要延长的,应当报国家税务总局批准。纳税人在限期内已缴纳税款,税务机关未立即解除税收保全措施,使纳税人的合法利益遭受损失的,税务机关应当承担赔偿责任。

(2) 税收强制执行措施

强制执行措施是一种事后的措施,是在纳税人、扣缴义务人、纳税担保人未履行其法定的纳税义务、扣缴义务、担保义务,经采取一般的税收征管措施无效的情况下,为保障税收征纳秩序和税款入库而采取的最后的措施。

2. 比较

税收保全是为了保全纳税人财产,防止其不当处分财产而损害税收;税收强制执行是运用强制力量实现税款征收。

项目	适用对象	适用时间	适用步骤	措施	关系
税收保全措施	从事生产、经营的纳税人	纳税期前	限期缴纳—提供纳税担保—保全措施	银行冻结存款；查封、扣押财产	经过县级以上税务局(分局)局长批准
税收强制执行	从事生产、经营的纳税人、扣缴义务人、纳税担保人	纳税期后	限期缴纳—强制执行	银行扣缴、(查封、扣押)拍卖、变卖	

3. 人道主义原则

个人及其所扶养家属维持生活必需的住房和用品，不在税收保全措施和税收强制执行措施的范围之内。

(四) 其他措施

1. 税收优先

税务机关征收税款，税收优先于无担保债权，法律另有规定的除外；纳税人欠缴税款发生在纳税人以其财产设定抵押、质押或者纳税人的财产被留置之前的，税收应当优先于抵押权、质权、留置权执行。纳税人欠缴税款，同时又被行政机关处以罚款、没收违法所得的，税收优先于罚款、没收违法所得。

注意：税款清偿顺序

发生在抵押权、质权、留置权之前的欠缴税款——抵押权、质权、留置权——发生在抵押权、质权、留置权之后的欠缴税款——一般民事赔偿及债权——行政罚款。

2. 处置财产报告制度

欠缴税款数额较大的纳税人在处分其不动产或者大额财产之前，应当向税务机关报告。

3. 代位权、撤销权

欠缴税款的纳税人因怠于行使到期债权，或者放弃到期债权，或者无偿转让财产，或者以明显不合理的低价转让财产而受让人知道该情形，对国家税收造成损害的，税务机关行使代位权、撤销权。

(1) 行使代位权、撤销权要符合前提条件

欠缴税款的纳税人因怠于行使到期债权，或者放弃到期债权，或者无偿转让财产，或者以明显不合理的低价转让财产而受让人知道该情形，对国家税收造成损害的。

(2) 税务机关应依法行使代位权、撤销权

税务机关不得以自己的公权力直接行使代位权、撤销权，必须向人民法院请求行使代位权、撤销权。

(3) 行使代位权、撤销权的范围应当符合相关法律的规定

① 在代位权诉讼中，债权人行使代位权的请求数额超过债务人所负债务额或者超过次债务人对债权人所负债务额的，对超出部分人民法院不予支持。

② 税务机关不能针对欠税人的债务人或受让人责令限期缴纳和采取税收强制措施。

4. 离境清税

欠缴税款的纳税人或者其法定代表人需要出境的,应当在出境前向税务机关结清应纳税款、税款滞纳金或者提供担保。未结清税款、税款滞纳金,又不提供担保的,税务机关可以通知出境管理机关阻止其出境。

5. 追征

(1) 因税务机关的责任,致使纳税人、扣缴义务人未缴或者少缴税款的,税务机关在3年内可以要求纳税人、扣缴义务人补缴税款,但是不得加收税款滞纳金。

(2) 因纳税人、扣缴义务人计算错误等失误,未缴或者少缴税款的,税务机关在3年内可以追征税款、滞纳金;有特殊情况的,追征期可以延长到5年。

(3) 对偷税、抗税、骗税的,税务机关追征其未缴或者少缴的税款、滞纳金或者所骗取的税款,不受前款规定期限的限制。

(五) 税务争议

(1) 纳税争议,此时纳税义务人在寻求权利救济时,存在"行政复议前置"的问题。必须先依照税务机关的纳税决定缴纳或者解缴税款及税款滞纳金或者提供相应的担保,然后依法申请行政复议;对行政复议决定不服的,再依法向人民法院起诉。

(2) 税务处罚、强制执行和税收保全争议,这类争议纳税义务人在寻求权利救济时,不存在"行政复议前置",可以选择直接向法院起诉。

【真题演练】

1. 昌昌公司委托拍卖行将其房产拍卖后,按成交价向税务部门缴纳了相关税款,并取得了完税凭证。3年后,县地税局稽查局检查税费缴纳情况时,认为该公司房产拍卖成交价过低,不及市场价的一半。遂作出税务处理决定:重新核定房产交易价,追缴相关税款,加收滞纳金。经查,该公司所涉拍卖行为合法有效,也不存在逃税、骗税等行为。关于此事,下列哪些说法是正确的?(2017年真题,多选)

A. 该局具有独立执法主体资格
B. 该公司申报的房产拍卖明显偏低时,该局就可核定其应纳税额
C. 该局向该公司加收滞纳金的行为违法
D. 该公司对税务处理决定不服,可申请行政复议,对复议决定不服,才可提起诉讼

【答案】 ACD

【解析】 根据《税收征收管理法》第14条,《税收征收管理法实施细则》第9条规定,县地税局稽查局作为国务院规定设立的并向社会公告的税务机构有独立执法主体资格,A选项正确。根据《税收征收管理法》第35条规定,当该公司申报的房产价格明显偏低,并且无正当理由的情况下,县地税局稽查局才有权核定该公司的应纳税额,B选项错误。根据《税收征收管理法》第52条规定,本题中昌昌公司所涉拍卖行为合法有效,也不存在逃税、骗税等行为,因而不应缴纳滞纳金,税务机关加收滞纳金的行为违法,C选项正确。根据《税收征收管理法》第88条规定,本题中稽查局作出的税务处理决定必须先经过行政复议方可行政诉讼。D选项正确。

2. 某企业因计算错误,未缴税款累计达50万元。关于该税款的征收,下列哪些选项是正

确的？（2014年真题，多选）

　　A. 税务机关可追征未缴的税款　　B. 税务机关可追征滞纳金

　　C. 追征期可延长到5年　　　　　D. 追征时不受追征期的限制

【答案】　ABC

【解析】　根据《税收征收管理法》第52条的规定,本题中,由于企业计算错误,属于纳税人因过失未缴税款的,税务机关可以追征税款、税款滞纳金,故A、B项正确。在这种情况税务机关在3年内可以追征,有特殊情况的追征期可以延长到5年,故C项正确,D项错误。

3. 甲公司欠税40万元,税务局要查封其相应价值产品。甲公司经理说："乙公司欠我公司60万元货款,责局不如行使代位权直接去乙公司收取现金。"该局遂通知乙公司缴纳甲公司的欠税,乙公司不配合;该局责令其限期缴纳,乙公司逾期未缴纳;该局随即采取了税收强制执行措施。关于税务局的行为,下列哪些选项是错误的？（2013年真题，多选）

　　A. 只要甲公司欠税,乙公司又欠甲公司货款,该局就有权行使代位权

　　B. 如代位权成立,即使乙公司不配合,该局也有权直接向乙公司行使

　　C. 本案中,该局有权责令乙公司限期缴纳

　　D. 本案中,该局有权向乙公司采取税收强制执行措施

【答案】　ABCD

【解析】　根据《合同法》第73条的规定,本题中甲公司具有相应价值产品可供查封,不会对国家税收造成损害,所以税务机关无权行使代位权,故A项错误。根据《合同法》第73条第1款的规定,B错误。根据《税收征收管理法》第40条的规定,C、D项错误。本题为选错题,故答案为A、B、C、D。

4. 2012年12月,某公司对县税务局确定的企业所得税的应纳税所得额、应纳税额及在12月30日前缴清税款的要求极为不满,决定撤离该县,且不缴纳税款。县税务局得知后,责令该公司在12月15日前纳税。当该公司有转移生产设备的明显迹象时,县税务局责成其提供纳税担保。就该公司与税务局的纳税争议,下列说法正确的是：(2013年真题,不定选)

　　A. 如该公司不提供纳税担保,经批准,税务局有权书面通知该公司开户银行从其存款中扣缴税款

　　B. 如该公司不提供纳税担保,经批准,税务局有权扣押、查封该公司价值相当于应纳税款的产品

　　C. 如该公司对应纳税额发生争议,应先依税务局的纳税决定缴纳税款,然后可申请行政复议,对复议决定不服的,可向法院起诉

　　D. 如该公司对税务局的税收保全措施不服,可申请行政复议,也可直接向法院起诉

【答案】　BCD

【解析】　根据《税收征收管理法》第38条第1款的规定,A项错误。根据《税收征收管理法》第38条第1款的规定,B项正确。根据《税收征收管理法》第88条第1款的规定,C项正确。根据《税收征收管理法》第88条第2款的规定,D项正确。

5. 下列哪些法律渊源是地方政府开征、停征某种税收的依据？（2011年真题，多选）

　　A. 全国人大及其常委会制定的法律　　B. 国务院依据法律授权制定的行政法规

　　C. 国务院有关部委制定的部门规章　　D. 地方人大、地方政府发布的地方法规

【答案】　AB

【解析】根据《税收征收管理法》第 3 条的规定,A、B 项均正确,C、D 项均错误。

第六节　审　计　法

国家审计是指审计机关依法独立检查被审计单位的会计凭证、会记账簿、财务会计报表以及与财政收支、财务收支有关的资料和资产,保障财政收支、财务收支真实、合法和效益的行为。国家审计的特点是法定性、强制性,是国家实施的重要的经济监督。

考点 1　审计机关的审计对象

(一) 单位

(1) 国务院各部门和地方各级人民政府及其各部门;
(2) 国有的金融机构和企业事业组织;
(3) 使用财政基金的其他事业企业;
(4) 国有企业。

(二) 项目

(1) 政府投资和以政府投资为主的建设项目;
(2) 政府部门管理的和其他单位受政府委托管理的社会保障基金、社会捐赠基金以及其他有关基金、资金;
(3) 国际组织和外国政府援助、贷款项目。

(三) 个人

国家机关和依法属于审计机关审计监督对象的其他单位的主要负责人。

考点 2　审计事项和权限

(一) 审计事项

(1) 对政府部门和直属单位进行预算执行和决算以及其他财政收支监督。
(2) 对中央银行;国家的事业组织和使用财政资金的其他事业组织;政府部门管理的和其他单位受政府委托管理的社会保障基金、社会捐赠资金以及其他有关基金、资金;国际组织和外国政府援助、贷款项目进行财务收支监督。

注意:

① 审计署在国务院总理领导下,对中央预算执行情况和其他财政收支情况进行审计监督,向国务院总理提出审计结果报告。

② 地方各级审计机关分别在省长、自治区主席、市长、州长、县长、区长和上一级审计机关的领导下,对本级预算执行情况和其他财政收支情况进行审计监督,向本级人民政府和上一级审计机关提出审计结果报告。

(3) 对国有金融机构、国有企业进行资产、负债、损益监督。

(4) 对政府投资和以政府投资为主的建设项目进行预算执行和决算监督。

(5) 对主要负责人在任职期间对其应负经济责任的履行情况进行监督。

(二) 审计权限

审计机关有权要求提供有关资料、调查和查询、制止违法行为、封存有关资料和违反国家规定取得的资产、申请法院冻结存款、通知财政部门和有关主管部门暂停拨付有关款项。

(1) 有权要求被审计单位提供预算或者财务收支计划、预算执行情况、决算、财务会计报告，运用电子计算机储存、处理的财政收支、财务收支电子数据和必要的电子计算机技术文档，在金融机构开立账户的情况，社会审计机构出具的审计报告，以及其他与财政收支或者财务收支有关的资料。

(2) 有权检查被审计单位的会计凭证、会计账簿、财务会计报告和运用电子计算机管理财政收支、财务收支电子数据的系统，以及其他与财政收支、财务收支有关的资料和资产。

(3) 有权就审计事项的有关问题向有关单位和个人进行调查，并取得有关证明材料。审计机关经县级以上人民政府审计机关负责人批准，有权查询被审计单位在金融机构的账户。审计机关有证据证明被审计单位以个人名义存储公款的，经县级以上人民政府审计机关主要负责人批准，有权查询被审计单位以个人名义在金融机构的存款。

(4) 审计机关对被审计单位转移、隐匿、篡改、毁弃有关资料的行为和转移、隐匿违法取得资产的行为，有权予以制止；必要时，经县级以上人民政府审计机关负责人批准，有权封存有关资料和违反国家规定取得的资产；对其中在金融机构的有关存款需要予以冻结的，应当向人民法院提出申请。

(5) 审计机关对被审计单位正在进行的违反国家规定的财政收支、财务收支行为，有权予以制止；制止无效的，经县级以上人民政府审计机关负责人批准，通知财政部门和有关主管部门暂停拨付与违反国家规定的财政收支、财务收支行为直接有关的款项，已经拨付的，暂停使用。

(三) 审计程序

1. 预告审计和突击审计

(1) 审计机关根据审计项目计划确定的审计事项组成审计组，并应当在实施审计 3 日前，向被审计单位送达审计通知书。

(2) 遇有特殊情况，经本级人民政府批准，审计机关可以直接持审计通知书实施审计。

突击审计主要用于对贪污、挪用等违法乱纪行为进行的财经违纪审查。

2. 审计报告

审计组对审计事项实施审计后，应当向审计机关提出审计组的审计报告。审计组的审计报告报送审计机关前，应当征求被审计对象的意见。被审计对象应当自接到审计组的审计报告之日起 10 日内，将其书面意见送交审计组。审计组应当将被审计对象的书面意见一并报送审计机关。

3. 审计决定

(1) 审计机关按照审计署规定的程序对审计组的审计报告进行审议，并对被审计对象对审计组的审计报告提出的意见一并研究后，提出审计机关的审计报告；对违反国家规定的财政收支、财务收支行为,依法应当给予处理、处罚的,在法定职权范围内作出审计决定或者向有关主管机关提出处理、处罚的意见。

(2) 审计机关应当将审计机关的审计报告和审计决定送达被审计单位和有关主管机关、单位。审计决定自送达之日起生效。

4. 审计监督

上级审计机关认为下级审计机关作出的审计决定违反国家有关规定的,可以责成下级审计机关予以变更或者撤销,必要时也可以直接作出变更或者撤销的决定。

【真题演练】

1. 某县开展扶贫资金专项调查,对申请财政贴息贷款的企业进行核查。审计中发现某企业申请了数百万元贴息贷款,但其生产规模并不需要这么多,遂要求当地农业银行、扶贫办和该企业提供贷款记录。对此,下列哪一说法是正确的?(2017年真题,单选)

A. 只有审计署才能对当地农业银行的财政收支情况进行审计监督

B. 只有经银监机构同意,该县审计局才能对当地农业银行的财务收支进行审计监督

C. 该县审计局经上一级审计局副职领导批准,有权查询当地扶贫办在银行的账户

D. 申请财政贴息的该企业并非国有企业,故该县审计局无权对其进行审计调查

【答案】 C

【解析】 根据《审计法》第18条规定,应由地方审计机关对当地农业银行的财务收支进行审计监督,A选项错误。根据《审计法》第17条规定,该县审计局对当地农业银行的财务收支进行审计监督并不需要银监机构同意,B选项错误。根据《审计法》第33条规定,该县审计局要想查询当地扶贫办在银行的账户,由县级以上人民政府审计机关主要负责人批准即可,审计局副职领导同样可以归入负责人范畴,C选项正确。根据《审计法》第2条规定,本题中该企业所申请的为财政贴息贷款,属于国家财政资金,属于其他依照本法规定应当接受审计的财政收支、财务收支。该县审计局有权对其进行审计调查。D选项错误。

2. 某县污水处理厂系扶贫项目,由地方财政投资数千万元,某公司负责建设。关于此项目的审计监督,下列哪些说法是正确的?(2016年真题,多选)

A. 审计机关对该项目的预算执行情况和决算,进行审计监督

B. 审计机关经银监局局长批准,可冻结该项目在银行的存款

C. 审计组应在向审计机关报送审计报告后,向该公司征求对该报告的意见

D. 审计机关对该项目作出审计决定,而上级审计机关认为其违反国家规定的,可直接作出变更或撤销的决定

【答案】 AD

【解析】 根据我国《审计法》第22条的规定,A选项正确。根据我国《审计法》第34条第1款和第2款的规定,B选项错误。根据我国《审计法》第40条的规定,选项C错误。根据我国《审计法》第42条的规定,D选项正确。

3. 为大力发展交通,某市出资设立了某高速公路投资公司。该市审计局欲对其实施年度审计监督。关于审计事宜,下列哪一说法是正确的?(2015年真题,单选)

A. 该公司既非政府机关也非事业单位,审计局无权审计

B. 审计局应在实施审计3日前,向该公司送达审计通知书

C. 审计局欲查询该公司在金融机构的账户，应经局长批准并委托该市法院查询
D. 审计局欲检查该公司与财政收支有关的资料和资产，应委托该市税务局检查

【答案】 B

【解析】 根据《审计法》第2条以及第20条的规定，A项错误。根据《审计法》第38条第1款的规定，本题材料所涉及的情形为根据年度计划的例行审计，属于预告审计，故B项正确。根据《审计法》第33条第2款的规定，C项错误。根据《审计法》第32条的规定，本题中审计局有权检查该公司与财政收支有关的资料和资产，无需委托税务局检查，故D选项错误。

土地法专题

专题导学：

土地法的精神：严格管理、合理利用

土地法是调整人们在土地开发、利用、保护和管理过程中产生的社会关系的法律规范的总称。土地法具有强烈的公法色彩，体现国家基于社会整体利益对涉及土地的行为实施干预、调控与参与的意志。针对土地管理与土地利用，考试中主要涉及的法律有《土地管理法》《城市房地产管理法》和《城乡规划法》。

土地法学习线索：

1. 土地管理和房地产管理

无论是土地管理法，还是城市房地产管理法的核心内容都围绕着如何规范我国的土地所有和土地利用的问题，特别是如何分类有效地管理土地。我国的土地所有制、土地使用权、土地的流转、土地争议解决等法律制度都值得关注。

2. 城乡规划

我国的城乡规划，包括城镇体系规划、城市规划、镇规划、乡规划和村庄规划。制定城乡规划时应当考虑多种因素，进行利益平衡，并严格遵守城乡规划的制定程序，同时还要注意将城乡规划与土地利用结合起来。

第一节　土地管理和城市房地产管理

考点 1　我国独特的土地制度

我国土地权利形态(涉及下列三个法律)

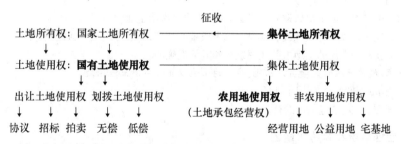

注意：我国土地所有权有如下特征
① 土地所有权人及其代表由法律明确规定。
② 土地所有权的取得、变更与丧失依法律规定，不得约定。
③ 土地所有权禁止交易。

(一)土地所有制

土地公有制,即全民所有制和劳动群众集体所有制。全民所有,即国家享有土地的所有权,由国务院代表国家行使。任何单位和个人不得侵占、买卖或者以其他形式非法转让土地。国家为了公共利益的需要,可以依法对土地实行征收或者征用并给予补偿。

(二)使用权的取得的主要方式

国家依法实行国有土地有偿使用制度。但是国家在法律规定的范围内划拨国有土地使用权的除外。土地使用权可以依法转让。

(三)土地用途管制制度

国家实行土地用途管制制度。国家编制土地利用总体规划,规定土地用途,将土地分为农用地、建设用地和未利用地。严格限制农用地转为建设用地,控制建设用地总量,对耕地实行特殊保护。

1. 严格保护基本农田,控制非农业建设占用农用地;
2. 提高土地利用率;
3. 统筹安排各类、各区域用地;
4. 保护和改善生态环境,保障土地的可持续利用;
5. 占用耕地与开发复垦耕地相平衡。

(四)违反土地管理法的责任

土地行政主管部门应当给予行政处罚

1. 土地非法交易的行为
(1)买卖或者以其他形式非法转让土地的。
(2)擅自将农民集体所有的土地使用权出让、转让或者出租于非农业建设的。
2. 非法占用土地的行为
(1)未经批准或者采取欺骗手段骗取批准,非法占用土地的。
(2)农村村民未经批准或者采取欺骗手段骗取批准,非法占用土地新建住宅的。
(3)在非法占用的土地上新建建筑物和其他设施的。
注意:超过批准的数量占用土地,多占的土地以非法占用土地论处。
3. 非法批准征收、使用土地的行为
4. 非法发包、承包土地的行为

(五)土地纠纷及其解决途径

注意:区分因土地引发的不同纠纷之间的不同处理解决途径。
1. 土地确权纠纷
土地确权纠纷指因不同主体间就土地所有权或土地使用权的归属或界限等问题产生异议而引发的争议纠纷。
(1)土地确权纠纷,由当事人协商解决;协商不成的,提请人民政府作出确权处理。

(2) 单位之间的争议,由县级以上人民政府处理;个人之间、个人与单位之间的争议,由乡级人民政府或者县级以上人民政府处理。

(3) 当事人对有关人民政府的处理决定不服的,可以自接到处理决定通知之日起30日内,向人民法院起诉。

(4) 在土地所有权和使用权争议解决前,任何一方不得改变土地利用现状。

2. 土地行政纠纷

土地行政纠纷指因相对人对土地行政主管机关或人民政府作出的土地行政处罚等具体行政行为不服而引起的争议纠纷。

按一般行政复议及行政诉讼程序处理。

3. 土地侵权纠纷

土地侵权纠纷指因对他人已依法取得的土地所有权或使用权构成侵害,侵权人与被侵权人之间引发的争议纠纷。

(1) 土地确权纠纷,由当事人协商解决。

(2) 协商不成的,可由土地行政主管部门进行行政调处。

(3) 当事人对行政调处不服的,可以以对方当事人为被告提起民事诉讼;当事人也可以不经行政调处直接提起民事诉讼。

4. 土地承包经营纠纷

土地承包经营纠纷指土地承包经营发生的纠纷。包括发包人与承包人之间,农村集体经济组织内部不同成员之间,本农村集体经济组织内部成员与外村承包户之间因土地承包经营发生的各类纠纷。

(1) 当事人可以通过协商解决,也可以请求村民委员会、乡(镇)人民政府等调解解决。

(2) 协商、调解不成的,可以向农村土地承包仲裁机构申请仲裁,也可以直接向人民法院起诉。

(3) 当事人对农村土地承包仲裁机构的仲裁裁决不服的,可以自收到裁决书之日起30日内向人民法院起诉。逾期不起诉的,裁决书即发生法律效力。

【真题演练】

某公司取得出让土地使用权后,超过出让合同约定的动工开发日期满两年仍未动工,市政府决定收回该土地使用权。该公司认为,当年交付的土地一直未完成征地拆迁,未达到出让合同约定的条件,导致项目迟迟不能动工。为此,该公司提出两项请求,一是撤销收回土地使用权的决定,二是赔偿公司因工程延误所受的损失。对这两项请求,下列哪些判断是正确的?(2014年真题,多选)

A. 第一项请求属于行政争议
B. 第二项请求属于民事争议
C. 第一项请求须先由县级以上政府处理,当事人不服的才可向法院起诉
D. 第二项请求须先由县级以上政府处理,当事人不服的才可向法院起诉

【答案】 ABC

【解析】 根据《城市房地产管理法》第26条以及《土地管理法》第16条的规定,本题中市政府决定收回该土地使用权的行为属于行政行为,因而相关的争议属于行政争议,而政府迟迟

不依照"国有土地出让合同"的约定交付土地,则属于违约的民事争议。对于土地使用权类型的行政争议应当首先由县级以上政府处理,对政府处理决定不服才能提起诉讼,而对于违反土地出让合同的违约行为,则没有政府处理的前置要求,可以直接提起诉讼。故 A、B、C 项正确,D 项错误。

考点 2　土地所有权

土地所有权是国家或者农民集体依法对归其所有的土地所享有的支配性权利。我国土地所有权及其代表由法律明确规定。土地所有权的取得与丧失必须依据法律规定,不得约定。土地所有权禁止交易。我国的土地交易仅为土地使用权的交易。

(一) 国家土地所有权

国家土地所有权是以国家为所有权人,由其代表——国务院行使的对国有土地的支配性权利。国务院可以通过制定行政法规或发布命令授权地方政府或其职能部门行使国家土地所有权。

国家土地所有权的取得方式有两种:法定所有和征用取得。依据法律规定,下列土地归国家所有:

(1) 城市市区的土地;
(2) 农村和城市郊区被国家依法没收、征收、征购的土地;
(3) 国家依法征收的集体所有的土地;
(4) 依法不属于集体所有的林地、草地、荒地、滩涂及其他土地;
(5) 农村集体经济组织全部成员转为城镇居民的,原属于其成员集体所有的土地;
(6) 因国家组织移民、自然灾害等原因,农民成建制地集体迁移后,不再使用的原属于迁移农民集体所有的土地。

(二) 集体土地所有权

集体土地所有权是以符合法律规定的农村集体经济组织的农民集体为所有权人,对归其所有的土地所享有的受法律限制的支配性权利。

1. 属于集体所有的土地
(1) 农村和城市郊区的土地,法律规定属于国家所有的除外;
(2) 宅基地和自留山、自留地。
农村集体所有的土地,由县级人民政府登记造册,核发证书,确认所有权。

2. 集体土地所有权的行使受到法律和政府管理的限制
(1) 集体所有的土地不能直接用于房地产开发。若用于房地产开发必须先由国家征收转变为国有后再出让给开发商或者划拨给具备规定条件的单位;
(2) 集体所有的土地也不能转让、出让、出租用于非农业建设;
(3) 集体土地所有者不得擅自改变土地用途,其向用地者提供土地使用权,须经人民政府批准。

注意:集体土地所有权的行使还受到农民集体意志的限制,对集体土地的重大处分,应当依法经农村集体经济组织成员表决同意。

【真题演练】

关于国有土地,下列哪些说法是正确的?(2010年真题,多选)
A. 国有土地可以是建设用地,也可以是农用地
B. 国有土地可以确定给单位使用,也可以确定给个人使用
C. 国有土地可以有偿使用,也可以无偿使用
D. 国有土地使用权可以有期限,也可以无期限

【答案】 ABCD

【解析】 根据《土地管理法》第4条的规定,A项正确。根据《土地管理法》第9条的规定,B项正确。根据《土地管理法》第2条的规定,C项正确。根据《城市房地产管理法》第8条和第23条的规定,D项正确。

考点 3　土地使用权

(一) 国有土地使用权

国有土地使用权是指用地者以不同的取得方式而对国有土地所享有的与所有权相分离的用益性财产权利。

任何单位和个人均可成为国有土地使用权的主体。单位和个人使用国有土地由县级以上地方人民政府登记造册,核发证书,确认使用权。

国有土地使用权的取得方式主要是出让和划拨,也可以通过租赁方式取得国有土地使用权。

1. 出让取得国有土地使用权

(1) 定义

出让土地使用权是土地使用者向国有土地所有者支付出让金,而取得的有期限限制的国有土地使用权。

注意:土地使用权出让,必须符合土地利用总体规划、城市规划和年度建设用地计划。

(2) 期限

国有土地使用权出让的最高年限,按土地用途分为以下几种情况:居住用地70年,工业用地50年,教育、科技、文化、卫生、体育用地50年,商业、旅游、娱乐用地40年,综合或其他用地50年。

(3) 出让方式

以出让方式取得土地使用权,分为拍卖、招标、协议三种具体方式。其中商业、旅游、娱乐和豪华住宅用地,有条件的应采取拍卖、招标方式;没有条件,不能采取招标、拍卖方式的,可以采取协议方式。

(4) 土地出让金

土地使用者应当在签订土地使用权出让合同后60日内支付全部土地使用权出让金,领取土地使用权证,取得出让土地使用权。依双方约定采取分期付款方式取得出让土地使用权的,在未付清全部出让金前,土地使用者领取临时土地使用权证。

（5）出让土地的使用

通过出让取得土地使用权的，使用权人对土地享有占有权、使用权、收益权和部分处分权。其中部分处分权是指可以依法将土地权利转让、出租、抵押、出资或者用于合资合作经营及其他经济活动。部分处分权只有领取土地使用权证书以后才享有，持有临时土地使用权证书期间不享有。

2. 划拨取得国有土地使用权

（1）定义

划拨土地使用权是指土地使用者经县级以上人民政府批准，在缴纳补偿、安置补助等费用后所取得的或者无偿取得的没有使用期限限制的国有土地使用权。

（2）范围

下列用地的土地使用者可以依法取得划拨土地使用权：

① 国家机关用地和军事用地；

② 城市基础设施用地和公益事业用地；

③ 国家重点扶持的能源、交通、水利等项目用地；

④ 法律、法规规定的其他用地。

（3）期限

划拨取得国有土地使用权没有期限。

（4）划拨方式

划拨方式取得土地使用权是无偿或低偿的，在有些情况下划拨要缴纳补偿、安置补助等费用。

（5）划拨土地的使用

划拨土地使用权人对划拨土地享有占有权、使用权和部分收益权。划拨土地使用权人因占有、使用划拨土地所获得的收益归其享有，依法经批准处分所获收益按有关规定上缴国家后，余额归其享有。

注意：下列情况下可以收回国有土地使用权

有下列情形之一的，由有关人民政府土地行政主管部门报经原审批用地的人民政府或者有批准权的人民政府批准，可以收回国有土地使用权：

① 为公共利益需要使用土地的；

② 为实施城市规划进行旧城区改建，需要调整土地用途的；

③ 土地出让等有偿使用合同约定的使用期限届满，土地使用者未申请续期或者申请续期未获批准的；

④ 因单位撤销、迁移等原因，停止使用原划拨的国有土地的；

⑤ 公路、铁路、机场、矿场等经核准报废的。

其中前两种情形下收回国有土地使用权的，应对土地使用权人给予适当补偿。

（二）集体土地使用权

1. 概述

（1）集体土地使用权是符合法律规定条件的用地者按照一定用途以一定方式使用集体土地的权利。

（2）农村集体经济组织及其成员、农村集体经济组织投资设立的企业、乡镇村公益性组织及法律、行政法规规定的其他单位和个人，可以依法取得集体土地使用权。

（3）农村集体土地使用权按用途分为农用地使用权、宅基地使用权、非农经营用地使用权和非农公益用地使用权。宅基地使用权、非农经营用地使用权和非农公益用地使用权属于建设用地使用权。其中农用地使用权的取得方式主要是承包，宅基地使用权的取得方式是分配，非农经营用地使用权的取得方式是投资，非农公益用地使用权的取得方式是拨付。

（4）集体所有的土地用于非农业建设的，由县级人民政府登记造册，核发证书，确认建设用地使用权。只要是非农用地均需履行审批手续。

（5）集体所有土地的使用权不得出让、转让或者出租用于非农业建设。但是符合土地利用总体规划并依法取得建设用地的企业，因破产、兼并等情形致使土地使用权依法发生转移的除外。

2. 集体土地使用权的用途

（1）农用地使用权（土地承包经营权）

农用地使用权指农村集体经济组织成员或其他单位、个人依法以承包方式取得的用于农、林、牧、渔等生产经营活动的有期限的集体土地使用权。

① 农村土地承包采取农村集体经济组织内部的家庭承包方式，不宜采取家庭承包方式的荒山、荒沟、荒丘、荒滩等农村土地，可以采取招标、拍卖、公开协商等方式承包。

② 在承包期限内可以对个别承包者之间承包的土地进行适当调整。但其调整方案须经村民会议2/3以上成员或者2/3以上村民代表的同意，并报乡镇人民政府和县级政府农业行政主管部门批准。

③ 本集体经济组织以外的单位或者个人承包集体经济组织的土地的，须经村民会议2/3以上成员或者2/3以上村代表同意，并报乡镇人民政府批准。

④ 农用地使用权人在承包期内对土地享有占有权、使用权、收益权，并可依法将土地经营权流转（转包、转让、出租、入股、互换）。

⑤ 农用地使用权人不得擅自改变权利取得时确定的土地用途，不得擅自将农用地转变为非农用地。农、林、牧、渔业用地之间用途的改变，应依有关法律规定，并经集体土地所有者同意。

（2）非农经营用地使用权

非农经营用地使用权是经审批由农村集体经济组织通过投资的方式向符合条件的从事非农生产经营性活动的用地者提供的集体土地使用权。

① 该使用权的主体为农村集体经济组织设立的企业和以土地使用权作价出资或以联营的方式与其他单位、个人、企业进行经营，依法可取得非农经营用地使用权的企业。非上述农村集体经济组织投资设立的企业，不得取得或者继受取得非农经营用地使用权。

② 非农经营用地使用权人对土地享有占有权、使用权，其收益权按照有关《公司法》《合伙企业法》的规定或者依约定处置。非农经营用地使用权不得转让、出租，但因破产、兼并等情形致使土地使用权依法发生转移的除外。

（3）非农公益用地使用权

非农公益用地使用权是依法经审批由农村集体经济组织或其依法设立的公益性组织对用于集体经济组织内部公益事业的非农用地所享有的集体土地使用权。

非农公益用地使用权人对土地享有占有权和使用权,但不得擅自改变土地用途,不得擅自将土地用于经营活动,或将土地使用权转让、出租或抵押。

(4) 宅基地使用权

宅基地使用权是依法经审批由农村集体经济组织分配给其内部成员用于建造住宅的没有使用期限限制的集体土地使用权。

① 农村村民一户只能拥有一处宅基地,并不得超过规定标准。宅基地使用权人转让、出租房屋及宅基地使用权后,再申请宅基地的,不予批准。

② 宅基地使用权的主体仅限于本集体经济组织的成员。非集体经济组织成员不得申请取得宅基地使用权。经过审批后,农村集体经济组织向宅基地申请者无偿提供宅基地使用权。

【真题演练】

农户甲外出打工,将自己房屋及宅基地使用权一并转让给同村农户乙,5年后甲返回该村。关于甲返村后的住宅问题,下列哪些说法是错误的? (2012年真题,多选)

A. 由于甲无一技之长,在外找不到工作,只能返乡务农。政府应再批给甲一处宅基地建房

B. 根据"一户一宅"的原则,甲作为本村村民应拥有自己的住房。政府应再批给甲一处宅基地建房

C. 由于农村土地具有保障功能,宅基地不得买卖,甲乙之间的转让合同无效。乙应返还房屋及宅基地使用权

D. 由于与乙的转让合同未经有关政府批准,转让合同无效。乙应返还房屋及宅基地使用权

【答案】 ABCD

【解析】 根据《土地管理法》第62条的规定,A、B项错误。根据国务院办公厅1999年5月发布的《关于加强土地转让管理严禁炒卖土地的通知》中的相关规定,村民转让宅基地使用权的,可以转让给本集体经济组织成员,转让合同有效,并且不须批准;但是禁止村民将宅基地、农民住宅出售给城镇居民。故C、D项错误。

考点 4 土地用途管制制度

(一) 概述

国家实行土地用途管制制度。国家编制土地利用总体规划,规定土地用途,将土地分为农用地、建设用地和未利用地。严格限制农用地转为建设用地,控制建设用地总量,对耕地实行特殊保护。

(1) 农用地是指直接用于农业生产的土地,包括耕地、林地、草地、农田水利用地、养殖水面等。

(2) 建设用地是指建造建筑物、构筑物的土地,包括城乡住宅和公共设施用地、工矿用地、交通水利设施用地、旅游用地、军事设施用地等。

(3) 未利用地是农用地和建设用地以外的土地。

（二）耕地保护

1. 占用耕地补偿制度

国家严格控制耕地转为非耕地。非农业建设经批准占用耕地的，按"占多少、垦多少"的原则，由占地单位负责开垦；没有条件开垦或者开垦的耕地不符合要求的，应按规定缴纳耕地开垦费。省级人民政府应制定开垦耕地计划，监督占地单位按照计划开垦耕地或者按计划组织开垦耕地，并进行验收。

2. 基本农田保护制度

经国务院有关主管部门批准或者县级以上人民政府批准确认的粮、棉、油生产基地内的耕地；有良好的水利与水土保持设施的耕地，正在实施改造计划以及可以改造的中、低产田；蔬菜生产基地；农业科研、教学试验田等应划入基本农田保护区的其他耕地。禁止占用基本农田发展林果业和挖塘养鱼。

3. 禁止闲置、荒芜耕地

已经办理审批手续的非农业建设占用耕地，1年内不用而又可以耕种并收获的，应由原耕种该耕地的集体或者个人恢复耕种，也可以由用地单位组织耕种；1年以上未动工建设的，应按照规定缴纳闲置费；连续2年未使用的，经原批准机关批准，由县级以上人民政府无偿收回土地使用权，该幅土地原为集体所有的，交由原农村集体经济组织恢复耕种。承包耕地的单位或者个人连续2年弃耕抛荒的，原发包单位应终止承包合同。

4. 未利用土地的开发

鼓励单位和个人按照土地利用总体规划，在保护和改善生态环境、防止水土流失和土地荒漠化的前提下，开发未利用土地。适宜开发为农用地的，优先开发成农用地。开垦未利用土地在依法批准后进行。开发未确定使用权的国有荒山、荒地、荒滩从事种植业、林业、畜牧业、渔业生产的，经县级以上人民政府批准，可以确定给开发者长期使用。

（三）建设用地

建设用地是指用于建造建筑物或构筑物的土地，包括国家建设用地和乡村建设用地。

1. 国家建设用地

国家建设用地是国家进行各种经济、文化、国防建设以及兴办各种公益事业所需占用的土地。目前对国家建设用地的范围作扩大化解释，一些虽非国家投资也不具有公益性的建设项目也适用国家建设用地制度。

（1）征收农民集体所有土地

国家建设征收农民集体土地，应依法报国务院或省、自治区、直辖市人民政府批准。

征收下列土地由国务院批准：基本农田；基本农田以外的耕地超过35公顷的；其他土地超过70公顷的。

征收上述规定以外的土地的，由省、自治区、直辖市人民政府批准，并报国务院备案。

（2）收回他人享有使用权的国有土地

（3）使用国有荒山、荒地

2. 乡村建设用地

（1）村民宅基地用地。须经乡政府审核，由县级政府审批。其中涉及占用农用地的，应先办理农用地转用的审批手续。

(2) 兴办企业用地。乡村兴办企业,应持有关批准文件,向县级以上地方人民政府的土地管理部门提出申请,由县级以上人民政府审批。占用农用地的,应先办理农用地转用审批手续。

(3) 建设公共设施、公益事业用地须经乡政府审核,再向县级以上地方人民政府的土地管理部门提出申请,由县级以上人民政府审批。占用农用地的,应先办理农用地转用审批手续。

3. 临时建设用地

临时建设用地是指因建设项目施工和地质勘查等需要临时使用国有或者集体所有的土地。

(1) 设项目施工和地质勘查需要临时使用国有土地或者农民集体所有的土地的,由县级以上人民政府土地行政主管部门批准。其中,在城市规划区内的临时用地,在报批前,应当先经有关城市规划行政主管部门同意。

注意:临时建设影响近期建设规划或者控制性详细规划的实施以及交通、市容、安全等的,不得批准。

(2) 必须按照临时使用合同约定的用途使用土地并支付临时使用土地补偿费。

(3) 不得修建永久性建筑物。

(4) 临时用地期限不得超过2年。

(5) 法律责任

由所在地城市、县人民政府城乡规划主管部门责令限期拆除,可以并处临时建设工程造价一倍以下的罚款:

① 未经批准进行临时建设的;

② 未按照批准内容进行临时建设的;

③ 临时建筑物、构筑物超过批准期限不拆除的。

注意:城乡规划主管部门作出责令停止建设或者限期拆除的决定后,当事人不停止建设或者逾期不拆除的,建设工程所在地县级以上地方人民政府可以责成有关部门采取查封施工现场、强制拆除等措施。

【真题演练】

某市混凝土公司新建临时搅拌站,在试运行期间通过暗管将污水直接排放到周边,严重破坏当地环境。公司经理还指派员工潜入当地环境监测站内,用棉纱堵塞空气采集器,造成自动监测数据多次出现异常。有关部门对其处罚后,公司生产经营发生严重困难,拟裁员20人以上。

关于该临时搅拌站建设,下列说法正确的是:(2017年真题,不定项选)

A. 如在该市规划区内进行建设的,应经市城管执法部门批准

B. 如该搅拌站影响该市近期建设规划的实施,有关部门不得批准

C. 如该搅拌站系未经批准进行临时建设的,由市政府责令限期拆除

D. 如该搅拌站超过批准时限不拆除的,由市城乡规划部门采取强制拆除措施

【答案】 B

【解析】 根据《城乡规划法》第44条规定，如在该市规划区进行建设的，应经城市、县人民政府城乡规划主管部门批准，而非市城管执法部门批准。如该搅拌站影响该市近期建设规划的实施，有关部门不得批准，A选项错误，B选项正确。根据《城乡规划法》第66条规定，如该搅拌站系未经批准进行临时建设的，由所在地城市、县人民政府城乡规划主管部门而非市政府责令拆除。C选项错误。根据《城乡规划法》第68条规定，如该搅拌站超过具体时限不拆除的，建设工程所在地县级以上地方人民政府可以责成有关部门，而非市城乡规划部门采取强制拆除措施。D选项错误。

考点 5　房地产开发制度

房地产开发是指在依法取得土地使用权的国有土地上进行基础设施、房屋建设的行为。

（一）房地产开发项目管理

1. 开发规划要求

房地产开发必须严格遵守城乡规划法，对房地产开发项目产生直接法律约束力的是城市规划中的详细规划。

2. 开发土地使用权用途与开发期限要求

（1）以出让方式取得土地使用权进行房地产开发的，必须按照土地使用权出让合同约定的土地用途、动工开发期限开发土地。

（2）超过出让合同约定的动工开发日期满1年未动工开发的，可以征收相当于土地使用权出让金20%以下的土地闲置费。满2年未动工开发的，可以无偿收回土地使用权。

（3）因不可抗力或者政府、政府有关部门的行为或者动工开发必需的前期工作造成动工开发迟延的除外。

3. 开发安全性要求

（1）房地产开发项目的设计、施工，必须符合国家的有关标准和规范。

（2）房地产开发项目竣工，经验收合格后，方可交付使用。

（二）合作开发房地产

合作开发房地产合同，是指当事人订立的以提供出让土地使用权、资金等作为共同投资，共享利润、共担风险合作开发房地产为基本内容的协议。

1. 具备房地产开发的经营资质

合作开发房地产合同的当事人一方具备房地产开发经营资质的，应当认定合同有效。当事人双方均不具备房地产开发经营资质的，应当认定合同无效。但起诉前当事人一方已经取得房地产开发经营资质或者已依法合作成立具有房地产开发经营资质的房地产开发企业的，应当认定合同有效。

2. 土地使用权投资

（1）依法取得的土地使用权，不论是以出让方式取得，还是以划拨方式取得，都可以作价入股、合资、合作开发经营房地产。

（2）土地使用权人未经有批准权的人民政府批准，以划拨土地使用权作为投资与他人订立合同合作开发房地产的，应当认定合同无效。但起诉前已经办理批准手续的，应当认定合同有效。

【真题演练】

甲房地产公司与乙国有工业公司签订《合作协议》,在乙公司原有的仓库用地上开发商品房。双方约定,共同成立"玫园置业有限公司"(以下简称"玫园公司")。甲公司投入开发资金,乙公司负责将该土地上原有的划拨土地使用权转变为出让土地使用权,然后将出让土地使用权作为出资投入玫园公司。

玫园公司与丙劳务派遣公司签订协议,由其派遣王某到玫园公司担任保洁员。不久,甲、乙产生纠纷,经营停顿。玫园公司以签订派遣协议时所依据的客观情况发生重大变化为由,将王某退回丙公司,丙公司遂以此为由解除王某的劳动合同。

请回答第(1)—(3)题。(2012年真题,多选)

(1)关于该土地使用权由划拨转为出让,下列说法正确的是:
  A. 将划拨土地使用权转为出让土地使用权后再行转让属于土地投机,为法律所禁止
  B. 乙公司应当先将划拨土地使用权转让给玫园公司,然后由后者向政府申请办理土地使用权出让合同
  C. 该土地使用权由划拨转为出让,应当报有批准权的政府审批,经批准后方可办理土地使用权出让手续
  D. 如乙公司取得该地块的出让土地使用权,则只能自己进行开发,不能与他人合作开发

【答案】 C

【解析】 根据《城市房地产管理法》第28条的规定,A、D项错误。根据《城市房地产管理法》第40条的规定,本题中双方约定乙公司将划拨土地使用权转为出让土地使用权后,以出让土地使用权作为出资,意味着乙公司须自己向有批准权的人民政府申请,经批准后办理出让手续,将出让土地使用权转移给玫园公司,而不是直接将划拨土地使用权转移给玫园公司,故B项错误,C项正确。

考点 6 房地产交易制度(转让、抵押、租赁)

(一) 转让

1. 出让用地转让条件
(1)按照出让合同约定已经支付全部土地使用权出让金,并取得土地使用权证书;
(2)按照出让合同约定进行投资开发,属于房屋建设工程的,完成开发投资总额的25%以上,属于成片开发土地的,形成工业用地或者其他建设用地条件。
① 房地产转让,应当签订书面转让合同,合同中应当载明土地使用权取得的方式。
② 房地产转让时,土地使用权出让合同载明的权利、义务随之转移。
③ 使用年限

以出让方式取得土地使用权的,转让房地产后其土地使用权的使用年限为原土地使用权出让合同约定的使用年限减去原土地使用者已经使用年限后的剩余年限。受让方取得房地产后改变土地用途的,必须经原出让方和市、县政府城市规划行政主管部门同意,签订变更协议或者重新签订合同,相应调整土地使用权出让金。

注意：续期

土地使用权出让合同约定的使用年限届满，土地使用者需要继续使用土地的，应当至迟于届满前1年申请续期，除根据社会公共利益需要收回该幅土地的，应当予以批准。经批准准予续期的，应当重新签订土地使用权出让合同，依照规定支付土地使用权出让金。

④ 土地用途

出让取得土地使用权的，房地产转让后受让方改变土地用途的，必须经出让方和城乡规划部门同意，变更或者重新签订出让合同，调整土地出让金。

2. 划拨用地转让条件

应当按照国务院规定，报有批准权的人民政府审批。有批准权的人民政府准予转让的，应当由受让方办理土地使用权出让手续，并依照国家有关规定缴纳土地使用权出让金。

有批准权的人民政府按照国务院规定决定可以不办理土地使用权出让手续的，转让方应当按照国务院规定将转让房地产所获收益中的土地收益上缴国家或者作其他处理。

（二）抵押

（1）房地产转让、抵押时，房屋的所有权和该房屋占用范围内的土地使用权同时转让、抵押。

（2）划拨用地抵押的处理。依法拍卖该房地产后，应当从拍卖所得的价款中缴纳相当于应缴纳的土地使用权出让金的款额后，抵押权人方可优先受偿。

（三）租赁

（1）租赁应向房产管理部门办理登记备案。

（2）划拨用地租赁的处理。以营利为目的，房屋所有权人将以划拨方式取得使用权的国有土地上建成的房屋出租的，应当将租金中所含土地收益上缴国家。具体办法由国务院规定。

【真题演练】

1. 甲企业将其厂房及所占划拨土地一并转让给乙企业，乙企业依法签订了出让合同，土地用途为工业用地。5年后，乙企业将其转让给丙企业，丙企业欲将用途改为商业开发。关于该不动产权利的转让，下列哪些说法是正确的？（2015年真题，多选）

A. 甲向乙转让时应报经有批准权的政府审批

B. 乙向丙转让时，应已支付全部土地使用权出让金，并取得国有土地使用权证书

C. 丙受让时改变土地用途，须取得有关国土部门和规划部门的同意

D. 丙取得该土地及房屋时，其土地使用年限应重新计算

【答案】 ABC

【解析】 根据《城市房地产管理法》第40条第1款的规定，A项正确。根据《城市房地产管理法》第39条的规定，B项正确。根据《城市房地产管理法》第15条以及44条的规定，C项正确。根据《城市房地产管理法》第43条的规定，D项错误。

2. 某市政府在土地管理中的下列哪些行为违反了《土地管理法》的规定？（2011年真题，多选）

A. 甲公司在市郊申请使用一片国有土地修建经营性墓地，市政府批准其以划拨方式取得

土地使用权

B. 乙公司投标取得一块商品房开发用地的出让土地使用权,市政府同意其在房屋建成销售后缴纳土地出让金

C. 丙公司以出让方式在本市规划区取得一块工业用地,市国土局在未征得市规划局同意的情况下,将该土地的用途变更为住宅建设用地

D. 丁公司在城市规划区取得一块临时用地,使用已达 6 年,并在该处修建了永久性建筑,市政府未收回土地,还为该建筑发放了房屋产权证

【答案】 ABCD

【解析】 根据《土地管理法》第 54 条的规定,甲公司修建经营性墓地,不属划拨土地的范围,故 A 项错误。根据《土地管理法》第 55 条的规,市政府同意乙公司在房屋建成销售后缴纳土地出让金,与法律相违背,故 B 项错误。根据《土地管理法》第 56 条的规定,丙公司在本市规划区取得一块工业用地,要想将该土地的用途变更为住宅建设用地,必须征得市规划局同意,故 C 项错误。根据《土地管理法》第 57 条第 2、3 款的规定,D 项错误。

考点 7 商品房预售法律制度

商品房预售是指地产开发企业与购房者约定,由购房者交付定金或预付款,而在未来一定日期拥有现房的房产交易行为。商品房预售的实质是房屋期货买卖,买卖的只是房屋的一张期货合约。它与成品房的买卖已成为我国商品房市场中的两种主要的房屋销售形式。

商品房预售涉及法律关系复杂,预售人具有一定的投机性,预购人权益易受侵犯,引发纠纷,因此《城市房地产管理法》对商品房预售规定了较为严格的限制性条件和程序。

(一) 商品房预售的条件

(1) 已交付全部土地使用权出让金,取得土地使用权证书。

(2) 持有建设工程规划许可证。

(3) 按提供预售的商品房计算,投入开发建设的资金达到工程建设总投资的 25% 以上,并已经确定施工进度和竣工交付日期。

(4) 向县级以上人民政府房产管理部门办理预售登记,取得商品房预售许可证明。

注意:出卖人未取得商品房预售许可证明,与买受人订立的商品房预售合同,应当认定无效,但是在起诉前取得商品房预售许可证明的,可以认定有效。

(二) 商品房预售合同

1. 登记备案

商品房预售人应当按照国家有关规定将预售合同报县级以上人民政府房产管理部门和土地管理部门登记备案。

(1) 对商品房预售合同进行登记备案是商品房预售人的法定义务,不是商品房预售人的权利,必须登记。

(2) 对商品房预售合同进行登记备案不是商品房预售合同的生效要件。

当事人不得以商品房预售合同未按照法律、行政法规规定办理登记备案手续为由,请求确认商品房预售合同无效。

注意：当事人约定以办理登记备案手续为商品房预售合同生效条件的，从其约定，但当事人一方已经履行主要义务，对方接受的除外。

2. 预售商品房认购书

在商品房预售的程序中，预售人和预购人常常在签订预售合同前签订预售商品房认购书。

（1）预售商品房认购书的性质属于预约，即为正式签订商品房预售合同做准备的合同，其目的在于条件具备时当事人应当签订商品房预售合同。

注意：预售商品房认购书不是商品房预售的必备条件。

（2）预售商品房认购书与商品房预售合同是两个相互独立的有效合同，均发生法律效力。

3. 商品房预售的法律效果

（1）当事人签订商品房预售合同后，预售人即房地产开发公司负有按期交付房屋给预购人的合同义务，如不按合同约定交付房屋，即构成违约。

（2）商品房预售所得款项，必须用于有关的工程建设。

第二节　城乡规划

城乡规划，是指对一定时期内城乡的经济和社会发展、土地利用、空间布局以及各项建设的综合部署、具体安排和实施管理。

考点 1　城乡规划的类型和制定

（一）城乡规划的类型

（1）城乡规划，包括城镇体系规划、城市规划、镇规划、乡规划和村庄规划。

（2）城市规划、镇规划分为总体规划和详细规划。

（3）详细规划分为控制性详细规划和修建性详细规划。

（二）城乡规划的制定

1. 体系规划的制定

我国的体系规划包括全国城镇体系规划和省域城镇体系规划。

（1）全国城镇体系规划

国务院城乡规划主管部门会同国务院有关部门组织编制全国城镇体系规划，用于指导省域城镇体系规划、城市总体规划的编制。全国城镇体系规划由国务院城乡规划主管部门报国务院审批。

（2）省域城镇体系规划

省、自治区人民政府组织编制省域城镇体系规划，报国务院审批。

① 省域城镇体系规划的内容应当包括：城镇空间布局和规模控制，重大基础设施的布局，为保护生态环境、资源等需要严格控制的区域。

② 省、自治区人民政府组织编制的省域城镇体系规划，在报上一级人民政府审批前，应当先经本级人民代表大会常务委员会审议，常务委员会组成人员的审议意见交由本级人民政府研究处理。

2. 总体规划的制定

我国的总体规划分为城市总体规划和镇总体规划。规划期限一般为20年。

(1) 城市总体规划

① 城市总体规划的内容应当包括：城市的发展布局，功能分区，用地布局，综合交通体系，禁止、限制和适宜建设的地域范围，各类专项规划等。

注意：规划区范围、规划区内建设用地规模、基础设施和公共服务设施用地、水源地和水系、基本农田和绿化用地、环境保护、自然与历史文化遗产保护以及防灾减灾等内容，应当作为城市总体规划的强制性内容。

② 城市人民政府组织编制城市总体规划。直辖市的城市总体规划由直辖市人民政府报国务院审批。省、自治区人民政府所在地的城市以及国务院确定的城市的总体规划，由省、自治区人民政府审查同意后，报国务院审批。其他城市的总体规划，由城市人民政府报省、自治区人民政府审批。

③ 城市人民政府组织编制的总体规划，在报上一级人民政府审批前，应当先经本级人民代表大会常务委员会审议，常务委员会组成人员的审议意见交由本级人民政府研究处理。

(2) 镇总体规划

① 镇总体规划的内容应当包括：镇的发展布局，功能分区，用地布局，综合交通体系，禁止、限制和适宜建设的地域范围，各类专项规划等。

注意：规划区范围、规划区内建设用地规模、基础设施和公共服务设施用地、水源地和水系、基本农田和绿化用地、环境保护、自然与历史文化遗产保护以及防灾减灾等内容，应当作为镇总体规划的强制性内容。

② 县人民政府组织编制县人民政府所在地镇的总体规划，报上一级人民政府审批。其他镇的总体规划由镇人民政府组织编制，报上一级人民政府审批。

③ 县人民政府组织编制的总体规划，在报上一级人民政府审批前，应当先经本级人民代表大会常务委员会审议，常务委员会组成人员的审议意见交由本级人民政府研究处理。

(三) 详细规划的制定

详细规划分为城市详细规划与镇详细规划。按照规划针对的内容，详细规划可以分为控制性详细规划和修建性详细规划。

1. 城市控制性详细规划

城市人民政府的城乡规划主管部门根据城市总体规划的要求，组织编制城市的控制性详细规划，经本级人民政府批准后，报本级人大常委会和上一级人民政府备案。

2. 镇控制性详细规划

镇人民政府根据镇总体规划的要求，组织编制镇的控制性详细规划，报上一级人民政府审批。县人民政府所在地镇的控制性详细规划，由县人民政府城乡规划主管部门根据镇总体规划的要求组织编制，经县人民政府批准后，报本级人大常委会和上一级人民政府备案。

3. 修建性详细规划

城市、县人民政府的城乡规划主管部门和镇人民政府可以组织编制重要地块的修建性详细规划。修建性详细规划应当符合控制性详细规划。

(四) 乡规划、村庄规划的制定

乡、镇人民政府组织编制乡规划、村庄规划,报上一级人民政府审批。村庄规划在报送审批前,应当经村民会议或者村民代表会议讨论同意。

(五) 城乡规划编制与审批要求

(1) 城乡规划组织编制机关应当委托具有相应资质等级的单位承担城乡规划的具体编制工作。

(2) 城乡规划报送审批前,组织编制机关应当依法将城乡规划草案予以公告,并采取论证会、听证会或者其他方式征求专家和公众的意见。公告的时间不得少于30日。组织编制机关应当充分考虑专家和公众的意见,并在报送审批的材料中附具意见采纳情况及理由。

(3) 省域城镇体系规划、城市总体规划、镇总体规划批准前,审批机关应当组织专家和有关部门进行审查。

考点 2 城乡规划的实施

(一) 基本要求

1. 优先安排

(1) 城市的建设和发展,应当优先安排基础设施以及公共服务设施的建设,妥善处理新区开发与旧区改建的关系,统筹兼顾进城务工人员生活和周边农村经济社会发展、村民生产与生活的需要。

(2) 镇的建设和发展,应当结合农村经济社会发展和产业结构调整,优先安排供水、排水、供电、供气、道路、通信、广播电视等基础设施和学校、卫生院、文化站、幼儿园、福利院等公共服务设施的建设,为周边农村提供服务。

(3) 乡、村庄的建设和发展,应当因地制宜、节约用地,发挥村民自治组织的作用,引导村民合理进行建设,改善农村生产、生活条件。

2. 城市新区的开发和建设

(1) 应当合理确定建设规模和时序,充分利用现有市政基础设施和公共服务设施,严格保护自然资源和生态环境,体现地方特色。

(2) 在城市总体规划、镇总体规划确定的建设用地范围以外,不得设立各类开发区和城市新区。

3. 旧城区的改建

(1) 应当保护历史文化遗产和传统风貌,合理确定拆迁和建设规模,有计划地对危房集中、基础设施落后等地段进行改建。

(2) 历史文化名城、名镇、名村的保护以及受保护建筑物的维护和使用,应当遵守有关法律、行政法规和国务院的规定。

4. 城乡建设和发展

(1) 应当依法保护和合理利用风景名胜资源,统筹安排风景名胜区及周边乡、镇、村庄的建设。

(2) 风景名胜区的规划、建设和管理,应当遵守有关法律、行政法规和国务院的规定。

5. 城市地下空间的开发和利用

应当与经济和技术发展水平相适应,遵循统筹安排、综合开发、合理利用的原则,充分考虑防灾减灾、人民防空和通信等需要,并符合城市规划,履行规划审批手续。

(二) 建设规划许可

1. 选址意见书

建设项目以划拨方式提供国有土地使用权的,建设单位在报送有关部门批准或者核准前,应当向城乡规划主管部门申请核发选址意见书。

2. 建设用地规划许可

(1) 划拨土地

在城市、镇规划区内以划拨方式提供国有土地使用权的建设项目,经有关部门批准、核准、备案后,建设单位应当向城市、县人民政府城乡规划主管部门提出建设用地规划许可申请,由城市、县人民政府城乡规划主管部门依据控制性详细规划核定建设用地的位置、面积、允许建设的范围,核发建设用地规划许可证。建设单位在取得建设用地规划许可证后,方可向县级以上地方人民政府土地主管部门申请用地,经县级以上人民政府审批后,由土地主管部门划拨土地。

(2) 出让土地

在城市、镇规划区内以出让方式提供国有土地使用权的,在国有土地使用权出让前,城市、县人民政府城乡规划主管部门应当依据控制性详细规划,提出出让地块的位置、使用性质、开发强度等规划条件,作为国有土地使用权出让合同的组成部分。未确定规划条件的地块,不得出让国有土地使用权。以出让方式取得国有土地使用权的建设项目,在签订国有土地使用权出让合同后,建设单位应当持建设项目的批准、核准、备案文件和国有土地使用权出让合同,向城市、县人民政府城乡规划主管部门领取建设用地规划许可证。

3. 建设工程规划许可

在城市、镇规划区内进行建筑物、构筑物、道路、管线和其他工程建设的,建设单位或者个人应当向城市、县人民政府城乡规划主管部门或者省、自治区、直辖市人民政府确定的镇人民政府申请办理建设工程规划许可证。申请办理建设工程规划许可证,应当提交使用土地的有关证明文件、建设工程设计方案等材料。需要建设单位编制修建性详细规划的建设项目,还应当提交修建性详细规划。对符合控制性详细规划和规划条件的,由城市、县人民政府城乡规划主管部门或者省、自治区、直辖市人民政府确定的镇人民政府核发建设工程规划许可证。

4. 乡村建设规划许可

在乡、村庄规划区内进行乡镇企业、乡村公共设施和公益事业建设的,建设单位或者个人应当向乡、镇人民政府提出申请,由乡、镇人民政府报城市、县人民政府城乡规划主管部门核发乡村建设规划许可证。在乡、村庄规划区内使用原有宅基地进行农村村民住宅建设的规划管理办法,由省、自治区、直辖市制定。

在乡、村庄规划区内进行乡镇企业、乡村公共设施和公益事业建设以及农村村民住宅建设,不得占用农用地;确需占用农用地的,应当依照《土地管理法》有关规定办理农用地转用审批手续后,由城市、县人民政府城乡规划主管部门核发乡村建设规划许可证。建设单位或者个人在取得乡村建设规划许可证后,方可办理用地审批手续。

(三）建设规划变更

建设单位应当按照规划条件进行建设；确需变更的，必须向城市、县人民政府城乡规划主管部门提出申请。变更内容不符合控制性详细规划的，城乡规划主管部门不得批准。城市、县人民政府城乡规划主管部门应当及时依法变更后的规划条件通报同级土地主管部门并公示。建设单位应当及时将依法变更后的规划条件报有关人民政府土地主管部门备案。

（四）临时建设规划

在城市、镇规划区内进行临时建设的，应当经城市、县人民政府城乡规划主管部门批准。临时建设影响近期建设规划或者控制性详细规划的实施以及交通、市容、安全等的，不得批准。临时建设应当在批准的使用期限内自行拆除。

考点 3 城乡规划的修改

（一）体系规划、总体规划的修改

（1）省域城镇体系规划、城市总体规划、镇总体规划的组织编制机关，应当组织有关部门和专家定期对规划实施情况进行评估，并采取论证会、听证会或者其他方式征求公众意见。

（2）有下列情形之一的，组织编制机关方可按照规定的权限和程序修改省域城镇体系规划、城市总体规划、镇总体规划：

① 上级人民政府制定的城乡规划发生变更，提出修改规划要求的；
② 行政区划调整确需修改规划的；
③ 因国务院批准重大建设工程确需修改规划的；
④ 经评估确需修改规划的；
⑤ 城乡规划的审批机关认为应当修改规划的其他情形。

（3）修改规划前，组织编制机关应当对原规划的实施情况进行总结，并向原审批机关报告；修改涉及城市总体规划、镇总体规划强制性内容的，应当先向原审批机关提出专题报告，经同意后，方可编制修改方案。修改后的规划，应当依照规定的审批程序报批。

（二）详细规划的修改

（1）修改控制性详细规划的，组织编制机关应当对修改的必要性进行论证，征求规划地段内利害关系人的意见，并向原审批机关提出专题报告，经原审批机关同意后，方可编制修改方案。修改后的规划，应当依照规定的审批程序报批。

（2）经依法审定的修建性详细规划不得随意修改。

（三）乡规划、村庄规划的修改

（1）修改乡规划、村庄规划应经上一级人民政府审批。在报送审批前，应当经村民会议或者村民代表会议讨论同意。

（2）在选址意见书、建设用地规划许可证、建设工程规划许可证或者乡村建设规划许可证发放后，因依法修改城乡规划给被许可人合法权益造成损失的，应当依法给予补偿。

考点 4 违反城乡规划的责任

城乡规划法规定了一系列应当追究法律责任的情形,概括起来主要有以下几方面:

(一) 违反《城乡规划法》规定编制或者不编制各种规划的

由上级人民政府责令改正,通报批评;对有关人民政府负责人和其他直接责任人员依法给予处分。

(二) 违反《城乡规划法》规定核发批准文件或者发放许可证的

由本级人民政府、上级人民政府城乡规划主管部门或者监察机关依据职权责令改正,通报批评;对直接负责的主管人员和其他直接责任人员依法给予处分。

(三) 违反相关程序公开规则的

由本级人民政府、上级人民政府城乡规划主管部门或者监察机关依据职权责令改正,通报批评;对直接负责的主管人员和其他直接责任人员依法给予处分。

(四) 违反规定从事建设的

1. 未取得建设工程规划许可证或者未按照建设工程规划许可证的规定进行建设的

由县级以上地方人民政府城乡规划主管部门责令停止建设;尚可采取改正措施消除对规划实施的影响的,限期改正,处建设工程造价5%~10%以下的罚款;无法采取改正措施消除影响的,限期拆除,不能拆除的,没收实物或者违法收入,可以并处建设工程造价10%以下的罚款。

2. 违反规定从事临时建设的

由所在地城市、县人民政府城乡规划主管部门责令限期拆除,可以并处临时建设工程造价1倍以下的罚款。

3. 建设工程竣工验收后未报送有关竣工验收资料的

建设单位应在建设工程竣工验收后6个月内向城乡规划主管部门报送有关竣工验收资料。

未按规定报送的,由所在地城市、县人民政府城乡规划主管部门责令限期补报;逾期不补报的,处1万元以上5万元以下的罚款。

注意:城乡规划主管部门作出责令停止建设或者限期拆除的决定后,当事人不停止建设或者逾期不拆除的,建设工程所在地县级以上地方人民政府可以责成有关部门采取查封施工现场、强制拆除等措施。

【真题演练】

1. 某镇政府正在编制本镇规划。根据《城乡规划法》,下列哪些建设项目应当在规划时予以优先安排? (2011年真题,多选)

A. 镇政府办公楼、招待所
B. 供水、供电、道路、通信设施
C. 商业街、工业园、公园
D. 学校、幼儿园、卫生院、文化站

【答案】 BD
【解析】 根据《城乡规划法》第29条的规定,本题中,B、D项内容在编制本镇规划时均应当优予以安排,故B、D是正确答案。A、C则不属于《城乡规划法》规定的优先安排项目。

2. 村民王某创办的乡镇企业打算在村庄规划区内建设一间农产品加工厂,就有关审批手续向镇政府咨询。关于镇政府的答复,下列哪些选项符合《城乡规划法》规定?(2010年真题,多选)

A. "你应当向镇政府提出申请,由镇政府报县政府城乡规划局核发乡村建设规划许可证。"
B. "你的加工厂使用的土地不能是农地。如确实需要占用农地,必须依照土地管理法的有关规定办理农地转用审批手续。"
C. "你必须先办理用地审批手续,然后才能办理乡村建设规划许可证。"
D. "你必须在规划批准后,严格按照规划条件进行建设,绝对不允许作任何变更。"

【答案】 AB
【解析】 根据《城乡规划法》第41条的规定,A项正确。但王某的企业用地不得是农用地;若确需使用农用地,得根据《土地管理法》办理农地转用手续。故B项正确。根据《城乡规划法》规定,王某在取得乡村建设规划许可证后,方可办理用地审批手续。故C项错误。根据《城乡规划法》第43条的规定,D项的说法过于绝对,不符合法律规定。

第三节 不动产登记

不动产登记是指不动产登记机构依法将不动产权利归属、变动等法定事项记载于不动产登记簿的行为。

考点 1 登记对象、登记种类和登记机构

(一) 登记对象

不动产登记所称的不动产,是指土地、海域以及房屋、林木等定着物。所有的不动产都必须在一个登记体系下进行登记和公示。

可以进入不动产登记的权利包括:集体土地所有权;房屋等建筑物、构筑物所有权;森林、林木所有权;耕地、林地、草地等土地承包经营权;建设用地使用权;宅基地使用权;海域使用权;地役权;抵押权;法律规定需要登记的其他不动产权利。

(二) 登记种类

首次登记、变更登记、转移登记、注销登记、更正登记、异议登记、预告登记、查封登记等。

(三) 登记机构

(1) 国务院国土资源主管部门负责指导、监督全国不动产登记工作。
(2) 县级以上地方人民政府确定的一个部门为本行政区域的不动产登记机构,负责不动产登记工作,并接受上级人民政府不动产登记主管部门的指导、监督。

（3）不动产登记由不动产所在地的县级人民政府不动产登记机构办理；直辖市、设区的市人民政府可以确定本级不动产登记机构统一办理所属各区的不动产登记。跨县级行政区域的不动产登记，由所跨县级行政区域的不动产登记机构分别办理。不能分别办理的，由所跨县级行政区域的不动产登记机构协商办理；协商不成的，由共同的上一级人民政府不动产登记主管部门指定办理。

（4）国务院确定的重点国有林区的森林、林木和林地，国务院批准项目用海、用岛，中央国家机关使用的国有土地等不动产登记，由国务院国土资源主管部门会同有关部门规定。

考点 2 不动产登记簿

不动产登记簿应当记载的主要事项有：不动产的坐落、界址、空间界限、面积、用途等自然状况；不动产权利的主体、类型、内容、来源、期限、权利变化等权属状况；涉及不动产权利限制、提示的事项；其他相关事项。

不动产登记簿应当采用电子介质，暂不具备条件的，可以采用纸质介质。不动产登记簿由不动产登记机构永久保存。

考点 3 登记程序

（一）申请登记

1. 由买卖、设定抵押权等申请不动产登记的，应当由当事人双方共同申请
2. 当事人单方申请的情形
（1）尚未登记的不动产首次申请登记的；
（2）继承、接受遗赠取得不动产权利的；
（3）人民法院、仲裁委员会生效的法律文书或者人民政府生效的决定等设立、变更、转让、消灭不动产权利的；
（4）权利人姓名、名称或者自然状况发生变化，申请变更登记的；
（5）不动产灭失或者权利人放弃不动产权利，申请注销登记的；
（6）申请更正登记或者异议登记的；
（7）法律、行政法规规定可以由当事人单方申请的其他情形。
申请登记时应当按规定提交相关材料。

（二）受理登记

1. 收到申请后的处理
不动产登记机构收到登记申请后，应当区别不同情况，采用受理并书面告知、不予受理并告知补正、不予受理并告知向其他机构申请等方式处理。

2. 受理
不动产登记机构未当场书面告知申请人不予受理的，视为受理。

3. 查验
不动产登记机构受理申请后，应当按规定要求进行查验，并可以在规定情形下进行实地查

看。对可能存在权属争议,或者可能涉及他人利害关系的登记申请,不动产登记机构可以向申请人、利害关系人或者有关单位进行调查。

实地查看的情形:
(1) 房屋等建筑物、构筑物所有权首次登记;
(2) 在建建筑物抵押权登记;
(3) 因不动产灭失导致的注销登记;
(4) 不动产登记机构认为需要实地查看的其他情形。

4. 期限

不动产登记机构应当自受理登记申请之日起30个工作日内办结不动产登记手续,法律另有规定的除外。登记事项自记载于不动产登记簿时完成登记。

5. 不予登记的情形

登记申请有下列情形之一的,不动产登记机构应当不予登记,并书面告知申请人:
(1) 违反法律、行政法规规定的;
(2) 存在尚未解决的权属争议的;
(3) 申请登记的不动产权利超过规定期限的;
(4) 法律、行政法规规定不予登记的其他情形。

考点 4 法律责任

(一) 民事赔偿责任

(1) 不动产登记机构登记错误给他人造成损害,或者当事人提供虚假材料申请登记给他人造成损害的;
(2) 不动产登记机构工作人员进行虚假登记,损毁、伪造不动产登记簿,擅自修改登记事项,或者有其他滥用职权、玩忽职守行为,给他人造成损害的;
(3) 伪造、变造不动产权属证书、不动产登记证明,或者买卖、使用伪造、变造的不动产权属证书、不动产登记证明,给他人造成损害的;
(4) 不动产登记机构、不动产登记信息共享单位及其工作人员,查询不动产登记资料的单位或者个人违反国家规定,泄露不动产登记资料、登记信息,或者利用不动产登记资料、登记信息进行不正当活动,给他人造成损害的。

(二) 其他责任

以上行为,具备法定情形的,还应当给予行政处分;构成犯罪的,依法追究刑事责任。

【真题演练】

申请不动产登记时,下列哪一情形应由当事人双方共同申请?(2015年真题,单选)
A. 赵某放弃不动产权利,申请注销登记
B. 钱某接受不动产遗赠,申请转移登记
C. 孙某将房屋抵押给银行以获得贷款,申请抵押登记
D. 李某认为登记于周某名下的房屋为自己所有,申请更正登记

【答案】 C

【解析】 根据《不动产登记暂行条例》第 14 条的规定,A 项错误。钱某接受不动产遗赠的转移登记,可单方申请,故 B 项错误。李某认为登记于周某名下的房屋为自己所有的更正申请,可单方申请,故 D 项错误。而设定抵押权应当由双方共同申请,所以孙某将房屋抵押给银行以获得贷款的抵押登记,应当由双方共同申请,故 C 项正确。

劳动法专题

专题导学：

劳动法的精神：和谐关系、保障权益

劳动法是调整劳动关系以及与劳动关系密切相关的其他社会关系的法律规范的总称。劳动法包括《劳动法》《劳动合同法》《劳动争议调解仲裁法》《社会保险法》等几部法律，其内容涵盖劳动关系、促进就业、劳动合同、劳动保护、劳动争议解决、社会保险等方面。劳动法的立法目的系为了完善劳动合同制度，明确劳动合同当事人的权利和义务，保护劳动者的合法权益，构建和发展和谐稳定的劳动关系。

劳动法具有区别于其他法律部门的基本原则与具体的制度原则。基本原则体现劳动法宗旨并贯穿于其实施始终，公平正义原则是我国劳动法的基本原则，其集中体现在劳动立法中，也贯穿于劳动法的其他各个环节。制度性原则是指在具体司法、执法领域起着重要指导性作用的制度性原则。保障劳动权的原则、保障劳动者合法权益的倾斜原则和三方协商原则是劳动法的制度性原则。

劳动法学习线索：

1. 劳动关系

劳动关系是劳动法律制度主要调整的对象，既有人身性又有财产性。在学习劳动关系时，应当掌握劳动关系双方当事人的资格能力、法律地位、权利义务、责任救济等基本问题。

2. 劳动者权利

劳动者在劳动关系中处于相对弱势地位，保护劳动者的权利是劳动法的一项重要内容。《劳动法》《劳动合同法》等法律都分别从工作时间，工资，安全卫生，劳动合同的订立、履行、解除，特殊劳动合同，社会保险和福利，劳动争议解决各个方面，提出了对劳动者权益的保护，亦是考试的重点。

第一节 劳动法

考点 1 劳动关系

（一）劳动者的主体资格

（1）自然人要成为劳动者，必须具备主体资格，即必须具有劳动权利能力和劳动行为能力。凡年满16周岁、有劳动能力的公民具有劳动权利能力和劳动行为能力。

（2）法律禁止用人单位招用未满16周岁的未成年人，但文艺、体育、特种工艺单位确需招用未满16周岁的文艺工作者、运动员和艺徒时，须报经县级以上劳动行政部门批准。

（二）劳动法律关系

劳动关系，是指用人单位招用劳动者为其成员，劳动者在用人单位的管理下提供有报酬的劳动而产生的权利义务关系。

1. 劳动法律关系的特点
（1）其主体一方是劳动者，另一方是用人单位。
（2）双方当事人被一定的劳动法律规范所确定的权利和义务联系在一起，其权利和义务的实现要由国家强制力来保障。
（3）劳动者需参加用人单位的生产劳动和工作，并遵守该单位内部的劳动规则，决定了劳动关系中人身关系的属性。
（4）用人单位必须提供符合劳动安全卫生标准的工作条件，按照劳动者劳动的数量和质量支付报酬等。
（5）劳动法律关系的产生、变更、消灭均需依照劳动法律的规定。
（6）劳动者可以享受劳动法规定的各种优待和保证。
2. 双重属性
（1）财产关系属性。劳动者向用人单位提供劳动力是有偿的，用人单位应向劳动者支付劳动报酬，因而劳动关系又具有财产属性。
（2）人身关系属性。劳动者向用人单位提供劳动力，就是将其人身在一定限度内交给用人单位支配，因而劳动关系具有人身属性。
3. 主体特定
用人单位与劳动者
（1）企业法人
（2）机关法人
（3）事业单位法人
包含民办非企业单位、实行聘用合同制的事业单位、比照公务员实行管理的事业单位。
（4）社团法人
（5）非法人
包含个体工商户、个人独资企业、合伙企业。
4. 排除特定主体
包含务农的农民、家庭保姆、现役军人、在华享有外交特权和豁免权的外国人。

```
                     工资交换劳动力   加入用人单位成为其组成人员
                          ↓              ↓
              ↗双重属性：财产关系属性与人身关系属性－－→排除劳务法律关系
  劳动法律关系|
              ↘主体特定：用人单位与劳动者－－→排除四类特定主体。

           ↗企业法人
          |机关法人       ↗民办非企业单位                    \
  用人单位|事业单位法人   ├─实行聘用合同制的事业单位          ├→工勤人员
          |社团法人       ↘比照公务员实行管理的事业单位      /
           ↘非法人：个体工商户、个人独资企业、合伙企业。
```

（三）主要权利与义务

1. 劳动者的权利与义务

（1）劳动者的权利

主要有：① 平等就业与选择职业的权利；② 取得劳动报酬的权利；③ 休息休假的权利；④ 获得劳动安全卫生保护的权利；⑤ 接受职业技能培训的权利；⑥ 享受社会保险和福利的权利；⑦ 依法组织和参加工会的权利；⑧ 依法参与职工民主管理的权利；⑨ 提请劳动争议处理的权利等。

（2）劳动者的义务

主要有：① 按时完成劳动任务；② 提高职业技能；③ 执行劳动安全规程；④ 遵守劳动纪律和职业道德；⑤ 爱护和保卫公共财产；⑥ 保护国家秘密和用人单位商业秘密等。

2. 用人单位的权利与义务

（1）用人单位的权利

主要有：① 招工权；② 用人权；③ 奖惩权；④ 分配权。

（2）用人单位的义务

主要有：① 依法建立和完善劳动规章制度；② 保障劳动者享有劳动权利；③ 履行劳动义务。

注意：用人单位在制定、修改或者决定直接涉及劳动者切身利益的规章制度或者重大事项时，应当听取职工意见，平等协商，并公示或告知劳动者。

考点 2　工作时间和休息休假

工作时间，是法律规定的劳动者在一昼夜或一周内从事生产或工作的时间，即劳动者每天应工作的时数或每周应工作的天数，是职工根据法律的规定，在用人单位中用于完成本职工作的时间。

（一）工作时间

1. 标准工作时间

标准工作日是指由国家法律统一规定的，在正常情况下，一般职工实施劳动或从事工作的时间。

我国的标准工作时间为劳动者每天工作 8 小时，每周工作 40 小时。（国务院《关于修改〈国务院关于职工工作时间的规定〉的决定》）

2. 不定时工作时间和综合计算工作时间

（1）不定时工作时间

是指无固定工作时数限制的工时制度。适用于工作性质和职责范围不受固定工作时间限制的劳动者，如企业中的高级管理人员、外勤人员、推销人员、部分值班人员，从事交通运输的工作人员等。

（2）综合计算工作时间

综合计算工作时间是指以一定时间为周期，集中安排并综合计算工作时间和休息时间的工时制度。

对符合下列条件之一的职工,可以实行综合计算工作日:

① 交通、铁路、邮电、水运、航空、渔业等行业中因工作性质特殊,需连续作业的职工;

② 地质及资源勘探、建筑、制盐、制糖、旅游等受季节和自然条件限制的行业的部分职工;

③ 其他适合实行综合计算工时工作制的职工。

(二) 休息、休假的种类

1. 休息时间的种类

(1) 工作日内的间歇时间

在工作日内给予劳动者休息和用餐的时间,一般为 1~2 小时,最少不得少于半小时。

(2) 周休息日

周休息日,一般为每周 2 天,企业、事业单位可根据实际情况灵活安排周休息日,应保证劳动者每周至少休息 1 天。

2. 休假的种类

(1) 法定节假日

法律规定用于开展纪念、庆祝活动的休息时间。

包括元旦、春节、清明节、端午节、国际劳动节、国庆节、中秋节。

(2) 探亲假

探亲假是指职工工作地点与父母或配偶居住地不属同一城市而分居两地时,每年所享受的一定期限的带薪假期。

注意:探亲假适用于在国家机关、人民团体、全民所有制企业、事业单位工作满 1 年的固定职工。

(3) 年休假

国家实行带薪年休假制度,劳动者连续工作满 1 年,享受带薪年休假。在年休假期间,享受与正常工作期间相同的工资待遇。

① 劳动者累计工作满 1 年不满 10 年的,年休假 5 天。

② 已满 10 年不满 20 年的,年休假 10 天。

③ 已满 20 年的,年休假 15 天。

法定休假日、休息日不计入年休假的假期。

注意:单位根据生产、工作的具体情况,并考虑职工本人意愿,统筹安排职工年休假。年休假在 1 个年度内可以集中安排,也可以分段安排,一般不跨年度安排。单位确因工作需要不能安排职工休年休假的,经职工本人同意,可以不安排职工休年休假。对职工应休未休的年休假天数,单位应当按照该职工日工资收入的 300% 支付年休假工资报酬。

(三) 延长工作时间

延长工作时间包括加班和加点。加班是指劳动者在法定节日或公休假日从事生产或工作。加点是指劳动者在标准工作日以外延长工作的实际。

用人单位不得强迫或者变相强迫劳动者延长工作时间。用人单位安排延长工作时间的,应当按照国家有关规定向劳动者支付加班加点的工资。

1. 用人单位安排劳动者延长工作时间,需要注意的问题

由于用人单位的生产经营需要,确实需要延长工作时间的;必须与工会协商,经工会同意;必须与劳动者协商;用人单位安排延长工作时间的时间长度必须符合劳动法的限制性规定。

特殊情况下的延长工作时间不需要与工会和劳动者协商,也不受上述延长工作时间的限制。这里的特殊情况是指:

(1) 发生自然灾害、事故或者其他原因,威胁劳动者生命健康和财产安全,需要紧急处理的;

(2) 生产设备、交通运输线路、公共设施发生故障,影响生产和公共利益,必须及时抢修的;

(3) 法律、行政法规规定的其他情形。

2. 延长工作时间的时间长度

一般每日不得超过 1 小时;因特殊原因需要延长工作时间的,在保障劳动者身体健康的条件下延长工作时间每日不得超过 3 小时,但是每月不得超过 36 小时。

3. 加班加点工资的标准

在标准工作日内安排劳动者延长工作时间的,支付不低于工资的 150% 的工资报酬;休息日安排劳动者工作又不能安排补休的,支付不低于工资的 200% 的工资报酬;法定休假日安排劳动者工作的,支付不低于工资的 300% 的工资报酬。

考点 3 工资

工资是指用人单位依据国家有关规定和集体合同、劳动合同约定的标准,根据劳动者提供劳动的数量和质量,以货币形式支付给劳动者的劳动报酬。

(一) 工资的形式

1. 我国的工资主要形式

我国的工资形式主要有:计时工资、计件工资、奖金、津贴、补贴、延时工资和特殊情况下的工资等。其中奖金、津贴、补贴、延时工资、特殊情况下支付的工资等属于工资的辅助形式。

(1) 计时工资,按单位时间工资标准和劳动者实际工作时间计付劳动报酬的工资形式。

常见的有小时工资、日工资、月工资。

(2) 计件工资,按照劳动者生产合格产品的数量或作业量以及预先规定的计件单价支付劳动报酬的一种工资形式。

计件工资是计时工资的转化形式。劳动提成工资是计件工资形式之一。

(3) 奖金,给予劳动者的超额劳动报酬和增收节支的物质奖励。

主要有月奖、季度奖和年度奖;经常性奖金和一次性奖金;综合奖和单项奖等。

(4) 津贴,对劳动者在特殊条件下的额外劳动消耗或额外费用支出给予物质补偿的一种工资形式。

主要有:岗位津贴、保健性津贴、技术性津贴等。

(5) 特殊情况下支付的工资,对非正常工作情况下的劳动者依法支付工资的一种工资形式。

主要有:加班加点工资、事假、病假、婚假、探亲假等工资以及履行国家和社会义务期间的

工资等。

2. 工资分配应当遵循按劳分配原则,实行同工同酬

(1) 按劳分配原则是指工资的分配应根据劳动者提供的劳动数量和质量进行,等量劳动取得等量劳动报酬,实行多劳多得、少劳少得、不劳不得;

(2) 同工同酬原则是指用人单位对从事相同工作、付出等量劳动,并且取得相同劳动业绩的劳动者应支付同等的劳动报酬。

(二) 工资支付保障

(1) 工资应以货币形式支付,不得以实物或者有价证券代替货币支付;

(2) 工资应当支付给劳动者本人,也可以由劳动者家属或者委托他人代领,用人单位可以委托银行代发工资;

(3) 工资应当按月支付。实行周、日、小时工资制的,可以按周、日、小时支付工资;

(4) 劳动者享受年休假、法定假日、婚丧假期间,以及依法参加社会活动期间,用人单位应按照劳动合同规定的标准支付工资;

(5) 工资应当依法足额支付,不得克扣或者无故拖延支付劳动者的工资;

(6) 用人单位应当按照劳动合同约定和国家规定及时足额发放劳动报酬。用人单位拖欠或者未足额发放劳动报酬的,劳动者可以依法向当地人民法院申请支付令,人民法院应当依法发出支付令。

(三) 最低工资保障

(1) 最低工资是指劳动者在法定工作时间内提供了正常劳动的前提下,其所在用人单位应支付的最低劳动报酬;

(2) 国家实行最低工资保障制度,最低工资的标准由省级人民政府规定,报国务院备案;

(3) 用人单位支付给劳动者的工资不得低于当地最低工资标准;

(4) 最低工资不包括延长工作时间的工资报酬、以货币形式支付的住房补贴和用人单位支付的伙食补贴、各种津贴以及国家规定的社会保险福利待遇。

考点 4 劳动安全卫生保护

(一) 劳动保护的一般要求

劳动安全卫生保护是国家为了改善劳动条件,保护劳动者在劳动过程中的安全健康而采取的各种保护措施。

(1) 设施标准;

(2) 提供劳动安全卫生条件和必要的劳动防护用品;

(3) 对从事有职业危害作业的劳动者应当定期进行健康检查;

(4) 特种作业必须取得专门资格;

(5) 严格遵守安全操作规程。

(二) 女职工的特殊劳动保护

所谓妇女职工的特殊劳动保护是指根据女职工的身体结构、生理机能以及特殊的时期,对

女职工在劳动方面的特殊权益给予保护。

（1）禁止安排女职工从事矿山井下作业、国家规定的第四级体力劳动强度的劳动和其他禁忌从事的劳动；

（2）不得安排女职工在经期从事高处、高温、低温、冷水作业和国家规定的第三级体力劳动强度的劳动；

（3）不得安排女职工在怀孕期间从事国家规定的第三级体力劳动强度的劳动；

（4）对怀孕7个月以上的女职工，不得安排其延长工作时间和夜班劳动；

（5）不得安排女职工在哺乳未满1周岁婴儿期间从事国家规定的第三级体力劳动强度的劳动和哺乳禁忌从事的其他劳动，不得安排其延长工作时间和夜班劳动；

（6）女职工生育享受不少于98天的产假。

（三）未成年职工的特殊劳动保护

未成年工的特殊保护是指根据未成年工的身体发育尚未定型的特点，对未成年工在劳动过程中的特殊权益的保护。

注意：未成年工是指年满16周岁不满18周岁的少年工人。

（1）未成年工上岗前，用人单位应对其进行有关的职业安全卫生教育、培训；

（2）对未成年工应定期进行健康检查；

（3）用人单位不得安排未成年工从事矿山井下、有毒有害、国家规定的第四级体力劳动强度的劳动和其他禁忌从事的劳动。

【真题演练】

1. 王某，女，1990年出生，于2012年2月1日入职某公司，从事后勤工作，双方口头约定每月工资为人民币3 000元，试用期1个月。2012年6月30日，王某因无法胜任经常性的夜间高处作业而提出离职，经公司同意，双方办理了工资结算手续，并于同日解除了劳动关系。同年8月，王某以双方未签书面劳动合同为由，向当地劳动争议仲裁委申请仲裁，要求公司再支付工资12 000元。请回答（1）—（3）题。（2016年真题，不定选）

（1）关于女工权益，根据《劳动法》，下列说法正确的是：

A. 公司应定期安排王某进行健康检查

B. 公司不能安排王某在经期从事高处作业

C. 若王某怀孕6个月以上，公司不得安排夜班劳动

D. 若王某在哺乳婴儿期间，公司不得安排夜班劳动

【答案】 B

【解析】 根据我国《劳动法》第65条的规定，王某并不是童工，公司没有义务定期安排王某进行健康检查。A选项错误。根据我国《劳动法》第60条的规定，公司不能安排王某在经期从事高处作业。B选项正确。根据我国《劳动法》第61条的规定，此时公司尚可以安排其从事夜班劳动。C选项错误。根据我国《劳动法》第63条的规定，D选项错误。

2. 关于工资保障制度，下列哪些表述符合劳动法的规定？（2010年真题，多选）

A. 按照最低工资保障制度，用人单位支付劳动者的工资不得低于当地最低工资标准

B. 乡镇企业不适用最低工资保障制度

C. 加班工资不包括在最低工资之内
D. 劳动者在婚丧假以及依法参加社会活动期间,用人单位应当依法支付工资

【答案】 ACD

【解析】 根据《劳动法》第48条的规定,A项正确。根据《劳动合同法》第2条第1款的规定,B项错误。根据《最低工资规定》第12条的规定,C项正确。根据《劳动法》第51条的规定,D项正确。

3. 东星公司新建的化工生产线在投入生产过程中,下列哪些行为违反《劳动法》规定?(2009年真题,多选)

A. 安排女技术员参加公司技术攻关小组并到位于地下的设备室进行检测
B. 在防止有毒气体泄漏的预警装置调试完成之前,开始生产线的试运行
C. 试运行期间,从事特种作业的操作员已经接受了专门培训,但未取得相应的资格证书
D. 试运行开始前,未对生产线上的员工进行健康检查

【答案】 BC

【解析】 根据《劳动法》第59条的规定,A项正确,不入选。根据《劳动法》第53条的规定,B项错误,入选。根据《劳动法》第55条的规定,C项错误,入选。根据《劳动法》第54条的规定,D项正确,不入选。本题正确答案为B、C。

第二节 劳动合同法

劳动合同是劳动者与用人单位确立劳动关系,明确双方权利和义务的协议。作为合同的一种,劳动合同除具有一般合同特征外,还有其独有的特征:

(1) 劳动合同的主体即双方当事人具有特定性。
(2) 在劳动合同的履行中双方当事人具有从属性。
(3) 劳动合同的内容具有较强的法定性和强制性。
(4) 劳动合同权利与义务具有延续性。
(5) 劳动合同的标的是劳动行为,劳动合同是双务、有偿、诺成性合同。

考点 1 劳动合同的订立

劳动合同的订立是指用人单位与劳动者之间为建立劳动关系,经过平等协商,就劳动条款达成一致,从而明确相互间权利和义务关系的法律行为。订立劳动合同应当遵循合法、公平、平等自愿、协商一致、诚实信用的原则。

(一) 劳动关系的建立

用人单位自用工之日起即与劳动者建立劳动关系,用人单位应当建立职工名册备查。

注意:依法取得营业执照或登记证书的法人的分支机构,可以作为用人单位。

(二) 用人单位和劳动者的告知和说明义务

1. 用人单位对劳动者的如实告知义务

用人单位招用劳动者时,应当如实告知劳动者工作内容、工作条件、工作地点、职业危害、

安全生产状况、劳动报酬,以及劳动者要求了解的其他情况。

2. 劳动者的说明义务

劳动者应当如实说明与劳动合同直接相关的基本情况包括健康状况、知识技能、学历、职业资格、工作经历以及部分与工作有关的劳动者个人情况等。

(三) 订立劳动合同的形式

1. 订立劳动合同应当采用书面形式
2. 未在建立劳动关系的同时订立书面劳动合同的,用人单位与劳动者应当自用工之日起 1 个月内订立书面劳动合同

(1) 用人单位未在用工的同时订立书面劳动合同,与劳动者约定的劳动报酬不明确的,新招用的劳动者的劳动报酬应当按照企业的或者行业的集体合同规定的标准执行;没有集体合同或者集体合同未作规定的,用人单位应当对劳动者实行同工同酬。

(2) 用人单位自用工之日起超过 1 个月但不满 1 年未与劳动者订立书面劳动合同的,应当向劳动者支付 2 倍的月工资。

(3) 用人单位自用工之日起满一年不与劳动者订立书面劳动合同的,视为用人单位与劳动者已订立无固定期限劳动合同。

注意:自用工之日起一个月内,经用人单位书面通知后,劳动者不与用人单位订立书面劳动合同的,用人单位应当书面通知劳动者终止劳动关系,无需向劳动者支付经济补偿,但是应当依法向劳动者支付其实际工作时间的劳动报酬。

(四) 劳动合同的期限

1. 固定期限

用人单位与劳动者协商一致,可以订立固定期限劳动合同。

2. 无固定期限

用人单位与劳动者协商一致,可以订立无固定期限劳动合同。

有下列情形之一,劳动者提出或者同意续订、订立劳动合同的,用人单位应当订立无固定期限劳动合同:

(1) 劳动者已在该用人单位连续工作满 10 年的;

(2) 用人单位初次实行劳动合同制度或者国有企业改制重新订立劳动合同时,劳动者在该用人单位连续工作满 10 年且距法定退休年龄不足 10 年的;

(3) 连续订立 2 次固定期限劳动合同且劳动者没有《劳动合同法》第 39 条和第 40 条第 1 项、第 2 项规定的情形续订劳动合同的。

用人单位自用工之日起满 1 年不与劳动者订立书面劳动合同的,视为用人单位与劳动者已订立无固定期限劳动合同。

3. 以完成一定工作任务为期限

用人单位与劳动者协商一致,可以订立以完成一定工作任务为期限的劳动合同。

注意:不定时工作制是指以完成一定工作任务为期限的劳动合同,即用人单位与劳动者约定以某项工作的完成为合同期限的劳动合同,仍然属于全日制。

（五）劳动合同的无效或部分无效

无效或部分无效的情形	(1) 以欺诈、胁迫的手段或者乘人之危，使对方在违背真实意思的情况下订立或变更劳动合同的； (2) 用人单位免除自己的法定责任、排除劳动者的权利的； (3) 违反法律、行政法规强制性规定的。
无效的确认	劳动合同的无效或者部分无效，由劳动争议仲裁机构或者人民法院确认。
无效的法律后果	劳动合同被确认无效，劳动者已付出劳动的，用人单位应当向劳动者支付劳动报酬。劳动报酬的数额，按照同工同酬的原则确定。

【真题演练】

2009年2月，下列人员向所在单位提出订立无固定期限劳动合同，哪些人具备法定条件？（2009年真题，多选）

A. 赵女士于1995年1月到某公司工作，1999年2月辞职，2002年1月回到该公司工作

B. 钱先生于1985年进入某国有企业工作。2006年3月，该企业改制成为私人控股的有限责任公司，年满50岁的钱先生与公司签订了三年期的劳动合同

C. 孙女士于2000年2月进入某公司担任技术开发工作，签订了为期三年、到期自动续期三年且续期次数不限的劳动合同。2009年1月，公司将孙女士提升为技术部副经理

D. 李先生原为甲公司的资深业务员，于2008年2月被乙公司聘请担任市场开发经理，约定：先签订一年期合同，如果李先生于期满提出请求，可以与公司签订无固定期限劳动合同

【答案】 BD

【解析】 根据《劳动合同法》第14条的规定，A项错误、B项正确、C项错误、D项正确。《劳动合同法》2008年开始实行，2000年开始的合同不能计算签订次数，到2009年因为没有达到可以签订无固定期限劳动合同的3次，故C项错误。

考点 2 劳动合同的履行

劳动合同的履行是指劳动合同的主题按照劳动合同规定的条件，履行自己所应承担的义务的行为。劳动合同的履行有亲自履行、全面履行、协作履行和实际履行原则。

（一）劳动合同的条款

1. 劳动合同的必备条款

(1) 用人单位的名称、住所和法定代表人或者主要负责人；

(2) 劳动者的姓名、住址和居民身份证或者其他有效身份证件号码；

(3) 劳动合同期限；

(4) 工作内容和工作地点；

(5) 工作时间和休息休假；

(6) 劳动报酬；

(7) 社会保险；
(8) 劳动保护、劳动条件和职业危害防护；
(9) 法律、法规规定应当纳入劳动合同的其他事项。
2. 劳动合同的约定条款
(1) 试用期；
(2) 培训；
(3) 保守商业秘密；
(4) 补充保险和福利待遇；
(5) 其他事项。

（二）试用期

1. 试用期期限
(1) 劳动合同期限 3 个月以上不满 1 年的，试用期不得超过 1 个月；
(2) 劳动合同期限 1 年以上 3 年以下的，试用期不得超过 2 个月；
(3) 3 年以上固定期限和无固定期限的劳动合同，试用期不得超过 6 个月。
2. 试用期工资
劳动者在试用期的工资不得低于本单位同岗位最低档工资或者劳动合同约定工资的 80%，并不得低于用人单位所在地的最低工资标准。
3. 试用期解除劳动合同限制的规定
在试用期中，证明劳动者不符合录用条件的，用人单位可以解除劳动合同。

（三）服务期

服务期是劳动合同当事人通过协商约定的劳动者因接受用人单位给予的特殊待遇而必须为用人单位服务的期限。

注意：劳动期限与服务期限的区别。服务期与劳动合同期限不一定完全一致，服务期可能短于劳动合同期限，也可能长于劳动合同期限。

(1) 用人单位为劳动者提供专项培训费用，对其进行专业技术培训的，可以与该劳动者订立协议，约定服务期。

培训费用：包括用人单位为了对劳动者进行专业技术培训而支付的有凭证的培训费用、培训期间的差旅费用以及因培训产生的用于该劳动者的其他直接费用。

(2) 劳动者违反服务期约定的，应当按照约定向用人单位支付违约金。
(3) 违约金的数额。约定违反服务期的违约金数额不得超过用人单位提供的培训费用。违约时，劳动者所支付的违约金不得超过服务期尚未履行部分所应分摊的培训费用。

（四）劳动者的保密义务和竞业限制

1. 约定保密义务
用人单位与劳动者可以在劳动合同中约定保守用人单位的商业秘密和与知识产权相关的事项。用人单位可以要求劳动者无条件承担保密义务，也可以约定以支付保密费作为承担保密义务的条件。

2. 竞业限制的人员

竞业限制的人员限于用人单位的高级管理人员、高级技术人员和其他负有保密义务的人员。

3. 竞业限制的内容

对负有保密义务的劳动者,用人单位可以在劳动合同或者保密协议中与劳动者约定竞业限制条款,并约定在解除或者终止劳动合同后,在竞业限制期限内按月给予劳动者经济补偿。

(1) 竞业限制条款,是指劳动者与用人单位经协商约定,禁止本单位劳动者在其任职期间和离职以后的一段时间内利用用人单位所拥有的商业秘密,从事与用人单位有竞争性的职业活动的条款。

(2) 竞业限制的范围、地域、期限、经济补偿的标准由用人单位与劳动者约定,但不得违反法律、法规的规定。

① 仅约定了竞业限制但未约定经济补偿的,劳动者履行了竞业限制义务,可以要求用人单位按照劳动者在劳动合同解除或者终止前 12 个月平均工资的 30% 按月支付经济补偿;低于劳动合同履行地最低工资标准的,按照最低工资标准支付。

② 劳动合同解除或者终止后,因用人单位的原因导致 3 个月未支付经济补偿,劳动者可以请求解除竞业限制约定。

③ 在竞业限制期限内,用人单位可以请求解除竞业限制协议,但应当额外向劳动者支付 3 个月的竞业限制经济补偿。

4. 违约金

劳动者违反竞业限制约定的,应当按照约定向用人单位支付违约金。

5. 竞业限制的期限

在解除或者终止劳动合同后,受竞业限制约束的劳动者到与本单位生产或者经营同类产品、业务的有竞争关系的其他用人单位,或者自己开业生产或者经营与本单位有竞争关系的同类产品、业务的竞业限制期限不得超过 2 年。

注意:保密义务、竞业限制、商业秘密

① 竞业限制可作为保密协议的组成部分,但不是必要条款。只要签订保密协议,即对劳动者产生遵守保密义务的约束力;但对竞业限制条款,在竞业限制期限内,用人单位不给予劳动者经济补偿的,对劳动者再次择业不具有约束力。

② 违反保密义务属于劳动争议,侵犯商业秘密属于侵权行为,两者属于责任竞合,适用不同的救济方式,应当由受到侵害的用人单位进行选择。如果选择追究劳动者违反保密义务的责任,则需要先申请劳动仲裁;如果选择追究劳动者侵害商业秘密的责任,属于普通的侵权诉讼。

(五) 劳动合同的变更

劳动合同的变更是指在劳动合同依法订立、尚未履行或尚未完全履行之前,由于各种情况的变化,合同当事人双方或单方依法修改或补充劳动合同内容的法律行为。

1. 用人单位发生变化导致劳动合同的变更

(1) 用人单位变更名称、法定代表人、主要负责人或者投资人等事项,不影响劳动合同的履行。

（2）用人单位发生合并或者分立等情况，原劳动合同继续有效，劳动合同由承继其权利义务的用人单位继续履行。

① 原劳动合同继续有效，劳动合同由承继其权利义务的用人单位继续履行。

② 新的用人单位与劳动者协商一致解除原劳动合同，由新签订的劳动合同替代原劳动合同。

③ 劳动者非因本人原因从原用人单位被安排到新用人单位工作的，劳动者在原用人单位的工作年限合并计算为新用人单位的工作年限。

"非因本人原因从原用人单位被安排到新用人单位工作"包括下列情形：

a. 劳动者仍在原工作场所、工作岗位工作，劳动合同主体由原用人单位变更为新用人单位；

b. 用人单位以组织委派或任命形式对劳动者进行工作调动；

c. 因用人单位合并、分立等原因导致劳动者工作调动；

d. 用人单位及其关联企业与劳动者轮流订立劳动合同；

e. 其他合理情形。

④ 原用人单位已经向劳动者支付经济补偿的，新用人单位在依法解除、终止劳动合同计算支付经济补偿的工作年限时，不再计算劳动者在原用人单位的工作年限。

2. 协商变更

用人单位与劳动者协商一致，可以变更劳动合同约定的内容。变更劳动合同，应当采用书面形式，用人单位与劳动者各执一份。

注意：变更劳动合同未采用书面形式，但已经实际履行了口头变更的劳动合同超过一个月，且变更后的劳动合同内容不违反法律、行政法规、国家政策以及公序良俗，当事人不得以未采用书面形式为由主张劳动合同变更无效。

【真题演练】

1. 李某原在甲公司就职，适用不定时工作制。2012年1月，因甲公司被乙公司兼并，李某成为乙公司职工，继续适用不定时工作制。2012年12月，由于李某在年度绩效考核中得分最低，乙公司根据公司绩效考核制度中"末位淘汰"的规定，决定终止与李某的劳动关系。李某于2013年11月提出劳动争议仲裁申请，主张：原劳动合同于2012年3月到期后，乙公司一直未与本人签订新的书面劳动合同，应从4月起每月支付二倍的工资；公司终止合同违法，应恢复本人的工作。请回答第（1）—（5）题。（2014年真题，不定选）

（2）关于乙公司兼并甲公司时李某的劳动合同及工作年限，下列选项正确的是：

A. 甲公司与李某的原劳动合同继续有效，由乙公司继续履行

B. 如原劳动合同继续履行，在甲公司的工作年限合并计算为乙公司的工作年限

C. 甲公司还可与李某经协商一致解除其劳动合同，由乙公司新签劳动合同替代原劳动合同

D. 如解除原劳动合同时甲公司已支付经济补偿，乙公司在依法解除或终止劳动合同计算支付经济补偿金的工作年限时，不再计算在甲公司的工作年限

【答案】 ABCD

【解析】 根据《劳动合同法》第34条的规定，故A项正确。根据《劳动合同法实施条例》第10条的规定，B、D两项均正确。根据《劳动合同法》第36条的规定，C项正确。

2. 甲厂与工程师江某签订了保密协议。江某在劳动合同终止后应聘至同行业的乙厂,并帮助乙厂生产出与甲厂相同技术的发动机。甲厂认为保密义务理应包括竞业限制义务,江某不得到乙厂工作,乙厂和江某共同侵犯其商业秘密。关于此案,下列哪些选项是正确的?(2013年真题,多选)

A. 如保密协议只约定保密义务,未约定支付保密费,则保密义务无约束力
B. 如双方未明确约定江某负有竞业限制义务,则江某有权到乙厂工作
C. 如江某违反保密协议的要求,向乙厂披露甲厂的保密技术,则构成侵犯商业秘密
D. 如乙厂能证明其未利诱江某披露甲厂的保密技术,则不构成侵犯商业秘密

【答案】 BC
【解析】 根据《劳动合同法》第23条第1款的规定,A项错误。根据《劳动合同法》第23条第2款的规定,B项正确。根据《反不正当竞争法》第10条的规定,故C项正确,D项错误。

3. 下列哪些说法违反劳动法的规定?(2010年真题,多选)

A. 我国公民未满十六岁的,用人单位一律不得招用
B. 双方当事人不可以约定周六加班
C. 劳动合同期限约定为二年的,试用期应在半年以上
D. 双方当事人可就全部合同条款做出违约金约定

【答案】 ABCD
【解析】 根据我国《劳动法》第15条的规定,A项的说法过于绝对,不符合劳动法的规定,应选。根据《劳动法》第38、39条的规定,双方当事人可以依法约定周六加班,故B项错误,应选。根据《劳动合同法》第19条的规定,C项错误。《劳动合同法》对劳动者违约金约定作出了限制性规定,即只能在含有"服务期条款""保密义务和竞业限制条款"情形下方能约定要求劳动者承担违约金责任,而非可就"全部合同条款做出违约金约定",故D项错误。

考点 3 劳动合同的解除

劳动合同的解除是指在劳动合同订立后,尚未全部履行以前,由于某种原因导致劳动合同一方或双方当事人提前消灭劳动关系的法律行为。劳动合同的解除分为法定解除和约定解除;协商解除和单方解除。

注意:用人单位单方解除劳动合同,应当事先将理由通知工会。用人单位违反法律、行政法规规定或者劳动合同约定的,工会有权要求用人单位纠正。用人单位应当研究工会的意见,并将处理结果书面通知工会。

(一) 协商解除劳动合同

协商解除是指劳动关系当事人因某种原因,协商同意提前终止劳动合同的法律行为。
(1) 被解除的劳动合同是依法成立的有效的劳动合同;
(2) 解除劳动合同的行为必须是在被解除的劳动合同依法订立生效之后、尚未全部履行之前进行;
(3) 用人单位与劳动者均有权提出解除劳动合同的请求;
(4) 在双方自愿、平等协商的基础上达成一致意见,可以不受劳动合同中约定的终止条件的限制。

（二）劳动者单方解除劳动合同

（1）劳动者提前30日通知用人单位，可以解除劳动合同。
（2）书面形式通知用人单位。

（三）因用人单位的过错，劳动者可以解除劳动合同的规定

用人单位有下列情形之一的，劳动者可以解除劳动合同：
（1）未按照劳动合同约定提供劳动保护或者劳动条件的；
（2）未及时足额支付劳动报酬的；
（3）未依法为劳动者缴纳社会保险费的；
（4）用人单位的规章制度违反法律、法规的规定，损害劳动者权益的；
（5）因《劳动合同法》第26条第1款规定的情形致使劳动合同无效的；
（6）法律、行政法规规定劳动者可以解除劳动合同的其他情形。

注意：用人单位以暴力、威胁或者非法限制人身自由的手段强迫劳动者劳动的，或用人单位违章指挥、强令冒险作业危及劳动者人身安全的，劳动者可以立即解除劳动合同，不需事先告知用人单位。

（四）用人单位单方解除劳动合同

劳动者有下列情形之一的，用人单位可以解除劳动合同：
（1）在试用期间被证明不符合录用条件的；
（2）严重违反用人单位的规章制度的；
（3）严重失职，营私舞弊，给用人单位的利益造成重大损害的；
（4）劳动者同时与其他用人单位建立劳动关系，对完成本单位的工作任务造成严重影响，或者经用人单位提出，拒不改正的；
（5）因《劳动合同法》第26条第1款第1项规定的情形致使劳动合同无效的；
（6）被依法追究刑事责任的。

（五）无过失性辞退

有下列情形之一的，用人单位在提前30日以书面形式通知劳动者本人或者额外支付劳动者1个月工资后，可以解除劳动合同：
（1）劳动者患病或者非因工负伤，在规定的医疗期满后不能从事原工作，也不能从事由用人单位另行安排的工作的；
（2）劳动者不能胜任工作，经过培训或者调整工作岗位，仍不能胜任工作的；
（3）劳动合同订立时所依据的客观情况发生重大变化，致使劳动合同无法履行，经用人单位与劳动者协商，未能就变更劳动合同内容达成协议的。

（六）经济性裁员

1. 实质要件
（1）依照企业破产法规定进行重整的；

(2) 生产经营发生严重困难的;
(3) 企业转产、重大技术革新或者经营方式调整,经变更劳动合同后,仍需裁减人员的;
(4) 其他因劳动合同订立时所依据的客观经济情况发生重大变化,致使劳动合同无法履行的。

2. 程序要件
(1) 裁减人员 20 人以上或者裁减不足 20 人但占企业职工总数 10% 以上的。
(2) 必须提前 30 日向工会或者全体职工说明情况,并听取工会或者职工的意见。
(3) 裁减人员方案向劳动行政部门报告。
(4) 应当优先留用人员。
① 与本单位订立较长期限的固定期限劳动合同的;
② 与本单位订立无固定期限劳动合同的;
③ 家庭无其他就业人员,有需要扶养的老人或者未成年人的。
(5) 被裁减人员具有优先就业权。
用人单位在 6 个月内重新招用人员的,应当通知被裁减的人员,并在同等条件下优先招用被裁减的人员。

(七) 用人单位不得解除劳动合同的规定

劳动者有下列情形之一的,用人单位不得依照《劳动合同法》第 40 条、第 41 条的规定解除劳动合同:
(1) 从事接触职业病危害作业的劳动者未进行离岗前职业病健康检查,或者疑似职业病病人在诊断或者医学观察期间的;
(2) 在本单位患职业病或者因工负伤并被确认丧失或者部分丧失劳动能力的;
(3) 患病或者非因工负伤,在规定的医疗期内的;
(4) 女职工在孕期、产期、哺乳期的;
(5) 在本单位连续工作满 15 年,且距法定退休年龄不足 5 年的;
(6) 法律、行政法规规定的其他情形。

劳动合同解除情形一览表

解除情形	提出对象	解除原因	适用程序	经济补偿金	是否适用不得解除情形
协商解除	用人单位、劳动者均有权提出	任意原因,达成一致即可	达成一致即生效	协商(如用人单位提出解除动议的,应支付经济补偿金)	否
劳动者预告解除	劳动者单方面提出	任意原因	劳动者提前 30 日书面通知用人单位	无	否

(续表)

解除情形	提出对象	解除原因	适用程序	经济补偿金	是否适用不得解除情形
劳动者即时解除	劳动者单方面提出	(1) 未提供劳动保护或者劳动条件的； (2) 未及时足额支付劳动报酬的； (3) 未缴纳社会保险费的； (4) 规章制度违反法律、法规的规定,损害劳动者权益的； (5) 以欺诈、胁迫的手段或者乘人之危致使劳动合同无效的； (6) 法律、行政法规规定其他情形。	即时解除	有	否
用人单位预告解除	用人单位单方面提出	(1) 劳动者患病或者非因工负伤,在规定的医疗期满后不能从事原工作,也不能从事由用人单位另行安排的工作的； (2) 劳动者不能胜任工作,经过培训或者调整工作岗位,仍不能胜任工作的； (3) 劳动合同订立时所依据的客观情况发生重大变化,致使劳动合同无法履行,经用人单位与劳动者协商,未能就变更劳动合同内容达成协议的。	用人单位在提前30日书面通知劳动者或者额外支付一个月工资	有	是

(续表)

解除情形	提出对象	解除原因	适用程序	经济补偿金	是否适用不得解除情形
用人单位即时解除	用人单位单方面提出	(1) 在试用期间被证明不符合录用条件的； (2) 严重违反用人单位的规章制度的； (3) 严重失职，营私舞弊，给用人单位的利益造成重大损害的； (4) 劳动者同时与其他用人单位建立劳动关系，对完成本单位的工作任务造成严重影响，或者经用人单位提出，拒不改正的； (5) 以欺诈、胁迫的手段或者乘人之危致使劳动合同无效的； (6) 被依法追究刑事责任的。	即时解除	无	否
经济性裁员	用人单位单方面提出	(1) 依照企业破产法规定进行重整的； (2) 生产经营发生严重困难的； (3) 企业转产、重大技术革新或者经营方式调整，经变更劳动合同后，仍需裁减人员的； (4) 其他因劳动合同订立时所依据的客观经济情况发生重大变化，致使劳动合同无法履行的。	必须提前30日向工会或者全体职工说明情况、听取意见；并将裁减人员方案向劳动行政部门报告。	有	是

【真题演练】

某市混凝土公司新建临时搅拌站，在试运行期间通过暗管将污水直接排放到周边，严重破坏当地环境。公司经理还指派员工潜入当地环境监测站内，用棉纱堵塞空气采集器，造成自动监测数据多次出现异常。有关部门对其处罚后，公司生产经营发生严重困难，拟裁员20人以上。

1. 当该公司裁员时,下列说法正确的是:(2017年真题,不定项选)
A. 无须向劳动者支付经济补偿金
B. 应优先留用与本公司订立无固定期限劳动合同的职工
C. 不得裁减在该公司连续工作满15年的女职工
D. 不得裁减非因公负伤且在规定医疗期内的劳动者

【答案】 BD
【解析】 根据《劳动合同法》第46条、第41条规定,由此公司裁减人员属于公司支付经济补偿的情形,A选项错误。单位裁减人员时应优先留用与本单位订立无固定期限劳动合同的人员,B选项正确。根据《劳动合同法》第42条规定,C选项错误,D选项正确。

2. 某公司从事出口加工,有职工500人。因国际金融危机影响,订单锐减陷入困境,拟裁减职工25人。公司决定公布后,职工提出异议。下列哪些说法缺乏法律依据?(2011年真题,多选)
A. 职工甲:公司裁减决定没有经过职工代表大会批准,无效
B. 职工乙:公司没有进入破产程序,不能裁员
C. 职工丙:我一家4口,有70岁老母10岁女儿,全家就我有工作,公司不能裁减我
D. 职工丁:我在公司销售部门曾连续3年评为优秀,对公司贡献大,公司不能裁减我

【答案】 ABD
【解析】 根据《劳动合同法》第41条的规定,A项错误,B项错误,C项正确,D项错误。

考点 4 劳动合同的终止

劳动合同的终止是指劳动合同的法律效力因劳动合同到期或者因法定情形的出现而归于消灭,即劳动合同关系在客观上已不复存在,劳动合同当事人的权利和义务归于消灭。

注意:劳动合同的终止与劳动合同的解除有本质区别。

劳动合同的解除是双方当事人通过协商达成一致意见,或其中一方当事人根据法律规定单方提前结束劳动合同关系,是劳动合同订立后因双方或一方的意思而发生的;而劳动合同的终止必须法定,不能约定。

(一) 劳动合同终止的情形

(1) 劳动合同期满的;
(2) 劳动者开始依法享受基本养老保险待遇的;
(3) 劳动者死亡,或者被人民法院宣告死亡或者宣告失踪的;
(4) 用人单位被依法宣告破产的;
(5) 用人单位被吊销营业执照、责令关闭、撤销或者用人单位决定提前解散的;
(6) 法律、行政法规规定的其他情形。

注意:用人单位被依法宣告破产的;用人单位被吊销营业执照、责令关闭、撤销或者用人单位决定提前解散的劳动合同的终止,应当向劳动者支付经济补偿金。

(二) 劳动合同期满不得终止的规定

劳动合同期满,有《劳动合同法》规定的不得解除劳动合同情形之一的,劳动合同应当续

延至相应的情形消失时终止。但是,在本单位患职业病或者因工负伤并被确认丧失或者部分丧失劳动能力的劳动者的劳动合同的终止,按照工伤保险的有关规定执行。

(三) 用人单位违法解除或者终止劳动合同法律后果的规定

(1) 用人单位违反《劳动合同法》规定解除或者终止劳动合同,劳动者要求继续履行劳动合同的,用人单位应当继续履行;

(2) 劳动者不要求继续履行劳动合同或者劳动合同已经不能继续履行的,用人单位应当依照《劳动合同法》规定的经济补偿标准的2倍向劳动者支付赔偿金。

考点 5 经济补偿金

经济补偿金是用人单位解除或终止劳动合同时,给予劳动者的一次性货币补偿。经济补偿金的目的在于从经济方面制约用人单位的解雇行为,对失去工作的劳动者给予经济上的补偿,并解决劳动合同短期化问题。

(一) 补偿标准

(1) 经济补偿按劳动者在本单位工作的年限,每满1年支付1个月工资的标准向劳动者支付。6个月以上不满1年的,按1年计算;不满6个月的,向劳动者支付半个月工资的经济补偿。

① 月工资是指劳动者在劳动合同解除或者终止前12个月的平均工资。劳动者工作不满12个月的,按照实际工作的月数计算平均工资。

② 月工资按照劳动者应得工资计算,包括计时工资或者计件工资以及奖金、津贴和补贴等货币性收入。

(2) 劳动者在劳动合同解除或者终止前12个月的平均工资低于当地最低工资标准的,按照当地最低工资标准计算。劳动者工作不满12个月的,按照实际工作的月数计算平均工资。

(3) 劳动者月工资高于用人单位所在直辖市、设区的市级人民政府公布的本地区上年度职工月平均工资3倍的,向其支付经济补偿的标准按职工月平均工资3倍的数额支付,向其支付经济补偿的年限最高不超过12年。

注意:经济补偿金应在劳动者工作交接办结后,由用人单位支付给劳动者。

(二) 适用范围

1. 因用人单位违法、违约迫使劳动者解除劳动合同的

(1) 未按照劳动合同约定提供劳动保护或者劳动条件的;

(2) 未及时足额支付劳动报酬的;

(3) 未依法为劳动者缴纳社会保险费的;

(4) 用人单位的规章制度违反法律、法规的规定,损害劳动者权益的;

(5) 因用人单位以欺诈、胁迫的手段或者乘人之危,使对方在违背真实意思的情况下订立或者变更劳动合同致使劳动合同无效的;

(6) 用人单位以暴力、威胁或者非法限制人身自由的手段强迫劳动者劳动的;

(7) 用人单位违章指挥、强令冒险作业危及劳动者人身安全的。

2. 用人单位提出解除劳动合同动议,并与劳动者协商一致解除劳动合同的
3. 用人单位预告解除劳动合同的
  (1) 劳动者患病或者非因工负伤,在规定的医疗期满后不能从事原工作,也不能从事由用人单位另行安排的工作的;
  (2) 劳动者不能胜任工作,经过培训或者调整工作岗位,仍不能胜任工作的;
  (3) 劳动合同订立时所依据的客观情况发生重大变化,致使劳动合同无法履行,经用人单位与劳动者协商,未能就变更劳动合同内容达成协议的。
4. 用人单位经济性裁员解除劳动合同的
  (1) 依照企业破产法规定进行重整的;
  (2) 生产经营发生严重困难的;
  (3) 企业转产、重大技术革新或者经营方式调整,经变更劳动合同后,仍需裁减人员的;
  (4) 其他因劳动合同订立时所依据的客观经济情况发生重大变化,致使劳动合同无法履行的。
5. 用人单位以低于原劳动合同约定的条件要求与劳动者续订劳动合同,而劳动者不同意续订的
  注意:如果用人单位维持或提高原劳动合同约定条件续订劳动合同的,劳动者不同意续订的,用人单位不必向劳动者支付经济补偿金。
6. 在用人单位因被依法宣告破产的,被吊销营业执照、责令关闭、撤销或者用人单位决定提前解散而终止劳动合同的

【真题演练】

李某原在甲公司就职,适用不定时工作制。2012年1月,因甲公司被乙公司兼并,李某成为乙公司职工,继续适用不定时工作制。2012年12月,由于李某在年度绩效考核中得分最低,乙公司根据公司绩效考核制度中"末位淘汰"的规定,决定终止与李某的劳动关系。李某于2013年11月提出劳动争议仲裁申请,主张:原劳动合同于2012年3月到期后,乙公司一直未与本人签订新的书面劳动合同,应从4月起每月支付二倍的工资;公司终止合同违法,应恢复本人的工作。请回答第(1)—(5)题。(2014年真题,不定选)

(5) 如李某放弃请求恢复工作而要求其他补救,下列选项正确的是:
A. 李某可主张公司违法终止劳动合同,要求支付赔偿金
B. 李某可主张公司规章制度违法损害劳动者权益,要求即时辞职及支付经济补偿金
C. 李某可同时获得违法终止劳动合同的赔偿金和即时辞职的经济补偿金
D. 违法终止劳动合同的赔偿金的数额多于即时辞职的经济补偿金

【答案】 ABD
【解析】 根据《劳动合同法》第46、48条的规定。A、B项均正确。违法终止劳动合同的赔偿金和即时辞职的补偿金不能兼得,故C项错误。根据《劳动合同法》第87条的规定,D项正确。

考点 6 特殊劳动合同

(一) 集体合同

集体合同,是企业职工一方与用人单位通过平等协商,就劳动报酬、工作时间、休息休假、劳动安全卫生、保险福利等事项订立的书面协议。

1. 集体合同与劳动合同的区别

(1) 合同的主体不同

集体合同的主体是用人单位和用人单位的全体职工;劳动合同的主体仅限于劳动者和用人单位。

(2) 合同的内容不同

集体合同所约定的内容涉及所有劳动者的劳动条件、生活待遇、集体协商程序及民主管理方式等方面,起统一标准的作用;而劳动合同仅涉及每个具体的劳动者与用人单位之间的劳动条件、生活待遇等内容,因人而异。

(3) 目的不同

集体合同的目的是通过双方协商代表的谈判,平衡个体劳动者与用人单位的力量,保障劳动者获得比较优越的劳动条件和比较优厚的劳动待遇,防止用人单位利用自身的优势侵犯劳动者的合法权益;而劳动合同的目的是建立劳动关系。

(4) 订立的程序不同

签订集体合同需要提交职工代表大会或全体职工(劳动者)讨论通过,由双方首席代表签字,并报劳动行政部门审查备案;而劳动合同只需劳动者个人与用人单位签订。

(5) 期限不同

集体合同只有固定期限且期限长短有明确规定,最长不得超过 3 年;劳动合同的期限有固定期限、无固定期限和以完成一定工作任务为期限,有固定期限的劳动合同没有期限的强制性限制。

(6) 产生的时间不同

集体合同产生于劳动关系的运行过程中,不以单个劳动者参加劳动关系为前提。而劳动合同以劳动者就业为前提。

2. 集体合同的订立

(1) 集体合同由工会代表企业职工一方与用人单位订立;

(2) 尚未建立工会的用人单位,由上级工会指导劳动者推举的代表与用人单位订立。

注意:在县级以下区域内,建筑业、采矿业、餐饮服务业等行业可以由工会与企业方面代表订立行业性集体合同,或者订立区域性集体合同。

3. 集体合同的生效

集体合同订立后,应当报送劳动行政部门;劳动行政部门自收到集体合同文本之日起 15 日内未提出异议的,集体合同即行生效。

4. 集体合同的标准

(1) 集体合同中劳动条件和劳动报酬等标准不得低于当地人民政府规定的最低标准;

(2) 用人单位与劳动者订立的劳动合同中劳动条件和劳动报酬等标准不得低于集体合同规定的标准。

5. 集体合同的争议处理

(1) 用人单位违反集体合同,侵犯职工劳动权益的,工会可以依法要求用人单位承担责任;

(2) 因履行集体合同发生争议,经协商解决不成的,工会可以依法申请仲裁、提起诉讼。

【真题演练】

关于集体劳动合同,根据《劳动合同法》,下列哪些说法是正确的?(2017年真题,多选)

A. 甲公司尚未建立工会时,经其2/3以上的职工推举的代表,可直接与公司订立集体合同

B. 乙公司系建筑企业,其订立的行业性集体合同,报劳动行政部门备案后即行生效

C. 丙公司依法订立的集体合同,对全体劳动者,不论是否为工会会员,均适用

D. 因履行集体合同发生争议,丁公司工会与公司协商不成时,工会可依法申请仲裁、提起诉讼

【答案】 CD

【解析】 根据《劳动合同法》第51条规定,甲公司尚未建立工会时应由上级工会指导劳动者推举的代表与用人单位订立,而不能由2/3以上的职工推荐的代表直接与公司订立集体合同。A选项错误。根据《劳动合同法》第53条、第54条规定,建筑业可订立行业性集体合同,集体合同自劳动行政部门在收到集体合同文本之日起15日内未提出异议的才生效,而并非报劳动行政部门备案后生效,B选项错误。依法订立的集体合同对用人单位和劳动者均适用包括所有的劳动者,不论是否是工会会员。C选项正确。根据《劳动合同法》第56条规定,工会可以依法申请仲裁、提起诉讼,D选项正确。

(二) 劳务派遣

劳务派遣,是指劳务派遣单位与劳动者签订劳动合同,与用工单位签订劳务派遣协议,将劳动者派遣至用工单位从事约定的生产劳动的一种特殊的用工形式。

1. 劳务派遣是补充用工形式

(1) 劳动合同用工是我国的企业基本用工形式。

(2) 劳务派遣用工是补充形式,只能在临时性、辅助性或者替代性的工作岗位上实施。

① 临时性工作岗位是指存续时间不超过6个月的岗位;

② 辅助性工作岗位是指为主营业务岗位提供服务的非主营业务岗位;

③ 替代性工作岗位是指用工单位的劳动者因脱产学习、休假等原因无法工作的一定期间内,可以由其他劳动者替代工作的岗位。

(3) 用工单位应当严格控制劳务派遣用工数量,不得超过其用工总量的一定比例。

2. 劳务派遣合同内容

(1) 报酬的支付

① 劳务派遣单位应当与被派遣劳动者订立2年以上的固定期限劳动合同,按月支付劳动报酬;派遣劳动者在无工作期间,劳务派遣单位应当按照所在地人民政府规定的最低工资标准,向其按月支付报酬。

② 被派遣劳动者享有与用工单位的同类岗位的劳动者同工同酬的权利。用工单位应当

实行相同的劳动报酬分配办法。

(2) 告知义务

① 劳务派遣单位与被派遣劳动者订立的劳动合同,应当载明被派遣劳动者的用工单位以及派遣期限、工作岗位等情况。

② 劳务派遣单位应当将劳务派遣协议的内容告知被派遣劳动者。

(3) 不得克扣劳动者的报酬

劳务派遣单位不得克扣用工单位按照劳务派遣协议支付给被派遣劳动者的劳动报酬。劳务派遣单位和用工单位不得向被派遣劳动者收取费用。

(4) 不得转派遣

3. 劳动合同的解除

(1) 被派遣劳动者与劳务派遣单位解除劳动合同

① 用人单位与劳动者协商一致解除劳动合同

② 因为用人单位过错劳动者即时解除劳动合同

a. 未按照劳动合同约定提供劳动保护或者劳动条件的;

b. 未及时足额支付劳动报酬的;

c. 未依法为劳动者缴纳社会保险费的;

d. 用人单位的规章制度违反法律、法规的规定,损害劳动者权益的;

e. 因《劳动合同法》第26条第1款规定的情形致使劳动合同无效的;

f. 法律、行政法规规定劳动者可以解除劳动合同的其他情形。

用人单位以暴力、威胁或者非法限制人身自由的手段强迫劳动者劳动的,或者用人单位违章指挥、强令冒险作业危及劳动者人身安全的,劳动者可以立即解除劳动合同,不需事先告知用人单位。

(2) 用工单位可以将劳动者退回劳务派遣单位,劳务派遣单位可以与劳动者解除劳动合同

① 被派遣劳动者过失性辞退

a. 在试用期间被证明不符合录用条件的;

b. 严重违反用人单位的规章制度的;

c. 严重失职,营私舞弊,给用人单位造成重大损害的;

d. 劳动者同时与其他用人单位建立劳动关系,对完成本单位的工作任务造成严重影响的,或者经用人单位提出,拒不改正的;

e. 因《劳动合同法》第26条第1款第1项规定的情形致使劳动合同无效的;

f. 被依法追究刑事责任的。

② 用人单位预告解除劳动合同

a. 劳动者患病或者非因工负伤,在规定的医疗期满后不能从事原工作,也不能从事由用人单位另行安排的工作的;

b. 劳动者不能胜任工作,经过培训或者调整工作岗位,仍不能胜任工作的。

注意:劳务派遣中劳动合同的解除与一般用工形式劳动合同的解除不同。

4. 劳务派遣管理

(1) 经营许可

① 经营劳务派遣业务必须取得劳动行政部门依法颁发的行政许可,并且注册资本不得少

于人民币200万元。

② 未经许可擅自经营劳务派遣业务的,由劳动行政部门责令停止违法行为,没收违法所得,并处违法所得1倍以上5倍以下的罚款;没有违法所得的,可以处5万元以下的罚款。

(2) 违反劳务派遣规定的法律责任

① 劳务派遣单位、用工单位违反《劳动合同法》有关劳务派遣规定的,由劳动行政部门责令限期改正;逾期不改正的,以每人5 000元以上1万元以下的标准处以罚款,对劳务派遣单位,吊销其劳务派遣业务经营许可证。

② 用工单位给被派遣劳动者造成损害的,劳务派遣单位与用工单位承担连带赔偿责任。

注意:劳务派遣单位或者用工单位与劳动者发生劳动争议的,劳务派遣单位和用工单位为共同当事人。

③ 劳务派遣单位给被派遣劳动者造成损害时,由劳务派遣单位自己承担责任。

【真题演练】

1. 甲公司与梁某签订劳动合同后,与乙公司签订劳务派遣协议,派梁某到乙公司做车间主任,派遣期3个月。2012年1月至2013年7月,双方已连续6次续签协议,梁某一直在乙公司工作。2013年6月,梁某因追索上一年加班费与乙公司发生争议,申请劳动仲裁。下列哪些选项是正确的?(2013年真题,多选)

A. 乙公司是在辅助性工作岗位上使用梁某,符合法律规定
B. 乙公司是在临时性工作岗位上使用梁某,符合法律规定
C. 梁某申请仲裁不受仲裁时效期间的限制
D. 梁某申请仲裁时应将甲公司和乙公司作为共同当事人

【答案】 CD

【解析】 根据《劳动合同法》第66条第2款的规定,乙公司以劳务派遣形式使用梁某,不符合法律规定,故A、B项错误。根据《劳动争议调解仲裁法》第27条第4款的规定,C项正确。根据《劳动争议调解仲裁法》第22条第2款的规定,D项正确。

2. 甲房地产公司与乙国有工业公司签订《合作协议》,在乙公司原有的仓库用地上开发商品房。双方约定,共同成立"玫园置业有限公司"(以下简称"玫园公司")。甲公司投入开发资金,乙公司负责将该土地上原有的划拨土地使用权转变为出让土地使用权,然后将出让土地使用权作为出资投入玫园公司。

玫园公司与丙劳务派遣公司签订协议,由其派遣王某到玫园公司担任保洁员。不久,甲、乙产生纠纷,经营停顿。玫园公司以签订派遣协议时所依据的客观情况发生重大变化为由,将王某退回丙公司,丙公司遂以此为由解除王某的劳动合同。据此回答(1)—(5)题。(2012年真题,不定选)

(4) 根据《劳动合同法》,王某的用人单位是:

A. 甲公司　　　　B. 乙企业　　　　C. 丙公司　　　　D. 玫园公司

【答案】 C

【解析】 根据《劳动合同法》第58条第1款的规定,王某的派遣单位是丙公司,所以丙公司是王某的用人单位。故C项正确。

(5) 关于王某劳动关系解除问题,下列选项正确的是:

A. 玫园公司有权将王某退回丙公司
B. 丙公司有权解除与王某的劳动合同
C. 王某有权要求丙公司继续履行劳动合同
D. 王某如不愿回到丙公司,有权要求其支付赔偿金

【答案】 CD

【解析】 根据《劳动合同法》第 65 条的规定,A 项错误。本题中,丙公司解除王某的原因是玫园公司退回王某,不是法定理由,因此无权解除劳动合同,故 B 项错误。以此可推知,因为丙公司解除与王某的劳动合同是违法的,王某有权要求丙公司继续履行合同,或者选择《劳动合同法》第 87 条规定,要求丙公司支付赔偿金,故 C、D 项均正确。

(三) 非全日制用工

1. 工作时间

劳动者在同一用人单位一般平均每日工作时间不超过 4 小时,每周工作时间累计不超过 24 小时。

2. 合同的订立

非全日制用工可以订立口头协议。从事非全日制用工的劳动者可以与一个或者一个以上用人单位订立劳动合同;但是,后订立的劳动合同不得影响先订立的劳动合同的履行。

3. 工资标准

非全日制用工小时计酬标准不得低于用人单位所在地人民政府规定的最低小时工资标准。非全日制用工劳动报酬结算支付周期最长不得超过 15 日。

【真题演练】

关于非全日制用工的说法,下列哪一选项不符合《劳动合同法》规定?(2010 年真题,单选)

A. 从事非全日制用工的劳动者与多个用人单位订立劳动合同的,后订立的合同不得影响先订立合同的履行
B. 非全日制用工合同不得约定试用期
C. 非全日制用工终止时,用人单位应当向劳动者支付经济补偿
D. 非全日制用工劳动报酬结算支付周期最长不得超过十五日

【答案】 C

【解析】 根据《劳动合同法》第 69、70、72 条的规定,A、B、D 项均正确。根据《劳动合同法》第 71 条第 2 款的规定,C 项错误。本题为选非题,故 C 为正确答案。

第三节 劳动争议调解仲裁法

考点 1 劳动争议

(一) 概念

劳动争议又称劳动纠纷,是指劳动关系双方当事人因执行劳动法律、法规或履行劳动合

同、集体合同发生的纠纷。劳动争议发生在劳动者与用人单位之间。

（二）适用《劳动争议调解仲裁法》的劳动争议

（1）因确认劳动关系发生的争议；
（2）因订立、履行、变更、解除和终止劳动合同发生的争议；
（3）因除名、辞退和辞职、离职发生的争议；
（4）因工作时间、休息休假、社会保险、福利、培训以及劳动保护发生的争议；
（5）因劳动报酬、工伤医疗费、经济补偿或者赔偿金等发生的争议；
（6）法律、法规规定的其他劳动争议。

（三）不属于劳动争议的几类纠纷

（1）劳动者请求社会保险经办机构发放社会保险金的纠纷；
（2）劳动者与用人单位因住房制度改革产生的公有住房转让纠纷；
（3）劳动者对劳动能力鉴定委员会的伤残等级鉴定结论或者对职业病诊断鉴定委员会的职业病诊断鉴定结论的异议纠纷；
（4）家庭或者个人与家政服务人员之间的纠纷；
（5）个体工匠与帮工、学徒之间的纠纷；
（6）农村承包经营户与受雇人之间的纠纷。

考点 2　劳动争议的解决

（一）协商

协商不是处理劳动争议的必经程序，当事人不愿协商或协商不成的，可以申请调解或仲裁。

（二）调解

发生劳动争议，当事人可以到下列调解组织申请调解：
（1）企业劳动争议调解委员会；
（2）依法设立的基层人民调解组织；
（3）在乡镇、街道设立的具有劳动争议调解职能的组织。

（三）仲裁

1. 仲裁申请
（1）申请时效
①提出仲裁要求的一方应在自劳动争议发生之日起 1 年内向劳动争议仲裁委员会提出书面申请。
②劳动关系存续期间因拖欠劳动报酬发生争议的，劳动者申请仲裁不受上述规定的仲裁时效期间的限制；但是，劳动关系终止的，应当自劳动关系终止之日起 1 年内提出。
（2）申请人申请仲裁应当提交书面仲裁申请

书写仲裁申请确有困难的,可以口头申请,由劳动争议仲裁委员会记入笔录,并告知对方当事人。

(3) 申请受理

① 劳动争议仲裁委员会收到仲裁申请之日起 5 日内,认为符合受理条件的,应当受理,并通知申请人;认为不符合受理条件的,应当书面通知申请人不予受理,并说明理由。

② 对劳动争议仲裁委员会不予受理或者逾期未作出决定的,申请人可以就该劳动争议事项向人民法院提起诉讼。

2. 仲裁管辖

(1) 劳动争议由劳动合同履行地或者用人单位所在地的劳动争议仲裁委员会管辖。

(2) 双方当事人分别向劳动合同履行地和用人单位所在地的劳动争议仲裁委员会申请仲裁的,由劳动合同履行地的劳动争议仲裁委员会管辖。

3. 举证责任

(1) 发生劳动争议,当事人对自己提出的主张,有责任提供证据。

(2) 与争议事项有关的证据属于用人单位掌握管理的,用人单位应当提供;用人单位不提供的,应当承担不利后果。

4. 仲裁裁决

(1) 仲裁庭在作出裁决前,应当先行调解。调解达成协议的,仲裁庭应当制作调解书。调解书经双方当事人签收后,发生法律效力。调解不成或者调解书送达前,一方当事人反悔的,仲裁庭应当及时作出裁决。

(2) 仲裁庭裁决劳动争议案件,应当自劳动争议仲裁委员会受理仲裁申请之日起 45 日内结束。案情复杂需要延期的,经劳动争议仲裁委员会主任批准,可以延期并书面通知当事人,但是延长期限不得超过 15 日。逾期未作出仲裁裁决的,当事人可以就该劳动争议事项向人民法院提起诉讼。当事人对仲裁裁决不服的,可以自收到仲裁裁决书之日起 15 日内向人民法院提起诉讼;期满不起诉的,裁决书发生法律效力。

5. 仲裁效力

下列劳动争议,仲裁裁决为终局裁决,裁决书自作出之日起发生法律效力:

(1) 追索劳动报酬、工伤医疗费、经济补偿或者赔偿金,不超过当地月最低工资标准 12 个月金额的争议。

(2) 因执行国家的劳动标准在工作时间、休息休假、社会保险等方面发生的争议。

(3) 劳动者对上述劳动争议的仲裁裁决不服的,可以自收到仲裁裁决书之日起 15 日内向人民法院提起诉讼。

(4) 用人单位有证据证明上述劳动争议的仲裁裁决有枉法裁决情形的,可以自收到仲裁裁决书之日起 30 日内向劳动争议仲裁委员会所在地的中级人民法院申请撤销裁决。

① 适用法律、法规确有错误的;

② 劳动争议仲裁委员会无管辖权的;

③ 违反法定程序的;

④ 裁决所根据的证据是伪造的;

⑤ 对方当事人隐瞒了足以影响公正裁决的证据的;

⑥ 仲裁员在仲裁该案时有索贿受贿、徇私舞弊、枉法裁决行为的。

6. 财政保障

劳动争议仲裁不收费。劳动争议仲裁委员会的经费由财政予以保障。

(四) 诉讼

当事人对仲裁裁决不服的,可自收到仲裁裁决之日起 15 日内向人民法院起诉。对一审判决、裁定不服的可以上诉。

【真题演练】

1. 王某,女,1990 年出生,于 2012 年 2 月 1 日入职某公司,从事后勤工作,双方口头约定每月工资为人民币 3 000 元,试用期 1 个月。2012 年 6 月 30 日,王某因无法胜任经常性的夜间高处作业而提出离职,经公司同意,双方办理了工资结算手续,并于同日解除了劳动关系。同年 8 月,王某以双方未签书面劳动合同为由,向当地劳动争议仲裁委申请仲裁,要求公司再支付工资 12 000 元。

如当地月最低工资标准为 1 500 元,关于该仲裁,下列说法正确的是:(2016 年真题,不定选)

A. 王某可直接向劳动争议仲裁委申请仲裁

B. 如王某对该仲裁裁决不服,可向法院起诉

C. 如公司对该仲裁裁决不服,可向法院起诉

D. 如公司有相关证据证明仲裁裁决程序违法时,可向有关法院申请撤销裁决

【答案】 ABD

【解析】 根据我国《劳动争议调解仲裁法》第 5 条的规定,王某可以直接向人民法院提起诉讼。A 选项正确。根据我国《劳动争议调解仲裁法》第 48 条的规定,B 选项正确。根据我国《劳动争议调解仲裁法》第 49 条的规定,法律并未赋予用人单位以直接提起诉讼的权利。C 选项错误,D 选项正确。

2. 友田劳务派遣公司(住所地为甲区)将李某派遣至金科公司(住所地为乙区)工作。在金科公司按劳务派遣协议向友田公司支付所有费用后,友田公司从李某的首月工资中扣减了 500 元,李某提出异议。对此争议,下列哪些说法是正确的?(2015 年真题,多选)

A. 友田公司作出扣减工资的决定,应就其行为的合法性负举证责任

B. 如此案提交劳动争议仲裁,当事人一方对仲裁裁决不服的,有权向法院起诉

C. 李某既可向甲区也可向乙区的劳动争议仲裁机构申请仲裁

D. 对于友田公司给李某造成的损害,友田公司和金科公司应承担连带责任

【答案】 AC

【解析】 由于劳动者的弱势地位,在劳动争议纠纷案件中,因用人单位作出开除、除名、辞退、解除劳动合同、减少劳动报酬、计算劳动者工作年限等决定而发生劳动争议的,由用人单位负举证责任。故 A 项正确。根据《劳动争议调解仲裁法》第 47 条的规定,B 项错误。根据《劳动争议调解仲裁法》第 21 条第 2 款的规定,C 项正确。根据《劳动合同法》第 92 条的规定,D 项错误。

3. 李某因追索工资与所在公司发生争议,遂向律师咨询。该律师提供的下列哪些意见是合法的?(2012 年真题,多选)

A. 解决该争议既可与公司协商,也可申请调解,还可直接申请仲裁
B. 应向劳动者工资关系所在地的劳动争议仲裁委提出仲裁请求
C. 如追索工资的金额未超过当地月最低工资标准12个月金额,则仲裁裁决为终局裁决,用人单位不得再起诉
D. 即使追索工资的金额未超过当地月最低工资标准12个月金额,只要李某对仲裁裁决不服,仍可向法院起诉

【答案】 ACD

【解析】 根据《劳动争议调解仲裁法》第4、5条的规定,A项正确。根据《劳动争议调解仲裁法》第21条的规定,B项错误。根据《劳动争议调解仲裁法》第47、48条的规定,C、D两项均正确。

第四节 社会保险法

考点 1 社会保险的范畴

(一) 社会保险包括基本养老保险、基本医疗保险、工伤保险、失业保险、生育保险等社会保险制度

社会保险是社会保障的基本形式,具有强制性、互济性、保障性和福利性特征。社会保障是国家以法律形式规定的,在劳动者暂时或者永久丧失劳动能力而没有生活来源时给予物质帮助,维持基本生活需要的各种制度的总称。我国的社会保险项目有:基本养老保险、基本医疗保险、工伤保险、失业保险和生育保险等。

(二) 特殊人员的处理

(1) 进城务工的农村居民依照《社会保险法》规定参加社会保险。
(2) 征收农村集体所有的土地,应当足额安排被征地农民的社会保险费,按照国务院规定将被征地农民纳入相应的社会保险制度。
(3) 外国人在中国境内就业的,参照《社会保险法》规定参加社会保险。

考点 2 社会保险的具体类型

(一) 基本养老保险

1. 基本养老保险的参加
(1) 职工应当参加基本养老保险,由用人单位和职工共同缴纳基本养老保险费。
(2) 无雇工的个体工商户、未在用人单位参加基本养老保险的非全日制从业人员以及其他灵活就业人员可以参加基本养老保险,由个人缴纳基本养老保险费。
(3) 公务员和参照公务员法管理的工作人员养老保险的办法由国务院规定。
(4) 国家建立和完善新型农村社会养老保险制度。新型农村社会养老保险实行个人缴费、集体补助和政府补贴相结合。

2. 个人账户的使用

（1）基本养老金的提取

① 参加基本养老保险的个人,达到法定退休年龄时累计缴费满15年的,按月领取基本养老金。

② 参加基本养老保险的个人,达到法定退休年龄时累计缴费不足15年的,可以缴费至满15年,按月领取基本养老金;也可以转入新型农村社会养老保险或者城镇居民社会养老保险,按照国务院规定享受相应的养老保险待遇。

（2）个人账户不得提前支取

个人账户不得提前支取,记账利率不得低于银行定期存款利率,免征利息税。个人死亡的,个人账户余额可以继承。

（3）个人跨区就业账户的管理

个人跨统筹地区就业的,其基本养老保险关系随本人转移,缴费年限累计计算。个人达到法定退休年龄时,基本养老金分段计算、统一支付。具体办法由国务院规定。

【真题演练】

关于基本养老保险的个人账户,下列哪些选项是正确的？（2012年真题,多选）

A. 职工个人缴纳的基本养老保险费全部记入个人账户

B. 用人单位缴纳的基本养老保险费按规定比例记入个人账户

C. 个人死亡的,个人账户余额可以继承

D. 个人账户不得提前支取

【答案】 ACD

【解析】 根据《社会保险法》第12条的规定,A项正确,B项错误。根据《社会保险法》第14条的规定,C、D选项均正确。

（二）基本医疗保险

1. 基本医疗保险的参加

（1）职工应当参加职工基本医疗保险,由用人单位和职工按照国家规定共同缴纳基本医疗保险费。

（2）无雇工的个体工商户、未在用人单位参加职工基本医疗保险的非全日制从业人员以及其他灵活就业人员可以参加职工基本医疗保险,由个人按照国家规定缴纳基本医疗保险费。

（3）国家建立和完善新型农村合作医疗制度。新型农村合作医疗的管理办法,由国务院规定。

（4）国家建立和完善城镇居民基本医疗保险制度。城镇居民基本医疗保险实行个人缴费和政府补贴相结合。享受最低生活保障的人、丧失劳动能力的残疾人、低收入家庭60周岁以上的老年人和未成年人等所需个人缴费部分,由政府给予补贴。

2. 基本医疗保险费的缴纳

参加职工基本医疗保险的个人,达到法定退休年龄时累计缴费达到国家规定年限的,退休后不再缴纳基本医疗保险费,按照国家规定享受基本医疗保险待遇;未达到国家规定年限的,可以缴费至国家规定年限。

3. 医疗费用的支付

（1）符合基本医疗保险药品目录、诊疗项目、医疗服务设施标准以及急诊、抢救的医疗费用，从基本医疗保险基金中支付。

（2）下列医疗费用不纳入基本医疗保险基金支付范围：应当从工伤保险基金中支付的；应当由第三人负担的；应当由公共卫生负担的；在境外就医的。

（3）医疗费用依法应当由第三人负担，第三人不支付或者无法确定第三人的，由基本医疗保险基金先行支付。基本医疗保险基金先行支付后，有权向第三人追偿。

4. 个人跨区就业基本医疗保险关系的管理

个人跨统筹地区就业的，其基本医疗保险关系随本人转移，缴费年限累计计算。

（三）工伤保险

1. 工伤保险的参加

（1）职工应当参加工伤保险，由用人单位缴纳工伤保险费，职工不缴纳工伤保险费。

（2）职工所在用人单位未依法缴纳工伤保险费，发生工伤事故的，由用人单位支付工伤保险待遇。用人单位不支付的，从工伤保险基金中先行支付。

2. 工伤保险的支付

（1）职工因工作原因受到事故伤害或者患职业病，且经工伤认定的，享受工伤保险待遇；其中，经劳动能力鉴定丧失劳动能力的，享受伤残待遇。

（2）因工伤发生的下列费用，按照国家规定从工伤保险基金中支付：

① 治疗工伤的医疗费用和康复费用；

② 住院伙食补助费；

③ 到统筹地区以外就医的交通食宿费；

④ 安装配置伤残辅助器具所需费用；

⑤ 生活不能自理的，经劳动能力鉴定委员会确认的生活护理费；

⑥ 一次性伤残补助金和一至四级伤残职工按月领取的伤残津贴；

⑦ 终止或者解除劳动合同时，应当享受的一次性医疗补助金；

⑧ 因工死亡的，其遗属领取的丧葬补助金、供养亲属抚恤金和因工死亡补助金；

⑨ 劳动能力鉴定费。

（3）因工伤发生的下列费用，按照国家规定由用人单位支付：

① 治疗工伤期间的工资福利；

② 五级、六级伤残职工按月领取的伤残津贴；

③ 终止或者解除劳动合同时，应当享受的一次性伤残就业补助金。

（4）由于第三人的原因造成工伤，第三人不支付工伤医疗费用或者无法确定第三人的，由工伤保险基金先行支付。工伤保险基金先行支付后，有权向第三人追偿。

（5）工伤职工有下列情形之一的，停止享受工伤保险待遇：丧失享受待遇条件的；拒不接受劳动能力鉴定的；拒绝治疗的。

（四）失业保险

1. 失业保险的参加

职工应当参加失业保险，由用人单位和职工按照国家规定共同缴纳失业保险费。

2. 失业保险金的领取

（1）失业前用人单位和本人已经缴纳失业保险费满1年的；

（2）非因本人意愿中断就业的；

（3）已经进行失业登记，并有求职要求的。

3. 失业期间其他社会福利的享有

（1）失业人员在领取失业保险金期间，参加职工基本医疗保险，享受基本医疗保险待遇。失业人员应当缴纳的基本医疗保险费从失业保险基金中支付，个人不缴纳基本医疗保险费。

（2）失业人员在领取失业保险金期间死亡的，参照当地对在职职工死亡的规定，向其遗属发给一次性丧葬补助金和抚恤金。所需资金从失业保险基金中支付。个人死亡同时符合领取基本养老保险丧葬补助金、工伤保险丧葬补助金和失业保险丧葬补助金条件的，其遗属只能选择领取其中的一项。

4. 失业保险金领取的停止

（1）重新就业的；

（2）应征服兵役的；

（3）移居境外的；

（4）享受基本养老保险待遇的；

（5）无正当理由，拒不接受当地人民政府指定部门或者机构介绍的适当工作或者提供的培训的。

5. 职工跨区就业失业保险关系的管理

职工跨统筹地区就业的，其失业保险关系随本人转移，缴费年限累计计算。

【真题演练】

某公司聘用首次就业的王某，口头约定劳动合同期限2年，试用期3个月，月工资1200元，试用期满后1500元。

2012年7月1日起，王某上班，不久即与同事李某确立恋爱关系。9月，由经理办公会讨论决定并征得工会主席同意，公司公布施行《工作纪律规定》，要求同事不得有恋爱或婚姻关系，否则一方必须离开公司。公司据此解除王某的劳动合同。

经查明，当地月最低工资标准为1000元，公司与王某一直未签订书面劳动合同，但为王某买了失业保险。请回答（1）—（3）题。（2013年真题，不定选）

（3）关于王某离开该公司后申请领取失业保险金的问题，下列说法正确的是：

A. 王某及该公司累计缴纳失业保险费尚未满1年，无权领取失业保险金

B. 王某被解除劳动合同的原因与其能否领取失业保险金无关

C. 若王某依法能领取失业保险金，在此期间还想参加职工基本医疗保险，则其应缴纳的基本医疗保险费从失业保险基金中支付

D. 若王某选择跨统筹地区就业，可申请退还其个人缴纳的失业保险费

【答案】 ABC
【解析】 根据《社会保险法》第 45 条的规定,A、B 项均正确。根据《社会保险法》第 48 条第 2 款的规定,C 项正确。根据《社会保险法》第 52 条的规定,D 项错误。

(五) 生育保险

1. 生育保险的参加

(1) 职工应当参加生育保险,由用人单位按照国家规定缴纳生育保险费,职工不缴纳生育保险费。

(2) 用人单位已经缴纳生育保险费的,其职工享受生育保险待遇;职工未就业配偶按照国家规定享受生育医疗费用待遇。所需资金从生育保险基金中支付。

2. 生育保险待遇包括生育医疗费用和生育津贴

生育医疗费用包括:(1) 生育的医疗费用;(2) 计划生育的医疗费用;(3) 法律、法规规定的其他项目费用。

生育津贴包括:(1) 女职工生育享受产假;(2) 享受计划生育手术休假;(3) 法律、法规规定的其他情形。

考点 3 社会保险的制度保障

(一) 社会保险的登记

(1) 用人单位应当自用工之日起 30 日内为其职工向社会保险经办机构申请办理社会保险登记。未办理社会保险登记的,由社会保险经办机构核定其应当缴纳的社会保险费。

(2) 自愿参加社会保险的无雇工的个体工商户、未在用人单位参加社会保险的非全日制从业人员以及其他灵活就业人员,应当向社会保险经办机构申请办理社会保险登记。

(3) 个人社会保障号码为公民身份号码。

(二) 社会保险基金

(1) 社会保险基金包括基本养老保险基金、基本医疗保险基金、工伤保险基金、失业保险基金和生育保险基金。各项社会保险基金按照社会保险险种分别建账,分账核算,执行国家统一的会计制度。

(2) 社会保险基金专款专用,任何组织和个人不得侵占或者挪用。

(三) 争议解决

1. 用人单位或者个人认为社会保险费征收机构的行为侵害自己合法权益的,可以依法申请行政复议或者提起行政诉讼。

2. 用人单位或者个人对社会保险经办机构不依法办理社会保险登记、核定社会保险费、支付社会保险待遇、办理社会保险转移接续手续或者侵害其他社会保险权益的行为,可以依法申请行政复议或者提起行政诉讼。

3. 个人与所在用人单位发生社会保险争议的,可以依法申请调解、仲裁,提起诉讼。用人单位侵害个人社会保险权益的,个人也可以要求社会保险行政部门或者社会保险费征收机构依法处理。

【真题演练】

关于社会保险制度,下列哪些说法是正确的?(2011年真题,多选)

A. 国家建立社会保险制度,是为了使劳动者在年老、患病、工伤、失业、生育等情况下获得帮助和补偿

B. 国家设立社会保险基金,按照保险类型确定资金来源,实行社会统筹

C. 用人单位和职工都有缴纳社会保险费的义务

D. 劳动者死亡后,其社会保险待遇由遗属继承

【答案】 ABC

【解析】 根据《社会保险法》第2条的规定,A项正确。根据《社会保险法》第5条和第64条的规定,B项正确。根据《社会保险法》第4条的规定,C项正确。根据《社会保险法》第2条以及第14条的规定,D项笼统表述劳动者死亡后,其社会保险待遇由遗属继承是错误的。

环境法专题

专题导学：

环境法的精神：环境评价、环境保护

环境是指影响人类生存和发展的各种天然的和经过人工改造的自然因素的总体。环境法宗旨在于保护和改善环境，合理利用自然资源，防止污染和其他公害。环境保护应当与经济发展、社会发展统筹规划同步实施，应当以预防为主，采取防治结合、综合治理的手段和方法，同时还应当要求污染者承担相应的环境责任。

环境法学习线索：

1. 环境影响评价

在我国进行开发建设活动，应当事先对拟建项目可能对周围环境造成的影响进行调查、预测和评定，并提出防治对策和措施，为项目决策提供科学依据。如何实施环境影响评价制度是考试的一个重点。

2. 环境基本法律制度

环境保护法是调整因保护和改善环境，合理利用自然资源，防止污染和其他公害而产生的社会关系的法律规范的总称。环境保护法具有综合性、技术性和社会性的特点。我国环境保护法特有的"三同时"、排污收费、限期治理、环境标准等制度应当掌握。

3. 环境法律责任

环境法律责任对污染者导致环境损害的污染行为加以规制。此处，考生要特别注意《侵权责任法》中的"环境污染责任"一章，对《环境保护法》中民事责任部分的修正，同时也要熟悉理解环境行政责任与环境民事责任的区别。

第一节 环境影响评价

考点 1 环境影响评价制度概述

（一）环境影响评价制度

环境影响评价，是指在一定区域内进行开发建设活动，事先对拟建项目可能对周围环境造成的影响进行调查、预测和评定，并提出防治对策和措施，为项目决策提供科学依据。环境影响评价制度不是只通过评价一般地了解未来的环境状况，而是要求可能对环境有影响的建设开发者，必须事先通过调查、预测和评价，对项目的选址，对周边环境产生的影响以及应采取的防范措施等提出环境影响评价文件，依法经过审核批准后，才能进行规划、开发和建设活动。环境保护法对于环境影响评价制度也作出了规定，编制有关开发利用规划，建设对环境有影响的项目，应当依法进行环境影响评价。

未依法进行环境影响评价的开发利用规划，不得组织实施；未依法进行环境影响评价的建设项目，不得开工建设。从而强制实施环境影响评价制度，切实到达预防环境污染的效果。

(二)环境影响评价的适用范围

1. 规划的环境影响评价

(1) 总体规划。国务院有关部门、设区的市级以上地方人民政府及其有关部门,对其组织编制的土地利用的有关规划,区域、流域、海域的建设、开发利用规划,应当在规划编制过程中组织进行环境影响评价,编写该规划有关环境影响的篇章或者说明。

(2) 专项规划。国务院有关部门、设区的市级以上地方人民政府及其有关部门,对其组织编制的工业、农业、畜牧业、林业、能源、水利、交通、城市建设、旅游、自然资源开发的有关专项规划,应当在该专项规划草案上报审批前,组织进行环境影响评价,并向审批该专项规划的机关提出环境影响报告书。

2. 建设项目的环境影响评价

(1) 环境影响评价文件的编制。我国对建设项目实行分类管理制度,即依据建设项目对环境所造成的影响重大、轻度以及很小等情形分别要求编制报告书、报告表以及登记表。

① 可能造成重大环境影响的,应当编制环境影响报告书,对产生的环境影响进行全面评价。

② 可能造成轻度环境影响的,应当编制环境影响报告表,对产生的环境影响进行分析或者专项评价;

③ 对环境影响很小、不需要进行环境影响评价的,应当填报环境影响登记表。

(2) 建设项目的环境影响评价,应当避免与规划的环境影响评价相重复。作为一项整体建设项目的规划,按照建设项目进行环境影响评价,不进行规划的环境影响评价。已经进行了环境影响评价的规划包含具体建设项目的,规划的环境影响评价结论应当作为建设项目环境影响评价的重要依据,建设项目环境影响评价的内容应当根据规划的环境影响评价审查意见予以简化。

(3) 为建设项目环境影响评价提供技术服务的机构,不得与负责审批建设项目环境影响评价文件的环境保护行政主管部门或者其他有关审批部门存在任何利益关系。

考点 2 环境影响评价的实施

(一)环境影响报告书的内容

(1) 专项规划的环境影响报告书应当包括下列内容:实施该规划对环境可能造成影响的分析、预测和评估;预防或者减轻不良环境影响的对策和措施;环境影响评价的结论。

(2) 建设项目的环境影响报告书应当包括下列内容:建设项目概况;建设项目周围环境现状;建设项目对环境可能造成影响的分析、评估和预测;环境保护措施及其技术、经济论证;环境影响经济损益分析;对建设项目实施环境监测的建议;环境影响评价结论。

(二)环境影响评价的程序

1. 专项规划的环境影响评价的程序

(1) 编制专项规划的国务院有关部门、设区的市级以上地方人民政府及其有关部门,应当在该专项规划上报审批前,组织进行环境影响评价草案的编制;

(2) 专项规划的编制机关应举行论证会、听证会,或者采取其他形式,征求有关单位、专家和公众对环境影响报告书草案的意见;

(3) 编制机关在报批规划草案时,将环境影响评价报告书一并附送审批机关审批;

(4) 对环境有重大影响的规划实施后,编制机关应当及时组织环境影响的跟踪评价,并将评价结果报告审批机关。

2. 建设项目的环境影响评价的程序

(1) 首先由建设单位或主管部门签订合同委托有评价资质的评价单位进行调查和评价工作;

(2) 评价单位通过调查和评价制作环境影响报告书(表);

(3) 建设单位在报批环境影响报告书前应举行论证会、听证会,或者采取其他形式,征求有关单位、专家和公众的意见;

(4) 建设项目的环境影响报告书、报告表,由建设单位按照国务院的规定报有审批权的环境保护行政主管部门审批;

(5) 报告书由有审批权的环保部门审查批准后,提交设计和施工。

(三) 环境影响评价的审批

1. 专项规划草案的审批

(1) 审查小组提出修改意见的,专项规划的编制机关应当根据环境影响报告书结论和审查意见对规划草案进行修改完善,并对环境影响报告书结论和审查意见的采纳情况作出说明;不采纳的,应当说明理由。

(2) 设区的市级以上人民政府或者省级以上人民政府有关部门在审批专项规划草案时,应当将环境影响报告书结论以及审查意见作为决策的重要依据。

(3) 在审批中未采纳环境影响报告书结论以及审查意见的,应当作出说明,并存档备查。

2. 建设项目的环境影响评价的审批

(1) 审批权限

① 国务院环境保护主管部门负责审批的建设项目的环境影响评价文件:

a. 核设施、绝密工程等特殊性质的建设项目;

b. 跨省、自治区、直辖市行政区域的建设项目;

c. 由国务院审批的或者由国务院授权有关部门审批的建设项目。

② 其他建设项目的环境影响评价文件的审批权限,由省、自治区、直辖市人民政府规定。

③ 建设项目可能造成跨行政区域的不良环境影响,有关环境保护行政主管部门对该项目的环境影响评价结论有争议的,其环境影响评价文件由共同的上一级环境保护行政主管部门审批。

(2) 审批程序

① 建设项目的环境影响报告书、报告表,由建设单位按照国务院的规定报有审批权的环境保护行政主管部门审批。

注意:国家对环境影响登记表实行备案管理。

② 海洋工程建设项目的海洋环境影响报告书的审批,依照《中华人民共和国海洋环境保护法》的规定办理。

③ 审批部门应当自收到环境影响报告书之日起 60 日内,收到环境影响报告表之日起 30 日内,分别作出审批决定并书面通知建设单位。

④ 审核、审批建设项目环境影响报告书、报告表以及备案环境影响登记表,不得收取任何费用。

(3) 建设项目的环境影响评价的重新审批

① 建设项目的环境影响评价文件经批准后,建设项目的性质、规模、地点、采用的生产工艺或者防治污染、防止生态破坏的措施发生重大变动的,建设单位应当重新报批建设项目的环境影响评价文件。

② 建设项目的环境影响评价文件自批准之日起超过 5 年,方决定该项目开工建设的,其环境影响评价文件应当报原审批部门重新审核;原审批部门应当自收到建设项目环境影响评价文件之日起 10 日内,将审核意见书面通知建设单位。

(4) 法律效果

建设项目的环境影响评价文件未依法经审批部门审查或者审查后未予批准的,建设单位不得开工建设。

(5) 法律责任

① 建设单位未依法报批建设项目环境影响报告书、报告表,或者未依照《环境影响评价法》第 24 条的规定重新报批或者报请重新审核环境影响报告书、报告表,擅自开工建设的,由县级以上环境保护行政主管部门责令停止建设,根据违法情节和危害后果,处建设项目总投资额百分之一以上百分之五以下的罚款,并可以责令恢复原状;对建设单位直接负责的主管人员和其他直接责任人员,依法给予行政处分。

② 建设项目环境影响报告书、报告表未经批准或者未经原审批部门重新审核同意,建设单位擅自开工建设的,依照前款的规定处罚、处分。

③ 建设单位未依法备案建设项目环境影响登记表的,由县级以上环境保护行政主管部门责令备案,处 5 万元以下的罚款。

④ 海洋工程建设项目的建设单位有本条所列违法行为的,依照《中华人民共和国海洋环境保护法》的规定处罚。

考点 3 环境影响评价的后续义务

(一) 建设单位应当采取环境保护对策措施

建设项目建设过程中,建设单位应当同时实施环境影响报告书、环境影响报告表以及环境影响评价文件审批部门审批意见中提出的环境保护对策措施。

(二) 环境影响的后评价

在项目建设、运行过程中产生不符合经审批的环境影响评价文件的情形的,建设单位应当组织环境影响的后评价,采取改进措施,并报原环境影响评价文件审批部门和建设项目审批部门备案;原环境影响评价文件审批部门也可以责成建设单位进行环境影响的后评价,采取改进措施。

(三) 环境保护行政主管部门应当进行跟踪检查

环境保护行政主管部门应当对建设项目投入生产或者使用后所产生的环境影响进行跟踪检查,对造成严重环境污染或者生态破坏的,应当查清原因、查明责任。对属于为建设项目环境影响评价提供技术服务的机构编制不实的环境影响评价文件的,追究其法律责任。

【真题演练】

某市混凝土公司新建临时搅拌站,在试运行期间通过暗管将污水直接排放到周边,严重破坏当地环境。公司经理还指派员工潜入当地环境监测站内,用棉纱堵塞空气采集器,造成自动监测数据多次出现异常。有关部门对其处罚后,公司生产经营发生严重困难,拟裁员20人以上。

关于该公司的行为,下列说法正确的是:(2017年真题,不定项选)

A. 如该公司应报批而未报批该搅拌站的环评文件,不得在缴纳罚款后再向审批部门补报

B. 该公司将防治污染的设施与该搅拌站同时正式投产使用前,可在搅拌站试运行期间停运治污设施

C. 该公司的行为受到罚款处罚时,可由市环保部门自该处罚之日的次日起,按照处罚数额按日连续处罚

D. 针对该公司逃避监管的违法行为,市环保部门可先行拘留责任人员,再将案件移送公安机关

【答案】 A

【解析】 根据《环境影响评价法》第25条规定,如该公司应报批而未报批环评文件,不得擅自开工建设,不存在事后补报环评文件的规定。A选项正确。根据《环境保护法》第41条规定,搅拌站作为主体工程在试运行期间投产使用,故防止污染的设施应当与主体工程即搅拌站同时投产使用而不能在试运行期间停运。B选项错误。根据《环境保护法》第59条规定,根据规定该公司的行为受到罚款处罚时,可由市环保部门自责令改正之日而非处罚之日的次日起,按照处罚数额按日连续处罚。C选项错误。根据《环境保护法》第63条规定,针对该公司逃避监管的违法行为,市环保部门应先将案件移送公安机关,由公安机关依法对责任人进行拘留,D选项错误。

第二节 环境保护

考点 1 环境保护基本制度

(一) 环境标准制度

国家为了保护环境质量,控制污染,按照法定程序制定并实施各种环境技术规范的法律制度。

1. 环境质量标准

环境质量标准,是指国家为保护人体健康和生态环境,对环境中的污染物或者其他有害因素的容许含量所做的规定。

（1）国务院环境保护主管部门制定国家环境质量标准。
（2）省、自治区、直辖市人民政府对国家环境质量标准中未作规定的项目，可以制定地方环境质量标准；对国家环境质量标准中已作规定的项目，可以制定严于国家环境质量标准的地方环境质量标准。

注意：制定地方环境质量标准的要求
① 一般包括水、大气、土壤、噪音、辐射、振动、放射性物质等环境质量标准；
② 有权制定的主体是省一级人民政府，而非环境主管部门只能针对国家标准未予规定的项目；
③ 应报国务院环境保护主管部门备案。

（3）国家鼓励开展环境基准研究。环境基准是指环境中的污染物等对人或者其他生物等特定对象不产生不良或者有害效应的最大限制。

2. 污染物排放标准
（1）国务院环境保护主管部门制定国家污染物排放标准。
（2）省、自治区、直辖市人民政府对国家污染物排放标准中未作规定的项目，可以规定地方污染物排放标准；对国家污染物排放标准已作规定的项目，可以制定严于国家污染物排放标准的地方污染物排放标准。

注意：国家环境质量标准是制定国家污染物排放标准的根据。

（二）生态保护制度

生态保护是指对人类赖以生存的生态系统进行保护，使之免遭破坏，使生态功能得以正常发挥的各种措施。

1. 生态保护红线
（1）国家划定生态红线
国家在重点生态功能区、生态环境敏感区和脆弱区等区域划定生态保护红线，实行严格保护。
① 重点生态功能区是指水源涵养、土壤保持、防风固沙、生物多样性保护和洪水调蓄五类关系国家或区域生态安全的地域空间。
② 生态环境敏感区是指对外界干扰和环境保护反应敏感，易于发生生态退化的区域，包括土壤侵蚀敏感区、沙漠化敏感区、盐渍化敏感区、石漠化敏感区和冻融侵蚀敏感区。
④ 生态环境脆弱区，也称生态交错区，是指两种不同类型生态系统交界过渡区域。
（2）对特定区域的严格保护
各级人民政府对具有代表性的各种类型的自然生态系统区域，珍稀、濒危的野生动植物自然分布区域，重要的水源涵养区域，具有重大科学文化价值的地质构造、著名溶洞和化石分布区、冰川、火山、温泉等自然遗迹，以及人文遗迹、古树名木，应当采取措施予以保护，严禁破坏。

2. 生物多样性
生物多样性是生物及其环境形成的生态复合体以及与此相关的各种生态过程的总和。生物多样性是人类社会赖以生存和发展的基础，保护生物多样性才能保证生物资源的永续利用。
（1）开发利用自然资源，应当合理开发，保护生物多样性，保障生态安全，依法制定有关生态保护和恢复治理方案并予以实施。

(2) 引进外来物种以及研究、开发和利用生物技术,应当采取措施,防止对生物多样性的破坏。

3. 生态保护补偿

国家建立、健全生态保护补偿制度。生态保护补偿有两种方式:

(1) 纵向生态保护补偿

纵向生态保护补偿是指国家对生态保护地区的财产转移支付。国家应当加大对生态保护地区的财政转移支付力度;有关地方人民政府应当落实生态保护补偿资金,确保其用于生态保护补偿。

(2) 横向生态保护补偿

横向生态保护补偿是指国家指导受益地区和生态保护地区人民政府通过协商或者按照市场规则进行生态保护补偿。

(三) "三同时"制度

"三同时"制度,是指建设项目需要配置的环境保护设施必须与主体工程同时设计、同时施工、同时投产使用的环境法律制度。该制度系我国首创。

1. 适用范围

中华人民共和国领域和中华人民共和国管辖的其他海域对环境有影响的建设项目需要配置环境保护设施的,必须适用"三同时"制度。

2. 具体内容

(1) "同时设计"是指建设项目的初步设计,应当按照环境保护设计规范的要求,编制环境保护篇章,并依据经批准的建设项目环境影响报告书或者环境影响报告表,在环境保护篇章中落实防治污染设施的投资概算。

(2) "同时施工"是指在建设项目施工阶段,建设单位应当将防治污染设施的施工纳入项目的施工计划,保证其建设进度和资金落实。

(3) "同时投产使用"是指建设单位必须把防治污染设施与主体工程同时投入运转,不仅指正式投产使用,还包括建设项目试生产和试运行过程中的同时投产使用。

3. 要求防治污染的设施应当符合经批准的环境影响评价文件的要求,不再对"三同时"验收作出专门规定。

4. 防治污染的设施应当符合经批准的环境影响评价文件的要求,不得擅自拆除或者闲置。

(四) 排污制度

1. 排污者防止污染责任

(1) 排污者应当采取措施防治各类污染和危害。

(2) 应当建立环境保护责任制度,明确单位负责人和相关人员的责任。

(3) 重点排污单位应当安装使用监测设备。

(4) 严禁通过逃避监管的方式违法排放污染物。

2. 排污收费制度

排污收费制度是国家环境管理机关根据法律、法规的规定,对排污者征收一定数额的费用的一项法律制度。

(1) 征收排污费的对象是超过国家或地方污染物排放标准排放污染物的企业事业单位和其他生产经营者。

(2) 对排污者而言,其缴纳了排污费,并不免除其负担治理污染、赔偿污染损失和法律规定的其他义务和责任。

(3) 排污费全部专项用于环境污染防治;已经依法征收环境保护税的,不再征收排污费。

3. 重点污染物排放总量控制制度

(1) 国家实行重点污染物排放总量控制制度。

(2) 对超总量或者未完成环境质量目标的地区暂停新增总量建设项目环境影响评价审批。

"区域限批"由省级以上人民政府环境保护主管部门做出。

4. 排污许可制度

企业事业单位和其他生产经营者取得排污许可证,才能排放污染物。

(五) 突发环境事件应急处置制度

突发环境事件,指突然发生,造成或者可能造成重大人员伤亡、重大财产损失和对全国或者某一地区的经济社会稳定、政治安定构成重大威胁和损害,有重大社会影响的涉及公共安全的环境事件。

1. 建立环境污染公共监测预警机制

县级以上人民政府应当建立环境污染公共监测预警机制,组织制定预警方案,按照突发事件严重性和紧急程度,突发环境事件分为特别重大环境事件(一级)、重大环境事件(二级)、较大环境事件(三级)、一般环境事件(四级)。各级人民政府在突发环境事件预防与应对工作中有统一组织和领导职责。

2. 采取突发环境事件的应急措施

环境受到污染,可能影响公众健康和环境安全时,县级以上人民政府应当依法及时公布预警信息,启动应急措施。县级以上人民政府应当及时发布相应级别的警报,决定并宣布有关地区进入预警期,并及时上报。启动分级响应机制后,县级以上地方人民政府应当责令有关部门、专业机构、监测网点和负责特定职责的人员及时收集、报告有关信息,向社会公布反映突发事件信息的渠道。地方各级人民政府按照有关规定全面负责突发环境事件应急处置工作,环境保护部及国务院相关部门根据情况给予协调支援。超出本级应急处置能力时,应及时请求上一级应急救援指挥机构启动上一级应急预案,一级应急响应由环境保护部及国务院有关部门组织实施。

3. 企业事业单位在预防突发环境事件中的责任

企业事业单位应当认真履行环境风险隐患排查和治理,加强环境风险管理和突发事件的应急处置。企业事业单位应当按照国家有关规定制定突发环境事件应急预案,报环境保护主管部门和有关部门备案。在发生或者可能发生突发环境事件时,企业事业单位应当立即采取措施处理,及时通报可能受到危害的单位和居民,并向环境保护主管部门和有关部门报告。

4. 突发环境事件后的评估工作

突发环境事件应急处置工作结束后,有关人民政府应当立即组织评估事件造成的环境影响和损失,并及时将评估结果向社会公布。突发环境事件污染损害评估范围包括人身损害、财产损害、环境损害、应急处置费用、调查评估费用,以及其他应当纳入评估范围内的损害。

(六) 信息公开和公众参与制度

1. 环境信息公开制度

(1) 政府信息公开

① 国务院环境保护主管部门统一发布国家环境质量、重点污染源监测信息及其他重大环境信息。

② 省级以上人民政府环境保护主管部门定期发布环境状况公报。

③ 县级以上人民政府环境保护主管部门和其他负有环境保护监督管理职责的部门,应当依法公开环境质量、环境监测、突发环境事件以及环境行政许可、行政处罚、排污费的征收和使用情况等信息。

④ 县级以上地方人民政府环境保护主管部门和其他负有环境保护监督管理职责的部门,应当将企业事业单位和其他生产经营者的环境违法信息记入社会诚信档案,及时向社会公布违法者名单。

(2) 企业信息公开

重点排污单位应当如实向社会公开其主要污染物的名称、排放方式、排放浓度和总量、超标排放情况,以及防治污染设施的建设和运行情况,接受社会监督。

(3) 项目信息公开

对依法应当编制环境影响报告书的建设项目,建设单位应当在编制时向可能受影响的公众说明情况,充分征求意见。负责审批建设项目环境影响评价文件的部门在收到建设项目环境影响报告书后,除涉及国家秘密和商业秘密的事项外,应当全文公开;发现建设项目未充分征求公众意见的,应当责成建设单位征求公众意见。

2. 公益诉讼制度

(1) 环保公益组织可以对污染环境、破坏生态、损害社会公共利益的行为提起公益诉讼。

(2) 环保公益组织的资格限制。

① 依法在设区的市级以上人民政府民政部门登记。

包括设区的市、自治州、盟、地区,以及不设区的地级市。

② 专门从事环境保护公益活动连续 5 年以上且无违法记录。

注意:不仅限于中华环保联合会。

(3) 环保公益组织不得通过公益诉讼牟取经济利益。

【真题演练】

1. 某省天洋市滨海区一石油企业位于海边的油库爆炸,泄漏的石油严重污染了近海生态环境。下列哪一主体有权提起公益诉讼(其中所列组织均专门从事环境保护公益活动连续5年以上且无违法记录)？(2015年真题,单选)

    A. 受损海产养殖户推选的代表赵某
    B. 依法在滨海区民政局登记的"海蓝志愿者"组织
    C. 依法在邻省的省民政厅登记的环境保护基金会
    D. 在国外设立但未在我国民政部门登记的"海洋之友"团体

    【答案】 C

    【解析】 根据《环境保护法》第58条第1款的规定,A项错误。而B选项的社会组织在某省天洋市滨海区民政局登记,不符合《环境保护法》要求的在设区的市级以上民政部门登记,故B项错误。D选项的社会组织根本未在我国民政部门登记,故D项错误。根据最高人民法院《关于审理环境民事公益诉讼案件适用法律若干问题的解释》,C项正确。

2. 关于环境质量标准和污染物排放标准,下列哪些说法是正确的？(2014年真题,多选)

    A. 国家环境质量标准是制定国家污染物排放标准的根据之一
    B. 国家污染物排放标准由国务院环境保护行政主管部门制定
    C. 国家环境质量标准中未作规定的项目,省级政府可制定地方环境质量标准,并报国务院环境保护行政主管部门备案
    D. 地方污染物排放标准由省级环境保护行政主管部门制定,报省级政府备案

    【答案】 ABC

    【解析】 根据《环境保护法》第15、16条的规定,A、B、C三项均正确,D项错误。

3. 根据《环境保护法》规定,关于污染物排放标准,下列哪一说法是错误的？(2010年真题,单选)

    A. 省级地方政府对国家污染物排放标准中已作规定和未作规定的项目,都可以制定地方污染物排放标准
    B. 对国家污染物排放标准中已作规定的项目,在制定地方污染物排放标准时,可以因地制宜,严于或宽于国家污染物排放标准
    C. 地方污染物排放标准须报国务院环境保护行政主管部门备案
    D. 凡是向已有地方污染物排放标准的区域排放污染物的,应当执行地方污染物排放标准

    【答案】 B

    【解析】 根据《环境保护法》第16条的规定,A、C、D三选项均正确,不入选。地方标准只能严于国家污染物排放标准而非可以宽于国家污染物排放标准,故B项错误。

考点 2 环境责任

(一) 环境侵权责任

环境侵权责任包括环境污染责任和破坏生态责任。

归责原则	无过错责任原则 【《侵权责任法》第65条】因污染环境造成损害的,污染者应当承担侵权责任。
构成要件	(1) 损害结果 (2) 污染行为 注意:没有超过污染标准或者交纳了排污费、行政罚款等理由,不能免除污染者应当承担的相应民事责任。 (3) 污染行为与损害结果之间具有因果关系 盖然因果关系 【《侵权责任法》第66条】因污染环境发生纠纷,污染者应当就法律规定的不承担责任或者减轻责任的情形及其行为与损害之间不存在因果关系承担举证责任。 注意:举证责任的问题 受害人只须举证:① 实施了排污等污染行为;② 发生了损害后果。
免责事由	(1) 不可抗力 不可抗力是指不能预见、不能避免并不能克服的客观情况。 (2) 受害者过错 ① 被侵权人对损害的发生也有过错的,可以减轻侵权人的责任; ② 损害是因受害人故意造成的,行为人不承担责任。 注意:第三人过错的不真正连带责任 【《侵权责任法》第68条】因第三人的过错污染环境造成损害的,被侵权人可以向污染者请求赔偿,也可以向第三人请求赔偿。污染者赔偿后,有权向第三人追偿。
环境服务机构的责任	环境影响评价机构、环境监测机构以及从事环境监测设备和防治污染设施维护、运营的机构,在有关环境服务活动中弄虚作假,对造成的环境污染和生态破坏负有连带责任。
环境侵权处理程序	环境损害赔偿诉讼的时效期间为3年,自当事人知道或者应当知道其受到损害时起计算。 注意: ① 3年诉讼时效仅针对环境损害赔偿,不包括承担停止侵害、排除妨碍、消除危险等侵权责任。 ② 环境侵权可以直接向人民法院提起诉讼,没有行政程序前置的要求。

(二) 环境行政责任

1. 违法排污的责任

企业事业单位和其他生产经营者违法排放污染物,应当受到罚款处罚。

"按日计罚"制度

(1) "按日计罚"的适用情形

企业事业单位和其他生产经营者违法排放污染物,受到罚款处罚,被责令改正,拒不改正的情形。

(2)"按日计罚"的起始期限

依法作出处罚决定的行政机关可以自责令改正之日的次日起按日连续处罚。

(3)"按日计罚"的计算标准

按照原处罚数额按日连续处罚。

注意:罚款处罚的确定因素

罚款处罚按照防治污染设施的运行成本、违法行为造成的直接损失或者违法所得等因素确定。

2. 超标排放的责任

(1)企业事业单位和其他生产经营者超过污染物排放标准或者超过重点污染物排放总量控制指标排放污染物的,可以采取限制生产、停产整治等措施。

(2)限制生产、停产整治等措施由县级以上人民政府环境保护主管部门决定。

(3)人民政府批准企业事业单位和其他生产经营者的责令停业、关闭。

注意:对于企业事业单位和其他生产经营者超标超总量排污情节严重的,环境保护主管部门只能进行建议,报有批准权的人民政府批准。

3. 擅自开工建设的责任

建设单位未依法提交建设项目环境影响评价文件或者环境影响评价文件未经批准,擅自开工建设的,由负有环境保护监督管理职责的部门责令停止建设,处以罚款,并可以责令恢复原状。

4. 违反信息公开义务的责任

重点排污单位不公开或者不如实公开环境信息的,由县级以上地方人民政府环境保护主管部门责令公开,处以罚款,并予以公告。

5. 直接责任人员的责任

针对严重环境违法行为,由县级以上人民政府环境保护主管部门或者其他有关部门将案件移送公安机关,由公安机关对直接负责的主管人员和其他直接责任人员依法处以拘留。

(1)建设项目未依法进行环境影响评价,被责令停止建设,拒不执行的。

(2)违反法律规定,未取得排污许可证排放污染物,被责令停止排污,拒不执行的。

(3)通过暗管、渗井、渗坑、灌注或者篡改、伪造监测数据,或者不正常运行防治污染设施等逃避监管的方式违法排放污染物的。

(4)生产、使用国家明令禁止生产、使用的农药,被责令改正,拒不改正的。

6. 环境保护主管部门的责任

环境保护主管部门对于其不作为的行为承担相应的行政责任。

【真题演练】

1. 某化工厂排放的污水会影响鱼类生长,但其串通某环境影响评价机构获得虚假环评文件从而得以建设。该厂后来又串通某污水处理设施维护机构,使其污水处理设施虚假显示从而逃避监管。该厂长期排污致使周边水域的养殖鱼类大量死亡。面对养殖户的投诉,当地环境保护主管部门一直未采取任何查处措施。对于养殖户的赔偿请求,下列哪些单位应承担连带责任?(2015年真题,多选)

A. 化工厂
B. 环境影响评价机构
C. 污水处理设施维护机构
D. 当地环境保护主管部门

【答案】 ABC

【解析】 根据《环境保护法》第64条的规定,A选正确。根据《环境保护法》第65条的规定,B、C项正确。环境保护主管部门对于其不作为的行为应当承担相应的行政责任,而不是民事赔偿责任,故D项错误。

2. 因连降大雨,某厂设计流量较小的排污渠之污水溢出,流入张某承包的鱼塘,致鱼大量死亡。张某诉至法院,要求该厂赔偿。该厂提出的下列哪些抗辩事由是依法不能成立的?(2013年真题,多选)

A. 本市环保主管部门证明,我厂排污从未超过国家及地方排污标准
B. 天降大雨属于不可抗力,依法应予免责
C. 经有关机构鉴定,死鱼是全市最近大规模爆发的水生动物疫病所致
D. 张某鱼塘地势低洼,未对污水流入采取防范措施,其损失咎由自取

【答案】 ABD

【解析】 根据《侵权责任法》第65条的规定,A项不成立。根据《民法通则》第153条的规定,本题中,连降大雨正常情况下是可以预见的,故B项不成立。根据《侵权责任法》第66条规定,C项成立。根据《水污染防治法》第85条第3款的规定,D项不成立。此题为选非题,故答案为A、B、D项。